《어린 왕자》의 번역 문법

《어린 왕자》의 번역문법

문법 · 작품 · 번역의 회통적 탐구

전성기

KOREA
UNIVERSITY
PRESS
고려대학교
출판문화원

차례

서언 문법 · 작품 · 번역의 회통적 탐구 7

1부 번역문법의 이해

1. 번역문법이란 무엇인가 19
2. 문법 예문 번역과 삼중대조분석 26
3. 비네 · 다르벨네의 비교문체론 32
4. 번역과 변별적 의미 36
5. 문학텍스트번역 비교 분석 40
6. 생산적 번역문법과 번역(비평) 이론소 44
7. 《어린 왕자》 작품성 번역비평 48
8. 정언성과 번역 무늬 51
9. 엇결림과 감탄사 번역 55
10. 텍스트번역과 텍스트성 57

2부 《어린 왕자》의 번역문법 59

3부 《어린 왕자》 번역 297

참고 문헌 386

서언 문법 · 작품 · 번역의 회통적 탐구

《네이버 국어사전》에 의하면, '회통'은 불교적 표현으로, '언뜻 보기에 서로 어긋나는 뜻이나 주장을 해석하여 조화롭게 한다'는 뜻을 가지고 있다. 이러한 의미의 '회통'은 소통 이론으로서의 원효의 '화쟁'과 바로 통하는 개념이기도 하다. 이 책은 언뜻 보기에 서로 밀접한 관련이 없어 보이는, 적어도 지금까지 그런 식으로 간주되어 온 '문법 · 작품 · 번역'이 회통적으로 인식되고 탐구되어야 할 필요가 있음을《어린 왕자》의 원텍스트와 번역서들의 텍스트 차원 비교 분석의 '번역문법'을 통해 보이고자 한다. 이러한 회통적 탐구는 번역과 번역비평, 그리고 번역교육을 위해, 나아가 외국어 교육과 학습을 위해 폭넓게 이루어질 필요가 있다. 이때의 번역과 번역비평은 '탐구번역'과 '탐구번역비평'을 이르는 것으로, 탐구는 발견으로 이어져야 하고, 이 발견은 가급적 탐구적 논증의 대상이 되어야 한다. '문법·작품·번역'의 회통적 탐구는, 메타적 담론 형식보다는, 실례들 중심으로 제시될 필요가 있다.

학문적으로 언어학 · 문학 · 번역학은 우리에게 아직 '회통적 탐구'의 대상이 아니다. 우리 외국어문학의 교육과 학습에서도 '문법 · 작품 · 번역'은 지금까지 거의 별개의 것으로 간주되어 왔는데, 이들은 번역문법의 '회통적 삼부작'의 세 축이다. 번역문법이 말하는 문법은, 랑그문법의 고려가 포함되는, '텍스트 의미문법'이다. 번역문법은 전일적 접근을 적극 고려하는 분석적 접근으로서, '탐구번역', '탐구번역비평'과 불가분의 관계에 있다. 번역문법은 기본적으로 텍스트 언어에 대한 작업이다. 이 텍스트문법에서는 문법 의미, 어휘 어미, 화행 의미 등 다양한 측면의 의미들이 텍스트 맥락 속에서 융합적으로 작용한다. 텍스트 차원의 일관성과 응결성 또한 중요한 고려의 대상이다. 작품은 좁게는 텍스트들 중에서 문학작품처럼 '작품성'을 갖는 경우를 말하지만, 넓게는 나름의 '독특한 성격'을 가진 텍스트들을 모두 아우르는 말이다. 그래서 철학서 등을 비롯한 다양한 인문학과 사회과학의 텍스트들 역시 넓은 의미의 '작품'이다. 작품의 번역에서는 텍스트의 변별적 의미들이 가급적 섬세하게 고려되어야 한다.

우리 문학번역에서는, 번역학이 이제껏 그래왔듯이, 번역자들이 문법과 번역을 이미 충분히 잘 알고 있는 것으로 일단 전제해 왔으나, 우리의 번역 현실은 이와 상당히 다르다. 충실성과 가독성이 평가 기준이지만, 기본적으로 오역평가에 기반한 《영미명작, 좋은 번역을 찾아서》 1, 2권의 추천본들이 1할 (표절본들을 제외하면 2할) 정도라는 것은 '번역문법'의 적극적 고려가 우리 인문학번역에서 시급한 과제임을 시사한다. 신기욤학파 학자들인 슈발리에 · 로네 · 몰로(1986)는 '언어에서 표층보다 더 심층적인 것은 없다'고 천명한다. '표층을 읽을 줄 아는 사람에게 표층은 언어의 심층적인 것의 번역 그 자체'라는 것이다. 이는, 이들의 주 연구 대상인 '랑그'의 언어뿐 아니라, 텍스트 언어에 대해서도 마찬가지이다.[1] 작품의 표층을 제대로 읽어내어 적절히 재현할 수 없다면 작품의 심층의 전달도 어려울 수밖에 없다. 번역자도 작품의 표층으로부터 읽어내고 이해한 만큼 번역할 수 있을 뿐이고, 번역비평도 비평자가 읽어내고 이해한 만큼 할 수 있을 뿐이다.

갈랑베르(2006:12)는 《어린 왕자》가 동화와 신화의 성격을 아울러 가진 '시적 담론'이라고 말한다. 하지만 《어린 왕자》에 대한 우리 번역자들 대부

1 전성기(2014c) 참고.

분의 관심의 초점은 '쉬운 동화'였을 것으로 짐작된다. 그렇지 않다면, 삼백 종을 상회하는 번역본들이 나오기는 어려웠으리라. 동화 성격 텍스트를 일반 텍스트들에 비해 쉽게 혹은 가볍게 보는 것은 비단 《어린 왕자》의 경우만이 아니다. 푸르티넨(1998)과 루이스(2013)도 이를 잘 지적한 바 있다. 갈랑베르(2006)는 생텍쥐페리에 대한 저서들 중 3/4은 전기류이고, 1/4은 사상가·철학자로서의 생텍쥐페리에 대한 것이라고 말한다. 말하자면 작가의 '에크리튀르 문체'(style d'écriture)와 그 함의에 대한 것들은 없는 셈이다. 그런데 갈랑베르를 비롯한 여러 연구자들의 안내를 받아 《어린 왕자》의 원텍스트와 번역텍스트들을 꼼꼼히 비교해 살펴보면, 원텍스트가 그리 쉬운 텍스트가 아님을 새삼 느끼게 된다. 더군다나 《어린 왕자》의 '시적 에크리튀르'를 이해하고 재현하는 것은 결코 쉬운 일이 아니다.

김시몽(2010a)은 《어린 왕자》의 삼백여 종 번역본들에 대한 〈번역평가 보고서〉에서 가장 잘된 번역으로 김화영 교수 번역[2]을 주저 없이 꼽는다. 이 번역본의 '가장 큰 장점'으로, 그는 '다른 번역본들과 다르게 유일하게 문체에 관심'을 보인 점을 든다. '이 번역본은 물론 원문에도 충실하지만, 그와 동시에 매우 유려한 문학적인 문체'로 되어 있다는 것이다. 그래서 그는 이 번역본을 '《어린왕자》를 하나의 문학작품으로 연구하기에 가장 적합한 번역본'으로 추천한다. 그가 '《어린왕자》라는 작품을 누구나 쉽게 접할 수 있는 단순한 동화의 수준으로만 여기지 않고 진정한 문학작품으로서의 가치를 부여'한 '유일'한 번역본으로 이 번역본을 높이 평가한 점도 주목할 만하다. 하지만 그 '매우 유려한 문학적인 문체'의 구체적 성격과 그 적절성은 번역문법적으로 보다 면밀한 검토와 탐구가 필요하다.

김시몽 교수의 보고서는 김화영 교수의 번역이 *Le petit prince*의 번역과 번역비평에서 '문법 · 번역 · 작품'의 회통적 탐구의 필요성과 그 중요성을 보이고자 하는 이 책이 고찰의 대상으로 삼아야 할 우선적 번역임을 잘 보여 준다. 훌륭한 불문학자요 탁월한 번역가인 김화영 교수가 원작을 누구

2 김화영(2007a).

보다 잘 이해하였고, '충실하면서 가독성 높은 번역'을 지향한 것은 분명하다.[3] 그렇지만 '충실한 번역'이나 '가독성 높은 번역'이 하나만 있는 건 아니다. 번역가 이세욱(2013)은 쿤데라의 체코어 소설 《농담》의 두 불어 번역본을 비교해 보이면서, 매우 대조적인 "에모냉의 번역과 쿤데라의 개역이 모두 '충실성'을 지향하면서 이루어졌다"라고 말한다.[4] 이는 '충실성'의 차이가 '번역 기획'의 차이와 맞물려 있음을 시사하는 것이다. '번역 기획'이 원작의 '작품성'이나 '에크리튀르'의 섬세한 재현이라면, 기존의 잘된 번역이나 충실한 번역과도 상당한 차이가 있을 수 있다. 물론 '가독성'도 독자의 눈높이 설정에 따라 상당한 차이가 있을 수 있다.

김화영 교수의 번역은 원텍스트의 문체와 작품성도 나름대로 고려했겠지만, 갈랑베르(2006)의 박사학위 논문에서 볼 수 있는 것과 같은 다양한 측면들이 십분 고려된 것으로 보이지는 않는다. 그보다는 대체로 폴리시스템적 시각의 '소설 미학과 문체 구현'에 보다 비중이 실린 것으로 이해된다. 달리 말해, 성경 다음으로 많이 번역되었다는 세기적 명작인 생텍쥐페리의 《어린 왕자》의 향기를 광범위한 한국 독자들이 향유토록 하려는 의도가 우선적이지 않았을까 생각된다.[5] 이는 물론 존중되어야 할 의도이고 선택이다. 그렇지만 원텍스트의 에크리튀르를 독자들 못지않게 존중하는 번역도 존중되어야 할 의도이고 선택이다. 그러한 번역이 드문 것이 우리의 현실이기 때문에, 그러한 선택은 더욱 의미가 있다. 이러한 선택의 가능성도 하나가 아니다. 원언어문화와 번역언어문화의 존중의 정도에는 다양한 진폭의 가능성이 있다. 이 책이 지향하는 존중은 두 가지 존중이 균형과 조화를 이루는 '중용'적 존중이다.

최근에 출간된 황현산 교수의 《어린 왕자》 번역은 이러한 '균형과 조화'

3 김화영(2007b)의 《어린왕자를 찾아서》(문학동네)는 이를 잘 보여 주는 하나의 좋은 자료이다.

4 '에모냉은 체코에 살았던 경험을 살려 체코 특유의 문화적 요소들을 충실하게 전달하려고 애썼던' 반면, '쿤데라는 그 번역을 수정하면서 자신의 소설 미학과 문체를 구현하려고 노력했다'는 것이다.

5 김화영(2007b) 참고.

의 문제를 다시금 깊이 생각하도록 하는 중요한 계기가 되었다.[6] 황 교수는 김 교수와 더불어 이 시대의 탁월한 문장가 중 한 사람이다. 특히 그는 문학번역의 실천에서 '번역문법'에 대해 깊이 생각하는 보기 드문 연구자이다. 그의 《어린 왕자》에 대한 관심과 사랑도 각별하다. 역자 후기라고 할 수 있는 〈어른들을 위한 《어린 왕자》 해설〉의 마지막 문단은 원작의 작품성 재현에 대한 그의 특별한 관심과 그의 정성스런 번역 과정을 압축적으로 잘 보여 준다.

> 현재 한국에는 1백여 종이 넘는 《어린 왕자》가 출간되어 있다. 나는 《어린 왕자》를 네 번 고쳐 번역하면서, 한국어 결정판 《어린 왕자》를 상재하겠다는 생각을 내내 지니고 있었지만, 한편으로는 번역에 결정판 같은 것은 없다고도 생각했고, 어른의 언어로 어린이의 세계를 건너가기 어렵다는 생각도 했다. 그러나 '무리하게' 자연스럽게 옮기지도 말고, 어린이들의 독서력을 얕잡아 보지도 말고, 저자가 썼던 대로 옮겨 오면 어린이들의 세계에 마침내 접근할 수 있다는 생각도 하게 되었다. 이 번역은 때때로 '엄숙하게' 말할 줄 아는 어린이들을 위한 것이다.

많은 번역자들이 *Le petit prince*에 관심을 가졌을지라도, 대개의 관심은 그 문학적 혹은 철학적 내용과 그 함의들에 대한 것이었지, 두 번역자의 경우처럼, 그 에크리튀르에 대한 것은 아니었던 것으로 짐작된다. 그러나, 수많은 연구자들이 지적하듯이, 문학작품의 내용과 형식이 불가분의 관계에 있다면, 원작의 문체나 에크리튀르를 소홀히 하는 문학번역은, 아무리 유려해도, 핵심을 놓치는 번역이 될 가능성이 높다. 이는 동화라 해도 마찬가지이다. 동화라 할지라도, 쉬운 것 혹은 잘 읽히는 것만이 능사는 아니다. 그러한 생각 자체가 어린 독자들에 대한 선입견이나 편견에 지나지 않는지

6 황 교수는 1982년에 열화당에서 《어린 왕자》를 번역 출간한 바 있다.

도 모른다. 저자 생텍쥐페리가 에크리튀르에 무척 공을 들인 작품으로 다수가 평하는 *Le petit prince*의 번역은 특히 그러하다. 갈랑베르(2006)에 의하면, 《어린 왕자》는 《성채》와 더불어, 생텍쥐페리의 작품들 중에서 '소설의 극'과 반대되는 '시의 극'에 자리하는, '시적 에크리튀르'가 핵심적 속성인 작품이다. 생텍쥐페리의 궁극적 지향인 '신성성'(le sacré)으로 나아가는 일종의 지름길인 이 '시적 에크리튀르'에서 가장 두드러진 특성은 '간결성', '반복성', '음악적 리듬' 등이다. 번역에서도 이러한 특성들의 재현이 당연히 중요한 과제가 아닐 수 없다.

《어린 왕자》의 한국어 번역본들만 보면 원텍스트가 무척 쉬울 것으로 생각될 것이다. 그런데 원텍스트는 그렇게 쉬운, 그렇게 쉽기만 한 텍스트가 실은 아니다. 《어린 왕자》에 나오는 전체 어구는 약 1,500개 정도인데,[7] 어휘는 상대적으로 쉬운 편이나, 쉬운 의미로만 쓰였다고 말하기는 어렵다. 밀리건(1955)에 의하면, 생텍쥐페리에게 작가의 과제 중 하나는 낱말들을 '이상적으로'(anagogically) 사용하는 것, 즉 대개는 쓰이지 않는 정신적 혹은 도덕적 의미로 사용하는 것이다. 예를 들어, 'apprivoiser', 'lier', 'liens' 같은 낱말들이 '경험의 깊이나 내면의 삶의 풍요로움'을 나타내도록 하는 것이다. 그러니까 쉬운 말이 꼭 쉬운 말이 아닐 수 있는 것이다. 'sérieux'처럼, 그 사용 맥락들을 전체적으로 잘 고려하지 않으면 적절한 번역어를 찾아내기 힘든 어휘들도 적지 않다. 'l'essentiel'처럼, 세 번밖에 안 나오지만, 혹시 모르는 함축된 의미 때문에 고민을 꽤 해야 하는 경우들도 적지 않다. 어휘나 문장, 나아가 텍스트 측면에서 특히 섬세하게 살펴야 하는 것은 '구어성'(l'oralité)을 포함한 '리듬'(le rythme)이다.

《어린 왕자》의 문법은 사실 쉽다고 말하기 어렵다. 우선 일상어에서는 거의 쓰이지 않는 단순과거가, 복합과거와 더불어, 대량으로 쓰였는데, 그 의미를 제대로 이해하지 못하면, 원텍스트를 충분히 이해하는 것이 아니다. 일상어는 물론 문어에서도 요즘엔 잘 쓰이지 않는 접속법의 반과거나 대과

7 최근 일본의 The Japan Times에서 《어린 왕자 프랑스어사전》이 출간되었는데, 표제어가 1,500여 개이다.

거도 여럿 나타난다. 벤브니스트 이래로 이제 텍스트언어학에서는 널리 알려진 '담화'(discours)와 '이야기'(récit)의 구분[8]도 이해가 필요한 개념들이다.[9] 단순과거처럼 쓰인 '서술의 반과거', 복합과거처럼 쓰인 '서술의 대과거' 등은 대개의 불문법서에는 안 나오지만 모르면 원문 문장의 의미 해석이 달라질 수밖에 없다. 동사의 어휘 의미와 시제가 상호작용하여 나타나는 '상'(相, aspects)의 이해도 중요하다. 그중에서도 '울기 시작했다'로 옮겨야 하는 'il pleura' 같은 '시작상'의 경우가 《어린 왕자》에는 꽤 자주 나타난다. 서술자의 서술과 작중 인물의 목소리 등이 중첩되어 나타나는 '자유간접문체'도 《어린 왕자》의 번역문법에서는 이해가 상당히 중요하다. 드물지만 '자유직접문체'도 나오고, '자유간접문체'를 '자유직접문체'로 옮기는 것이 좋을 것 같은 경우들도 있다. 무엇보다 힘들고 까다로운 것은 《어린 왕자》 원텍스트의 핵심적 자질이라는, 문법이 어휘 등 텍스트의 다양한 요소들과 융합적으로 작용하는 '시적 에크리튀르'(l'écriture poétique)의 섬세한 재현이다.

20세기 최고 건축가 중 하나인 루트비히 미스(1886-1969)의 '신은 디테일에 있다'는 말은 그의 좌우명 혹은 경구(警句)로 널리 알려져 있다. 유홍준(2014)은 이와 관련하여 '장인 정신'을 말하며, '명작의 공통점은 디테일'에 있다고 천명한다. '건축이건 미술이건 음악이건 문학이건 명작은 디테일이 아름답다'는 말이고, '이는 장인 정신을 끝까지 구현해 이뤄진 결과'라는 것이다. 그는 '명작은 디테일이 아름답기 때문에 확대해서 보면 더 멋지다'고 말한다. '단원 김홍도나 겸재 정선은 작은 편화(片畵)조차 10배를 확대해도 감동적'인 반면, '이류 화가들 그림은 확대하면 데생이 정확하지 않은 부분이 많아 감동이 떨어진다'는 것이다.[10] '문법 · 작품 · 번역'의 회

8 전성기(1998) 참고.

9 《어린 왕자》에 쓰인 시제는 직설법의 현재, 복합과거, 반과거, 단순과거, 전과거, 대과거, 단순미래, 전미래, 조건경 현재, 조건형 과거, 그리고 접속법의 현재, 반과거, 대과거 등이 있다.

10 유홍준(2011) 참고.

통적 탐구도 이러한 '디테일'에 대한 섬세하고 세밀한 '장인적' 분석과 재현을 지향한다. 원텍스트에 대한 이러한 치밀한 분석적 이해가 전일적 이해와 조화를 이루며 원텍스트 못지않은 번역글쓰기를 통해 재현될 때, 비로소 '좋은 작품번역'이 이루어지는 것이다. 이것이 이 책이 지향한 것이기는 하나, 도달했다고 장담할 수는 없다. 단지 그 가능성을 열어 보일 뿐이다. 이러한 과정에서 김 교수와 황 교수의 두 번역은 큰 도움이 되었다. 특히, 이 책 원고의 재교 중의 출간된 후자 덕분에 교정 중이었던 기존 원고를 새롭게 고쳐 쓴 부분들이 적지 않다.

문법공부, 문학공부, 번역공부는 별개의 것들이 아니다. 《어린 왕자》도 실은 이들을 함께 살피지 않으면 안 되는 텍스트이다. 짧고 상대적으로 쉬운 텍스트라고 해서 '문법 · 작품 · 번역'의 회통적 탐구가 면제되는 것은 아니다. 오히려 《어린 왕자》는 그러한 회통적 탐구의 유용함을 잘 보일 수 있는 거의 최적의 텍스트이다. 문법공부, 문학공부, 번역공부에서 학술적 탐구와 직관적 성찰은 깊이 연관되어 있다. 직관의 결과들은 탐구적 논증에 의해 부단히 검증되어야 하고, 또 그렇게 되도록 노력해야 한다. 앞으로 살펴보게 될 필자의 번역들은 필자가 적절하다고 생각한 것들이기는 하나, '정답'은 결코 아니다. 《어린 왕자》의 문법 · 작품 · 번역의 회통적 '탐구'를 통해 필자가 생각하고 '발견'한 것들은 토론과 탐구에 활짝 열려 있는, 그럼직한 안(案)들에 지나지 않는다. 이 자리를 빌려, '《어린 왕자》의 번역문법'을 내도록 제안했으며, 초고를 읽고 좋은 의견들을 제시해 준 고려대 불문학과 이영훈 교수에게 고마운 마음을 전한다. 특히, 핵심적 논의 대상인 두 번역서의 역자 김화영 교수와 황현산 교수에게 깊이 감사 드린다. 두 번역 덕분에,[11] 번역과 번역비평의 번역문법적 분석에 대한 필자의 생각이 예전보다 조금 더 깊이를 가질 수 있게 되었다.

이 책은 번역문법의 관점에서 '문법 · 작품 · 번역의 회통적 탐구'를 시도한 저술로서, 불어 해독 능력을 웬만큼 갖춘 학습자들이 스스로 그러한 회

11 두 번역은 2장에서 ㄱ)과 ㄴ)으로 표기되었다. ㄷ)이나 ㄹ)은 특정 번역이 아니다.

통적 탐구를 할 수 있도록 하기 위한 '안내서'와 '자습서'의 성격이 크다.[12] 학습자들이 원문과 번역문들을 직접 비교하면서 꼼꼼히 살펴보면, 번역과 번역문법에 대해 얻는 바가 적지 않을 것이다. 좁은 의미의 문법적 요소들의 번역뿐 아니라, 어휘 의미, 문장의 화행적 의미, 텍스트 차원의 시니피앙스 등을 '변별적 의미들'을 중심으로 살펴보기를 권한다. 필자가 한 텍스트 전체를 번역문법적으로 다룬 것은 이번이 처음이다.《의미 번역 문법》(2002)은 번역문법에 대한 기술이 부족하기도 했지만, 예들이 산발적으로 발췌된 것들이었고, 작품 측면을 다루는 데에도 미흡했다. 이 책은 일종의 '3부작'이다. 1부 '번역문법의 이해'는 번역문법의 전반적 이해를 돕기 위한 목적으로 마련되었다. 2부 '《어린 왕자》의 번역문법'은 번역문법적 분석이 지향하는 '사례 중심 접근'을 장별로 구체적으로 보여 준다.

3부 '《어린 왕자》 번역'은 '부분과 전체의 상호작용'을 텍스트 차원에서 독자들이 살펴보고 확인할 수 있는 기회가 될 것이다. 세밀한 변별적 의미들을 나름대로 애써 따져 번역한 이 3부를 통해, '작품'으로서의 《어린 왕자》를 독자들이 새롭게 음미하게 되기 바란다. 1부, 2부는 그러한 음미의 기반 역할을 할 것이다. 1, 2부에서 미처 다루지 못한 번역문법 문제들도 각자 원텍스트와 3부의 번역을 비교하며 살펴보기를 권한다. 1부의 많은 예들이 《의미 문법 번역》(2002)에서 취한 것들이나, 분석들이 동일한 것은 대개 아니다. 특히 1부는, 이 책에 이어 출간될 《번역인문학》의 일종의 '발췌본'이라고도 할 수 있을 정도로, 이 《번역인문학》의 내용들에 크게 기대고 있다. 그 예문이나 설명들을 거의 그대로 발췌 인용하여 수록했거나, 짜깁기한 것들이 대부분이나, 대개 장별로 주요 인용 자료를 지적했을 뿐, 그 출처를 세세히 밝히지는 못했다. '《어린 왕자》의 작품성 번역비평' 부분이 특히 그러하다.[13] 이 점에 대해 양해를 구한다.

12 지면 문제도 있어, 다른 자료들에서 쉽게 찾아볼 수 있는, 기초적이라 생각되는 번역문법문제들은 세세히 다루지 않고 생략한 것이 많다.

13 전성기(2002, 2012, 2013a, 2014a, 2014b, 2014c, 2014d, 2014e) 등이 주요 인용 자료들이다.

실례들 중심의 '문법 · 작품 · 번역의 회통적 탐구'는 우리 인문학의 새로운 패러다임이 될 것으로 기대되는 '번역인문학' 탐구에서 중요한 역할을 할 것이다. 이 책에 기술된 내용들이 주관적 느낌의 기술에 지나지 않는 경우들도 적지 않을 것이나, 그럼에도 불구하고 적어도 탐구적 논증이나 대화의 자료들은 될 수 있을 것이다. 작품성을 가진 다양한 인문학 텍스트들에 대해 다양한 회통적 연구들이 지속적으로 이루어질 필요가 크다. 우리 인문학번역에서 '문법 · 작품 · 번역'이 회통적으로 탐구되는 경우들이 크게 늘어나고, 이들이 우리말을 더욱 풍요롭게 하며 우리 '번역인문학' 발전에 주요 자원이 될 수 있으면 좋겠다. 번역인문학은 거의 파편화되어 있는 인문학 분야들이 번역과 번역비평을 통해 횡단적으로 그리고 회통적으로 소통할 수 있는 좋은 계기가 될 것이다. 곧 출간될 《번역인문학》의 일종의 '응용편'이기도 한 이 책이 그러한 탐구와 공감대 형성에 의미 있는 기여가 되기를, 그리고 하나의 안내서 역할을 할 수 있기를 기대한다.[14]

14 작업의 성격상 원본 텍스트는 Editions du groupe « Ebooks libres et gratuits » 등의 도움을 받았으나, 미심쩍은 부분은 생텍쥐페리 플레이아드 전집 2권(Antoine de Saint-Exupéry, *Œuveres complètes*, tome II, coll. Bibliothèque de la Pléiade, Gallimard, 1999)에 수록된 것을 통해 확인하였다.

1부

번역문법의 이해

1. 번역문법이란 무엇인가
2. 문법 예문 번역과 삼중대조분석
3. 비네 · 다르벨네의 비교문체론
4. 번역과 변별적 의미
5. 문학텍스트번역 비교 분석
6. 생산적 번역문법과 번역(비평) 이론소
7. 《어린 왕자》 작품성 번역비평
8. 정언성과 번역 무늬
9. 엇결림과 감탄사 번역
10. 텍스트번역과 텍스트성

1. 번역문법이란 무엇인가

번역학에서는 원어(-문화)와 번역어(-문화)를 모두 '잘 안다'는 것이 번역의 거의 '필수 조건'으로 전제된다. 이는 번역학에서 언어가 거의 도구적으로 인식되고 있음을 뜻하는 것이다. 하지만 오역이 난무하는 우리 번역 현실은 그러한 번역학의 전제에 문제가 있음을 시사한다. 사실, 언어의 도구적 인식은, 전문통역이나 일상적 번역의 경우라면 혹 모르지만, 문학번역이나 철학번역 같은 인문학번역의 관점에서는 그대로 받아들이기 어렵다. 오역의 지적에 집중된 우리 번역평가나 번역비평들을 살펴보면, 해당 외국어와 문화를 잘 알지 못한 상태로 번역에 임한 때문인 경우들이 빈번하다. 언어를 안다는 것, 혹은 잘 안다는 것이 상당히 주관적 판단이기도 하지만, 원어와 번역어를 모두 다 잘 안다 해서 번역을 반드시 잘하는 것은 아니다. 또한 문학이나 철학 텍스트를 번역할 때, 번역자가 원어를 '잘 안다'고 해서 전문통역사가 통역하듯 번역을 할 수는 없다. 원작자가 작품을 쓸 때 못지않게, 아니 어쩌면 그보다 훨씬 더 많은 고민과 노력이 요구되는 경우들도 적지 않다. '한 언어를 잘 알면 어디서나 편안하지만, 한 언어를 아주 잘 알면 어디서도 편안치가 않다'는 바이위(2004)의 말은 이에 대해 시사하는 바가 매우 크다.

한 언어가 언어이도록 하는 것은 기본적으로 그것이 가지고 있는, 제약과 선택 가능성들로 이루어진, 어휘 · 화행(l'énonciation) 화용 등도 포함하는 광의의 '문법' 덕분일 것이다. 번역자가 원언어와 번역어를 잘 안다는 것이 전제되면, 그 다음 수순은 타당한 번역 방법의 모색이 될 것이나, 언어를 잘 알아도 텍스트번역에서는 텍스트와 관련된 언어 문제들이 자주 발생할 수 있음을 인정하게 되면, 번역을 위해 텍스트문법을 적극 고려하지 않을 수 없다. 외국어문법에서는 번역 문제를 별로 고려하지 않고 있고, 텍스트번역에서는 문법 문제들에 크게 괘념치 않고 있는 것으로 보이는데, 이러한 상황은 획기적으로 바뀌어야 한다. 텍스트번역은 원텍스트와 번역텍스트 사이의 등가 구축이다. 번역문법은 원어와 번역어의 문법적 이해에 기반한 텍스트적 등가 구축을 목표로 한다. 이 텍스트적 등가 구축의 기본 바탕은 언어문법이다. 예를 들어, 관사와 시제의 원어문법에 대한 충분한 이해 없이 이들이 포함된 문장들을 제대로 번역하기는 어려울 것이다. 어휘 하나도 왜 다른 어휘 대신에 문제의 어휘가 쓰였는가를 고려하지 않으면 적절한 맥락 번역이 쉽지 않을 것이다.

직역(traduction littérale)은, 비교문체론에서처럼, 번역문법에서도 중요한 기본적 판별 기준이다. 비교문체론은 '직역'을 해서 1) 다른 의미가 되거나, 2) 의미가 없거나, 3) 구조적인 이유 때문에 불가능하거나, 4) 도착어의 메타언어적 성격의 아무것과도 상응하지 않거나, 5) 어떤 것과 상응하긴 하지만 층위가 동일하지 않으면, '치환', '변조', '등가', '번안' 같은 '비낀 번역'(traduction oblique)을 해야 한다고 말한다.[1] 하지만 그와 같은 '비낀 번역'을 하기에 앞서 원문과 그 번역에 대한 번역문법적 분석을 해 볼 필요가 있다. 예를 들어 'Tu as pris ton café ?' 같은 문장의 '너는 너의 커피를 마셨니?' 같은 직역은, 자연스러운 문장인 원문과 달리, 거의 '비문'이다. 이 '비문'은 불어의 대명사와 소유한정사를 불충분하게 혹은 잘못 이해한 결과로 짐작된다. 한 문장을 직역한 결과 비문이나 어색한 문장이 되었다면, 원문과 같은(혹은 거의 같은) 효과가 얻어지지 않았다면, 번역에 뭔가 문제가 있거나 번역이 미흡하다는 것이다.

이러한 문법의 오역이나 미흡한 번역은 기존 문학텍스트 번역들에서도 자주 발견되는데, 이는 오역분석이나 오역평가 등을 넘어서는 문법번역 문제들에 대한 보다 적극적인 진단과 대처가 필요함을 뜻하는 것이다. 에지트(ESIT) 학자들이나 라드미랄 같은 번역학자는 대조분석은 결과에 대한 분

1 비네·다르벨네(2002:29) 참고.

석에 지나지 않는다고 비판한다. 하지만 우리는 우선 텍스트 의미들에 대한 다양한 세밀한 대조분석 결과들부터 섬세하게 이해할 필요가 있다. 이를 통해 텍스트번역에서 유사한 문제와 만날 경우, 해결의 방향들을 시사받을 수 있다. 물론 맥락이나 상황이 고려되지 않는다면 '세밀한 대조분석'이 될 수 없다. 번역의 충실성을 말할 수 있기 위해서는 '세밀한 대조분석'이 필요하다. 맥락이나 상황이 적극 고려된 대조분석을 통해 추출된 '변별적 자질들'이 일치하지 않는다면 충실한 번역이 아니다. 가독성을 번역의 판단 기준으로 삼기에 앞서, 원텍스트의 세밀한 문법적 이해가 우선이다. '엘렌은 미리 알고 있었니?'는 분명히 '가독성' 높은 번역이지만, 그 자체로는 잘된 번역이란 보장이 없다. 그런데 원문이 'Hélène a-t-elle été avertie ?'라면, 그 번역은 잘못된 것이다. 원문의 '도치된 수동문'이라는 '변별적 자질'이 번역에서 고려되지 않은 것도 문제이다. 원문의 성격이 존중되지 않은 번역은 가독성이 아무리 높아도 적절한 번역으로 보기 어렵다.

번역문법은 위와 같은 문법번역에 대한 성찰로부터 비롯된 것으로서, 일반화해서 말하자면, 텍스트적 등가 구축을 위한 '거리 교섭'의 텍스트문법이다. 직역을 해도 별문제가 없는 경우들이 물론 있고, 그러한 경우들에는 직역도 하나의 좋은 번역 방법이 된다. 하지만 공시적 의미나 문체 등 여러 이유에서 직역이 가능하지 않은 경우들이 훨씬 더 많다. 스카베/인트라바이아(1979)는 불어와 이태리어는 80%가량 서로 직역이 가능하지만, 많은 경우, 그 직역 표현들을 원어민들이 자연스럽게 사용할 가능성은 전혀 없다고 단언한다. 이러한 문제들을 해결하기 위해 번역문법은 '비낀 번역'의 방법들을 적용하기 이전에 원텍스트, 원문의 성격을 충분히 고려해야 한다. '창의성'의 역할도 매우 중요한데, '유추'(analogie)는 사전에 등재되지 않은, '미등재 표현'을 이끌어 내는 데 유용성이 매우 크다.[2] 번역문법에서 제약과 창조는 중요한 상보적 측면들이다. 번역에서 지나친 제약은 수용이 힘든 대어역을 초래할 가능성이 높고, 무리한 창조는 번안 형태의 자유역을

2 들릴(1980)은 번역과정에서 유추의 중요성을 강조한다.

초래할 위험성이 크다. 그래서 균형과 조화의 모색이 중요하다. 번역은 번역 이론(들)을 단순히 적용하는 것이 아니지만, 번역에 도움이 되는 번역 이론들이나 그 요소들은 어느 것이라도 활용할 수 있다. 중요한 것은 지속적인 탐구적 분석과 대화적 성찰을 통해, '상호주관적 그럼직함'이나 타당성이 높은 번역이 되도록 하는 것이다. 설혹 번역단위들의 설정이 잘못되었더라도 이러한 과정에서 대개 수정될 것이다.

발라르(2007)는 번역학의 '인식론적 균형 회복'을 주장한다. 번역학에서 언어학을 배제하려다 번역에서 관찰의 일차적 대상인 텍스트의 언어를 소홀히 하는 결과가 초래되었으니, 이를 바로잡아야 한다는 것이다. 발라르(2006)에 의하면, 번역학은 '관찰의 학문'이고, 그 관찰의 일차적 대상은 원텍스트와 번역텍스트의 재료인 언어들이다. 번역이 언어들에 대한 작업이 아니라 담론, 텍스트에 대한 작업이라 말하는 이들이 적지 않다. 어쩌면 이러한 생각이, 우리가 자주 목격하듯이, 텍스트 언어에 대한 성찰을 소홀히 하기 위한 구실이 되었는지도 모른다. 하지만 텍스트와 텍스트 언어를 분리적으로 보는 것은 문제이다. 우리 오역 논쟁들의 적지 않은 부분이 이 언어 문제이다. 번역문법은 언어문법을 충분히 고려하는, 등가 구축을 위한 '텍스트 비교문법'이다. 이러한 '번역문법'의 활발한 연구가 절실히 필요하나, 아직은 문제의 인식 자체가 공감대를 이루지 못하고 있다.[3] 번역문법은 번역학이 언어학에 대한 종속적 위치를 벗어나기 위해 고려를 등한시했던 '텍스트 언어' 고려의 필요성과 그 중요성에 주목한다. 이 텍스트 언어의 고려에서 출발점은 텍스트의 시니피앙들과 그 망들의 읽기이다.

에지트(ESIT)의 '번역해석이론'(TIT, Théorie Interprétative de la Traduction)은 번역과정을 '해석-탈언어화-재표현'으로 도식화한다. 들릴(1980)은 이 과정을 '이해-재표현-정당화'의 3단계 과정으로 재설정한다. '탈언어화'가 '정당화' 단계에 포함되는 것으로 바뀐 것이다. 이 3단계 과정에서 '이해'와 '정당화'는 모두 '해석'의 과정이기에 들릴은 '이중 해석'

3 전성기(2002), 즉《의미 문법 번역》은 '번역문법'의 필요성과 가능성을 아울러 보여 준 바 있다.

이라는 개념을 제시하게 되고, 이후 '번역해석이론'은 '이중해석이론'으로도 불리게 된다. 후자가 '정당화' 과정을 포함하고 있는 것은 매우 의미 있는 변화지만, 문학번역이나 철학번역 같은 숙고를 필요로 하는 인문학번역의 과정을 적절히 나타내기에는 다소 미흡하다. 우선 원텍스트의 읽기가 곧 해석은 아니다. 일반의미론학자 소세(1996)는 여행작가와 독자 사이 관계를 다음과 같이 기술한다.

– 저자가 본 것은 현실(la réalité)이 아니다.
– 저자가 쓴 것은 그가 생각한 것이 아니다.
– 당신이 읽는 것은 그가 쓴 것이 아니다.
– 당신이 해석하는 것은 당신이 읽은 것이 아니다.

번역의 관점에서 보면, 위에서 말하는 '당신'은 번역자이고, 위의 과정이 번역자와 번역독자 사이에 다시 유사하게 되풀이될 것이니, 번역독자가 원저자가 '본' 것을 그대로 보는 것은 훨씬 더 힘들 것이다. 하물며 문제의 책이 여행기가 아니라 추상적 현실에 대해 말하는 철학서라면, 상황은 훨씬 더 복잡해질 수밖에 없다. 원텍스트의 읽기가 곧 해석이 아닐뿐더러, 해석이 곧 번역글쓰기도 아니다. 해석에 대한 메타적 고찰도 필요하지만, 일단 번역을 해도 그 번역에 대한 비평적 고찰도 필요해지고, 이에 따라 번역글쓰기도 달라질 것이며, 이 결과에 대해 다시 성찰하다 보면, 원텍스트의 시니피앙들과 그 망들의 읽기로 다시 돌아가야 하는 경우들도 빈번할 것이다. 이 시니피앙들의 읽기와 해석, 이에 따른 자가번역비평과 번역글쓰기의 많은 부분이 번역의 '거리 교섭'의 텍스트문법인 번역문법의 탐구 영역이다. 다음은 탐구번역의 상호작용들을 간략히 나타낸 도식이다.

단계 (1): 읽기 ⇄ 해석
↓↑
단계 (2): 번역비평 ⇄ 번역글쓰기

이 도식을 조금 부연 설명하면, 우선 원텍스트를 읽는다고 해서 그대로 이해가 되는 것이 아니고, 해석을 했다고 해도 제대로 이해한 것인지 확실치 않을 수 있다. 그런 경우, 다시 읽어야 할 수밖에 없다. 즉, 텍스트의 시니피앙들로 다시 돌아올 수밖에 없다. 이 과정은 단계 (1)의 읽기-해석 사이의 반복적 피드백(혹은 상호작용)과 관련된다. 읽기-해석과정을 통해 이해된 것을 예비적 번역글쓰기를 통해 표현하다 보면, 많은 경우, 모호하거나 이상한 부분들이 나타난다. 그래서 자신의 번역에 대한 메타적인 비평적 고찰이 필요한 것이다. 단계 (2)의 번역비평-번역글쓰기 사이에도 반복적 피드백이 있을 수 있다. 뿐만 아니라, 번역을 최종적으로 마무리하기 전에, 단계 (1)의 읽기-해석으로 되돌아가야 하는 경우도 빈번하게 생길 수 있다. 그렇게 되면, 이어 단계 (2)의 번역비평-번역글쓰기 차원의 재검토도 불가피해진다. 즉, 단계 (1)과 단계 (2) 사이에도 반복적 피드백이 필요해지는 것이다. 이러한 상호작용들은 결과적으로 나선형의 '해석의 원'으로 나타난다. '탐구번역'에서 이러한 과정은, 원텍스트가 어렵지 않거나 문체가 까다롭지 않은 경우, 비교적 간략해질 수 있다. 하지만 《어린 왕자》처럼 쉽게 여겨지는 작품도 곰곰이 따지다 보면 그리 쉬운 작품이 아님을 새삼 깨닫게 된다. 하물며 해독이 어려운 문학작품이나 철학서들에 대해서는 말해 무엇하랴. 그러한 경우, 위 도식에서의 피드백들은 더욱 빈번해질 수밖에 없다.

번역에서는 텍스트의 '번역문법적 이해'와 번역의 '해석적 이해'가 분리되기 어렵다. 오역 같은 문제 상황은 지금까지 번역학에서 소홀히 여겨져 온 전자의 역할에 새롭게 주목할 필요가 있음을 잘 보여 준다. 번역과정에서 번역문법적 측면들이 충분히 검토되지 않으면, 문제 상황이 발생할 가능성이 그만큼 높아진다. 맥락이나 상황, 그리고 필요하다면 다양한 관련 자료들도 충분히 검토되어야 할 것이다. 이는 번역비평에서도 마찬가지이다. 번역비평도 변별적 자질들의 추출이나 동일한 효과의 재현 등 섬세한 번역문법적 분석 결과가 기본적 바탕이 될 필요가 있다. 기존 번역학에서는 번역문법이 별도로 다루어지지 않고 있으나, 번역문법은 탐구번역, 오역평가에서 작품성 번역비평에 이르기까지 다양한 영역에서 비중 있는 역할을 수

행할 수 있다. 번역문법은 무엇보다 원텍스트와 번역텍스트를 섬세하게 읽기 위한 수단이 될 수 있다. 일종의 '읽기 이론'이 될 수 있다는 것이다. 이 '읽기 이론'은 '해석 이론'으로, '비평 이론'으로 '글쓰기 이론'으로 이어진다. 물론 번역문법은 엄밀한 의미의 '이론'은 아니다. 번역문법은 보다 나은 번역과 번역비평에 기여할 수 있는 번역담론이자 메타담론이다. 상당 부분이 언어학과 번역학의 중첩 영역에 속한다고 말할 수 있는 번역문법은 번역인문학[4]의 발전을 위해서도, 오역으로 얼룩진 우리 번역문화의 획기적 개선을 위해서도 그 탐구와 교육이 절실히 필요하다. 외국어 문법서들과 외국어 사전들에서도 텍스트 차원 번역문법이 적극 고려되어야 할 것이다. 번역문법은 아무리 잘 알아도 충분히 잘 안다고 자신할 수 없다. 어려운 텍스트의 번역 문제들을 해결하고자 할 때 우선적으로 살펴야 할 것은 번역문법적 측면이다.

4 전성기(2013b) 참고.

2. 문법 예문 번역과 삼중대조분석[5]

먼저 불문법서 예문 번역의 등가 문제를 살펴보자. 문법 예문은 일종의 '미니텍스트'이다. 라드미랄(2006)은 번역학을 '지식의 학문'이라기보다 '성찰의 학문'이라고 말한다. 번역문법의 경우, 문법 예문의 번역도 중요한 성찰의 대상이다. 문법은 기본적으로 형태와 통사의 문제지만, 의미의 문제이기도 하다. 예문 번역이 허술하거나 잘못되어 있다면 문법의미가 이해보다 오해의 방향으로 학습자들을 잘못 이끌 위험성이 적지 않은데, 상당수의 불문법서 예문 번역들이 실제로 그러하다. 이는 얼핏 작은 문제로 보이나, 실은 큰 문제이다. 문법의 예문들의 번역 방식은 학습자들의 번역에 대한 생각에도 큰 영향을 미친다. '사실적 번역학'을 주창한 발라르(2006)는 번역학을 '관찰의 학문'으로 제시하며, 원텍스트들과 번역가들의 번역텍스트를 주요 비교 관찰 대상으로 삼는다. 번역문법의 경우, 문법 예문 번역들의 분석은 번역문법적 성찰에 유용한 기본적 자료들을 제공한다. 우선 한 예를 보자.[6]

1) a. Ouvrez *la* fenêtre.
   b. 저 창을 열어라.

우리말에 없는 관사의 형태를 배우는 것은, 비록 성과 수에 따른 변화들이 있기는 하나, 그다지 어렵지 않다. 그러나 형태를 알았다고 해서 의미가 저절로 깨쳐지는 것은, 유감스럽지만, 아니다. 그래서 설명 못지않게 예

5 전성기(2002) 참고.

6 아래 예들은 대개 전성기(2002)의 것들을 다시 취한 것이다.

문 번역의 역할이 중요하다. 1a)의 의미가 불투명하게 느껴진다면, 'Ouvrez *une* fenêtre', 'Ouvrez *cette* fenêtre', 'Ouvrez *cette* fenêtre-là', 'Ouvrez *la* fenêtre là-bas' 등과 비교 혹은 대조해 보는 것도 좋은 방법이다. 그리고 이 과정에서 이들과 관련이 되는 '창문 하나 열어라', '이 창문 열어라', '그 창문 열어라', '저 창문 열어라' 등도 대조적으로 살필 수 있을 것이다. 이것이 '삼중대조분석'의 방법이다. 원문과 문법적 어휘적으로 환언문(paraphrase) 관계에 있는 문장들 사이의 대조, 이들의 가능한 번역문들 사이의 대조, 그리고 두 환언문군 사이의 대조, 그래서 삼중대조인 것이다. 이 삼중대조분석은 대개는 완전한 문장이 아닌 구나 낱말들 사이에서 이루어진다. 번역의 실제에서는 계열축의 환입(commutation)과 통합축의 환치(permutation)를 활용하는 이러한 부분적인 삼중대조분석이 아마 더 크게 필요할 것이다. 이러한 과정을 통해 1a)는 존칭의 이인칭 'vous'에 대한 발화로서 '창 여세요'나, 'tu'의 복수로서의 'vous'에 대한 발화인 '창 열어라' 정도로 번역될 수 있다.

위 예문 이해의 핵심은 이 문장이 대개 방에 창이 하나밖에 없는 경우에 사용된다는 것을 아는 것이다. 이러한 의미가 '변별적 의미'인데, 이 '변별적 의미'는 예문 1a)에서 정관사 'la'를 부정관사 'une', 지시한정사 'cette'와 대치해 보면 잘 드러난다. 문법 예문 번역에서도 낱말이 아니라, 이러한 '변별적 의미들'을 포착해서 재현해야 한다. 그러자면 상황이나(과) 맥락이 충분히 고려되어야 한다. 그리고 원어의 성격 못지않게 번역어의 성격도 충분히 고려되어야 한다. 대어역, 즉 '낱말 대 낱말 번역'을 하려다간 1b)처럼 되기 십상이다. 문장이나 텍스트에서 사용된 문법 요소들의 구체적인 변별적 의미들은 그 사용의 상황이나 맥락을 고려하지 않으면 추출되기 어렵다. 번역에서 우선적으로 나타내야 하는 것은 상황이나 맥락이 고려된 '변별적 의미들'이다. 이 변별적 의미는 '삼중대조분석' 같은, 관련 있는 '유사한' 것들과의 대조를 통해 보다 확실하게 인지할 수 있다. 다음은 문장 차원 삼중대조분석의 한 예이다.

2) a. La lettre a été envoyé par Pierre.
   b. 편지는 피에르에 의해 부쳐졌다.

2a)의 의미의 정확한 해석을 위해서는 이와 '유사한' 문장들인 3a)-3d)와 그 가능한 번역들인 4a)-4g)의 문장들의 관계를 대조분석하는 것이 필요하다. '정언적'(orthonymique)[7] 표현으로 볼 수 있는 2a)의 번역 2b)는 '정언적' 표현이 아니다. 삼중대조분석을 해보면, 4g)가 적절한 '정언적' 번역임을 알 수 있다.

3) a. Pierre a envoyé une lettre.
   b. Pierre a envoyé la lettre.
   c. Une lettre a été envoyé par Pierre.
   d. Cette lettre-là a été envoyé par Pierre.

4) a. 피에르는 편지를 보냈다.
   b. 피에르가 편지를 보냈다.
   c. 피에르가 편지 보냈다.
   d. 피에르가 그 편지 보냈다.
   e. 편지를 피에르가 보냈다.
   f. 그 편지는 피에르가 보냈다.
   g. 편지는 피에르가 보냈다.

이러한 과정을 거치며 살펴보면, 1a)의 정관사 'la'가 '저'로 번역되기 어렵다는 것이 이해가 될 것이다. '저 창문'에 해당하는 것은 'la fenêtre'가 아니라 오히려 'la fenêtre là-bas'이다. 소유한정사가 단순 직역되어 있는 다음 예를 보자.

7 아래의 '정언성과 번역 무늬' 참고.

5) a. As-tu pris *ton* café?

b. 너는 너의 커피를 마셨니?

불문법이나 한국어문법이나 모두 '대명사'라는 문법 용어를 사용한다. 하지만 그 대상의 기능이나 성격은 같지 않다. 불문법서들에서 이를 기술하거나 설명을 하고 있지만, 이러한 기술이나 설명이 번역을 대신할 수는 없다. 예문 번역은 언어의 차이와 그 차이를 넘어선 등가를 보여 주는 중요한 수단이요 계기이다. 자못 희화적으로 느껴지는 5b)는 한 불문법서의 저자인 번역자가 문제의 질문에서 'tu'와 'ton'의 '의미'를 과연 제대로 이해하고 있는지 의심하게 만든다. 예 5a)가 프랑스인들이 점심 식사 후 으레 마시는 커피를 마셨는가 묻고 싶은 것이라면, 도치보다 억양만 올리는 'Tu as pris ton café ?'가 보다 자연스러운 물음이다. 이 경우, '커피 마셨어?' 정도로 번역할 수 있다.

그렇다면 5a)에서 소유한정사 'ton' 대신에 부정관사 'un'이나 정관사 'le'가 쓰이면 어떻게 번역해야 할까? 'Tu as pris un café ?'는, 예를 들어, 커피를 조금이라도 마시면 밤에 통 잠을 못잔다는 사람이 잠을 못 이루고 있을 때 할 수 있는 질문이다. 이때도 번역은 '커피 마셨어?'이나, 강세가 '커피'의 '커'에 놓인다. 'Tu as pris le café ?'는 테이블 위 커피, 차, 주스 중에서 커피를 택해 마신 듯한 사람에게 물은 것이라면, '커피 마셨어?'로 번역할 수 있으나, 강세는 앞의 경우보다 약하다. 바꾸어 말하면, 한국어 문장 '커피 마셨어?'가, 경우에 따라, 불어로는 다양한 한정사 문장으로 번역된다는 것이다. 이러한 언어의 차이와 의미의 등가를 이해하지 못하면, 한정사를 제대로 이해한 것이 아니다. 다음 경우들을 보자.

6) a. Jeanne est étudiante.

b. 잔은 여학생이다.

7) a. Je ne le lui donne pas.

b. 나는 그것을 그에게 주지 않는다.

예문 6a)에서 여성형 'étudiante'는 주어와 속사와의 '성수 일치'라는 규칙 때문에 불가피한 형태이다. 하지만 형태소 '-e'에 의미상의 '변별성'(pertinence)은 없다. 'Qu'est-ce qu'elle fait, Jeanne ?' 같은 질문에 대한 답으로 쓰인 경우를 생각하면, '잔 (대)학생이야' 정도로 번역된다. '잔은 여학생이다' 같은 표현이 우리말에서 자연스럽게 쓰이는 상황은 찾기 힘들다. '잔 여자애야'에 해당되는 불어 표현은 'Jeanne est une fille'이다. 예문 7a)에서 중요한 문법 사항은 대명사이다. 그런데 'je', 'le', 'lui'가 각각 '나', '그것', '그에게'에 대략 해당된다는 것을 아는 것으로는 부족하다. 이들이 어떤 상황에서 어떤 기능을 가지고 어떤 의미를 전달하기 위해 쓰였는가, 한국어로의 적절한 표현은 어떤 것인가, 이런 것까지도 이해해야 한다. 불어의 대명사와 한국어의 대명사가 명칭은 같아도 그 기능에 적지 않은 차이가 있음을 이해해야 한다. 불어에서 대명사의 사용은, 거의 대부분의 경우 필수적이나, 한국어의 경우는 오히려 대부분 생략된다. 이러한 기능적 차이의 이해는 매우 중요하다.

7b)는 한국어 대명사의 문법을 불어의 대명사 문법에 '꿰맞춘' 것이다. 그런 식으로는 어느 상황이나 맥락에서도 거의 쓰이지 않는다. 부정의 'ne … pas'도 '…하지 않는다'뿐 아니라 '아니 …하다'를 뜻할 수도 있다. 7b)를 교육적 필요에 의한 개략적 '중간 번역'으로는 인정할 수 있으나, 최종 번역으로는 받아들이기 어렵다. 우리말에서 그렇게 쓰이지 않기 때문이다. 언어의 실제적 사용을 떠난 '문법을 위한 문법'은 문제가 있다. 문제가 있으면 속히 고쳐야 한다. 불어와 한국어의 문법적 차이와 상황을 고려한 '안 줘요', '안 줍니다', '안 드립니다' 등은 가능한 번역들이다.

8) a. Vous autres, vous vous taisez toujours.
   b. 당신들 다른 사람들은 언제나 침묵합니다.

9) a. Hélène a-t-elle été avertie ?
   b. 엘렌은 미리 알고 있었니?

10) a. Jalouse, elle l'est.

b. 그녀는 샘이 많다.

이 예들은 구문 관련 예들이다. 우선 8b)는 비문이다. 번역자가 무슨 말인지 알고 번역했다고 생각하기 어려운, 말이 되지 않는 번역문이다. 낱말 하나하나는 어렵지 않으나, 예문 전체가 어떠한 상황에서 쓰일 수 있는가 생각하지 않고는 번역할 수 없는 문장이다. 주어진 상황에서 'se taire'가 과연 '침묵하다'의 뜻으로 쓰였는가도 살펴야 할 문제이다. 주어의 'vous'가 존칭의 이인칭인지, 'tu'의 복수인지 혹은 존칭의 'vous'의 복수인지도 따져 보아야 한다. 문법 예문의 번역에도 '상상력'이 필요하다는 것을 이 예는 잘 보여 주고 있다. 가능한 실제 상황들을 고려하면, '이쪽 분들은 여전히 아무 말씀도 없으시군요', '이쪽 사람들은 여전히 아무 말이 없군', '너희들은 통 아무 소리도 없구나' 등이 가능한 번역들이다.

9b), 10b) 모두 비문은 아니다. 그러나 9b)는 오히려 'Hélène le savait-elle ?'의 의미와 보다 가깝다. 9a)의 수동형은 '변별적 의미'를 가진다. 특히 이러한 형태의 '도치된 수동문'은 'tutoyer' 하는 사이보다는 'vouvoyer' 하는 사이에서 쓰일 법하다는 점까지 고려한다면, '엘렌한테 통보되었나요?' 정도로 옮길 수 있다. 10b)는 오히려 'Elle est jalouse.'에 보다 적합한 표현이다. 'jalouse'의 '전치'라는 위치는 나름의 '변별적 의미'를 갖는데, 이것이 간과되어 있다. '샘이 많은 건 맞아' 정도로는 번역이 되어야 할 것이다. 중성대명사 'le'는 'jalouse'를 받는 것인데, 한국어의 구문법으로는 동일한 처리가 어렵다. 이 예는 'Elle est jalouse.'라는 상대의 발화에 대해, 그 사실을 'Jalouse, elle l'est.'라고 일단 수긍하면서도 'Mais(하지만), …' 하며 'elle'을 두둔하는 말을 하고자 할 때 쓸 수 있는 표현이다. 구문의 번역도 보다 적확한 의미가 어떠한 것인가 따져 보아야 한다. 구문 번역에서도 '삼중대조분석'은 부분적 적용일지라도 유용하게 쓰일 수 있다.

3. 비네·다르벨네의 비교문체론[8]

비네·다르벨네(2002)[9]에게 '두 언어 사이의 비교'는 '각 언어의 성격과 작용 방식을 보다 잘 드러'내는 방식이다. 저자들이 영불번역을 할 때 '문법과 어휘에 대한 보충서 같은 것'으로 생각한 비교문체론은 비록 맥락 외적 예들에 치중되었지만, 언어 성격으로 인한 차이들을 다양하게 보여 주고 있기에, 맥락상의 번역을 대상으로 하는 '번역문법'에도 적잖이 도움이 된다. 번역은 구조적 혹은 성격적 '차이를 무시한 등가'가 아니라, 야콥슨(1963)이 말하는 '차이 속에서의 등가'를 보여 주는 것이다. 두 저자는 '문법'을 '예속적인 것들의 영역'으로, '선택 사항들의 대부분은 문체론의 영역'에 속하는 것으로 분류한다. 이들은 선택 사항들이 우세한 '내적 문체론'과 달리, '외적 문체론'인 비교문체론에서는 예속성과 선택이 모두 다루어진다'고 말한다. 번역문법에서도 '예속성'(혹은 제한)과 '선택'이 모두 고려되어야 하지만, '차이 속에서의 등가'라는 번역의 속성으로 인해, 그리고 등가관계의 다양성으로 인해 '제한'보다 '선택'이 더 중요한 문제로 대두된다.

비네·다르벨네(2002)는 '번역단위들의 확인', '원텍스트의 검토', '전언이 비롯되게 하는 상황의 재구성', '문체 효과들의 검토와 평가 등' '번역자가 밟는 초기 단계들'을 언급하면서, 이 '절차를 세부적으로 기술'한다. 이 절차들은 '다양하게 보이지만, '직접 번역'(traduction directe)의 '차용', '모사', '직역', 그리고 '비낀 번역'(traduction oblique)의 '치환', '변조', '등가',

8 전성기(2014b) 참고.

9 비네·다르벨네(2002)의 원본의 출판연도는 1958년이다.

'번안'으로 요약'된다. 먼저 '직접 번역'의 예들을 보자.

차용: 데생 - dessin, 부티크 - boutique
모사: Season's Greetings - Compliments de la Saison
- 근하신년, 새해 복 많이 받으세요
직역: Where are you ? - Où êtes-vous ? 어디 계세요

'차용'은 '번역의 모든 방식들 중 가장 간단한 방식'으로 외국어를 빌려 말하는 것이고, '모사'는 '특별한 종류의 차용'으로, '외국어에서 구를 빌려 그 구성 요소들을 문자적으로 번역'하는 것이다. '직역'은 '번역자가 언어적 예속성 측면들 이외의 것에는 신경을 쓰지 않아도 정확한 관용적 텍스트에 도달'하는 번역이다. 이러한 직접 번역들은 '특별한 문체적 방법의 개입 없이도 번역이 가능'한 경우들이다. 직역을 했을 때 문제가 발생한다면, 비낀 번역에 의존해야 한다. 비네·다르벨네(2002)는 해당되는 문제들로 다음과 같은 경우들을 제시하고 있다: 1) 다른 의미가 된다, 2) 의미가 없다, 3) 구조적인 이유 때문에 불가능하다, 4) 도착어의 메타언어적 성격의 아무것과도 상응하지 않는다, 5) 어떤 것과 상응하긴 하지만 층위가 동일하지 않다. 간접 번역은 '그 이유가 타당할 경우에, 그리고 분명한 한계 내에서 사용되어야 한다'는 것이 저자들의 견해이다.

첫째 '비낀 번역'은 '치환'으로, 하나의 품사를 전언의 의미를 바꾸지 않고 다른 품사로 대치하는 방식이다. 둘째는 '변조'로, 직역이나 치환이 문법적으로 정확하나 도착어의 정서와 어긋난다고 느껴질 때 사용된다. 셋째 방법인 '등가'는 두 텍스트가 서로 완전히 다른 구조적 · 문체적 방법들을 사용하여 동일한 상황을 옮기는 것으로, 감탄사의 번역도 여기에 속하나, 속담 번역이 전형적 예이다. 마지막으로 '번안'은 전언이 나타내는 상황이 도착어에 존재하는 않는 경우들에 적용되며, 등가적이라고 판단되는 다른 상황과 관련지어 창출된다. 간단한 예들을 보자.

치환: He swam across the river. - Il a traversé la rivière à la nage.
그는 강을 헤엄쳐 건넜다.

변조: Come out of the rain ! - Ne restez pas sous la pluie.
비 맞고 있지 마.
No vacancies - Complet 만원(사례)

등가: Too many cooks spoil the broth.
- Deux patrons font chavirer la barque.
사공이 많으면 배가 산으로 간다.

번안: He kissed his daughter on the mouth.
- Il serra tendrement sa fille dans ses bras.
그는 딸을 따듯이 포옹했다.

비교문체론에 의하면, 문자역 혹은 직역에 위에 언급된 위험이 따를 경우, 번역자는 차용, 모사, 문자역 같은 '직접 번역'이 아니라 치환 · 변조 · 등가[10] · 번안이라는 '비낀 번역'을 해야 한다. 이 '비낀 번역'을 통해 위의 위반사항들이 발생하지 않도록 해야 한다. 번역자의 '자유'는 '자의적'일 수 없다. 번역은 '문자적으로'도 '자유롭게'도 하지 말고, '정확하게' 해야 한다고 다르벨네(1970)는 강조한다. 다시 말해, 번역은 원문의 의미와 톤을 존중하는 번역이 되어야 하고, 구조 · 특질(génie) · 이미지 · 문화 현상에서 번역어의 온전성(intégrité)을 존중하는 번역이 되어야 한다. 비네 · 다르벨네(2002)가 말하는 '정확한 번역'은, 이들이 명시적으로 말하진 않았어도, 원어와 번역어의 '성격을 존중하는 번역'이다.

이 7가지 번역 방식들에 대한 평가들은 다양하다. 들릴(1981)에게는 비교문체론의 '비낀 번역'도 '번안'을 제외하고는 '차용', '모사', '직역' 같은 직접 번역과 마찬가지로 '직접 번역'이다. 번역자가 기존의 알려진 등가들을 재활용하는 것에 지나지 않기 때문이라는 것이다. 들릴(1980)은 《영어

10 발라르(2006)는 이 '등가' 개념의 이중적 사용(협의와 광의) 등에 대해 매우 비판적이다.

와 불어의 비교문체론》에서 '압권'은 영어와 불어의 '성격론'을 다룬 부분들이라고 지적한다. 그러면서도 들릴은 비교문체론의 '절차들'에 대해서는 번역 등가의 인지에 기여하기보다 결과들에 붙여진 '라벨' 같은 것이라고 비판하는데, 발라르(1992)는 이를 다소 부당한 평가로 판단한다. 우선 '절차들'은 결과들이 아니라 '텍스트들의 비교에 붙여진 것이고, 형태에 현혹되는 번역자, 특히 초보 번역자들을 현혹에서 벗어나도록 도와주기 때문'이라는 것이다. 라드미랄(1979)에게 '직접 번역' 세 가지는 '진정한 번역행위' 이전이고, 마지막의 '번안'은 더 이상 번역이 아니다. 라드미랄은 비교문체론에서 번역 전체의 목표인 '등가'가 기법 혹은 절차의 하나로 기술되어 있는 것은 문제지만, 풍부한 예문 등으로 인해 매우 귀중한 방법론적 보조자료라는 점은 기꺼이 인정한다.

비교문체론이 번역의 방법이라기보다 우선적으로 비교의 방법이라면, 원어를 충분히 알지 못하는 학습자에게는 번역단위 파악도, 텍스트의 번역단위로의 분할도 어려울 수밖에 없다. 이러한 경우, 비교문체론은 실천이나 적용의 대상이기에 앞서 관찰과 학습의 대상이 되어야 한다. 페르니에(2004)는 대응표현들이 미리 주어져 있지 않다는 번역의 핵심적 사실이 비교문체론에서 충분히 명료하지 못한 점을 지적한다. 텍스트번역에서 비교문체론을 활용하려면, 맥락을 통해 그 적용의 타당성이 우선 충분히 검토되어야 한다. 비교문체론을 번역의 과정이 아니라 결과를 정리한 것이라는 이유만으로 홀대하는 것은 온당치 않다. 문제는 비교문체론의 '번역 방식들'을 맥락에 대한 검토 없이 단순 적용하는 것이다. 비네(1983)가 주장하는 '검증'과 '탐색'의 수단으로서의 비교문체론은 여전히 유효하다. 기술의 엄밀성에서는 취약한 점들이 있으나, '기술적 번역문법' 차원에서의 활용 가치는 크다. 비네 · 다르벨네(2002)는 7가지 번역 방법 외에도 희석 · 확장 · 절감 · 상쇄 등 번역과 관련된 기술들, '헛짝'(faux-amis) 문제 등 번역에 대한 다양한 유용한 정보들을 제시하고 있어, 텍스트번역에 매우 유용한 참고 자료가 된다.

4. 번역과 변별적 의미[11]

구아덱(1974)에게 번역은 '원텍스트가 환기시킨 이마주(image)와 동일한 이마주를 환기시키는 것'이고, 이 이마주는 일정한 수의 '변별적 자질들'로 구성된다. 도착 이마주의 변별적 자질들이 출발 이마주에 가까울수록 번역은 그만큼 적절하고(juste), 그 수가 출발 텍스트에 표현된 상황의 내용에 가까울수록 번역은 그만큼 정확한(précise) 것이다. 모든 번역에 앞선 변별적 자질들의 파악은 필수적이다. 영불번역의 경우, 출발 이마주는 원문법(의미와 구문)의 필터를 거치고, 도착 이마주는 역어문법의 기저 위에 구축된다. 번역자는 상황을 나타내는 언어적 재료로부터 출발하여 이중의 문법적 처리 과정을 거친다. 번역에서 이해와 복원이라는 핵심 과정의 테두리로 '문법'을 제시한 것은 여타 번역론에서 보기 어려운 구아덱의 번역론의 독특한 점이다. 이는 번역문법의 이론과 실천 측면에서도 활용 가치가 충분히 있다. 아래 도식은 저자가 영불번역에 대해 제시한 것을 불한텍스트번역의 경우로 간략히 바꾼 것이다.

불문법 = 의미 집합 + 구문 집합	② →	국문법 = 의미 집합 + 구문 집합	언어
① ↑		③ ↓	
불어 텍스트 = 의미효과들+문체효과들 '출발 이마주 환기'		한국어 텍스트 = 의미효과들+문체효과들 '도착 이마주 환기'	텍스트
↓		↓	
출발 상황		도착 상황	비언어적 현실

11 전성기(2014b) 참고.

'변별적 자질'은 기능주의 음운론에서 의미의 변별성을 갖는 소리의 최소 단위이다. 구조주의 의미론에서 '의소'는 의미의 최소 단위로서, 의미 차원의 '변별적 자질'이다. 하지만 번역에서의 '변별적 자질'은 의미의 최소 단위만을 뜻하지는 않는다. 번역에서의 '변별적 자질'은 형태소 · 낱말 · 구 · 문장 등의 구분 자질에서 어순이나 문체의 변이에 따른 의미의 차이에 이르기까지, 매우 다양한 모습을 취할 수 있다. 원텍스트가 야기하는 '효과들'도 변별적 자질로 인정되어야 할 것이다. 간단한 예를 하나 보자.

11) a. The Icy Grip Tightens.
b. La prise glaciale (se) resserre.
c. L'étreinte glaciale (se) resserre.
d. Le froid ne démord pas.

들릴(1980)은 단지 '어휘적, 문법적 분석'에 의해 이루어진 11b)나 11c) 같은 번역은 '의미 면에서는 만족스럽지 못한' '코드변환' 혹은 '랑그 번역'이라고 부르며, 유추를 통해 '상황 의미'가 고려된 '기능적 등가표현'인 11d)와는 구분한다. 그런데 들릴이 랑그의 의미라는 11b)와 11c)의 의미적 특징들인 <혹한>과 <지속+경멸의 공시적 의미>는 유추를 통해 11d)에 재현된 '기사 제목 적합성'이라는 '상황 의미'(혹은 문체 의미)와 마찬가지로 모두 텍스트상의 '변별적 의미들'이다. 앞의 두 번역은 중요한 '변별적 의미'를 하나 소홀히 했다는 차이가 있을 뿐이다. 11d)는 '지속+경멸의 공시적 의미'라는 두 변별적 의미 외에 '기사 제목 적합성'이라는 '변별적 의미'도 고려된 '텍스트번역'이다. 우리말로는 '동장군 여전히 기승' 정도로 옮길 수 있을 것이다. 경우에 따라서는 변별적 의미들을 모두 재현하는 표현들이 하나가 아니라 여럿이 될 수가 있다. 이들은 일종의 '변이형'(variante)들로 간주된다.

'변별성'의 관점에서는 번역단위의 결정보다, 추출된 의미가, 원어에서이건 역어에서건, 시니피앙의 변이에 따라 의미가 달라지는가를 파악하는 것이 더 중요하다. 일반적으로는 원문이나 역문의 한 부분을 다른 표현으로 대치했을 때, 다른 뜻이 되는가 그렇지 않은가에 따라 의미의 변별성 여부가 확인된다. 전성기(2002)가 말하는 '삼중대조분석'은 이러한 '변별적 의미들'의 추출과 재현에 유용하게 쓰일 수 있다. 이 삼중대조분석은 약식으로 이루어질 수도 있고, 대응표현이 제로가 될 수도 있다. 불문법서들의 간단한 예들을 보자.

12) a. Je lis *le* roman.
b. 나는 소설책을 읽는다.

13) a. Que *faisiez*-vous là ?
b. 당신은 거기에서 무엇을 하였지요?

예문 12a)에서 정관사 'le'의 변별적 의미 추출과 검증을 위해서는 원문과 유사한 문장들, 예를 들어 'Je lis un roman'을 번역해 보거나 번역문과 유사한 문장들을 거꾸로 번역해 볼 수도 있다. 12b)의 경우에는 '나는 소설책을 읽는다'와 비슷한—'뭐하니?'에 대한 답으로 쓰일 수 있는—'소설책 읽어'를 불어로 옮겨 볼 필요가 있다. 'Je lis un roman'이 바로 이에 해당되는 표현이다. 'Je lis le roman'은 뒤에 'mais pas la poésie'가 생략된 표현으로 이해할 수 있다. 이 경우 'le'는 '종류의 구분'이라는 변별성을 갖는다. 그렇다면 12a)의 번역은 '소설은 읽어(요)' 정도가 된다. 이러한 번역은 맥락이나 상황을 고려하지 않으면 제대로 이루어지기 어렵다. 13a)에서 변별적인 반과거의 형태소 '-iez'는 현재시제의 형태소 '-tes', 그리고 문장 'Qu'avez-vous fait là ?'의 복합과거 형태 'avez fait'와 대립된다. 13a)의 시제의 정확한 의미를 알기 위해서는 대조 과정이 필요하다. 이 과정을 통해 살펴보면, 13b)는 '거기서 뭐 하고 있었어요?' 정도가 되어야 함을 알 수 있다. '거기서 뭐 하셨어요?'에 해당하는 문장은 'Qu'avez-vous fait là ?'나 'Qu'est-ce que vous avez fait là ?'이다. 외국어문법의 교육과 학습이 제대로 이루어지려면, 예문과 그 번역에 대한 인식부터 바뀌어야 한다.

의미의 '변별성'은, 하나의 작은 형태소에서 텍스트 차원에 이르기까지, 적극 고려되어야 한다. 외시적(dénotatif) 의미는 물론 공시적(connotatif) 의미, 화행적(énonciatif) 의미를 비롯한 다양한 의미들이 번역에서 충분히 그리고 적극 고려되어야 한다. 특히, 의미의 변별성 판단에서 언어 차이가 간과되지 않도록 유의해야 한다. 문법적으로 의무적인 정보가 번역상으로는 비변별적인 정보가 될 수 있으니 유의해야 한다. 일반적으로, 섬세한 읽기가 요구되는 텍스트일수록 포착해야 하는 변별적 자질들이 많아지는 경향이 있다. 물론, 언어 차이로 인해 변별적 의미의 번역이 불가능하거나 매우 어려울 수 있다. 예를 들어, 카뮈의 《이방인》이나 사르트르의 《벽》에서 복합과거와 대비되는 단순과거는 뚜렷한 의미의 변별성을 갖지만, 이 의미의 영어나 한국어로의 전적인 재현은 그 자체로는 불가능하다. '상쇄' 등을 통해 그 의미의 부분적 재현을 시도할 수 있을 뿐이다. 그래서 변별적 의미들의 재현에는 '가능한 한, 그리고 적절하게'라는 단서가 붙는다. 포착하지 못한 변별적 의미들을 재현해 낼 수는 없는 만큼, 텍스트 읽기는 우선적으로 변별적 의미들의 섬세한 파악 과정이 되어야 한다. 변별적 의미들을 적절히 잘 재현해야 하는 번역글쓰기는 성찰적인 번역비평 과정이 되는 것이 바람직하다.

5. 문학텍스트번역 비교 분석

텍스트의 의미는, 많은 연구자들이 지적하듯이, 부분들의 단순 합이 아니다. 하지만 부분들에 대한 섬세한 이해 없이 전체의 섬세한 이해에 이르기는 어려울 것이다. 원칙적으로 전체를 고려하며 부분들을 이해하고, 부분들을 고려하며 전체를 다시 생각하는, 해석학에서 말하는 '해석의 순환'의 나선형적 과정이, 적절한 결과를 얻을 때까지, 반복되어야 한다. 하지만 실제 번역에서 이러한 노력이 얼마나 이루어질까? 텍스트번역에서는 가능한 한 맥락을 충분히 고려하면서 부분들을 이해하려는 노력이 매우 중요한데, 실제의 문학텍스트 번역들을 살펴보면 그렇지 않은 것으로 짐작되는 경우들이 자주 눈에 띈다. 맥락의 고려에는 때로 관련 광범위한 자료들의 조사가 요구되기도 한다. 아래에서 그러한 예들을 일부 보이는 것은 문학텍스트 번역에도 '번역문법적 탐구'가 필요하고 또 중요함을 보이기 위해서이다. 문학작품 번역에서는 오역도 문제지만, 섬세하지 못한 이해와 해석이 어찌 보면 더 큰 문제이다. 다음 이재호(2005)의 한 예를 보자.

14) a. Le nez de Cléopâtre, s'il eut été plus court, toute la face de la terre aurait changé.
b. 클레오파트라의 코가 좀더 낮았더라면, 지구의 온 얼굴(세계의 판도)이 달라졌으리라.
c. 클레오파트라의 콧날이 조금 짧았더라면, 지구의 판도가 뒤바뀌었으리라.

저자는 파스칼의 《수상록》(*Pensées*)의 한 구절인 이 문장의 'court'를 '비뚤어졌더라면'으로 번역한 어느 일간지 칼럼의 '오역'을 지적하며, 14b)처럼 수정 제안하고 있다. 그러나 이 번역에서의 '낮다'라는 해석도 문제가 있다. 사실, 여기서의 'court'는 코가 미간쯤에서 시작되는가 그 아래쪽에서 시작되는가 하는 문화인류학적 문제와 관련된다. 그러니까 일반 동양인의 코처럼 '낮다'는 의미가 아니라 말 그대로 '짧다'는 의미가 된다. 또한 '짧다'와 '코'와의 관계를 생각하면 'nez'도 '코'보다는 '콧날'로 해석될 수 있다. 콧날이 서양인들에게서 흔히 보듯이 미간쯤에서 시작되면 '긴 콧날'이지만, 그 아래에서 시작되면 '짧은 콧날'이 된다. 그래서 보다 적절한 번역은 14c)가 된다. '콧날이 덜 오뚝했더라면'도 가능한 번역이라고 생각된다. 이러한 '문화의 오역'은 언어문화적 간섭으로 인한 오류라고 볼 수 있다. 문화와 관련된 텍스트 내용 자체를 잘 이해 못해서 범하는 오류는 근원적으로는 텍스트의 언어와 그것이 나타내는 대상이나 현상을 구분하지 못하는 데 기인하는 것으로 보아야 할 것이다. 다음은 생텍쥐페리의 《야간 비행》의 한 대목이다.

15) a. En descendant moteur au ralenti sur San Julian, Fabien se sentit las. Tout ce qui fait douce la vie des hommes grandissait vers lui : *leurs* maisons, *leurs* petits cafés, *les* arbres de leur promenade. ll était semblable à *un* conquérant, au soir de ses conquêtes, qui se penche sur les terres de l'empire, et découvre l'humble bonheur des hommes.

b. 인간의 생활을 부드럽게 하여 주는 모든 것이 그를 향해 오며 점점 커졌다. 그들의 집, 그들의 까페, 그들의 산책로의 가로수 따위가 다 그러했다. 그는 많은 정복을 성취하고 난 뒤에 자기 제국의 영토를 내려다보며 인간의 보잘것없는 행복을 발견하는 정복자와도 같았다.

c. 인간의 집, 인간의 카페, 인간의 산책로 주위의 가로수… 따위들은 인간의 생활을 부드럽게 해 준다. 그러한

모든 것이 그를 향해 오며 점점 커졌다. 그는 많은 정복을 성취하고 난 뒤에 인간의 오죽잖은 행복을 발견하는 정복자와 같았다.

d. 인간의 생활을 감미롭게 하는 모든 것이 그를 향해서 커져갔다 — 집, 자그마한 카페, 산책로의 나무들. 그는 마치 정복이 끝난 날 저녁에 그 제국의 흙 위에 몸을 굽히고 인간의 겸허한 행복을 발견하는 한 정복자와도 같았다.

15a)에서 'Tout ce qui fait douce…' 이하는 '자유간접문체'이다. 'leurs maisons', 'leurs petits cafés', 'les arbres'의 'leurs'와 'les'의 해석은 이 자유간접문체의 해석에 달려 있다. 'leurs maisons, leurs petits cafés'의 'leurs'를 '그들의'로 옮긴 15b)와, 이를 '인간의'로 옮긴 15c)는 자유간접문체를 충분히 인지하지 못한 것으로 보이나, 반면에 15d)는 이를 잘 인지한 것으로 생각된다. 다만 '생활'은 '삶'으로, '커져 갔다'는 '커져 왔다'로 바꾸어 주는 것이 좋을 듯하다. 마지막 문장도 산훌리안을 향해 내려가는 조종사 파비앵의 생각과 서술이 혼합된 자유간접문체를 잘 나타내려면, 'un conquérant'와 'au soir de ses conquêtes'의 구문 순서, 후자의 표현의 경제성도 고려되어야 할 것이다. 'au soir de'의 의미는 비유적으로 이해되어야 할 것이다. 'l'humble bonheur'의 해석은 '보잘것없는 행복', '오죽잖은 행복', '겸허한 행복' 등으로 다양한데, 맥락을 좀더 넓게 따져 봐야겠으나, '소박한 행복'이 유력한 후보이다. 다음은 하나의 제안이다.

e. 산훌리안을 향해 엔진을 감속해 하강하면서 파비앵은 피로를 느꼈다. 인간의 삶을 감미롭게 하는 모든 것이 그를 향해 커져 왔다 — 집, 카페, 산책로의 나무들. 그는 어느 정복자 같았다, 정복의 마무리 무렵, 제국의 영토를 굽어보며, 인간의 소박한 행복을 발견하는.

'…하는 어느 정복자 같았다'도 물론 가능한 번역이지만, 문제의 맥락에서 파비앵이 산훌리안을 향해 하강하는 과정에서의 생각을 나타내는 자유간접문체 표현으로는 15e)가 더 나아 보인다.

문학텍스트 번역은 전반적으로 문법 예문 번역보다는 전반적으로 양호한 상태이다. 하지만 위의 예들은, 어휘와 구문·화용·문체 등이 포함되는 광의의 문법번역에서, 유사한 문제들이 여전히 다양하게 제기되고 있음을 보여 준다. 위의 예들 이외에도 '거칠고 허술한' 문학텍스트 번역 예들을 찾는 것은 전혀 어려운 일이 아니다. 위의 문학텍스트 번역 예들에서도 다수 나타나지만, 어휘나 구문 번역이, 원문의 문체와 달리, 섬세하지 못하게 재현된 경우들도 자주 목격된다. 이러한 예들은 광의의 '문법번역'이 제대로 되지 않고서는 품격 있는 '문학번역'이 제대로 이루어지기 어렵다는 것을 잘 보여 준다. 문학번역을 위해서는 그 바탕이 되는 문법번역이 문법 예문 번역의 경우들보다도 훨씬 더 섬세하게 이루어져야 한다. 오역이 아니더라도, 번역에 어색한 대어역이 자주 나타나는 것은 텍스트의 '응결성'을 해치고, 나아가 작품의 '일관성'에도 손상을 입히는 결과를 초래한다. 낱말이나 구, 문장들의 섬세한 번역을 위해서는 맥락이나 상황에 대한 섬세한 고려가 필요하다. 언어번역을 넘어서는 텍스트번역을 위해서도 그렇고, 원전에 못지않은 품격 있는 번역이 되기 위해서도 그러하다.

6. 생산적 번역문법과 번역(비평) 이론소[12]

라드미랄(2010)은 네 가지 번역학을 구분한다. 이들은 규범적 번역학, 기술적 번역학, 생산적 번역학, 귀납적(혹은 과학적) 번역학이다. 이들은 저자가 각각 그제, 어제, 오늘, 내일의 번역학이라 불러 온 것들인데, 이러한 '시기적' 구분을 지금은 번역학 이론의 인식론적 · 메타이론적 구분으로 저자는 관점을 수정하였다. 이 중에서 저자가 추구하는 것은 '생산적' 번역학으로, 번역 실천을 용이하게 해 줄 목적을 가진, 일련의 개념들과 원리들을 짜맞추는 '편익적' 담론들로 이루어진다. 라드미랄이 그의 '생산적' 번역학의 방법으로 제시하는 것은 그의 실제 번역 경험들을 통해 추출된, '번역을 위한 이론소들(théorèmes)', 줄여 말해 '번역 이론소들'이다. 저자는 이 이론소들을 '조각 상태'의 한 이론의 요소들을 이루는 개념들(낱말)과 원리들(문장)이라고 설명한다. 이 이론소들은, 라드미랄(1979)에서 보듯이, '귀납적 일반화가 가능한 번역 실천을 위한' 일종의 금언, 권고, 조언 같은 것들로서, 복수적 · 병렬적 · 고립적 · 비체계적이라는 특징들을 가진 것으로 기술되고 있다.

라드미랄(1979)은 '번역 이론소들'로 랑그-파롤 구분, 기호적 공시와 의미적 공시 대립, 번역 선택, 이화(dissimilation) 등을 언급하고 있다. 라드미랄은 이 '번역 이론소들'이 번역의 '결과'가 아니라 '과정'에 초점이 맞추어져 있음을 여러 글에서 누누이 강조한다. 라드미랄(1997)은 '생산적 번역학'을 자신의 작업에 국한시키지 않는다. 예를 들어, 유진 나이다 같은 번역학자의 다양한 저술들도 기술적 번역학을 넘어 생산적 번역학의 영역에 속

12 전성기(2014a, 2014c) 참고.

한다고 인정한다. 라드미랄은 트뤼포(1997)의 다음과 같은 '번역 십계명'에도 '번역 이론소'의 자격을 인정한다: 1) 언어학과 번역을 구분한다, 2) 영역을 안다, 3) 의미를 인지한다, 4) 의미를 구축한다, 5) 정확한 낱말을 의심한다, 6) 창조적으로 된다, 7) 문화를 표현한다, 8) 상황을 고려한다, 9) 전언을 정리한다, 10) 시간과 스트레스를 관리한다. 여기에 라드미랄은 제11 계명을 덧붙인다: '번역 실천에 대해 성찰한다'. 탐구번역이 소중하게 여기는 '번역에 성실히 임한다'는 준칙도 번역의 계명 내지 이론소의 위상을 부여받을 수 있을 것이다.

트뤼포(1997)는 자신의 '번역 십계명'이 불어 십계명 버전과 다의적인 '미래시제'만 공유할 뿐이라면서 그 비유적 성격을 기꺼이 인정한다. 그는 이 '계명들'을 '조언'으로, '약속'으로, '보상'으로 받아들이라고 권한다. 바로 이러한 불어 '번역 십계명'의 미래시제가 가진 조언·약속·보상의 의미를 나타내기 위해, 위의 '번역 십계명' 번역에서 '…할지어다' 같은 표현 대신 '…한다'라는 방식을 택한 것이다. 트뤼포는 자신의 '계명들'이 이미 언어를 '통달'하고 있어 '낱말들에 휘둘리지 않을 사람들'과 '실용번역'을 대상으로 한다고 단서를 달고 있으나, 보다 폭넓은 적용 가능성도 있다. 그의 '조언·약속·보상' 의미의 '계명들'은 보다 나은 번역을 위한 '격려' 내지 '독려'의 역할을 할 수 있다.[13] 저자가 번역의 '항로표지들'의 역할을 할 것으로 기대하는 '번역 십계명'은 '보다 나은 번역'을 위한 일종의 '브리콜라주 기획'으로 볼 수도 있다. 이러한 '브리콜라주'는 그가 대상으로 삼은 '실용번역'을 학습자들의 탐구적 번역을 위해 나름대로 '이론화'한 것이다.[14]

번역문법에서도, 라드미랄의 번역학 구분과 유사하게, 규범적 번역문법, 기술적 번역문법, 생산적 번역문법, 과학적 번역문법을 구분할 수 있으나, 일반적으로 유용한 설정이 가능한 것은 앞의 세 경우에 국한된다. 전통적 규범문법에서와 마찬가지로, 맞다/틀리다 문제에 집중하는 오역평가는

13 트뤼포(1997:134-5) 참고.

14 이 문단과 앞의 문단은 전성기(2014c)에서 거의 그대로 재인용한 것이다.

명시적 혹은 묵시적 규범적 번역문법을 실천하는 것이다. 기술적 번역문법은 비네·다르벨네(2002)의 《영어와 불어의 비교문체론》, 기유맹-플레세르(1981)의 《불어와 영어의 비교통사론》, 쉬케·파이야르(1989)의 《번역 문제들의 언어학적 접근》 등에서 취할 수 있는 자료들이 다양하다. 특히 발라르의 영불텍스트 번역에 대한 다수의 '사실적 번역학' 연구들은 귀중한 자료들이다.[15] 대조언어학적 연구들은 설령 랑그나 구조 차원에 머문 것이라 할지라도, 기술적 번역문법에서 유용하게 쓰일 수 있다. 이들은 결과에 대한 기술로만 볼 것이 아니라, 번역이나 번역비평에 대한 구체적 '지침'이나 길잡이가 되도록, 즉 생산적 번역문법 차원의 '번역(비평) 이론소'가 창출되도록 모색해야 할 것이다. 다르벨네(1970)가 '번역이 비난받지 않기 위해 지켜야 할 몇 가지 기준'들로 언급한 1) 정확하게 원텍스트의 전언을 전할 것, 2) 당대의 문법 규범들을 준수할 것, 3) 관용적일 것, 4) 원텍스트의 톤을 유지할 것(문체적 등가) 등도 '번역(비평) 이론소'의 자격을 가질 만하다. 라드미랄의 '생산적 번역학'이 '편익적' 담론을 지향하듯이, '생산적' 번역문법의 '번역(비평) 이론소들'도 일단 번역자나 번역비평자들을 위한 '편익적' 담론을 지향할 필요가 있다.[16]

갈랑베르(2006)에 의하면, 동화와 신화의 '혼합적 성격'을 가진 《어린 왕자》는 일종의 '시적 담론'(discours poétique)이다. 저자는 이러한 혼합적 성격이 이 작품의 세계적 성공에 크게 기여했으리라 추측한다. 그렇다면 《어린 왕자》의 번역이 전반적으로 '시적 담론'이 되어야 한다는 것을 하나의 기본적 '번역 이론소', 나아가 '번역비평 이론소'로 삼을 수 있다. 브랑쉬(2013)는 생텍쥐페리의 문학비평자들이, 작가가 자신의 생각을 제일 잘 나타낼 적절한 낱말, 적절한 문장, 적절한 표현의 선택을 통해, 텍스트 완성도를 높이기 위해 유별나게 세심하게 주의를 기울인 것을 모두 인정하는데, 이는 《어린 왕자》를 집필할 때도 마찬가지였다고 지적한다. 생텍쥐페리는

15 발라르(2003, 2004, 2005, 2006) 참고.

16 전성기(2014a, 2014c) 참고.

쉼표 하나, 문법적 형태 하나에도 지나칠 정도로 세심했다고, 저자는 여러 근거 자료들을 인용하며 기술하고 있다. 이러한 '표현들에 대한 세밀한 주의'는 또 하나의 '번역(비평) 이론소'가 될 수 있다. 이러한 세밀한 번역은 '리듬 번역'을 당연히 포함한다. '반복성'도 신화와 동화의 성격을 아울러 가진《어린 왕자》의 번역과 번역비평에서 유의해야 할 중요한 '번역(비평) 이론소'이다. 일반적으로 말해,《어린 왕자》의 연구서나 연구 논문들, 혹은 관련 글들에 이 작품의 특성들로 제시된 것들은《어린 왕자》의 번역에서 재현되어야 할 특성들을 나타낸 '번역(비평) 이론소들'로 이해할 수 있다.

7.《어린 왕자》 작품성 번역비평[17]

갈랑베르(2006)는 생텍쥐페리의 사상이 명료해짐에 따라, 그리고 신성성에 대한 관심이 고조되며 그의 작품에서 중요성을 차지해 감에 따라, 에크리튀르는 초기의 소설 형식으로부터 '시적 담론'으로 옮아간다고 생텍쥐페리 작품들의 추이를 설명한다. 그에 의하면,《어린 왕자》는 '산문시'(poème en prose)로 일컬어지는《성채》와 더불어 '소설의 극'과 대비되는 '시의 극'을 이룬다. 그래서 그는 박사 학위 논문에서, 생텍쥐페리에게서 '시적 에크리튀르'가 '신성성'(le sacré)의 실현에 이르는 언어 예술로서 어떻게 기능하는가에 큰 관심을 갖는다. 아포리즘이나 '단형문구'(formule)는 '시적 담론'과 긴밀한 관계가 있는 것들로,《어린 왕자》의 '작품성 번역비평'에서 '번역비평 이론소들'로 깊이 살펴야 할 대상들이다. 갈랑베르(2006)는 '단형문구'나 경구(maxime) 등의 사용이 생텍쥐페리 문체의 특징이라고 지적한다.

밀리건(1955)도 생텍쥐페리에게 '표현 글쓰기'의 '요체'를 '간결성'(simplicité)으로 본다. 생텍쥐페리는《인간의 대지》에서 '기계도 더 완성되면 완성될수록 제 구실 뒤에 자취를 감춘다'며, 이러한 작업을 '시의 성품'에 비유한다. 생텍쥐페리는 말한다. '완전이란 아무것도 덧붙일 것이 없을 때가 아니라, 아무것도 떼어낼 것이 없을 때 완성되는 것 같다'라고. '발달이 극에 이른' 기계가 '몸을 숨기듯이', 완성을 지향하는 '시' 혹은 '시적 담론' 역시 '몸을 숨기는' 단순함을 지향한다는 뜻일 것이다. 한 마디로, 간결성이 곧 궁극의 정교성이라는 것이다. 말하자면, '간결성'은《어린 왕자》의

17 전성기(2014a) 참고.

하나의 핵심적 '번역(비평) 이론소'이다. 저자는 생텍쥐페리가 언어의 불충분성의 극복을 위해 경주하였던 노력을 '어쩌면 우리 시대 가장 주목할 만한 것'이라 평하는데,《어린 왕자》의 번역이나 번역비평에서도 크게 유의해야 할 부분이다. 저자는 생텍쥐페리의 보편적 이해에 대한 열망과, 낱말들이 이에 대한 가장 큰 장애라는 그의 신념, 그리고 이 두 테마를 교합하는 그의 언어 딜레마의 처리에 큰 관심을 보인다. 특히 그는 이러한 딜레마 처리를 위한 '언어 쇄신'이 지속적이어야 한다는 생텍쥐페리의 생각에 크게 공감한다.《어린 왕자》의 번역과 번역비평도 이러한 '언어 쇄신' 문제에 큰 관심을 가져야 할 것이다. 모로-린드버그에 의하면, 생텍쥐페리에게 리듬은 '텍스트의 정수'이다. '리듬'과 '음악성'은, '간결성'과 더불어,《어린 왕자》의 번역에서도 중요한 '번역 이론소'들이다. '간결성' 관련 예를 몇 개 보자.

16) a. Quand le mystère est trop impressionnant, on n'ose pas désobéir. (2장)
b. 너무나 갑자기 놀라운 일을 당하게 되면 감히 거역할 생각을 못 하는 법이다.

17) a. Le langage est source de malentendus. (21장)
b. 말은 오해를 낳는 거니까.

18) a. Adieu, dit le renard. Voici mon secret. Il est très simple : on ne voit bien qu'avec le coeur. L'essentiel est invisible pour les yeux. (21장)
b. "잘 가!" 여우가 말했다. "그럼 비밀을 가르쳐줄게. 아주 간단한 거야. 오직 마음으로 보아야 잘 보인다는 거야. 가장 중요한 건 눈에 보이지 않아."

《어린왕자》에는 'mystère'가 세 번, 'mystérieux'가 세 번 나온다. 횟수는 많지 않지만 그 중요성은 결코 작지 않다. 텍스트의 전반적 응결성과 무관하지 않은 이 '반복'의 의미를 살려 주는 것이 중요하다. 16a)의 'Quand le mystère est trop impressionnant'을 '너무나 갑자기 놀라운 일을 당하게 되면'이라고 돌려 말하기보다, 보다 직접적으로 '신비가 너무 강렬하면'이라고 간결하게 압축할 필요가 있다. 'on n'ose pas désobéir'도 '감히 거역할 생각을 못 하는 법이다'라고 부연하기보다, 보다 간결하게, '감히 거역 못하는 법이다'로 압축할 필요가 있다. 17a)의 번역 '말은 오해를 낳는 거니까'도 물론 틀린 번역은 아니다. 하지만 'Le langage est source de malentendus'의 문체적 성격을 보다 잘 살리려면, 이와 보다 잘 대응되는 표현을 찾아야 할 것이다. '말은 오해의 근원이야'는 하나의 좋은 후보이다.

18a)에서는 뒤의 두 문장이 '단형문구'들로, 강렬한 인상을 주고 있다. 우선 'voici mon secret'를 '그럼 비밀을 가르쳐줄게'라고 하는 것은 '명시화'이고 '증폭'이다. 원문의 임팩트를 살리려면 보다 간결하게 '내 비밀은 이거야' 정도로는 옮겨야 할 것이다. 단형문구인 'on ne voit bien qu'avec le coeur'의 '오직 마음으로 보아야 잘 보인다는 거야'라는 번역도 부연 묘사의 느낌을 준다. 리듬과 에너지도 좀 부족한 느낌이 든다. 하지만 '마음으로 봐야 잘 보여'라고 하면 유사한 효과가 느껴진다. 'L'essentiel est invisible pour les yeux'에서 'l'essentiel'을 '가장 중요한 건'으로 옮긴 것은 이 맥락에서는 문제가 없다. 하지만 번역자는 이 표현을 4장(Quand vous leur parlez d'un nouvel ami, elles ne vous questionnent jamais sur l'essentiel.)에서는 '제일 중요한 것'으로 옮기고 있어 반복의 의미를 살리지 못하고 있다.

더구나 24장에 'Le plus important est invisible…'란 문장이 나오는데, 번역자는 이것도 '가장 중요한 것은 눈에 보이지 않아.'로 옮기고 있다. 결과적으로 'l'essentiel'과 'le plus important'의 번역이 같다. '단형문구'의 의미를 살리려면 '본질은 눈에 안 보여'라고 옮겨야 하지 않을까? 브랑쉬(2013)는 '반복'이 '동화에서 핵심 요소'라고 지적한다. 《어린 왕자》도, 저자가 말하듯이, 이 서술 의식을 따르고 있는데, 이 반복은 다양한 형태의 소리 · 어휘 · 구문 모두에서 나타난다. 이 반복은 단순 반복일 수도, 점진적 반복일 수도, 유사 반복일 수도 있다. 이 '반복'은 《어린 왕자》의 매우 중요한 '번역(비평) 이론소'의 하나이다.

8. 정언성과 번역 무늬[18]

'정언성'(正言性, orthonymie)은 슈발리에 · 델포르(1995)가 포티에(1987)에서 빌려 번역에 확장하여 사용한 개념이다. 포티에는 '한 문화의 모든 일상적 지시물들'에 대해, 한 언어 공동체 구성원들의 머릿속에 즉각적으로 떠오르는 것을 '정어'(正語, l'orthonyme), 즉 '바른 말'이라고 명명했다. '정어'는 그러니까 일상적 지시물들을 가리키는 데 가장 적합한 말이다. 이는 말하자면 '고양이를 고양이라고 하는 것'이고, '개를 개라고 하는 것'이다. 이들은 어휘 차원을 가리키는 '정어성' 외에 지시의미 차원과 구문적 차원을 구분하기도 하는데, 이를 통칭하는 것이 '정언성'이다. 슈발리에 · 델포르(1995)는 플로베르의 *Madame Bovary*의 여러 언어권 번역자들에게서 원저자가 원어의 관습적 언어 용법에 맞추려 했던 것보다 보다 잘 맞게 하려는 '정언적' 경향을 발견하는데, 이것이 '번역 무늬'(figures de traduction)이다.

파예(2006)의 표현을 빌리면, 정언적 표현을 사용하는 번역은 '번역어에 고유한 규범이나 관습들에 적합한 재현 체계를 제시함으로써 번역임을 잊어버리게 하는 번역이며, 번역자의 존재를 지우는 번역'이다. 달리 말하면, 정언적 번역은 번역독자들이 선호하는 '유려한 번역'이다. 물론 원문이 유려한 문장들이라면, 이를 유려하게 옮기는 것은 매우 바람직하다. 문제는 원문의 성격과 무관한 '유려한 번역'이다. 레비(2011)는 '정언성'과 '번역 무늬'를 독자들의 수용 능력을 지레짐작한 나머지 텍스트를 왜곡하는 결과를 초래하는 번역자의 '해석과 재표현의 태도'를 나타내는 것들로 규정한다. '번역 무늬'의 대표적인 것으로는, 위에서도 이미 수차례 언급된, '명시

18 전성기(2014a) 참고.

화'와 '증폭'이 있다.[19] 파예(2006)는 전자는 '일관성'(cohérence)과, 후자는 '응결성'(cohésion)과 보다 관련이 깊은 것들로서, 모두 원텍스트의 지시적 구조를 번역독자들에게 잘 드러나게 하는 것이 목적이라고 설명한다.

'정언성'과 '번역 무늬'는 우리 문학번역의 경향을 이해하는 데에도 매우 유용한 개념들이다. 사실 정언적 표현들과 '번역 무늬'들은 우리 문학번역들에서도 흔히 발견된다. 이는 《어린 왕자》의 번역들에서도 마찬가지이고, 가장 잘된 번역으로 김시몽(2010b)이 추천하는 김화영(2007a) 번역에서도 종종 눈에 띈다. 정언적 표현과 번역 무늬들의 사용은 독자들에게 더 가까이 가려는 번역자의 의도나 태도를 나타내는 것이다. 이 사용은 의식적일 수도 있고, 무의식적일 수도 있다. 중요한 것은 원텍스트의 '작품성'의 관점에서 볼 때, 그러한 의도나 태도가 타당한가 혹은 바람직한가 하는 것이다. 원텍스트의 표현이 정언적이라면, 번역텍스트의 표현이 정언적인 것은 바람직하다. 그것이 원문의 성격을 존중하는 번역이다. 그런데 비정언적 원문을 정언적 방식으로 옮긴다면, 이는 원문의 성격을 존중하지 않는 번역이 된다. '번역 무늬들'도 번역텍스트가 원텍스트의 대중화를 주요 목표로 삼고 있다면 별로 문제가 되지 않을 수 있다. 하지만 작품성 관점에서는 '번역 무늬들'의 사용이 대개 바람직하지 않다. 이는 《어린 왕자》의 경우에도 마찬가지이다. 예를 하나 보자.[20]

19) a. Car je n'aime pas qu'on lise mon livre à la légère. J'éprouve tant de chagrin à raconter ces souvenirs. Il y a six ans déjà que mon ami s'en est allé avec son mouton. Si j'essaie ici de le décrire, c'est afin de ne pas l'oublier. C'est triste d'oublier un ami. Tout le monde n'a pas eu un ami. Et je puis devenir comme les grandes personnes qui ne s'intéressent plus qu'aux chiffres. C'est donc pour ça encore que j'ai acheté une boîte de couleurs et des

19 이들에 대해서는 비네·다르벨네(2002)에도 다수의 예가 나와 있다.

20 이 예는 2부 4장 7)에서도 다시 언급된다.

crayons. (4장)

b. 왜냐하면 나는 사람들이 이 책을 무성의하게 읽어치우지는 말았으면 하는 생각이기 때문이다. 이 추억을 이야기하자니 걷잡을 수 없는 슬픔이 솟아오른다. 어린 왕자가 내가 그린 양을 가지고 떠나가버린 지 벌써 여섯 해나 된다. 지금 여기에다 그의 모습을 그려보는 것은 그를 잊지 않기 위해서다. 친구를 잊는다는 것은 슬픈 일이니까. 아무에게나 다 친구가 있는 것은 아니다. 그리고 나도 숫자밖에 모르는 어른들처럼 될 수도 있는 것이다. 내가 그림물감 한 상자와 연필들을 산 것도 바로 이런 까닭에서였다.

얼핏 보면 번역에 별 무리가 없다. 낱말 수도 88개와 71개로, 양적으로는 원문보다 간결해 보인다. 하지만 작품성 측면에서는 동의하기 어려운 부분들이 눈에 띈다. 전반적으로 문체의 '간결성'을 살리고, '명시화'('슬픈 일이니까')와 '증폭'('내가 그린 양')의 '번역 무늬', 들릴이 말하는 문체적 '엇결림'처럼 보이는 표현('걷잡을 수 없는 슬픔이 솟아오른다')을 가급적 피할 필요가 있다. 번역문은 'Tout le monde n'a pas eu un ami.'를 '항시적 현재'의 의미로 옮겼는데, 복합과거 의미를 살려 주어야 하지 않을까? '누구나 친구가 있었던 건 아니다' 정도로 옮길 수 있을 것이다. 'un ami'는 정말 '친구'라고 부를 만한 그런 한 사람을 말하는 것인데, 명시적으로 살리기는 어렵다. 위 번역서에서 자주 눈에 띄는 '…도 있는 것이다' 같은 표현도 보다 간결해질 수 있다. 마지막 문장의 'c'est … que' 구문도 앞에 무게가 두어지는 번역으로 바꿀 필요가 있다. 특히 다소 과하게 설명적으로 증폭된 첫 문장은 원문처럼 '간결하게' 옮길 필요가 있다. 위에 지적된 내용들을 고려하여 다음처럼 번역하면, 전체적으로 낱말 수도 19b)의 71개서 53개로 크게 줄어든다.

c. 이 책이 가볍게 읽히지 않으면 좋겠다. 추억을 이야기하자니 슬

픔이 북받친다. 내 친구가 그의 양과 떠난 지 벌써 여섯 해다. 여기서 그의 얘기를 하는 건 그를 잊지 않기 위해서다. 친구를 잊는 건 슬픈 일이다. 누구나 친구를 가졌던 건 아니다. 나도 숫자밖에 모르는 어른들처럼 될 수 있다. 그래서 그림 물감 한 상자와 연필들을 산 것이기도 하다.

원문의 낱말 수가 88개인데 번역문에서 53개로 줄어든 것은 다소 지나친 것이 아닌가 하는 생각이 들 수도 있다. 사실 일반적인 번역평가 기준을 적용하면, 19c)는 '잘못된 번역'이나 '나쁜 번역'으로 판정나기 십상이다. 하지만 작품성과 《어린 왕자》의 '번역 이론소들'을 충분히 고려하여 번역한 결과 그렇게 된 것이라면, 낱말들의 수적 차이는 별문제가 아닐 수 있다. 위에 들릴(2001:217-8)이 보인 코난 도일의 *A Study in Scarlet* (1887)의 한 예에서도 원문의 낱말이 55개인데, '리듬을 잘 살린 유일한 번역문'의 낱말 수도 32개로 큰 차이가 났으나, 적절한 번역으로 간주되었다. 양적 길이보다 '작품성'이나 동일한 '문학적 효과'의 재현이 더 중요한 기준이기 때문이다. 양적 평가, 대응 낱말들의 존재 유무가 주요 척도였던 우리의 번역평가와 번역비평도 이제 인식의 전환이 필요하다.

9. 엇결림과 감탄사 번역[21]

들릴(2001)에 의하면, '엇결림'(disparate)[22]은 번역텍스트에서의 어휘적, 수사적, 문체적, 리듬적, 운율적 성격의 '비일관성'(incohérence)에 기인한다. 이 부조화의 요소들은 언어·문체·톤의 일체성 결여로 특징지어진다. 양립이 어렵거나 이질적인 언어층위, 의미적 왜곡, 어휘적 비일관성, 문학적 관습들의 단절, 가짜 오랄리테, 가짜 방언 등이 그 예들이다. 이러한 결함들은 주로 원천주의적 번역에서 나타나나, 목표주의적 번역도 '엇결린 번역'에서 자유롭지 못하다고 저자는 말한다. 이러한 번역들은 '텍스트성'에 대해 깊게 고려하지 못한 번역들이다. 들릴(2001)은 문학텍스트를 다현 악기에 비유한다. '좋은 번역'이 되기 위해서는 현들을 모두 퉁겨 화음 전체가 들리도록 해야 한다는 것이다. 저자는 그가 말하는 '엇결림', 베르만(2011)이 말하는 '왜곡의 경향들'을 모두 '이탈음들'로 규정한다. 즉, '합리화', '명확화', '길이 증가', '고상화', '질적 빈약화', '양적 빈약화', '균질화', '리듬의 파괴', '기저 시니피앙 망 파괴', '체계성 파괴', '토착 언어망의 파괴 및 이국화', '관용구의 파괴', '언어들 간 중첩 소멸'도 모두 '엇결림'에 속한다는 것이다.

'좋은 번역'이 되기 위해서는 이러한 '이탈음들'이 최소화될 필요가 있

21 전성기(2014a, 2014b) 참고.

22 'disparate'는 《프라임 불한사전》에 형용사로는 '어울리지 않는', '잡다한'으로, 명사로는 '부조화'로 번역되어 있다. 우리말로는 '결다' 혹은 '겯다'가 '씨와 날이 서로 어긋매끼게 엮어 짜다'라는 뜻이라고 하는데, 이는 텍스트의 '엮어짜기'가 별다르지 않다. '결리다'에 부정 의미의 접두사 '엇-'이 덧붙여진 '엇결리다'는 이 '엮어짜기'가 어긋나거나 틀어진 것을 일컫는 것이니, '엇결리다'와 그 명사형 '엇결림'은 'disparate'의 적절한 번역이라고 생각된다.

다. 들릴(2007)은 '엇결림'이 '문체 문제'임을 분명히 한다. 맥락과 엇박자가 되거나 부조화를 이루는 모든 번역은 '문체의 문제적 번역'으로서, '엇결린 번역'에 해당한다. 잘못 이해된, 혹은 충분히 이해되지 못한 하나의 문법어, 어휘어, 감탄사 등은, 특히 되풀이 될 경우, 단지 오류가 아니라 맥락과 조화를 이루지 못하는 하나의 '엇결린 번역'이 될 가능성이 높다. 들릴은 단순 오역은 '엇결림'이 아니라고 말하는데, 양자가 늘 분명하게 구분되는 것은 아닌 것 같다. 오역이 빈번해지면 문체에도 당연히 악영향을 미치지 않겠는가? 여기서는 감탄사 번역 예만 두어 개 살펴보자.

20) a. – Ah ! Voilà un sujet, s'écria le roi quand il aperçut le petit prince. (10장)
  b. "아아! 신하가 한 명 왔도다!" 어린 왕자를 보자 왕은 소리쳤다.

21) a. La seconde planète était habitée par un vaniteux :
   – Ah ! Ah ! Voilà la visite d'un admirateur ! (11장)
  b. 두 번째 별에는 허영심에 빠진 사람이 살고 있었다.
   "아, 아! 나를 숭배하는 사람이 찾아오는군!"

감탄사 번역은, 얼핏 드는 생각과 달리, 번역이 쉽지 않다. 20b)의 모사 번역 '아아!'를 모처럼 찾아온 한 '신하'가 반가운 왕이 내는 소리라고 할 수 있을까? 좀 이상하지 않은가? '오!'나 '호!'라면 모를까. "호! 신하가 하나 왔구나!"라고 하면 좀더 왕이 하는 말 같지 않은가? 21b)의 모사 번역 '아, 아!'도 'Ah ! Ah !'의 단지 음역에 지나지 않는 느낌인데, 여러 번역본이 그렇게 옮기고 있다. '야아!(혹은 여어!) 숭배자가 하나 오는군!' 같은 번역이 어떨까?

10. 텍스트번역과 텍스트성

번역에 대한 분석과 성찰의 일차적 도구는 문법서와 사전들이고, 외국어 문법서의 경우, 설명과 예문, 특히 그 번역이 중요 요소이다. 우리의 외국어 문법교육이 언어교육은 물론 문학교육, 인문교육과도 거리가 먼 방식으로 이루어지고 있는 것은 문제이다. 문법 예문도 실은 작은 텍스트이다. 예문 번역부터 문법의미, 어휘의미, 구문의미, 화행의미 등을 고려하여 맥락 번역이 되어야 한다. 번역문법은 '미니텍스트'인 문법 예문 번역에서 텍스트번역까지, 일반번역평가에서 문학번역비평에 이르기까지, 나름의 의미 있는 기여를 할 수 있다. 텍스트의 표층적 언어에 유의하는 번역문법은 일종의 '읽기 이론'이기도 하고 '글쓰기 이론'이기도 하다. 물론 의미 차원의 '변별적 자질들'에 초점을 맞추는 번역문법의 분석적 접근은 '작품성' 차원에서 볼 때 한계가 있다. 세부적인 번역문법적 분석에서는 우수한 번역이라도 '텍스트성', '작품성' 재현에는 미흡할 수가 있다. 그래서 번역문법도 전일적 접근 차원의 검토를 통한 번역과 번역비평의 궤도 수정 가능성에 충분히 개방적일 필요가 있다.

우리 인문학번역에는 '텍스트성'을 제대로 갖추지 못한 번역들이 적지 않은 것이 무엇보다 큰 문제이다. 부분과 전체가 나선형적 '해석의 순환'을 이루는 조화로운 '탐구번역'과 '탐구번역비평'의 적극적 모색이 시급하다. 텍스트번역의 지평은 '문자 번역', '텍스트-번역', '작품-번역', '재창조-번역', '에크리튀르의 번역' 등으로 다양하게 나타나나, 한 마디로 말하면, '텍스트를 텍스트'로, '작품을 작품으로' 번역하는 것이다. 즉, '텍스트성', '작품성'을 살리는 번역, 작품의 각 요소들의 '연기적 성격'을 번역하는 것이다. 이는 '일관성'과 '응결성'이 충분히 고려된 번역을 하는 것이기도 하다.

이를 위해서는 무엇보다 '엇결림'이 최소화되어야 한다. 독자가 작품번역에서 '번역 멀미'나 '어지러움'이 아니라 균형과 조화를 느낄 수 있는 번역이 되어야 한다. 물론 원텍스트가 난해한 경우에는 번역도 독자가 상당히 어려움을 느끼는 텍스트가 될 수밖에 없다. 번역문법은 주체와 맥락과 상황이 적극 고려되는 '교섭과 등가의 텍스트문법'이다. 이러한 번역문법이 '탐구번역'과 '탐구번역비평'의 분석에서 중심 역할을 할 수 있도록 사례들을 중심으로 다양한 연구들이 지속적으로 이루어져야 할 것이다. 우리 인문학의 패러다임 전환을 전망하는 번역인문학[23]은 이러한 바탕 위에서 비로소 가시화될 수 있을 것이다.

23 전성기(2008, 2013b, 2014a) 참고.

2부

《어린 왕자》의 번역문법

헌사

1) demande pardon à, une grande personne, une excuse sérieuse, même 문장

Je demande pardon aux enfants d'avoir dédié ce livre à une grande personne. J'ai une excuse sérieuse : cette grande personne est le meilleur ami que j'ai au monde. J'ai une autre excuse : cette grande personne peut tout comprendre, même les livres pour enfants.

ㄱ) 이 책을 어떤 어른에게 바치게 된 것을 어린이들이 용서해주었으면 한다. 내게는 그럴 만한 진지한 이유가 있다. 그 어른은 이 세상에서 나와 가장 친한 친구이니 말이다. 그 밖에 한 가지 이유가 더 있다. 그 어른은 어린이들을 위한 책까지도 다 이해할 줄 안다는 것이 그것이다.

ㄴ) 나는 이 책을 어른에게 바친 데 대해 어린이들에게 용서를 빈다. 나에게는 그럴 만한 사정이 하나 있다. 내가 이 세상에서 사귄 가장 훌륭한 친구가 바로 이 어른이라는 점이다. 또 다른 사정이 있다. 이 어른은 모든 것을, 어린이들을 위해 쓴 책까지도 이해할 줄 안다는 것이다.

'demande pardon à'는 ㄱ)과 ㄴ) 등 여러 번역이 가능하나, '용서를 구한다'로 옮기고 싶다. 'une grande personne'는 위 맥락에서는 '어떤 어른'이나 그냥 '어른'보다 '한 어른'으로 옮기는 것이 보다 적절하다. 그냥 '어른'이라고 한 번역은 원문과 다르게, 정관사 구문을 번역한 것으로 느껴진다. 'une excuse sérieuse'는 ㄱ)의 '그럴만한 진지한 이유', ㄴ)의 '그럴 만한 사정' 외에, '그럴 만한 깊은 사연', '그럴 만한 각별한 사정' 등의 번역이 있는데,[1] 'sérieuse'의 이 텍스트에서의 쓰임새를 고려하면, '진지한 이유가 하나'가 적절해 보인다. 쌍점 ':' 이하에 쓰인 'cette grande personne…' 문장이 'J'ai une excuse sérieuse'의 이유인 것을 고려하여, ㄱ)은 '…이니 말이다'로, ㄴ)은 문장 구조 자체를 바꾸어 '…가 바로 …라는 점이다'로 옮겼는데, '이 어른이 이 세상에서 제일 친한 친구이다'라고 옮기면 어떨까? 'même les livres pour enfants'는 문장 말미라는 위치도 의미가 있으니, 그 번역도 말미에 두는 것이 좋을 것이다. 번역은 ㄱ)의 '어린이들을 위한 책',

1 '용서받을 만한 그럴 듯한 이유', '그럴 만한 중대한 이유', '용서받을 만한 진지한 이유', '그럴 만한 이유' 같은 번역들도 있다.

ㄴ)의 '어린이들을 위해 쓴 책' 외에 '아동 도서' 등도 있는데, 복수도 고려하여 '어린이들을 위한 책들'로 옮기는 것이 무난해 보인다.

⇒ 이 책을 한 어른에게 바친 데 대해 어린이들에게 용서를 구한다. 내게는 진지한 이유가 하나 있다. 이 어른이 이 세상에서 제일 친한 친구이다. 이유가 또 하나 있다. 이 어른은 모든 걸 이해할 줄 안다, 어린이들을 위한 책들까지도.

2) où **구문**, d'abord, mais, Je veux bien…, Quand il était petit garçon

J'ai une troisième excuse : cette grande personne habite la France où elle a faim et froid. Elle a bien besoin d'être consolée. Si toutes ces excuses ne suffisent pas, je veux bien dédier ce livre à l'enfant qu'a été autrefois cette grande personne. Toutes les grandes personnes ont d'abord été des enfants. (Mais peu d'entre elles s'en souviennent.) Je corrige donc ma dédicace :

A Léon Werth
Quand il était petit garçon

ㄱ) 그리고 세 번째 이유는, 그 어른이 지금 프랑스에 살고 있는데 그곳에서 춥고 배고픈 처지에 놓여 있다는 점이다. 그 어른은 위로를 받을 필요가 있는 것이다. 그 모든 이유로도 부족하다면, 나는 이 책을 지난날 어린아이였던 그에게 바치기로 하겠다. 어른들은 누구나 다 처음엔 어린아이였다. (그러나 그것을 기억하는 어른은 별로 없다.)그래서 나는 이 '바치는 말'을 이렇게 고쳐 써보겠다.

어린 소년이었을 때의 레옹 베르트에게

ㄴ) 세 번째 사정이 있다. 이 어른은 지금 프랑스에서 살고 있는데, 거기서 굶주리며 추위에 떨고 있다. 그를 위로해주어야 한다. 이 모든 사정으로도 부족하다면, 지금은 이 어른이 되어 있는 예전의 어린아이에게 이 책을 바치고 싶다. 어른들도 처음엔 다 어린이였다. (그러나 그걸 기억하는 어른들은 별로 없다.) 그래서 나는 헌사를 이렇게 고친다

어린이였을 때의 레옹 베르트에게

우선 'J'ai une troisième excuse'를 ㄴ)은 문장으로 옮겼고, ㄱ)은 명사구로 축약해 옮겼는데, 공감이 가는 선택이다. 'où' 구문 번역은 두 구문 모두에서 약간의 '명시화'와 '증폭'의 '번역 무늬'가 나타난다. '…는데, 춥고 배고프다는 것이다'로 충분하다. 원문에서의 순서는 'faim et froid'이나, 번역은 우리말의 관례적 순서를 존중할 필요가 있다. 그 다음 구문도 간략화가

필요하다. 'je veux bien…'을 ㄱ)은 '-로 하겠다'로, ㄴ)은 '-고 싶다'로 옮겼는데, 양보의 의미를 나타내는 표현이니, '-도 좋다' 정도로 옮겨야 하지 않을까? 'd'abord'의 사전적 의미인 '우선'이나 '먼저'는 이 맥락에서 쓰기 어렵다. ㄱ)과 ㄴ)의 '처음엔'보다 '한때는'이 위 맥락에 적합한 번역이 아닐까? 괄호 안의 'mais'는 두 번역 모두 '그러나'로 옮겼고, '하지만'이라는 번역도 있는데, 위 맥락에서는 이 '하지만'이 더 적합하지 않을까?[2] 'Quand il était petit garçon'은 ㄱ)과 ㄴ) 번역 모두 가능하나, '아이 시절'이 더 간결해서 더 나아 보인다.

> ⇒ 셋째 이유는, 이 어른이 프랑스에 사는데, 춥고 배고프다는 것이다. 그는 위로가 필요하다. 이 모든 이유들이 부족하다면, 이 책을 그 어른의 옛 시절 아이에게 바쳐도 좋다. 어른들도 다 한때는 아이였다. (하지만 그걸 기억하는 어른은 거의 없다.) 그래서 '헌사'를 고쳐 쓴다.
>
> 아이 시절 레옹 베르트에게

1장

1) magnifique, Histoires Vécues, Voilà la copie du dessin

> Lorsque j'avais six ans j'ai vu, une fois, une magnifique image, dans un livre sur la Forêt Vierge qui s'appelait «Histoires Vécues». Ça représentait un serpent boa qui avalait un fauve. Voilà la copie du dessin.

ㄱ) 여섯 살 적에 나는 '실제로 겪은 이야기'라고 하는, 원시림에 관한 어떤 책에서 멋

2 진정은(2005:192)은 '<그러나>는 선후행문의 문맥적 대립 요소에 의한 단순 대조 의미가 강하고, <하지만>은 선행문의 전제로 인한 기대가 후행문에서 부정되는 '양보' 의미가 있다'고 말한다. 그래서 '<그러나>가 쓰이면 더 단정적인 느낌을 주는 반면 <하지만, 그렇지만> 이 쓰이면 완곡하고 공손한 느낌을 주게 된다'는 것이다. 한편 '<그러나>는 주로 문어에 많이 쓰여 격식적인 반면, <그렇지만, 하지만>은 주로 구어에 쓰여 비격식적인 표현'이라고 한다.

들어진 그림을 하나 본 적이 있다. 맹수를 꿀꺽 집어삼키는 보아구렁이 그림이었다. 위의 그림은 그걸 옮겨 그려본 것이다.

ㄴ) 내 나이 여섯 살 적에, 한번은 '체험담'이라고 부르는 원시림에 관한 책에서 멋진 그림 하나를 보았다. 보아뱀 한 마리가 맹수를 삼키고 있는 그림이었다. 그걸 옮겨 놓은 그림이 위에 있다.

'magnifique'는 ㄱ)의 '멋들어진', ㄴ)의 '멋진' 외에, '훌륭한', '대단한', '기막힌' 등의 번역이 있는데, '기막힌'도 괜찮고 '아주 멋진'도 괜찮아 보인다. 'Histoires Vécues'는 ㄱ)의 '실제로 겪은 이야기', ㄴ)의 '체험담' 외에 '체험한 이야기', '탐험 이야기', '모험기' 등이 있는데, '체험담'이 괜찮아 보인다. 'un livre'의 'un'은 '어떤'보다는 '한'의 의미로 보아야 할 것이다. 'un serpent boa'를 '보아구렁이'라고 해석한 것은, 유럽에 구렁이가 살고 있는 것이 아니기에, 일종의 '문화적 번안'이다. 그냥 '보아뱀'이라고 하는 것이 무난해 보인다. 'Voilà la copie du dessin'은 위 두 번역 외에도 번역서에서의 그림의 위치에 따라 '그것을 옮겨 그리면 이렇다', '그것을 옮겨 그리면 다음과 같다' 같은 번역도 나온다. 'une copie'와 대비되는 'la copie'라는 의미를 살려 주려면, '위 그림은 이를 베낀 것이다'가 조금 더 낫지 않을까?

⇒ 여섯 살 적, 나는 '체험담'이라고 하는, 원시림에 관한 한 책에서 아주 멋진 그림을 하나 본 적이 있다. 한 맹수를 집어삼키는 보아뱀을 그린 것이었다. 위 그림은 이를 베낀 것이다.

2) On disait dans le livre, serpents boas, ils dorment pendant…

On disait dans le livre : «Les serpents boas avalent leur proie tout entière, sans la mâcher. Ensuite ils ne peuvent plus bouger et ils dorment pendant les six mois de leur digestion.»

ㄱ) 그 책에는 이렇게 적혀 있었다. "보아구렁이는 먹이를 씹지도 않고 통째로 집어삼킨다. 그러고는 더 이상 꼼짝도 하지 못한 채 여섯 달 동안 잠만 자며 먹이를 소화시킨다."

ㄴ) 그 책에 이런 말이 있었다. 보아뱀은 먹이를 씹지 않고 통째로 삼킨다. 그러고 나면 몸을 움직일 수 없어 먹이가 소화될 때까지 여섯 달 동안 잠을 잔다.

'On disait dans le livre'는 ㄱ)과 ㄴ) 외에 '그 책에 쓰인 말이다'도 가능한 번역이다. 'ils dorment pendant les six mois de leur digestion'의 ㄱ)의 '더 이상 꼼짝도 하지 못한 채 여섯 달 동안 잠만 자며 먹이를 소화시킨다'는 증폭적 번역이고, 주요 서술어도 '잠을 잔다'에서 '먹이를 소화시킨다'로 바뀌어 있다. ㄴ)의 번역도 괜찮고 '그리고 꼼짝할 수 없어, 여섯 달의 소화 기간 동안 잠을 잔다' 같은 번역도 가능하지만, 뒷 부분을 '소화하는 여섯 달 동안 잠을 잔다'라고 하는 것이 더 나을 듯하다.

⇒ 그 책에 쓰인 말이다. "보아뱀은 먹이를 안 씹고, 통째로 삼킨다. 그리고 꼼짝할 수 없어, 소화하는 여섯 달 동안 잠을 잔다."

3) beaucoup, les aventures de la jungle, j'ai réussi, avec un crayon de couleur 등

J'ai alors beaucoup réfléchi sur les aventures de la jungle et, à mon tour, j'ai réussi, avec un crayon de couleur, à tracer mon premier dessin. Mon dessin numéro 1. Il était comme ça : (…)

ㄱ) 그래서 나는 밀림 속에서의 온갖 모험들에 대해서 곰곰이 생각해보았다. 그리고 나도 색연필을 가지고 나름대로 생전 처음 그려보는 그림을 하나 그리게 되었다. 내 그림 제1호였다. 그 그림은 이런 것이었다.

ㄴ) 나는 그 그림을 보고 나서 밀림의 가지가지 모험들을 곰곰이 생각해 보았으며, 드디어는 나도 색연필을 들고 나의 첫 그림을 용케 그려 내었다. 나의 그림 제1호, 그건 다음과 같았다.

ㄷ) 나는 그때 오랫동안 밀림 속의 모험을 생각해 보고, 이번에는 나도 색연필을 들고 나의 첫 그림을 그려내었다. 나의 그림 제1호, 그건 이렇다.

이 'beaucoup'의 번역에 '오랫동안', '한참' 등도 있지만, '곰곰이'라고 옮긴 것이 위 맥락에서는 적절한 것 같다. 'les aventures de la jungle'을 '밀림 속에서의 온갖 모험들'이라고 하는 것은 다소 과장된 느낌이다. '밀림의 가지가지 모험들'이나 '밀림 속에서의 모험'이나 '밀림 속의 모험' 같은 유사한 번역 외에 '밀림에서 일어나는 일' 같은 번역도 있다. '정글 속 모험들'이 리듬이 고려된 적절한 번역으로 생각된다. 'j'ai réussi à'는 ㄱ)

의 '나름대로 …그리게 되다', ㄴ)의 '용케 …하다', ㄴ)의 '-내다'에 해당하는 것으로 해석된다. 좀 약하기는 하나, '-내다'가 위 맥락에서는 그나마 괜찮은 선택으로 생각된다. 'à mon tour'는 '나도'의 '-도'에 해당된다. ㄱ)처럼, 굳이 '(내) 나름대로'를 덧붙일 필요는 없을 것 같다. 'avec un crayon de couleur'의 'avec'와 'un'이 다양하게 재현되어 있는데, 리듬을 고려하면 '색연필로'가 무탈한 번역일 것이다. 'Il était comme ça'는 ㄱ)의 '그 그림은 이런 것이었다'도 괜찮고, ㄷ)의 '그것은 이런 그림이었다'도 괜찮다. 'comme ça'의 구어성을 생각하면, 그리고 그림이 이 말의 바로 아래에 자리하고 있는 것을 고려하면, '그 그림은 이러했다'도 가능한 번역이다.

⇒ 나는 그래서 정글 속 모험들에 대해 곰곰이 생각해 보았고, 나도 색연필로 내 첫 그림을 그려 냈다. 내 그림 제1호다. 그 그림은 이러했다.

4) mon chef d'oeuvre, **간접의문문**, **어순**, répondre, **조건형 현재 문장**

> J'ai montré mon chef-d'oeuvre aux grandes personnes et je leur ai demandé si mon dessin leur faisait peur.
> Elles m'ont répondu : « Pourquoi un chapeau ferait-il peur ? »

ㄱ) 나는 그 걸작품을 어른들에게 보여주고 내 그림이 무서우냐고 물어보았다.
어른들은 대답했다. "모자가 뭐가 무서워?"

ㄴ) 나는 그 걸작을 어른들에게 보여 주며 내 그림이 무섭지 않느냐고 물어보았다.
어른들은 대답했다. "아니, 모자가 왜 무서워?"

'mon chef-d'oeuvre'는 맥락에 따라서는 '이 걸작'으로 충분히 옮길 수 있다. 간접의문문 'je leur ai demandé si mon dessin leur faisait peur'를, ㄴ)처럼 '내 그림이 무섭지 않느냐고 물어보았다'라고 하기 보다는, 원문처럼 긍정 의문으로 옮기는 것이 나을 것이다. ㄱ) 번역도 괜찮지만, 조금 더 간략하게 '내 그림이 무섭냐고 물었다'라고 하는 것이 이야기의 느낌을 더 잘 살려 주는 것 같다. '모자가 뭐가 무서워?'는 '모자가 무섭지 않다'는 것을 전제하는 것이고, 모자가 무섭다는 것을 부정하는 것이어서, 궁금증을 나타내는 원문 'Pourquoi un chapeau ferait-il peur?'의 '왜 모자가 무섭지?'와는 다른 뜻이 된다. 이러한 해석을 하면, 'répondre'도 '대답하다'가 아니라 '되묻다'라고 해석해야 할 것이다.

⇒ 나는 그 걸작을 어른들에게 보여 주고, 내 그림이 무섭냐고 물어보았다. 어른들은 되물었다. "왜 모자가 무섭지?"

5) représenter, digérait, comprendre

Mon dessin ne représentait pas un chapeau. Il représentait un serpent boa qui digérait un éléphant. J'ai alors dessiné l'intérieur du serpent boa, afin que les grandes personnes puissent comprendre. Elles ont toujours besoin d'explications.

ㄱ) 내 그림은 모자를 그린 게 아니었다. 그것은 코끼리를 삼키고서 소화시키는 보아구렁이를 그린 것이었다. 그래서 나는 어른들이 알아볼 수 있도록 보아구렁이의 뱃속을 그려넣었다. 어른들에게는 언제나 설명을 해주어야 한다.

ㄴ) 내 그림은 모자를 그린 게 아니라 코끼리를 소화시키고 있는 보아뱀을 그린 것이었다. 그래서 나는 어른들이 알아 볼 수 있도록 보아뱀의 속을 그렸다. 어른들에겐 항상 설명을 해주어야만 한다.

위 맥락에서 'représenter'의 '그리다'라는 해석은 적절하다. 'digérait'의 '소화시키는'이라는 해석도 물론 가능하나, ㄴ)처럼 '소화시키고 있는'으로 옮기는 것이 보다 적절해 보인다. 'afin que' 구문에 포함된 'comprendre'는 《어린 왕자》에서 20여 회 가까이 쓰인 중요한 어휘이다.[3] 두 번역 모두 '알아보다'로 옮기고 있는데, 맥락을 고려한 번역이다. 불한사전에 '알다', '이해하다'는 나와도 '알아보다'는 대개 안 나온다. 마지막 문장의 번역은 두 번역 다 괜찮으나, 간결성을 조금 더 고려하여 '어른들은 늘 설명이 필요하다'와 같이 옮기는 것이 낫다. 'explications'은 굳이 '설명들'이라고 하지 않아도 될 것 같다.

⇒ 내 그림은 모자를 그린 게 아니었다. 코끼리를 소화시키고 있는 보아뱀을 그린 것이었다. 그래서 나는 어른들이 알아볼 수 있도록, 보아뱀 뱃속을 그렸다. 어른들은 늘 설명이 필요하다.

3 '이해'라는 표현은 번역본 ㄱ)에서는 10회 정도 발견된다.

6) ainsi, 대과거, 정언성

C'est ainsi que j'ai abandonné, à l'âge de six ans, une magnifique carrière de peintre. J'avais été découragé par l'insuccès de mon dessin numéro 1 et de mon dessin numéro 2.

ㄱ) 이리하여 나는 여섯살 때 화가로서의 멋진 꿈을 접을 수밖에 없었다. 내 그림 제1호와 제2호가 성공을 거두지 못한 것 때문에 낙담하고 만 것이었다.

ㄴ) 나는 이렇게 해서 내 나이 여섯 살 때 화가라는 멋있는 직업을 포기했다. 나는 내 그림 제1호와 그림 제2호의 실패로 그만 기가 죽었던 것이다.

'ainsi'는 ㄴ)의 '이렇게 해서'보다 ㄱ)의 '이리하여'가 더 간결해서 더 낫다. 'une magnifique carrière de peintre'의 '화가로서의 멋진 꿈'이라는 비유적인 해석은 위 맥락에서는 충분히 가능하고 멋지다. 그러한 선택을 하면 'abandonner'의 '접다'라는 해석은 자연스레 뒤따른다. 다만, '…할 수밖에 없었다'는 불필요한 증폭이다. 물론 '화가로서의 멋진 장래' 같은 선택도 가능하다. 대과거 문장은 '낙심했던 것이다' 정도로 해석된다.

⇒ 나는 이리하여, 여섯 살 때, 화가로서의 멋진 장래를 포기했다. 내 그림 1호와 2호의 실패에 낙심했던 것이다.

7) ne… jamais rien, toujours et toujours

Les grandes personnes ne comprennent jamais rien toutes seules, et c'est fatigant, pour les enfants, de toujours et toujours leur donner des explications.

ㄱ) 어른들은 언제나 스스로는 아무것도 이해하지 못한다. 그러니 어린이들로서는 그들에게 매번 설명을 하고 또 해야 하니 피곤한 노릇이다.

ㄴ) 어른들은 자기들 혼자서는 아무것도 이해하지 못하고, 그렇다고 그때마다 자꾸 자꾸 설명을 해주자니 어린이에겐 힘겨운 일이었다.

ㄷ) 어른들은 언제나 스스로는 아무것도 이해하지 못한다. 자꾸자꾸 설명을 해주어야 하니 맥빠지는 노릇이 아닐 수 없다.

'ne… jamais rien'과 'toujours et toujours'는 강조된 표현들이고, 이는 번역에 반영되어야 한다. '도무지 아무것도'와 '자꾸자꾸'는 괜찮은 선택이다. 'c'est fatigant'의 ㄱ)과 ㄴ) 번역은 무난하나, ㄷ)의 번역은 다소 불필요한 증폭이다.

⇒ 어른들은 혼자선 도무지 아무것도 이해하지 못한다. 아이들로선 자꾸자꾸 설명을 해 주는 게 피곤하다.

8) C'est, **표현의 간결성**

J'ai donc dû choisir un autre métier et j'ai appris à piloter des avions. J'ai volé un peu partout dans le monde. Et la géographie, c'est exact, m'a beaucoup servi. Je savais reconnaître, du premier coup d'oeil, la Chine de l'Arizona. C'est très utile, si l'on est égaré pendant la nuit.

ㄱ) 그래서 다른 직업을 선택할 수밖에 없게 된 나는 비행기 조종하는 법을 배웠다. 나는 안 가본 곳이 없을 정도로 세상 곳곳을 날아다녔다. 지리 공부가 나에게 많은 도움이 된 것은 사실이다. 척 보기만 해도 중국과 애리조나를 구별할 수 있었으니까. 그것은 밤에 길을 잃었을 경우에 매우 유용한 것이다.

ㄴ) 그래서 나는 다른 직업을 골라야 했고, 비행기 조종을 배웠다. 나는 세계의 여기저기 제법 많은 곳을 날아다녔다. 그리고 지리는 정말 내게 많은 도움이 되었다. 그 덕분에 나는 눈길 한 번에 중국과 애리조나를 구별할 수 있었다. 밤의 어둠 속에서 길을 잃었다면, 그게 아주 유익하다.

'C'est'의 'C''는 '그것은'이나 '그게'라고 하기보다 '지리는'처럼 명사 표현을 쓰는 게 낫지 않을까? 예문 8)은 어렵지 않다. 하지만 낱말이나 구문이 쉬운 것과 에크리튀르의 문제는 별개다. 오히려 쉽고 간결한 것을 동일하게 옮기는 것이 어려울 수 있다. 아래처럼 번역하면, 낱말 수도 ㄱ)의 45개, ㄴ)의 42개에서 35개로 줄어든다.

⇒ 나는 그래서 다른 직업을 택해야 했고, 비행기 조종을 배웠다. 나는 세상 거의 곳곳을 날아다녔다. 지리는, 사실, 내게 도움이 많이 되었다. 나는 척 보고, 중국과 애리조나를 구별할 줄 알았다. 지리는 매우 유용하다, 밤에 길을 잃었을 경우.

9) ainsi, tas de gens sérieux, ai beaucoup vécu, chez, Je les ai vues, Ça, **복합과거**

J'ai ainsi eu, au cours de ma vie, des tas de contacts avec des tas de gens sérieux. J'ai beaucoup vécu chez les grandes personnes. Je les ai vues de très près. Ça n'a pas trop amélioré mon opinion.

ㄱ) 이리하여 나는 살아오는 동안 여러 믿음직한 사람들과 수많은 접촉을 갖게 되었다. 어른들 가운데 섞여 오랫동안 살아온 것이다. 나는 그들을 아주 가까이에서 볼 수 있었다. 그 덕분에 그들에 대한 내 생각이 썩 좋은 쪽으로 변한 건 아니다.

ㄴ) 나는 이렇게 살아오는 동안 수많은 진지한 사람들과 수많은 접촉을 했다. 오랫동안 어른들과 함께 살며 그들을 아주 가까이서 보아 왔다. 그렇다고 해서 그들에 대한 내 의견이 크게 달라지지는 않았다.

ㄷ) 나는 그리하여 일생 동안 수없이 많은 점잖은 사람들과 수많은 접촉을 가져왔다. 어른들 틈에서 많이 살아온 것이다. 그렇다고 해서 그들에 대한 내 생각이 나아진 건 없었다.

'ainsi'는 앞 문단과의 연결을 명시적으로 보여 주는 요소이다. ㄱ)과 ㄷ)의 '이리하여'나 '그리하여'보다는 ㄴ)처럼 '이렇게', 또는 '이처럼'으로 옮기는 게 적절해 보인다. 다만 '이렇게'가 '살아오는'에 직접 걸리는 것으로 오해될 수도 있으니, 문장 앞쪽으로 돌리는 게 나아 보인다. 'sérieux'는 그 자체로는 '믿음직한'이나 '성실한' 등의 해석이 가능하나, 《어린 왕자》 전체 어휘 맥락 속에서의 역할을 고려하면 '진지한'이라는 해석이 타당해 보인다. 'tas de'의 '여러'라는 해석은 축소해석이다. 'tas de'의 반복의 의미도 번역에서 고려되어야 한다. 'chez'는 '가운데 섞여'로도, '속에서'로도 해석할 수 있겠으나, ㄷ)의 '틈에서'가 더 나아 보인다. 'Je les ai vues'를, ㄱ)처럼, 굳이 '볼 수 있었다'라고 할 필요가 있을까? '보았다'로 충분하다. 'Ça'를 ㄱ) '그 덕분에'로, ㄴ)과 ㄷ)은 '그렇다고 해서'로 옮겼는데, '그렇다고'로 충분하다. 예 9)에서는 복합과거가 연속 네 번 나온다. 'j'ai ainsi eu', 'j'ai beaucoup vécu', 'Je les ai vues', 'Ça n'a pas trop amélioré'이다. 번역 ㄱ), ㄴ), ㄷ)이 이 리듬을 충분히 고려한 것으로 느껴지지는 않는다. 이 복합과거들을, 아래에서처럼, '가졌다', '지냈다', '보았다', '않았다'로 옮기면 리듬이 조금 더 나아지는 느낌이다.

⇒ 이처럼 나는 살아오면서 수많은 진지한 사람들과 수많은 접촉을 가졌다. 나는 어른들 틈에서 적잖이 지냈다. 그들을 아주 가까이에서 보았다. 그렇다고 내 생각이 크게 바뀌진 않았다.

10) lucide, compréhensive, mais, Je me mettais à sa portée, 반과거, raisonnable 등

Quand j'en rencontrais une qui me paraissait un peu lucide, je faisais l'expérience sur elle de mon dessin numéro 1 que j'ai toujours conservé. Je voulais savoir si elle était vraiment compréhensive. Mais toujours elle me répondait : « C'est un chapeau. » Alors je ne lui parlais ni de serpents boas, ni de forêts vierges, ni d'étoiles. Je me mettais à sa portée. Je lui parlais de bridge, de golf, de politique et de cravates. Et la grande personne était bien contente de connaître un homme aussi raisonnable...

ㄱ) 어른들 중에 좀 똑똑해 보이는 이를 만날 때면 나는 늘 간직하고 있던 내 그림 제1호를 가지고 그 사람을 시험해보곤 했다. 정말이지 이 사람이 무언가 이해할 줄 아는 사람인지 궁금했던 것이다. 그러나 그 사람은 으레 '모자구나' 하고 대답하는 것이었다. 그러면 나는 보아구렁이니 원시림이니 별이니 하는 이야기는 아예 꺼내지도 않았다. 나는 그가 알아들을 수 있는 얘기만 하게 되었다. 브리지 게임이니 골프니 정치니 넥타이니 하는 것들에 대해 이야기하는 것이었다. 그러면 그 어른은 나같이 제대로 된 사람을 알게 된 것을 몹시 흐뭇하게 여겼다.

ㄴ) 나는 좀 똑똑해 보이는 사람을 만날 때마다, 항상 품고 다니던 내 그림 제1호를 꺼내 그를 시험해보곤 했다. 그가 정말 이해력이 있는 사람인가 알고 싶었던 것이다. 그러나 늘 이런 대답이었다. "모자로구먼." 그러면 나는 보아뱀 이야기도 처녀림 이야기도 별 이야기도 꺼내지 않았다. 나는 그가 알아 들을 수 있도록, 트럼프 이야기, 골프 이야기, 정치 이야기, 넥타이 이야기를 했다. 그러면 그 어른은 그만큼 분별 있는 사람을 하나 알게 되었다고 아주 흐뭇해 하는 것이었다.

'lucide'는 '똑똑하다', '영리하다', '총명하다' 등의 해석이 있는데, 'grandes personnes'의 자질을 나타내는 말이니 '명석하다'는 해석이 타당해 보인다. 'que j'ai toujours conservé'는 ㄱ)의 해석도 가능하지만, '늘 지니고 있던'이 맥락의 의미상 보다 적절해 보인다. 'vraiment compréhensive'를 ㄱ)은 '정말이지… 무언가 이해할 줄 아는 사람'으로, ㄴ)은 '정말 이해력이 있는'으로 옮기겼는데, 후자도 괜찮지만, '정말 뭘 좀 아는지'도 괜찮아 보인다. 'Mais' 문장의 'mais'는 '하지만'의 뜻이고, 당연히 여기는 답이니 '모자구나'보다는 '모자지' 정도로 번역이 되어야 할 것이다. 'Je me mettais à sa portée'를 '나는 그가 알아들을 수 있는 얘기만 하게 되었다'라고 설명적으로 옮기는 것 '증폭'의 '번역 무늬'로 느껴진다. 'aussi raisonnable'의 '제대로 된'이란 ㄱ)의 번역은 의미는 충분히 통하지만 좀

아쉬운 표현이란 느낌이 든다. ㄴ)의 '그만큼 분별 있는'에서 '분별 있는'은 괜찮지만, '그만큼'은 어색한 느낌이 든다. '꽤 사리 밝은'으로 옮기면 어떨까?[4] 위의 표현에서 반과거는 반복의 의미를 나타내는데, 두 번역처럼, 굳이 '-보곤 했다'라고 할 필요는 없다. '-했던 것이다'나 '-하는 것이었다'도 다소 늘어진 느낌을 준다. 'Je me mettais à sa place.'는 불어에서 거의 정언적 표현에 가깝다. 그에 해당하는 표현으로 우리말에서 정언적 표현에 가까운 '눈높이에 맞추다'라는 표현을 쓰는 것이 좋지 않을까? 위 예의 반과거들은 '궁금했다', '돌아왔다', '안 꺼냈다', '맞추었다', '얘기했다' 등으로 '-었다'로 리듬을 맞춰 옮기면, 다른 곳에서 맞추지 못한 리듬이 일부 '상쇄'하는 효과도 있다. 전체적으로 '간결성'과 '리듬'을 고려하면 다음 정도의 번역이 될 것이다. 낱말 수는 ㄱ)이 79개, ㄴ)이 69개, 아래 번역이 60개다.

> ⇒ 어른들 중에 좀 명석해 보이는 이를 만나면, 나는 늘 지니고 있던 그림 1호로 시험해 보았다. 나는 그 사람이 정말 뭘 좀 아는지 궁금했다. 하지만 으레 '모자지'라는 답이 돌아왔다. 그러면 나는 보아뱀, 원시림, 별들 얘기는 아예 안 꺼냈다. 나는 그의 눈높이에 맞추었다. 나는 브리지 게임, 골프, 정치, 넥타이에 대해 얘기했다. 그러면 그 어른은 꽤 사리 밝은 사람을 알게 된 걸 매우 흡족해했다.

2장

1) ainsi, jusqu'à, s'était cassé, Et, **표현의 간결성**

> J'ai ainsi vécu seul, sans personne avec qui parler véritablement, jusqu'à une panne dans le désert du Sahara, il y a six ans. Quelque chose s'était cassé dans mon moteur. Et comme je n'avais avec moi ni mécanicien, ni passagers, je me préparai à essayer de réussir, tout seul, une réparation difficile. C'était pour moi une question de vie ou de mort. J'avais à peine de l'eau à boire pour huit jours.

4　이 부분의 번역 가운데에는 '이렇게 똑똑한', '매우 착실한', '괜찮은', '아주 사리 밝은' 등이 있다.

ㄱ) 그래서 나는 서로 마음을 터놓고 이야기할 만한 상대도 없이 홀로 지내왔는데, 육 년 전 어느 날 사하라 사막에서 문득 비행기 고장을 만나게 되었다. 비행기 엔진의 어딘가가 파손된 것이다. 정비사도 승객도 없이 혼자였으므로 나는 그 어려운 수리를 손수 해보겠다고 마음먹었다. 내게 있어서 그것은 죽느냐 사느냐의 문제였다. 마실 물이 일주일분밖에 남아 있지 않았던 것이다.

ㄴ) 나는 이렇게 진심을 털어놓고 이야기할 사람도 없이 혼자 살아오던 끝에, 여섯 해 전, 사하라 사막에서 비행기 사고를 만났다. 모터에서 무언가 부서진 것이다. 기관사도 승객도 없었던 터라 나는 그 어려운 수리를 혼자서 감당해 볼 작정이었다. 나로서는 죽느냐 사느냐 하는 문제였다. 겨우 일주일 동안 마실 물밖에 없었다.

'ainsi'를 ㄱ)은 '그래서'로 옮기고 있는데, 2장의 첫 문장인 예문이 앞 장의 마지막 서술과 일관성 있게 연결이 되지 않는다. ㄴ)처럼 '나는 이렇게…'나, '이처럼 나는' 정도로 옮겨야 할 것이다. ㄱ)은 'jusqu'à' 구문을 명시적으로 옮기진 않았고, ㄴ)은 '…하던 끝에'로 옮겼고, 구문 순서를 바꾼 번역도 있는데, 구문 순서를 유지하며 그대로 옮기는 제3의 선택도 가능하다. 대과거 's'était cassé'는 '과거 사건의 결과의 의미'이니 '망가졌던 것이다' 정도의 번역이 적절하다. 셋째 문장의 'Et'를 '그런데'로 옮긴 번역도 있으나, 묵시적 처리가 바람직해 보인다. 《어린 왕자》에서 자주 나타나는 이 'Et'는, 문장 구성에서의 '단절'의 경우로, 텍스트에 '시적 충동'을 준다고 갈랑베르(2006:82)가 말하는 경우에 해당된다고 짐작된다. 갈랑베르(2006:118)는 'car'에 대해 '서정의 갈고리'(cheville lyrique)라는 말을 하는데, 'et'의 경우에도 적용된다고 생각된다. 'une question de vie ou de mort.'는 두 번역보다 '생사 문제'라는 간결한 번역이 바람직해 보인다.

⇒ 이처럼 나는 흉금을 터놓을 만한 사람도 없이 홀로 지내 왔다, 육 년 전 어느 날, 사하라 사막에서 비행기 고장을 당하기 전까지는. 비행기 엔진 어딘가가 망가졌던 것이다. 정비사도 승객도 없이 혼자였으므로, 나는 힘든 수리를 손수 해 보기로 작정했다. 내게 그건 생사 문제였다. 마실 물도 일주일분밖에 없었다.

2) donc, mille milles, plus isolé qu'un naufragé

Le premier soir je me suis donc endormi sur le sable à mille milles de toute terre habitée. J'étais bien plus isolé qu'un naufragé sur un radeau au milieu de l'océan.

ㄱ) 첫날 밤, 나는 사람이 사는 곳에서 수만 리 떨어진 사막에서 잠이 들었다. 드넓은 바다 한가운데에서 뗏목을 타고 표류하는 난파자보다도 훨씬 더 고립된 신세였다.

ㄴ) 첫날 저녁, 나는 사람이 사는 곳에서 사방으로 수만 리나 떨어진 사막에 누워 잠이 들었다. 넓은 바다 한 가운데서 뗏목을 타고 흘러가는 난파선의 뱃사람보다도 훨씬 더 외로운 처지였다.

'donc'은 대부분의 번역이 옮기지 않았다. 묵시적 처리가 바람직한 것으로 암묵적 동의가 이루어진 것이다. '밀밀'로 같은 발음이 반복되는 'mille milles'은 2장에서 여러 차례 쓰였다. ㄱ)과 ㄴ)을 비롯한 대부분의 번역이 이 'mille milles'을 '수만 리'로 옮겼는데, 그렇게 '문화번역'을 한 것은 좋으나, 수치가 부적절하다. 1리가 대략 0.4 킬로미터니까, 천 마일, 즉 1,600킬로미터면 4천 리가 된다. 그렇다면 '수만 리'가 아니라 '수천 리' 정도로 옮겨야 할 것이다. 그런데 17장에 나오는 'vingt milles'의 경우도 고려하면, 'milles'을 '마일'로 차용 번역을 하는 게 나을 것 같다. 'mille milles'을 '천여 마일'로 옮기는 것이다. 둘째 문장의 번역은 두 번역 모두 괜찮긴 하나, 더 간결하게 옮길 수도 있다. ㄱ)과 ㄴ)은 낱말 수가 각각 23개, 27개이나, 다음 번역은 21개이다.

⇒ 첫날 밤, 나는 사람 사는 곳에서 천여 마일 떨어진 사막에서 잠이 들었다. 대양 한가운데, 뗏목 위 난파자보다 훨씬 더 고립된 처지였다.

3) une drôle de petite voix, Elle disait, S'il vous plaît, Hein, Dessine-moi

Alors vous imaginez ma surprise, au lever du jour, quand une drôle de petite voix m'a réveillé. Elle disait : ...
«S'il vous plaît… dessine-moi un mouton !
– Hein !
– Dessine-moi un mouton…»

ㄱ) 그러니 해가 뜰 무렵, 어떤 기이한 목소리에 잠이 깬 내가 얼마나 놀랐을지 여러분은 상상할 수 있을 것이다. 그 목소리는 말했다.
"저기… 나 양 한 마리만 그려줘."
"응?"

"나, 양 한 마리만 그려줘."

ㄴ) 그러니 해 뜰 무렵 이상한 작은 목소리가 나를 불러 깨웠을 때, 내가 얼마나 놀랐겠는가. 그 목소리는 말했다.
"저… 양 한 마리만 그려 줘!"
"뭐?"
"양 한 마리만 그려 줘…"

'une drôle de petite voix'의 해석에는 ㄱ)과 ㄴ)의 '어떤 기이한 목소리', '이상한 작은 목소리' 외에, '야릇한 목소리' 등이 있는데, '어떤 기이한 작은 목소리'가 적절하지 않을까? 'qunad' 구문은, 능동적 의미의 번역 ㄴ)보다, 수동적 의미의 번역 ㄱ)이 나아 보인다. 불어의 '정언적' 표현에 상응하는 우리말의 '정언적' 표현이기 때문이다. 첫 문장은 구문 순서를 번역에서도 존중하는 것이 놀라움의 효과 재현에 더 효과적이다. 'Elle disait'를 '그 목소리는 말했다'로 옮긴 것은 '대어역'이다. 이희재(2009:199)는 영어는 'say, explain, reply처럼 주어의 발언 행위를 묘사하는 동사를 꼬박꼬박 넣어주는 경향이 있는데, 한국어 문장에서는 빼도 무방할 때가 많'다고 지적한다. 한국어 번역문에서 '물었다', '설명했다', '말했다', '대답했다' 같은 표현을 너무 남발하면 부자연스러운 느낌을 준다는 것이다.[5] 이는, 달리 말하면, '발언 행위 묘사 동사'는 잘 사용하지 않는 것이 한국어의 정언적 성향이라는 것이다. 불어는 위 대목에서 'elle disait'의 사용이 상당히 자연스럽지만, 한국어는 그 반대이다. 서술자가 '크게 놀란 것'을 나타내기 위해서도 생략이 바람직하다. 'S'il vous plaît'는 'S'il te plaît'와 대비되는 것임을 고려하여, '저기…'보다는 '저기요…'라고 옮겨 줄 필요가 있다. 'Dessine-moi'는 'Dessinez-moi'와 대비되는 것이니, '그려줘'가 적절한 번역이다. 감탄사 'Hein ?'에 대한 '응?'이나 '뭐?' 같은 번역에도 동의하기 어렵다. 서술자가 크게 놀라는 것을 적절하게 나타내기에는 아무래도 부족한 느낌이다. '엥?'이 어떨까?

⇒ 그러니 여러분은 상상이 갈 것이다. 해 뜰 무렵, 어떤 기이한 작은 목소리에 잠이 깬

5 전성기(2013a) 참고.

내가 얼마나 놀랐을지.
“저기요… 양 한 마리 그려 줘.”
“엥?”
“양 한 마리 그려 줘…”

4) ai sauté, comme si **구문**, bien, petit bonhomme, gravement

J'ai sauté sur mes pieds comme si j'avais été frappé par la foudre. J'ai bien frotté mes yeux. J'ai bien regardé. Et j'ai vu un petit bonhomme tout à fait extraordinaire qui me considérait gravement.

ㄱ) 나는 마치 벼락이라도 맞은 것처럼 후닥닥 일어났다. 눈을 비비고 주위를 잘 살펴보았다. 그랬더니 아주 이상하게 생긴 조그만 아이가 나를 심각한 눈으로 쳐다보고 있는 것이었다.

ㄴ) 나는 벼락이라도 맞은 듯 벌떡 일어섰다. 나는 눈을 비비고 주위를 잘 살펴보았다. 아주 신기한 꼬마 아이가 엄숙하게 나를 바라보고 있었다.

‘comme si’ 구문’은 ‘벼락이라도 맞은 듯’도 괜찮고, ‘기겁을 해서’도 괜찮다. ‘sauter’는 전자의 경우에는 ‘후다닥 일어나다’, 후자의 경우에는 ‘벌떡 일어나다’가 어울린다. 되풀이된 ‘bien’을 그대로 살리기는 어려우나, ‘막’과 ‘잘’이라는 단음절로의 번역은 가능하다. ‘나는 눈을 막 비비곤, 잘 살폈다’라고 하면, ‘bien’의 되풀이를 3음절의 동사들이 받쳐 주는 결과가 된다. ‘j'ai vu’는 ‘쳐다보니까 눈에 들어온’ 상황이다. ‘un petit bonhomme’는 ‘작은 애 하나’란 번역이 적절해 보인다. ‘gravement’은 ‘심각하게’로 옮기는 게 어떨까?

⇒ 나는 기겁을 해서 벌떡 일어났다. 나는 눈을 막 비비곤, 잘 살폈다. 나를 심각하게 바라보는 아주 이상한 작은 애 하나가 눈에 들어왔다.

5) Voilà, mais, Ce n'est pas ma faute, **수동 대과거 구문, 구문 순서**

Voilà le meilleur portrait que, plus tard, j'ai réussi à faire de lui. Mais mon dessin, bien sûr, est beaucoup moins ravissant que le modèle. Ce n'est pas ma faute. J'avais été découragé dans ma carrière de peintre par les grandes personnes, à l'âge de six ans, et je n'avais rien appris à dessiner, sauf les boas fermés et les boas ouverts.

ㄱ) 여기 있는 그림은 훗날 내가 그의 모습을 그린 그림들 중에서 가장 잘된 것이다. 그러나 물론 나의 그림은 모델보다는 훨씬 덜 매력적이다. 그렇지만 그건 내 탓이 아니다. 여섯 살 적에 이미 어른들 때문에 화가의 꿈을 접어버린 후 나는 뱃속이 보이지 않거나 보이거나 하는 보아구렁이 외에는 그림 그리는 것을 배워본 일이 없었으니 말이다.

ㄴ) 여기 그의 초상화가 있다. 이 그림은 내가 훗날 그를 모델로 그려 낸 그림 중에서 가장 훌륭한 것이다. 그러나 내 그림이 그 모델만큼 멋이 있으려면 아직 멀었다. 그러나 그건 내 잘못이 아니다. 나는 내 나이 여섯 살 적에 어른들 때문에 기가 죽어 화가의 길을 포기했고, 기껏해야 속이 보이는 보아뱀과 보이지 않는 보아뱀을 그린 것밖에는 달리 그림 공부를 해본 적이 없지 않은가.

'Voilà' 구문의 ㄱ) 번역이 한 문장을 두 문장으로 나눈 ㄴ)의 것보다는 원문 구조를 상대적으로 조금 더 존중한 것이기는 하나, '여기 이게 나중에 내가 그려낸 그의 그림들 중 제일 잘 된 것이다'가 원문 구조에 더 가까운 번역이다. 텍스트에서 'portrait'는 전신 그림을 가리키는 것이니, 사전적으로 '사람의 얼굴을 중심으로 그린 그림'이라는 뜻의 '초상화'라고 옮기기 어렵다. 'j'ai réussis à…'는, 아쉽긴 하나, '내가… 그려낸'으로 재현되었다. 'mais'는 '그러나'보다는 '하지만'이 맥락에 더 어울려 보인다. 'Ce n'est pas ma faute.'의 번역은 '내 탓이 아니다'로 족하다. '그렇지만 그건'이나 '그러나 그건'은 불필요하다. 수동 대과거 구문 'J'avais été découragé dans ma carrière de peintre par les grandes personnes'를 ㄱ)은 '이미 어른들 때문에 화가의 꿈을 접어버린 후'로, ㄴ)은 '어른들 때문에 기가 죽어 화가의 길을 포기했고'로, 다른 한 번역은 '어른들 때문에 화가로서의 장래에 낙심이 되어서'로 옮겼다. 다 가능하지만, '화가의 장래가 어른들 때문에 꺾인 후'가 더 간결하다. 'sauf' 구문 해석은 뒤로 돌리는 것이 원문 의미에 부합한다.

⇒ 여기 이게 나중에 내가 그려낸 그의 그림들 중 제일 잘된 것이다. 하지만 내 그림은, 물론, 모델보다 훨씬 덜 매력적이다. 내 탓이 아니다. 여섯 살 적, 화가의 장래가 어른들 때문에 꺾인 후, 나는 그림 그리는 걸 배운 적이 없었다, 속 보이는 보아뱀과 속 안 보이는 보아뱀 빼고는.

6) mon petit bonhomme, ni와 mort의 **반복**, Il n'avait en rien

> Or mon petit bonhomme ne me semblait ni égaré, ni mort de fatigue, ni mort de faim, ni mort de soif, ni mort de peur. Il n'avait en rien l'apparence d'un enfant perdu au milieu du désert, à mille milles de toute région habitée.

ㄱ) 그런데 이 아이는 길을 잃은 것 같지도 않았고 피곤해서, 배고파서, 목말라서, 무서워서 죽겠다는 표정도 아니었다. 사람 사는 곳에서 수만 리 떨어진 사막 한가운데서 길을 잃은 아이 같은 구석은 조금도 없었다.

ㄴ) 그런데 내가 본 이 아이는 길을 잃은 것 같지도 않았고, 피곤이나 굶주림이나 목마름에 시달려 녹초가 된 것 같지도, 겁에 질려 있는 것 같지도 않았다. 사람이 사는 곳에서 사방으로 수만 리나 떨어진 사막 한가운데서 길을 잃은 어린아이의 모습이 전혀 아니었다.

위 맥락에서의 'mon petit bonhomme'는 '이 어린 친구' 정도로 옮기면 좋을 것 같다. 굳이 '내가 본 이 아이'라고 할 필요가 없다. 위 원문에서 'ni'가 다섯 번, 'mort de'가 네 번 반복되어 있는데, ㄱ)과 ㄴ) 두 번역 모두 그 반복과 그 리듬을 나름대로 재현하려고 노력한 흔적은 보이나, 다소 아쉬움이 있다. 'en rien'은 '조금도'보다는 '전혀'라고 해야 그 강도가 유사해진다.

> ⇒ 그런데 이 어린 친구는 길을 잃은 것 같지도, 피곤해 죽을 것 같지도, 배고파 죽을 것 같지도, 목말라 죽을 것 같지도, 무서워 죽을 것 같지도 않아 보였다. 사람 사는 곳에서 천여 마일 떨어진 사막 한가운데서 길잃은 애 같은 구석이라곤 전혀 없었다.

7) Quand je réussis enfin à parler, Mais, Et, répéta, alors, doucement, sérieuse

> Quand je réussis enfin à parler, je lui dis :
> «Mais… qu'est-ce que tu fais là ?»
> Et il me répéta alors, tout doucement, comme une chose très sérieuse :
> «S'il vous plaît… dessine-moi un mouton…»

ㄱ) 이윽고 나는 간신히 정신을 차리고 그에게 말했다.
그런데… 넌 여기서 뭘 하고 있는 거니?
그러자 그는 아주 중대한 일이기나 한 것처럼 아주 나직한 목소리로 같은 말을 되풀이하는 것이었다.

"부탁이야, 나 양 한 마리만 그려줘."

ㄴ) 나는 마침내 입을 열 수 있게 되자, 겨우 이렇게 말했다.
"그런데… 넌 거기서 뭘 하고 있니?"
그러나 그 애는 무슨 아주 중대한 일이나 되는 것처럼 아주 나직하게 같은 말을 되풀이했다.
"저기…. 양 한 마리만 그려 줘…"

ㄱ)의 '간신히 정신을 차리고'는 'Quand je réussis enfin à parler'의 의역으로는 충분히 가능한 표현이나, 그보다는 ㄴ)의 '마침내 입을 열 수 있게 되자'가 낫고, 그보다는 '입이 겨우 떨어져'가 더 낫다고 생각된다. '마침내 입을 열어'라는 번역은 '의도적 행위'로 느껴져서 문제가 있다. 'Mais… qu'est-ce que tu fais là ?'에서의 'mais'는 'Mais, mange !'에서와 같이 '아니'의 의미로 쓰인 것이다. 예상 밖 상황에서 '그런데'라고는 말하지 않을 것이다. 'là'는 '여기서'와 '거기서'로 번역되어 있는데, 화자가 어린 왕자와 함께 있는 공간을 어떻게 인식하느냐에 따라 달라진다. 문제의 맥락에서는 '거기서'가 더 적합해 보인다. 'Et'는 구체적 의미를 나타내는 것으로 보이지는 않는다. 단순과거인 'répéta'의 ㄱ) 번역 '되풀이하는 것이었다'는 적절치 않다. ㄴ)처럼 '되풀이했다'라고 하거나, '되뇌었다'라고 옮겨야 할 것이다.[6] 'doucement'과 'sérieuse'는, 이 낱말들의 여러 맥락들을 고려하면, '나지막이'와 '진지한' 정도의 해석이 적절해 보인다. 'alors'는 ㄱ)처럼 '그러자'로 해석해야 할 것이다.

⇒ 나는 입이 겨우 떨어져, 그에게 말했다.
"아니… 너 뭐 하니, 거기서?"
그러자 그 아이는 아주 나지막이 되뇌었다, 무척 진지한 일인 양.
"저기요… 양 한 마리 그려 줘…"

8) **형식 문구**, semblât, absurde, mais, Il me répondit, Ça ne fait rien

Quand le mystère est trop impressionnant, on n'ose pas désobéir. Aussi absurde que cela me semblât à mille milles de tous les endroits habités et en danger de mort, je sortis de ma poche

6 단순과거의 용법에 대해서는 전성기(1998) 참고.

une feuille de papier et un stylographe. Mais je me rappelai alors que j'avais surtout étudié la géographie, l'histoire, le calcul et la grammaire et je dis au petit bonhomme (avec un peu de mauvaise humeur) que je ne savais pas dessiner. Il me répondit :

«Ça ne fait rien. Dessine-moi un mouton.»

ㄱ) 너무나 갑자기 놀라운 일을 당하게 되면 감히 거역할 생각을 못 하는 법이다. 사람이 사는 지역에서 수만 리 떨어진 곳에서 죽음의 위협을 받고 있는 처지에 너무나도 엉뚱하다는 생각은 하면서도 나는 결국 주머니에서 종이 한 장과 만년필을 꺼냈다. 그러나 곧 내가 배운 것은 지리, 역사, 산수, 문법 같은 것이라는 생각이 들어서 (약간 기분이 나빠진 목소리로) 난 그림을 그릴 줄 모른다고 말했다. 그러자 그가 대답했다.

"괜찮아. 나, 양 한 마리만 그려줘."

ㄴ) 터무니없는 일이라도 너무 강렬한 느낌을 받으면 감히 거역하지 못하는 법이다. 그래서 사람들이 사는 곳에서 사방으로 수만 리나 떨어진 데서 죽음이 눈앞에 어른거리는 판에 정말 멍청한 짓을 한다고 생각을 하면서도 나는 주머니에서 종이와 만년필을 꺼냈다. 하지만 나는 그때 내가 특별히 공부한 것이라고는 고작 지리와 역사와 산수와 문법이라는 생각이 나서, (좀 언짢은 기분으로) 그 꼬마 아이에게 그림을 그릴 줄 모른다고 말했다. 그가 나에게 대답했다.

"괜찮아. 양 한 마리만 그려줘."

《어린왕자》에는 'mystère'가 세 번, 'mystérieux'가 세 번 나온다. 횟수는 많지 않지만 그 중요성은 작지 않다. 텍스트의 전반적 응결성과 무관하지 않은 이 '반복'의 의미를 살려 주는 것이 중요하다. 'Quand le mystère est trop impressionnant, on n'ose pas désobéir.'는 이미 앞에서 '신비가 너무 강렬하면, 감히 거역 못하는 법이다.'라고 간명하게 옮길 필요가 있음을 강조한 바 있다. ㄱ)과 ㄴ)의 번역은 모두 '증폭'된 느낌이다. 'absurde'의 ㄱ) 번역 '엉뚱하다'나 ㄴ) 번역 '멍청한 짓을 하다'는 맥락과 썩 잘 어울려 보이지는 않는다. '황당하다'라는 해석이 낫지 않을까? 'semblât'는 접속법 반과거인데, 그 의미의 포착은 물론 재현도 어렵다. ㄱ)의 '-는 생각은 하면서도', ㄴ)의 '-고 생각을 하면서도'보다는 그래도 '-하긴 했으나'가 조금 낫지 않을까 하는 생각을 해 본다. 'Mais'는 위 맥락에서도, ㄱ)의 '그러나'보다 ㄴ)의 '하지만'이 나아 보인다. 'Il me répondit'의 'répondre'의 의미를, ㄱ)과 ㄴ)에서처럼, '대답하다'로 보긴 어렵다. 맥락상 '되받다'라고 해석해야 하지 않을까? 'le petit bonhomme'는 ㄱ)은 안 옮겼고, ㄴ)은 '그 꼬마 아이'라고 옮겼는데, '어린 친구'라는 번역이 어떨까? 'Ça ne fait rien'은 '괜찮아'보다는 '상관없어' 정도로 번역이 되어야 할 것이다.

⇒ 신비가 너무 강렬하면, 감히 거역 못 하는 법이다. 사람 사는 곳에서 천여 마일 떨어진 곳에서 죽을 위험을 당한 처지에 황당하긴 했으나, 나는 주머니에서 종이 한 장과 만년필을 꺼냈다. 하지만 나는 주로 지리, 역사, 산수, 문법을 배운 것이 문득 생각나서, 어린 친구에게 (약간 짜증을 내며) 그림 그릴 줄 모른다고 말했다. 그가 되받았다.
"상관없어. 양 한 마리 그려 줘."

9) Comme **구문**, refis, dont, **불완전문**, Et, je fus stupéfait, répondre

«Ça ne fait rien. Dessine-moi un mouton.»
Comme je n'avais jamais dessiné un mouton je refis, pour lui, l'un des deux seuls dessins dont j'étais capable. Celui du boa fermé. Et je fus stupéfait d'entendre le petit bonhomme me répondre :

ㄱ) "괜찮아. 나, 양 한 마리만 그려줘."
양은 한번도 그려본 적이 없었으므로 나는 그에게 내가 그릴 줄 아는 단 두 가지 그림 중의 하나를 그려주었다. 뱃속이 보이지 않는 보아구렁이의 그림 말이다. 그런데 그 아이는 놀랍게도 이렇게 대답하는 것이었다.

ㄴ) "괜찮아. 양 한 마리만 그려줘."
나는 한 번도 양을 그려 본 적이 없기 때문에, 내가 오직 그릴 수 있는 두 가지 그림 중에서 하나를 그에게 다시 그려 주었다. 속이 보이지 않는 보아뱀의 그림을. 그런데 놀랍게도 그 꼬마 아이는 이렇게 대답하는 것이었다.

Comme 구문의 번역은 ㄱ), ㄴ) 다 가능하나, '…기에'라고 하고 싶다. 'refis'는 ㄴ)처럼 '다시 그려주다'라고 해석해야 할 것이다. 'dont'은 'capable de' 때문에 쓰인 것인데, 여기서는 번역에 어려움이 없다.[7] 불완전 문장 'Celui du boa fermé'도 그 '불완전성'을 재현할 수 있다면 그렇게 하는 것이 좋다. '… 그림 말이다'는 불필요한 명시화이다. 그 다음의 'Et'는 두 번역에서 보듯이, '그런데'의 의미이다. 'je fus stupéfait'는 단순과거이고 그 내용도 '크게 놀람'이니, 이를 충분히 고려해야 할 것이

7 'Telles sont les joies dont je pense que la vie est pleine.' 같은 문장에서의 'dont'도 'pleine de'의 'de' 때문에 쓰인 것이다; 17장의 'Celui-là est le seul dont j'eusse pu faire mon ami.', 27장의 'Celui que je touche, je le rends à la terre dont il est sorti.'도 참고하라.

다. 9)에서의 'répondre'는 두 번역뿐 아니라, 다른 여러 번역도 '대답하다'로 옮겼는데, 물은 것이 없으니, 그렇게 해석하면 곤란하다. 위 예에서 말줄임표로 처리된, 'Non ! Non ! Je ne veux pas d'un éléphant dans un boa.'로 시작되는 문장들을 '대답'으로 해석하는 것은 적절치 않다. '말을 듣고' 정도가 무난해 보인다.

⇒ "상관없어. 양 한 마리 그려 줘."
나는 양을 그려 본 적이 없었기에, 그를 위해, 내가 그릴 줄 알던 단 두 그림 중 하나를 다시 그렸다. 속 안 보이는 보아뱀을. 그런데 나는 어린 친구의 말을 듣고 크게 놀랐다.

10) Celui-là, gentiment, avec indulgence, Tu vois bien, mouton/bélier 등

Alors j'ai dessiné.
Il regarda attentivement, puis :
«Non! Celui-là est déjà très malade. Fais-en un autre.»
Je dessinai :
Mon ami sourit gentiment, avec indulgence :
«Tu vois bien… ce n'est pas un mouton, c'est un bélier. Il a des cornes…»

ㄱ) 그래서 나는 양을 그렸다.
그는 양 그림을 자세히 들여다보더니 이렇게 말했다.
"안 돼! 이 양은 벌써 병이 들어버렸는걸. 다른 걸로 하나 그려줘."
나는 다시 그렸다.
내 친구는 너그럽고 상냥하게 미소를 지었다.
"아이 참… 그건 양이 아니라 염소잖아. 뿔이 달렸으니까…"

ㄴ) 그래서 나는 이 양을 그렸다.
조심스럽게 살펴보더니 말했다.
"아냐! 이건 벌써 몹시 병들었는걸. 다른 걸로 하나 그려줘"
나는 이 그림을 그렸다.
내 친구는 얌전하게 미소 짓더니, 너그럽게 말했다.
"아이참… 이게 아니야. 이건 숫양이야. 뿔이 돋고…"

첫 문장과 둘째 문장의 목적어는 생략되어 있으니, 번역도 그렇게 하는 게 좋을 것 같다. 대명사 'Celui-là'는 'celui-ci'와 대비되는 표현으로, 거리상 먼 것과 가까운 것을 각각 나타내는데, 이 맥락에서는, 그냥 '애' 정도

로 옮기는 것이 좋을 것 같다. '이건'은 다소 낮춰 보는 듯한 느낌이 드니 바람직하지 않다. 'Fais-en un autre'는 '다른 거 그려줘'가 간결한 번역이다. 'gentiment'은 '싱긋'이란 번역이 괜찮아 보인다. 'avec indulgence'는 그 위치의 의미를 살려 줄 필요가 있다고 생각된다. 'Tu vois bien…'의 번역은, '보다시피…'도 괜찮긴 하나, ㄱ)과 ㄴ)의 '아이 참…'이 적절한 해석으로 생각된다. 그 다음 문장의 번역 '그건 양이 아니라 숫양인데'가 말이 잘 안 되니, 번역 ㄱ)은, 대신에, '양'과 '염소'를 대비시킨 것으로 보인다. ㄴ)처럼 '이게 아니야'라고 할 수도 있지만, 암수를 대비시킨 'mouton'과 'bélier'에서 한쪽을 묵시적으로 처리하는 것도 한 방법인데, 그것이 오히려 나아 보인다. 'gentiment, avec indulgence'에는 위 번역 외에 '할 수 없다는 듯이', '관대하게도' 등의 번역도 있는데, 잘못된 것들은 아니라 해도, 뭔가 아쉬움이 있는 번역들이다.

> ⇒ 그래서 나는 그렸다.
> 그는 주의깊게 들여다보더니, 말했다.
> "아냐! 얘는 벌써 아주 병들었어. 다른 거 그려 줘."
> 나는 다시 그렸다.
> 내 친구가 싱긋 웃었다, 아량을 보이며.
> "아이 참… 얘는 숫놈이잖아. 뿔이 있어…"

11) vive, Alors, comme j'avais hâte de, je griffonnai ce dessin-ci, Et je lançai

> «Celui-là est trop vieux. Je veux un mouton qui vive longtemps.»
> Alors, faute de patience, comme j'avais hâte de commencer le démontage de mon moteur, je griffonnai ce dessin-ci.
> Et je lançai:
> «Ça c'est la caisse. Le mouton que tu veux est dedans.»

ㄱ) "이건 너무 늙었어. 난 오래 살 수 있는 양이 갖고 싶어."
엔진을 분해하는 일이 급하기에 나는 아무렇게나 다음과 같은 그림을 끼적거려 놓고는 그에게 한마디를 툭 던져보았다.
"이건 상자야. 네가 원하는 양은 이 속에 있어."

ㄴ) "이건 너무 늙었어. 나는 오래 살 수 있는 양이 필요해."
그때 나는 모터를 분해할 일이 우선 급해, 참지 못하고 아무렇게나 쓱 그어 댔는데, 그게 이 그림이었다.

그러고는 던져 주며 말했다.
"이건 상자야. 네가 갖고 싶어 하는 양은 그 안에 들어 있어."

ㄷ) "이건 너무 늙었어. 나 오래 살 수 있는 양을 갖고 싶어."
그러자 비행기의 엔진을 수리하는 일이 급했던 나는 더 이상 참지 못하고, 아무렇게나 쓱쓱 그려 놓고는 한마디 툭 던졌다.
"이건 상자야. 네가 원하는 양은 이 속에 있어."

거의 대부분의 번역이 접속법 현재 'vive'를, ㄱ), ㄴ), ㄷ)처럼, '살 수 있는'으로 옮겼다. 그런데 '사는', '살', '살 수 있는'을 비교해 보면, 가능성에 초점이 주어진 '살 수 있는'보다는 미래 쪽으로 보다 확실하게 열린 느낌인 '살'이 더 적합하게 느껴진다. '사는'은 마치 '오래 사는 양들'과 '오래 못 사는 양들'이 따로 있다는 듯한 느낌을 준다. 'Alors'는 세 번역이 세 가지 선택을 했다. ㄱ)은 안 옮겼고, ㄴ)은 '그때'로, ㄷ)은 '그러자'로 옮겼는데, 이 '그러자'가 적절한 선택이다. 'comme j'avais hâte de commencer le démontage de mon moteur'도 조금씩 다르게 옮겨져 있는데, '엔진 분해가 시급했기에' 정도로 옮기면 어떨까? 'je griffonnai ce dessin-ci'도 조금씩 다르게 나타나 있는데, '다음 그림을 끼적거렸다' 정도로 옮길 수 있다. 'ce dessin-ci'는 직역하면 '이 그림'이나, ㄱ)은 '다음과 같은 그림'으로, ㄴ)은 '이 그림'으로 옮겼으나, 문장 구조를 바꾸었고, ㄷ)은 명시적 번역을 생략했다. 직접 목적어가 생략되어 있는 'Et je lançai'의 처리도 다 다른데, '그리고 한 마디 툭 던졌다' 정도 번역이 무난할 것 같다. 'griffonnai'와 'lançai'가 단순과거이니, 그 서술적 의미의 재현에 유의할 필요가 있다. 'Ça c'est la caisse. Le mouton que tu veux est dedans.'도 '퉁명스럽게 툭 던지는 말'이라는 '변별적 의미'가 세 번역에서는 잘 느껴지지 않는다.

⇒ "이건 너무 늙었어. 오래 살 양이 갖고 싶어."
그러자, 더 참지 못하고, 엔진 분해가 시급했기에, 나는 다음 그림을 끼적거렸다.
그리고 한마디 툭 던졌다.
"이거 상자다. 네가 원하는 양 이 속에 있다."

12) Mais, **감탄문**, **의문문**, Pourquoi, Ça suffira sûrement

> Mais je fus bien surpris de voir s'illuminer le visage de mon jeune juge :
> «C'est tout à fait comme ça que je le voulais ! Crois-tu qu'il faille beaucoup d'herbe à ce mouton?
> – Pourquoi ?
> – Parce que chez moi c'est tout petit…
> – Ça suffira sûrement. Je t'ai donné un tout petit mouton.»

ㄱ) 그러자 내 어린 심판관의 얼굴이 환해지는 걸 보고 나는 몹시 놀랐다.
"내가 원하던 게 바로 이거야! 이 양한테 풀을 많이 줘야 할까?"
"왜 그런 걸 묻지?"
"내가 사는 곳은 아주 작거든."
"풀은 넉넉할 거야. 내가 그려준 건 아주 작은 양이니까."

ㄴ) 그러자 뜻밖에도 이 어린 심판관의 얼굴이 환하게 밝아지는 게 아닌가.
"내가 원한 건 바로 이거야! 이 양을 먹이려면 풀이 많이 있어야 할까?"
"그게 걱정이야?"
"내가 사는 데가 아주 작아서…"
"아마도 충분할 거야. 내가 그려준 건 아주 조그만 양이거든."

'Mais'는 위 맥락에서 반전의 의미를 나타내니 ㄱ)의 '그러자'보다는 ㄴ)의 '그런데'가 적절하다. 감탄문은 ㄱ)과 ㄴ)의 번역도 괜찮지만 '바로 이게 내가 원하던 거야!'가 더 자연스러운 맥락 번역이다. 의문문은 ㄱ)보다는 ㄴ)의 번역 '이 양한테 풀이 많이 있어야 할까?'가 더 적절하다. 'Crois-tu'가 명시적으로 상대의 생각을 묻고 있지만, 번역에서 그러한 명시화가 반드시 필요한 것은 아니다. 'Pourquoi'의 번역은 '왜'로 충분하다. '왜 그런 걸 묻지?'나 '그게 걱정이야?'는 불필요한 '증폭'이다. 'Ça suffira sûrement'을 ㄱ)은 '풀은 넉넉할 거야', ㄴ)은 '아마도 충분할 거야'로 옮기고 있는데, 다 괜찮다. 한 번역은 '그거면 충분할 거야'로 옮겼고, 또다른 번역은 '거기 있는 걸로 아마 충분할 거다'라고 옮겼다. 'Ça'의 번역 '그거면'과 '거기 있는 걸로'는 '상자 안 풀'을 가리키는 것으로 생각되는데, ㄱ)이나 ㄴ)의 처리가 타당하다. 하지만 마지막 문장의 '-이니까'나 '-이거든'은 불필요한 '증폭'이다. '-었어'로 충분하다.

⇒ 그런데 아주 뜻밖에도 내 어린 심판관의 얼굴이 환하게 밝아졌다.
"바로 이게 내가 원하던 거야! 이 양한테 풀이 많이 필요할까?"
"왜?"
"나 사는 곳이 아주 작아서…"
"풀은 충분할 거야. 아주 작은 양을 주었어."

13) ainsi, fis la connaissance, le petit prince

Et c'est ainsi que je fis la connaissance du petit prince.

ㄱ) 이렇게 해서 나는 이 어린 왕자를 알게 되었다.

ㄴ) 나는 이렇게 해서 어린 왕자를 알게 되었다.

'ainsi'는, 두 번역의 '이렇게 해서'보다 간결하게 '이리하여'라고 하되, 위치는 ㄴ)처럼 하는 것이 좋겠다. 'fis la connaissance'의 단순과거 'fis'는 시작상의 의미를 갖는데, 이는 두 번역이 잘 파악하고 있다. 'le petit prince'를 굳이 '이 어린 왕자'라고 할 필요는 없다. 그냥 '어린 왕자'라고 해도 된다.

⇒ 나는 이리하여 어린 왕자를 알게 되었다.

3장

1) Il me fallut longtemps…, ce sont… qui, Ainsi, demanda, Ce n'est pas… 등

Il me fallut longtemps pour comprendre d'où il venait. Le petit prince, qui me posait beaucoup de questions, ne semblait jamais entendre les miennes. Ce sont des mots prononcés par hasard qui, peu à peu, m'ont tout révélé. Ainsi, quand il aperçut pour la première fois mon avion (je ne dessinerai pas mon avion, c'est un dessin beaucoup trop compliqué pour moi) il me demanda :
«Qu'est-ce que c'est que cette chose-là ?
– Ce n'est pas une chose. Ça vole. C'est un avion. C'est mon avion.»
Et j'étais fier de lui apprendre que je volais. Alors, il s'écria:
«Comment ! tu es tombé du ciel ?

ㄱ) 그 어린 왕자가 어디서 왔는지를 알게 되기까지는 오랜 시간이 필요했다. 어린 왕자는 내게 많은 것들을 물어보면서도 정작 내가 묻는 말은 조금도 귀담아듣는 것 같지 않았다. 그가 어쩌다 우연히 내뱉는 말들을 통해 나는 차츰차츰 모든 것을 알게 되었다. 가령, 내 비행기를 처음 보았을 때 (내 비행기는 그리지 않겠다. 그것은 너무도 복잡한 그림이니까)그는 나에게 이렇게 물었던 것이다.
"이 물건은 대체 뭐야?"
"이건 그냥 물건이 아냐. 날아다니는 거라고. 비행기라는 거야, 내 비행기."
나는 내가 하늘을 날아다닌다는 것을 그에게 가르쳐주게 된 것이 자랑스러웠다. 그랬더니 어린 왕자가 소리쳤다.
"뭐! 그럼 아저씨가 하늘에서 떨어졌다고?"

ㄴ) 그가 어디서 왔는지를 아는 데는 오랜 시간이 걸렸다. 어린 왕자는 내게 여러 가지 질문을 하면서도 내 질문은 전혀 귀담아듣는 것 같지 않았다. 어쩌다 우연히 흘러나온 말들을 듣고 나는 차츰차츰 모든 것은 알게 되었다. 가령, 그가 처음으로 내 비행기(내 비행기는 그리지 않겠다. 내가 그리기엔 너무나도 복잡한 그림이라서)를 보았을 때, 그는 나한테 이렇게 물었다.
"이 물건은 뭐야?"
"이건 물건이 아니야. 이건 날아다니는 거야. 비행기야. 비행기."
나는 내가 날아다닌다는 걸 그에게 알려 주는 것이 자랑스러웠다. 그러자 그는 큰 소리로 외쳤다.
"아니! 아저씨가 하늘에서 떨어졌어?"

첫 문장은 여러 번역이 ㄱ), ㄴ) 번역과 같은 순서로 옮기고 있는데, 'Il me fallut lontemps'을 먼저 해석해야 그 다음 문장과 연결이 자연스럽게 느껴진다. 'longtemps'도 여러 번역이 '오랜 시간', '오랜 시일'로 옮기고 있는데, '한참이 지나서야' 정도로 충분하다. 'Ce sont … qui' 구문은 두 번역 모두 잘 재현하고 있다. 'Ainsi'는 ㄱ)과 ㄴ)을 비롯한 여러 번역이 '가령'으로 옮기고 있다. 불한사전들에서 안 보이는 해석이지만, 등재가 필요한 해석이다. 'Ce n'est pas une chose'는 '메타언어적' 문장이다. 질문에 쓰인 'chose'라는 표현의 적절성을 부정하는 문장이다. '이건 물건이 아냐' 정도 번역이 무난하다. '이건 그냥 물건이 아냐'는 '물건'은 '물건'이라고 일단 인정하는 셈이니, 부적절하다. 문장 'c'est un dessin…'은 이유를 묵시적으로 나타내는데, 두 번역은 이를 '-이니까'와 '-이라서'로 명시화하고 있다. '-이다'라고 하면 묵시적 의미를 그대로 나타내는 것이 된다. 마지막 문장의 'j'étais fier de'를 두 번역 모두 '자랑스러웠다'로 옮기며 문장 끝에 놓았는데, '우쭐해서'로 해석하고 앞에 놓는 게 더 낫지 않을까? 그러면 그 다음 문장 'Alors, il s'écria'와의 연결도 보다 자연스럽다. 이 'Alors'는 ㄱ)의 '그랬더니'보다는 ㄴ)의 '그러자'가 적절한 해석이다.

⇒ 한참이 지나서야 나는 그가 어디서 왔는지 알게 되었다. 어린 왕자는 내게 많이 물었지만, 내 질문들은 전혀 귀담아듣는 것 같지 않았다. 그가 어쩌다 한 말들을 통해 나는 점차 모든 걸 알게 되었다. 가령, 내 비행기를 처음 보자(내 비행기는 안 그리겠다. 나한테 너무 복잡한 그림이다) 그는 내게 물었다.
"이 물건 뭐야?
"이건 물건이 아냐. 날아다니는 거야. 비행기야. 내 비행기."
나는 우쭐해서 내가 날아다닌다는 걸 알려줬다. 그러자 그가 소리쳤다.
"뭐? 하늘에서 떨어졌다고?"

2) drôle, Et, ps + ps, puis, il, toi aussi, planète

– Ah! ça c'est drôle!...»
Et le petit prince eut un très joli éclat de rire qui m'irrita beaucoup. Je désire que l'on prenne mes malheurs au sérieux. Puis il ajouta :
«Alors, toi aussi tu viens du ciel ! De quelle planète es-tu ?»

ㄱ) "야! 그거 참 재미있는데…"
그러면서 어린 왕자는 아주 유쾌하게 깔깔대며 웃었다. 그 말에 나는 몹시 기분이 나빠졌다. 나는 사람들이 내 불행을 우습게 여기는 것이 싫었다. 그런데 어린 왕자는 말을 이었다.
"그럼 아저씨도 하늘에서 왔구나! 어느 별에서 왔어?"

ㄴ) "야! 그것 참 재미있다…"
그러곤 어린 왕자가 아주 귀엽게 웃음을 터뜨렸는데, 그 때문에 나는 몹시 화가 났다. 내 불행이 심각하게 여겨지길 나는 바라는 것이다. 이어서 그는 덧붙였다.
"그럼 아저씨도 하늘에서 왔구나! 어느 별에서 왔어?"

이 예는 위 예에 바로 이어지는 대목이다. 'ça c'est drôle…'의 'drôle'을 ㄱ)과 ㄴ)을 포함한 여러 번역이 '재미있다', '재미난다'나 '이상한 일이네'로 해석하고 있는데, 맥락상 '희한하네' 정도로 해석해야 하지 않을까? 'Et'는 ㄱ)의 '그러면서'보다는 ㄴ)의 '그러곤'이 낫게 느껴진다. 두 단순과거 'eut'와 'irrita'는 모두 시작상의 의미를 갖는다. '까르르 웃음을 터뜨려', '아주 언짢아졌다'라고 하면 그 '시작'의 의미가 보다 선명하게 살아난다. 'très joli'는 '까르르 웃음을 터뜨려'의 의성어 '까르르'에 묵시적으로 표현된 것으로 간주된다. 번역 ㄱ)의 '그 말에'는 다소 문제가 있다. '나'가 '몹시 기분이 나빠'진 것을 어린 왕자의 웃음 때문이 아니라, '야! 그거 참 재미있는데…'라는 어린 왕자의 말로 보았기 때문이다. ㄴ)의 '그 때문에'는 일종의 '번역 무늬'로 생각된다. '터뜨려,'로 충분하다. 'Puis'는 ㄱ)의 '그런데'보다는 ㄴ)의 '이어서'가 적절한 해석이다. 'mes malheurs'도 '내 불행'으로 직역하기보다 '내 곤경'이라고 해석하면 좋지 않을까? 'Puis' 다음의 'il'을 굳이 '어린 왕자'라고 할 필요는 없다. 그리고 '그는'보다는 '그가'가 더 적절하다. 'toi aussi'는 두 번역 모두 '아저씨도'라고 옮기고 있는데, 적절한 대명사 맥락 번역이다. 'planète'는 의미상 '별'로도, 직역하여 '혹성'으로 옮길 수도 있으나, 일단 '혹성'의 순화된 표현이라는 '행성'으로 옮기기로 하자. 더 자세한 설명은 10장 5번의 설명으로 미룬다.

⇒ "야! 그거 희한하네…"
　그러곤 어린 왕자가 까르르 웃음을 터뜨려, 나는 아주 언짢아졌다. 사람들이 내 곤경을 진지하게 생각해 주면 좋겠다. 이어 그가 말했다.
"그럼 아저씨도 하늘에서 왔구나! 어느 행성에서 왔어?"

3) J'entrevis…, donc, doucement, C'est vrai…, Et, enfonça, qui+**단순과거 등**

J'entrevis aussitôt une lueur, dans le mystère de sa présence, et j'interrogeai brusquement :
«Tu viens donc d'une autre planète ?»
Mais il ne me répondit pas. Il hochait la tête doucement tout en regardant mon avion :
«C'est vrai que, là-dessus, tu ne peux pas venir de bien loin…»
Et il s'enfonça dans une rêverie qui dura longtemps. Puis, sortant mon mouton de sa poche, il se plongea dans la contemplation de son trésor.

ㄱ) 나는 곧 신비로운 그의 존재를 알아낼 수 있는 한줄기 빛이 엿보이는 것 같아서 불쑥 이렇게 물어보았다.
"그럼 너는 어느 별에서 온 거니?"
그러나 그는 아무 대답도 하지 않았다. 그는 내 비행기를 들여다보면서 가볍게 고개만 끄덕이고 있었다.
"하긴 이런 걸 타고는 그리 멀리서 오진 못했겠는데."
그러고는 꽤 오랫동안 깊이 생각에 잠기더니 그리곤 내가 그려준 양 그림을 주머니에서 꺼내서는 마치 보물인 양 가만히 들여다보고 있었다.

ㄴ) 나는 그 말을 듣자마자, 그가 어디서 나타났는지 그 수수께끼를 푸는 데에 한 줄기 가느다란 빛이 비치는 것 같아서 불쑥 이렇게 물어보았다.
"그럼 넌 다른 별에서 왔구나?"
그러나 그는 대답하지 않았다. 내 비행기를 바라보며 그는 가만히 고개를 끄덕였다.
"그렇겠지. 저걸 타고서야 그렇게 먼 곳에서 올 수는 없지…"
그리고 그는 오랫동안 생각에 잠겨 들었다. 이윽고 그는 호주머니에서 양을 꺼내 들고 그 보물을 골똘히 들여다보았다.

'J'entrevis…' 문장의 ㄱ)과 ㄴ)의 번역은 모두 '명시화'와 '증폭'의 '번역 무늬'가 작용한 번역으로 볼 수 있다. '나는 곧 그의 출현의 신비에 한 줄기 서광을 엿보았다'와 같은 간결한 번역도 가능하다. 이때 'mystère'는 이 맥락에서라면 '미스터리'라고 옮기는 것이 낫다고 생각되나, 앞의 2장에 나오는 '신비가 너무 강렬하면'으로 번역된 'Quand le mystère est trop impressionnant' 부분과의 연관성을 고려하면, '신비'라고 옮기는 것이 좋을 것으로 생각된다. 'présence'를 ㄱ)은 '존재'로, ㄴ)은 '어디서 나타났는지'로 옮겼는데, '출현'이 적절해 보인다. 'Tu viens donc d'une autre planète ?'는 어린 왕자의 말에서 추론을 한 결과로, 두 번역 모두 이를 잘 파악하고 있는데, 개인적으로는 '너 그럼 다른 행성에서 온 거니?'라고 옮기고 싶다. 'doucement'은 두 번역의 '가만히'가 상황에 어울리는 해석이다. 'C'est vrai que' 문장은 ㄱ)과 ㄴ)의 번역도 충분히 가능하나, 'vrai'는'맞아'로, 'que' 이하는 상황을 고려하여 '저걸로는 아주 멀리서 올 수가 없지…' 정도로 옮길 수 있다. 'Et'는 번역을 안 해도 좋을 것 같다. 'il s'enfonça dans une rêverie qui dura longtemps'를 ㄱ)도 '꽤 오랫동안 깊이 생각에 잠기더니'로, ㄴ)도 '그는 오랫동안 생각에 잠겨 들었다'로 옮겼다.[8] 두 단순과거 's'enfonça'와 'dura' 중에서 'qui' 이하의 'dura'를 먼저 옮기면서 두 동사 구문을 하나도 압축한 것인데, 'Ce fut le serpent qui creva.'(죽은 건 뱀이었다)같이, 'qui' 이하가 '제한'의 기능을 하는 경우를 빼고는 앞의 단순과거를 먼저 옮겨 주어야 한다. 즉, 두 단순과거를 순차적으로 옮겨, '상념에 빠

8 '꽤 오랫동안 깊이 생각에 잠기더니', '오랫동안 생각에 잠겨 들었다', '오래오래 무엇인가 곰곰이 생각하고 있었다' 같은 번역들도 있다.

져, 한참을 있었다' 같은 번역이 적절하다는 것이다.[9] 'mon mouton'은 '내가 그려준 양 그림'보다는 보다 간결하게 '양 그림'이라고 하는 것이 좋을 것 같다. 'se plongea'는 시작상을 나타내니, '빠져들었다'라고 하여 그 의미를 살려 주어야 한다.

⇒ 나는 곧 그의 출현의 신비에 한 줄기 서광을 엿보았다. 그래서 불쑥 물었다.
"너 그럼 다른 행성에서 온 거니?"
하지만 그는 답하지 않았다. 그는 내 비행기를 쳐다보며 고개를 가만히 끄덕였다.
"맞아, 저걸로는 아주 멀리서 올 수가 없지…"
그는 상념에 빠져, 한참을 있었다. 그리고 주머니에서 양 그림을 꺼내더니, 그 보물에 대한 사색에 빠져들었다.

4) Vous imaginez, combien…, cette demi-confidence, d'en savoir plus long 등

Vous imaginez combien j'avais pu être intrigué par cette demi-confidence sur « les autres planètes ». Je m'efforçai donc d'en savoir plus long :
«D'où viens-tu, mon petit bonhomme ? Où est-ce "chez toi" ? Où veux-tu emporter mon mouton ?»

ㄱ) '다른 별들'에 대해서 슬쩍 내비친 그 속내 이야기에 내가 얼마나 궁금해 몸이 달았을지 여러분은 짐작할 수 있을 것이다. 그래서 나는 그 점에 관해 좀더 알아보려고 애를 썼다.
"얘야, 너는 어디서 왔니? '네가 사는 곳'이란 대체 어디니? 내가 그려준 양을 어디로 데려가려고 하는 거니?"

ㄴ) 슬쩍 내비치다 그만둔 '다른 별들' 이야기에 내가 얼마나 안달이 났을지 여러분들도 짐작이 갈 것이다. 그래서 나는 좀 더 깊이 알아보려고 애를 썼다.
"얘야, 너 어디서 왔니? '네가 사는 곳'이란 데가 어디니? 내 양을 어디로 데려가려는 거니?"

ㄷ) '다른 별들'에 대한 그 알 듯 말 듯한 이야기에 내 호기심이 얼마나 컸겠는가. 그래서 나는 좀더 깊이 알아보려고 무척 애를 썼다.
"꼬마 신사야, 넌 어디서 왔니? '네가 사는 곳'이 어디니? 내 양을 어디로 데려가려는 거니?"

'Vous imaginez'의 번역은 ㄱ)과 ㄴ)의 것도 괜찮으나, '여러분은 짐작할 것이다'라고 조금 더 간결히 하는 것이 나아 보인다. 'combien j'avais pu

9 한 영어 번역은 'And he sank into a reverie, which lasted a long time.'으로 되어 있다.

être intrigué'를 ㄱ)은 '얼마나 궁금해 몸이 달았을지', ㄴ)은 '얼마나 안달이 났을지'로 옮겼는데, 원표현에 비해 다소 강하다는 느낌이 든다. '얼마나 내가 궁금해했을지' 정도가 무난하지 않을까? 'cette demi-confidence'의 번역은 ㄱ)의 '슬쩍 내비친 그 속내 이야기'에서 '그'와 '이야기'를 뺀다면 더 나을 것 같다. ㄷ)의 그 '알 듯 말듯한 이야기'는 조금 다른 의미이다. 'donc'은 오히려 '그래서'라고 명시적 번역을 하지 않는 것이 오히려 나을 것이다. 'Je m'efforçai donc d'en savoir plus long'는 'm'efforçai'를 '애를 썼다'라고 직역하면 어색하니, '나는 좀더 알고 싶어 캐물었다'라고 번역하여, '애를 썼다'는 의미가 '캐물었다'에서 드러나도록 하는 것이 나을 듯하다. 'mon petit bonhomme'는 위 맥락에서는 '얘'라고 해도 좋지 않을까? 'mon mouton'의 번역으로 '내가 그려준 양'은 지나치게 설명적이고, '내 양'은 사실과 다르다. 내가 그렸더라도 어린 왕자에게 준 것이니, '내 양'이 아닌 것이다. '양 그림' 정도가 무난해 보인다.

⇒ '다른 행성들'에 대해 슬쩍 내비친 속내 때문에 얼마나 내가 궁금해했을지, 여러분은 짐작할 것이다. 나는 좀 더 알고 싶어 캐물었다.
"어디서 왔니, 얘? '너희 집'이 어디니? 양 그림 어디로 가져가고 싶니?"

5) Ce qui est bien… c'est que, si tu es gentil, choquer, l'attacher, drôle 등

Il me répondit après un silence méditatif:
«Ce qui est bien, avec la caisse que tu m'as donnée, c'est que, la nuit, ça lui servira de maison.
– Bien sûr. Et si tu es gentil, je te donnerai aussi une corde pour l'attacher pendant le jour. Et un piquet.»
La proposition parut choquer le petit prince :
«L'attacher ? Quelle drôle d'idée !

ㄱ) 그는 아무 말없이 생각에 잠겨 있더니 대답했다.
"아저씨가 준 상자가 좋은 건 그게 밤에는 양의 집이 될 수 있다는 거야."
"그렇고말고. 네가 착하게 굴기만 하면 낮에 양을 매어둘 고삐도 그려줄게. 그리고 말뚝도."
나의 제안에 어린 왕자는 어이없어하는 것 같았다.
"양을 매어놓다니! 별 이상한 생각을 다 하는군!"

ㄴ) 그는 생각에 잠겨 한동안 말이 없더니 이렇게 대답했다.

"잘 됐어. 아저씨가 준 상자 말이야. 밤이면 양의 집이 될 수도 있겠는데."
"물론이지. 그리고 네가 얌전히 굴면, 낮에 양을 매어 둘 수 있도록 고삐도 하나 줄게. 말뚝도 주고."
내 제안에 어린 왕자는 충격을 받은 것 같았다.
"매어 둬? 참 괴상한 생각이다!"

'Ce qui est bien… c'est que…' 구문은 ㄱ)이 잘 재현하고 있다. 다만 '그게'는 빼는 것이 오히려 낫다. 'si tu es gentil'는 다양한 맥락 의미를 고려하면, '얌전히 있으면' 정도로 옮길 수 있을 것이다. '…굴면'이나 '굴기만 하면'은 다소 거칠게 느껴진다. 'La proposition'의 번역은 ㄱ)의 '나의 제안'과 ㄴ)의 '내 제안'도 괜찮지만, '이 제안'이 낫지 않을까? 'choquer'의 '충격을 받다'는 다소 강한 느낌이고, '마음에 들지 않다'는 상당히 약한 느낌이다. ㄱ)의 '어이없어하는 것 같았다'를 '어이없어했다'로 줄이면 좋을 것 같다. 불완전문 'L'attacher ?'의 정언적 성격을 고려하면, 번역도 대명사 번역은 생략하고, ㄴ)처럼, 간결하게 '매어 둬?'라고 옮겨야 할 것이다. 'drôle'에는 '이상한', '괴상한', '망측한'보다는 '희한한'이 상황에 보다 어울리는 해석이 아닐까?

⇒ 그는 조용히 생각에 잠겨 있다 답했다.
"아저씨가 준 상자가 좋은 건 밤에 양한테 집이 될 수 있다는 거야."
"물론. 얌전히 있으면, 낮 동안 양을 매어 둘 고삐도 그려 줄게. 그리고 말뚝도."
이 제안에 어린 왕자가 어이없어했다.
"매어 둬? 참 희안한 생각이군!"

6) Et, eut, Mais où veux-tu qu'il aille !

– Mais si tu ne l'attaches pas, il ira n'importe où, et il se perdra»
Et mon ami eut un nouvel éclat de rire :
«Mais où veux-tu qu'il aille !
– N'importe où. Droit devant lui…»

ㄱ) "하지만 매어놓지 않으면 제멋대로 돌아다니다가 길을 잃을지도 모르는데."
그랬더니 내 친구는 또다시 깔깔거리면서 웃어댔다.
'아니, 양이 가긴 어디로 가?'
'어디든. 아무 데나 곧장 앞으로…'

ㄴ) '그렇지만 매어 두지 않으면 아무 데나 돌아다니다가 길을 잃을 거야.'

그 말에 내 친구는 다시 한 번 웃음을 터뜨렸다.
'아니, 가긴 어디로 간다는 거야?'
'어디든지, 앞으로 곧장…'

'Et'는 '그러자' 정도로 해석된다. 단순과거 'eut'는 시작상을 나타내는데, ㄱ)보다 ㄴ)이 그 의미를 잘 살리고 있다. '그러자 내 친구가 다시 웃음을 터뜨렸다'고 하면, 그 의미가 더 유사해진다. 'Mais où veux-tu qu'il aille !'는, 두 번역도 괜찮지만, '아니, 제가 어디로 가겠어?'가 보다 간결한 번역이다. 'Droit devant lui…'는 ㄱ)의 '곧장 앞으로…'가 ㄴ)의 '앞으로 곧장…'보다 낫게 생각된다.

⇒ 하지만 안 매 놓으면, 아무 데나 갈 테고, 길을 잃을지도 몰라…
그러자 내 친구가 다시 웃음을 터뜨렸다.
"아니, 제가 어디로 가겠어?"
"아무 데나. 곧장 앞으로…"

7) Alors, gravement, avec un peu de mélancolie

Alors le petit prince remarqua gravement :
«Ça ne fait rien, c'est tellement petit, chez moi !»
Et, avec un peu de mélancolie, peut-être, il ajouta :
«Droit devant soi on ne peut pas aller bien loin… »

ㄱ) 그랬더니 어린 왕자는 심각한 표정이 되어 말했다.
"괜찮아. 내가 사는 곳은 아주 작으니까!"
그리고 마음이 약간 서글퍼졌는지 이렇게 덧붙였다.
"앞으로 곧장 가봐야 별로 멀리 갈 수도 없는걸…"

ㄴ) 그러자 어린 왕자가 엄숙하게 말했다.
"괜찮아. 내가 사는 데는 아주 작은데, 뭐!"
그러고는 어딘지 좀 우울한 목소리로 덧붙였다.
"앞으로 곧장 가봐야 멀리 갈 수도 없어…"

'Alors'는 '그러자'로 해석해야 할 것이다. 'gravement'은 바로 위 서술에 'Et mon ami eut un nouvel éclat de rire.'란 맥락이 있는 것을 고려하면, 어느 한 번역처럼, '웃음기를 거두고'라고 옮겨도 좋으나, '진지하게'라고 해도 괜찮다. 'c'est tellement petit, chez moi !'는 이유의 구문으로 '증폭'시키기보다, 분리 구문을 고려하여 '아주 작아, 나 사는 곳은!'이라고 하는 것이 좋지 않을까? 여러 번역이 'mélancolie'를 '슬픔'이나 '서글픔'으로 해석하고 있는데, 오히려, 한 번역에서 보듯이, '우수'로 해석하여 'avec un peu de mélancolie'를 '약간 우수에 젖은 듯' 정도로 옮겨 주어야 하지 않을까? 'Droit devant soi on ne peut pas aller bien loin…'를 '앞으로 곧장 가봐야 별로 멀리 갈 수도 없는걸…'이라고 옮기는 것은 상당한 '증폭'이다. ㄴ)보다도 간결하게, '곧장 가봤자 멀리 못 가…' 정도로 옮기고 싶다.

⇒ 그러자 어린 왕자가 진지하게 말했다.
"괜찮아, 아주 작아, 나 사는 곳은!"
그리고 어쩌면 약간 우수에 젖은 듯, 그가 덧붙였다.
"곧장 가 봤자 멀리 못 가…"

4장

1) avais ainsi appris, une seconde chose, c'est que, sa planète d'origine

J'avais ainsi appris une seconde chose très importante : c'est que sa planète d'origine était à peine plus grande qu'une maison !

ㄱ) 이렇게 해서 나는 매우 중요한 또 한 가지 사실을 알게 되었다. 그것은 그가 사는 별이 집 한 채보다 더 클까 말까 하다는 사실이었다!

ㄴ) 나는 이렇게 해서 아주 중요한 두 번째 사실을 알게 되었다. 어린 왕자가 태어난 별이 겨우 집 한 채보다 클까 말까 하다는 것이다!

위 문장은 4장의 첫 대목이다. 3장의 마지막 부분에 단순과거가 세 번 계속 나오고, 'ainsi'는 이와의 관련성을 나타내는 것이니, 첫 문장의 대과거를 이른바 '서술의 대과거'로 볼 수 있는 근거들이 된다.[10] 세 번역의 대과거 해석은 적절하다. 이 대과거를, 여느 대과거처럼, '알게 되었었다'로 해석

10 바르디에르(2009) 참고.

하는 것은 부적절하다. 'une seconde chose'는 '또 한 가지 사실'이라고 하기보다, ㄴ)처럼 옮겨서, '어린 왕자가 다른 행성에서 왔다는' 첫 번째 사실과 연관된 '두 번째 사실'임을 분명히 하여, 텍스트의 '응결성'을 살리는 것이 필요하다. 'ainsi'는 '이렇게 해서'로 옮겨도 좋지만, '이리하여'가 보다 간결하다. 'c'est que…' 구문도 보다 간결하게 처리할 수 있다. 'sa planète d'origine'은, 상황을 고려하면, ㄱ)의 '그가 사는 별'이나 ㄴ)의 '어린 왕자가 태어난 별'보다는 '그가 살던 행성'으로 옮기는 것이 타당해 보인다.

⇒ 나는 이리하여 아주 중요한 두 번째 사실을 알게 되었다. 그가 살던 행성이 겨우 집 한 채 정도 크기였다는 것이다!

2) auxquelles **구문**, en, si… que **구문**, un astronome, par exemple

Ça ne pouvait pas m'étonner beaucoup. Je savais bien qu'en dehors des grosses planètes comme la Terre, Jupiter, Mars, Vénus, auxquelles on a donné des noms, il y en a des centaines d'autres qui sont quelquefois si petites qu'on a beaucoup de mal à les apercevoir au télescope. Quand un astronome découvre l'une d'elles, il lui donne pour nom un numéro. Il l'appelle par exemple : «l'astéroïde 325».

ㄱ) 그것은 내게 그다지 놀라운 일은 아니었다. 지구, 목성, 화성, 금성같이 사람들이 이름을 붙여놓은 큰 별들 말고도 이 우주에는 다른 수백 개의 떠돌이별들이 있는데, 어떤 것은 너무나 작아서 망원경으로도 보이지 않을 정도라는 것을 나는 잘 알고 있었던 것이다. 어떤 천문학자가 그런 별을 하나 발견하면 이름 대신 번호를 매겨놓는다. 가령, '소행성 제325호'라는 식으로 부르는 것이다.

ㄴ) 그게 나한테는 별로 놀라운 일이 아니었다. 지구, 목성, 화성, 금성, 이렇게 이름이 붙은 큰 행성들 밖에도, 때로는 망원경으로도 잘 보이지 않을 만큼 아주 작은 다른 별들이 수백 개도 더 있다는 것을 나는 알고 있었다. 천문학자가 이런 별을 하나 발견하면 이름 대신 번호를 붙여준다. 예를 들어 〈소행성 325〉라고 부른다.

복합관계대명사 auxquelles 구문은 ㄱ)처럼 '사람들이 이름을 붙여놓은'이라는 능동적 의미로 해석할 수도, ㄴ)처럼 '이렇게 이름이 붙은'이라는 수동적 의미로 해석할 수도 있지만, 수동의 의미가 보다 강한 '이름이 붙여진' 같은 번역도 충분히 가능하다. 'il y en a des centaines d'autres'의 'en'을 ㄱ)은 '이 우주에는'으로, ㄴ)은 묵시적으로 처리했는데, 둘 다 가능하다. 이 구문의 처리는 두 번역이 서로 다른데, 'qui' 구문을 ㄱ)은 순차적으로, ㄴ)은 뒷부분을 먼저 해석했다. 전자가 원문의 구조에는 더 가깝다. 'si… que' 구문에서 'que' 이하를 ㄱ)과 ㄴ)이 '수동적'으로 해석한 것은 적절한 선택이지만, 'apercevoir'의 해석은 다소 달리하여, '너무 작아 망원경에도 거의 안 잡힐 정도라는 걸'이라고 옮기고 싶다. 'un astronome'는 '어떤 천문학자'로도, '한 천문학자'로도, 그냥 '천문학자'로도 옮길 수 있다. 'par exemple'은 '가령'으로도, '예를 들면'으로도, '이를테면'으로도 옮길 수 있다.

⇒ 그건 그리 놀라운 일이 아니었다. 이름이 붙여진 지구, 목성, 화성, 금성같이 큰 행성들 말고도 다른 수백 개의 행성들이 있는데, 어떤 것들은 때로 너무 작아 망원경에도 거의 안 잡힐 정도라는 걸 나는 잘 알고 있었다. 한 천문학자가 그런 별을 하나 발견하면 이름 대신 번호를 붙여 준다. 이를테면 '소행성 325호'라고 부르는 것이다.

3) de sérieuses raisons, un, alors, **수동태 문장**, **대과거**, un(e), mais, ne l'avait cru **등**

J'ai de sérieuses raisons de croire que la planète d'où venait le petit prince est l'astéroïde B 612. Cet astéroïde n'a été aperçu qu'une fois au télescope, en 1909, par un astronome turc.

Il avait fait alors une grande démonstration de sa découverte à un Congrès International d'Astronomie. Mais personne ne l'avait cru à cause de son costume. Les grandes personnes sont comme ça.

ㄱ) 나는 어린 왕자가 살다 온 별이 소행성 B612라고 생각한다. 거기에는 그렇게 믿을 만한 상당한 근거가 있다. 이 소행성은 1909년에 딱 한 번 터키 천문학자의 망원경에 잡힌 적이 있었다.

그래서 그는 국제천문학회에 나가서 자기의 발견에 대한 요란한 증명을 해보였다. 그러나 그가 입고 있는 민족의상 때문에 아무도 그의 말을 믿지 않았다. 어른들이란 이런 식인 것이다.

ㄴ) 나는 어린 왕자가 떠나온 별이 소행성 B612라고 믿을 만한 중요한 이유가 있다. 이 소행성은 1909년 어느 터키 천문학자의 망원경에 단 한 번 보인 적이 있었다.

그때 이 천문학자는 국제 천문학회에서 자신의 발견에 대해 깊게 논증했다. 그러나 그가 입은 옷 때문에 아무도 그의 말을 믿지 않았다. 어른들은 이렇다.

'de sérieuses raisons'의 'sérieuses'는 ㄱ)의 '상당한'이나 ㄴ)의 '중요한'이란 해석도 괜찮으나, 'raisons'과의 관계와 '믿을 만한'이란 'croire'의 해

석을 적극 고려하면, 적어도 이 맥락에서는, '믿음직한'이란 해석이 보다 나을 것 같다. 그리고 이 첫 문장은, ㄱ)보다 ㄴ)처럼, 한 문장으로 옮기는 것이 더 낫다. 수동태 복합과거 문장 'n'a été aperçu qu'une fois…'는 직역을 하면 '한 터키 천문학자에 의해 망원경에 한 번만 잡혔다'가 될 것이나, 두 번역과 유사하게, '딱 한 번, 한 터키 천문학자의 망원경에 잡힌 적이 있다'라고 옮기는 것이 낫다. 수동의 복합과거는 '…한 적이 있었다' 대신 '…한 적이 있다'라고 해도 괜찮을 것이다. 위 예에서 'alors'는 '그래서'와 '그때'로 해석되어 있는데, 후자가 적절한 해석으로 생각된다. 대과거 'avait fait une grande démonstration'은 그 앞의 '수동의 복합과거'로 서술된 '발견'에 이어지는 대과거이니, '서술의 대과거'로 복합과거와 다름없이 쓰인 것이다. 이는 알메이다(2011:15)의 견해이기도 하다. 따라서 '대단한 증명을 했다' 정도로 해석하면 된다. 'grande démonstration'이 과장된 표현이기는 하나, '요란한 증명'이 암시하듯이, 낮춤의 '공시적'(connotatif) 의미를 가지고 있다고 보기는 어렵다. 'un Congrès International d'Astronomie'은 '한 국제 천문학회'라고 할 필요가 있다. 'Mais'는 ㄱ)과 ㄴ)의 '그러나'보다는 '하지만'이 더 적절하다고 생각된다. 'personne ne l'avait cru'도 그 앞의 대과거의 내용에 이어지는 내용이니, '서술의 대과거'로 해석하여, ㄱ)과 ㄴ)처럼, '아무도 그의 말을 믿지 않았다'로 옮기면 된다. 'costume'은 '옷'보다는 '의상'이라는 번역이 적합해 보인다. 마지막 문장도, ㄴ)처럼, 보다 간결하게 옮기면 좋을 것이다.

⇒ 나는 어린 왕자가 살던 행성이 소행성 B612호라고 믿을 만한 믿음직한 근거들이 있다. 이 소행성은, 1909년에 딱 한 번, 한 터키 천문학자의 망원경에 잡힌 적이 있다. 그는 그때 한 국제 천문학회에서 자기 발견에 대한 대단한 증명을 했다. 하지만 그의 의상 때문에 아무도 그의 말을 믿지 않았다. 어른들은 이런 식이다.

4) Heureusement pour…, un, sous peine de mort, **단순과거**

Heureusement pour la réputation de l'astéroïde B 612 un dictateur turc imposa à son peuple, sous peine de mort, de s'habiller à l'Européenne. L'astronome refit sa démonstration en 1920, dans un habit très élégant. Et cette fois-ci tout le monde fut de son avis.

ㄱ) 그런데 B612 소행성의 명성을 위해서는 다행한 일이 일어났다. 터키의 한 독재자가 자기 국민들에게 서양식 옷을 입을 것을 강요하면서 이에 거역하는 자는 사형에 처한다고 했던 것이다. 그래서 그 천문학자는 1920년에 멋있는 양복을 입고 다시 그가 발견한 별에 대한 증명을 해 보였다. 그러자 이번에는 모두 그의 말을 믿었다.

ㄴ) 소행성 B612호의 명성을 위해서는 참으로 다행스럽게도, 터키의 한 독재자가 자기 백성들에게 유럽식으로 옷을 입지 않으면 사형에 처한다고 명령을 내렸다. 그 천문학자는 1920년에 아주 우아한 양복을 입고 논증을 다시 했다. 이번에는 모두 그의 의견을 받아들였다.

'Heureusement pour…'를 ㄱ)은 구문을 하나의 문장으로 재구성하였는데, 굳이 그럴 필요가 있을까? ㄴ)과 가깝게 '…위해선 다행히도'라고 옮기고 싶다. 'un dictateur turc'의 'un'은, '어떤'이라고 하기보다, ㄱ)과 ㄴ)처럼, '한'이라고 하는 것이 무난하다. 'sous peine de mort'의 번역은 ㄴ)보다는 ㄱ)의 방향에 동의한다. 위 예에서는 단순과거가 세 번 쓰였다. 'imposa', 'refit', 'fut'인데, 이들의 의미는 ㄱ)보다 ㄴ)이 더 잘 살리고 있다. ㄱ)에서는 'imposa'를 '…했던 것이다'라고 옮긴 것과 'refis' 번역에서 '다시'와 '해 보였다' 사이가 크게 벌어진 것이 문제가 된다. 아래 번역에서는 세 단순과거가 '-다고 했다', '다시 했다', '믿었다'로 옮겨져 있어, 리듬이 더 잘 느껴진다.

⇒ 소행성 B612호의 명성을 위해선 다행히도, 터키의 한 독재자가 자기 국민들한테 양복 입기를 명하며, 거역하는 자는 사형에 처한다고 했다. 이 천문학자는, 1920년에 아주 멋진 양복 차림으로, 증명을 다시 했다. 이번에는 모두 그의 말을 믿었다.

5) l'essentiel, un nouvel ami, alors seulement, alors, Comme c'est joli ! 등

Si je vous ai raconté ces détails sur l'astéroïde B 612 et si je vous ai confié son numéro, c'est à cause des grandes personnes. Les grandes personnes aiment les chiffres. Quand vous leur parlez d'un nouvel ami, elles ne vous questionnent jamais sur l'essentiel. Elles ne vous disent jamais : « Quel est le son de sa voix ? Quels sont les jeux qu'il préfère ? Est-ce qu'il collectionne les papillons ? » Elles vous demandent : « Quel âge a-t-il ? Combien a-t-il de frères ?

Combien pèse-t-il ? Combien gagne son père ? » Alors seulement elles croient le connaître. Si vous dites aux grandes personnes : « J'ai vu une belle maison en briques roses, avec des géraniums aux fenêtres et des colombes sur le toit... » elles ne parviennent pas à s'imaginer cette maison. Il faut leur dire : « J'ai vu une maison de cent mille francs. » Alors elles s'écrient : « Comme c'est joli ! »

ㄱ) 내가 B612호 소행성에 대해서 여러분에게 이토록 자세히 이야기하고 그 번호까지 일러주게 된 것은 어른들 때문이다. 어른들은 숫자를 좋아하는 것이다. 당신이 새로 사귄 친구에 대하여 이야기를 해보면 그들은 제일 중요한 것에 대해서는 도무지 묻지를 않는다. 그들은 "그애 목소리는 어떻지? 그앤 무슨 놀이를 제일 좋아하지? 나비를 수집하니?" 하고 묻는 법이 절대로 없다. "나이는 몇 살이지? 형제는 몇이고? 몸무게는? 아버지 수입은 얼마지?" 하고 물어대는 것이다. 그래야 비로소 그 친구에 대하여 안다고 생각한다. 만약 어른들에게 "창가에 제라늄 화분이 놓여 있고 지붕에는 비둘기들이 놀고 있는 멋진 붉은 벽돌집을 보았어요…"라고 말하면 어른들은 그 집이 어떤 집인지를 상상해내지 못한다. 어른들에게는 "십만 프랑짜리 집을 보았어요"라고 해야 한다. 그래야 "야, 참 멋진 집이겠구나!" 하고 감탄한다.

ㄴ) 내가 소행성 B612에 관해 이런 세세한 이야기를 늘어놓고 그 번호까지 밝히는 것은 모두 어른들 때문이다. 어른들은 숫자를 좋아한다. 여러분들이 새로운 친구를 사귀었다고 어른들에게 말하면, 어른들은 도무지 가장 중요한 것은 물어보지 않는다. '그 애의 목소리는 어떠니? 그 애는 무슨 놀이를 좋아하니? 그 애도 나비를 채집하니?' 절대로 이렇게 묻는 법이 없다. '그 앤 나이가 몇이지? 형제들은 몇이나 되고? 몸무게는 얼마지? 그애 아버지는 얼마나 버니?' 항상 이렇게 묻는다. 이렇게 묻고 나서야 어른들은 그 친구를 속속들이 알고 있다고 생각한다. 만일 여러분들이 '나는 아주 아름다운 장밋빛 벽돌집을 보았는데요, 창문에 제라늄이 있고, 지붕 위에 비둘기가 있고…' 이런 식으로 어른들에게 말한다면, 어른들은 그 집을 상상해 내지 못할 것이다. 어른들에겐 이렇게 말해야 한다. '나는 10만 프랑짜리 집을 보았어요.' 비로소 그들은 소리친다. '정말 예쁜 집이겠구나!'

두 복합과거 si 구문은 '…하게 된 것은'이나 '…하는 것은'이라고 하기보다, 더 간결하게, '…한 것은'이라고 옮기는 것이 낫다. 그 다음 문장도, ㄴ)처럼, '어른들은 숫자를 좋아한다.'로 충분하다. 'l'essentiel'의 ㄱ)의 '제일 중요한 것', ㄴ)의 '가장 중요한 것'이라는 번역은 여기서는 전혀 문제가 없다. 그런데 ㄱ)은 21장의 'L'essentiel est invisible pour les yeux.'도 '가장 중요한 건 눈에 보이지 않아.'로 옮겼고, 24장에 나오는 'Le plus important est invisible…'도 '가장 중요한 것은 눈에 보이지 않아.'로 옮겼다. ㄴ)도 21장의 'L'essentiel…' 문장을 '중요한 것은 눈으로는 보이지 않는다.'로, 24장의 'Le plus important…' 문장을 '가장 중요한 것은 눈에 보이지 않아…'로 옮겼다.《어린 왕자》의 중심적 모티프의 하나라고 할 수 있는 '가시성/비가시성'과 관련된 문제이니, 관련된 낱말들의 번역에 특별한 주의가 요구된다. 'L'essentiel est invisible pour les yeux.'의 '단형문구' 성격을 고려하면, '본질은 눈에 안 보여'라고 하는 것이 좋을 것 같다.[11] 'l'essentiel'은 텍스트 전체에서 세 번만 나오지만, 유사한 의미인 'important', 'sérieux' 등과 더불어 중요한 의미망을 이루고 있다. 'l'essentiel'을 '가장 중요한 것'으로 해석하면 이 의미망에 비틀림이 생긴다. 핵심어는 동일한 표현을 반복 사용하는 것이 바람직하다. 'alors seulement'의 '그래야 비로소' 번역도 괜찮으나, 그냥 '그래야'라고 해도 상관없다. '그 집이 어떤 집인지를'도, ㄴ)처럼, 그냥 '그 집을'이라고 해도 좋다. 대명사 처리도 보다 간결하게 해야 할 것이다. 'ne pas parvenir à'는, ㄱ)과 ㄴ)처럼, '…해내지 못하다'라고 해석할 수도 있지만, '도무지 …하지 못하다'라고 해석할 수도 있다. 마지막 'alors'는 ㄱ)의 '그래야'나 ㄴ)의 '비로소'보다는 '그러면'이란 해석이 적절해 보인다. 'Comme c'est joli !'는 현재시제이므로, '-겠구나'보다 더 직접적으로 표현해야 한다. 이 직접화법의 번역은 '…하고'를 빼고, 원문처럼, 문단 끝으로 돌리는 것이 리듬 재현을 위해 보다 적절해 보인다.

⇒ 내가 B612호 소행성에 대해 세세히 얘기하고, 그 번호까지 일러 준 것은 어른들 때문이다. 어른들은 숫자를 좋아한다. 그들에게 새 친구에 대해 얘기하면, 본질에 대해선 전혀 안 묻는다. "목소리가 어떻지? 무슨 놀이를 제일 좋아하지? 나비를 수집하니?"라고 묻는 법이 절대 없다. 그들은 "나이가 몇 살이니? 형제가 몇이니? 몸무게가 얼마지? 아버지 수입이 얼마지?"라고 묻는다. 그래야 그 친구에 대해 안다고 생각한다. 혹 어른들에게 "창가에 제라늄 화분이 놓여 있고, 지붕에 비둘기들이 있는, 그런 멋진 붉은 벽돌집을 보았어요…"라고 말하면, 그들은 그 집을 도무지 상상하지 못한다. 그들에게는 "십만 프랑짜리 집을 보았어요"라고 해야 한다. 그러면 그들은 소리지른다. "와, 근사하구나!"

6) Ainsi, **직접화법**, mais, **정언적 표현**, **증폭**

Ainsi, si vous leur dites : « La preuve que le petit prince a existé

11 한 번역은 이를 '본질적인 것은 눈에 안 보인다.'로 옮겼다.

c'est qu'il était ravissant, qu'il riait, et qu'il voulait un mouton. Quand on veut un mouton, c'est la preuve qu'on existe » elles hausseront les épaules et vous traiteront d'enfant ! Mais si vous leur dites : « La planète d'où il venait est l'astéroïde B 612 », alors elles seront convaincues, et elles vous laisseront tranquille avec leurs questions. Elles sont comme ça. Il ne faut pas leur en vouloir. Les enfants doivent être très indulgents envers les grandes personnes.

ㄱ) 그래서 "어린 왕자가 정말 귀여웠고 잘 웃었고 양 한 마리를 갖고 싶어했지요. 그게 바로 그가 이 세상에 존재하고 있다는 증거예요. 어떤 사람이 양을 갖고 싶어 한다면 그건 그가 이 세상에 존재하고 있다는 증거가 되는 거죠"라고 말한다면 그들은 어깨를 으쓱하고는 여러분을 어린애로 취급할 것이다. 그러나 "어린 왕자가 떠나온 별이 B612호 소행성입니다"라고 하면 어른들은 수긍이 간다는 듯 더 이상 질문을 해대며 귀찮게 굴지 않을 것이다. 어른들은 다 그렇다. 그걸 가지고 어른들을 나쁘게 생각해서는 안 된다. 어린이들은 어른들을 아주 너그럽게 생각해줘야 한다.

ㄴ) 그러니 여러분들이 '어린 왕자가 있었다는 증거는 그 애가 정말 멋진 아이였다는 것이고, 그 애가 웃었다는 것이고, 그 애가 양을 갖고 싶어 했다는 것이다. 누군가가 양을 갖고 싶어 한다면, 그것은 그 사람이 살아 있다는 증거다'라고 어른들에게 말한다면, 그들은 어깨를 으쓱하며 여러분들을 어린아이로 취급할 것이다! 그러나 '그는 소행성 B612로부터 왔다'라고 말하면 어른들은 곧 알아듣고, 질문 따위를 늘어놓아 여러분들을 귀찮게 하지 않을 것이다. 어른들은 이렇다. 그들을 탓해서는 안 된다. 어린이들은 어른들에게 아주 너그러워야 한다.

예 6)은 예 5)에 바로 이어지는 문단이다. 'Ainsi'를 ㄱ)은 '그래서'로, ㄴ)은 '그러니'로 옮겼는데, 뜻은 통하나 'donc'의 번역처럼 느껴진다. 이 밖에 '이와 같이', '마찬가지로'라는 번역도 있는데, '이처럼'이 괜찮아 보인다. 두 직접화법은 '-입니다'체로 옮길 수도 있고, '-이다'체로 옮길 수도 있지만, 후자가 더 나아 보인다. 'Il ne faut pas leur en vouloir'는 불어에서 '정언적' 표현이니, 번역도 가급적 '정언적' 표현을 선택하는 것이 좋다. ㄱ)과 ㄴ)도 괜찮지만, '그것 때문에 언짢게 생각해선 안 된다' 정도가 어떨까? ㄱ) 마지막 문장 번역은 다소 '증폭'이 되어 있다. 보다 간결하게 할 필요가 있다.

⇒ 이처럼, "어린 왕자가 존재했다는 증거는 그가 매력적이었고, 웃었고, 양 한 마리를 원했다는 거다. 양 한 마리를 원하는 것은 그가 존재한다는 증거다"라고 그들에게 말하면, 그들은 어깨를 으쓱하며, 여러분을 아이 취급할 것이다! 하지만 "그가 떠나온 행성은 B612호 소행성이다"라고 하면 그들은 수긍할 것이고, 더 이상 질문들로 귀찮게

굴지 않을 것이다. 어른들은 다 그런 식이다. 그 때문에 그들을 언짢게 생각해선 안 된다. 아이들은 어른들한테 아주 너그러워야 한다.

7) Mais, 조건형 과거, car, un, 표현, mon ami, son mouton, 복합과거, 구문 등

Mais, bien sûr, nous qui comprenons la vie, nous nous moquons bien des numéros ! J'aurais aimé commencer cette histoire à la façon des contes de fées. J'aurais aimé dire :

« Il était une fois un petit prince qui habitait une planète à peine plus grande que lui, et qui avait besoin d'un ami... » Pour ceux qui comprennent la vie, ça aurait eu l'air beaucoup plus vrai.

Car je n'aime pas qu'on lise mon livre à la légère. J'éprouve tant de chagrin à raconter ces souvenirs. Il y a six ans déjà que mon ami s'en est allé avec son mouton. Si j'essaie ici de le décrire, c'est afin de ne pas l'oublier. C'est triste d'oublier un ami. Tout le monde n'a pas eu un ami. Et je puis devenir comme les grandes personnes qui ne s'intéressent plus qu'aux chiffres. C'est donc pour ça encore que j'ai acheté une boîte de couleurs et des crayons.

ㄱ) 그러나 인생이 뭔지를 알 만큼 아는 우리에겐 물론 소행성의 번호 같은 건 알 바 아니니다! 나는 이 이야기를 동화를 이야기하듯 시작하고 싶었다. 이렇게 말이다.

"옛날 옛날에 자기보다 좀더 클까 말까 한 별에 살고 있는 어린 왕자가 있었습니다. 그 왕자는 친구를 가지고 싶었답니다." 인생이 뭔지 알 만큼 아는 사람들에게는 그게 훨씬 더 진실하다는 느낌을 주었을 것이다.

왜냐하면 나는 사람들이 이 책을 무성의하게 읽어치우지는 말았으면 하는 생각이기 때문이다. 이 추억을 이야기하자니 걷잡을 수 없는 슬픔이 솟아오른다. 어린 왕자가 내가 그린 양을 가지고 떠나가버린 지 벌써 여섯 해나 된다. 지금 여기에다 그의 모습을 그려보는 것은 그를 잊지 않기 위해서다. 친구를 잊는다는 것은 슬픈 일이니까. 아무에게나 다 친구가 있는 것은 아니다. 그리고 나도 숫자밖에 모르는 어른들처럼 될 수도 있는 것이다. 내가 그림물감 한 상자와 연필들을 산 것도 바로 이런 까닭에서였다.

ㄴ) 그러나 물론 삶을 이해하고 있는 우리들한테는 숫자 같은 것이야 우습다. 나는 이 이야기를 선녀 이야기 식으로 시작하고 싶었다. 이렇게 이야기했더라면 좋았을 텐데.

〈옛날 옛적, 한 어린 왕자가 자기보다 조금 클까 말까 한 별에 살고 있었는데, 그는 친구가 갖고 싶어서…〉 삶을 이해하는 사람들의 눈에는 이런 식의 이야기가 훨씬 더 진실하게 보였을 것이다.

사람들이 내 책을 가볍게 읽어 버리는 것이 싫어서 하는 말이다. 이제 그 추억을 이야기하려니 그만큼 슬프기도 하다. 내 친구가 양을 가지고 떠난 지도 어언 6년이 되었다. 내가 여기에다 그의 모습을 그리려고 애를 쓰는 것은 그 애를 잊어버리지 않기 위해서다. 친구를 잊어버린다는 것은 슬픈 일이다. 누구에게나 다 친구가 있었던 것은 아니다. 그리고 나도 숫자밖에는 관심이 없는 어른들처럼 되어

버릴지 모른다. 내가 이제 다시 그림물감 한 갑과 연필 몇 자루를 사온 것도 이 때문이다.

'Mais'는 '그러나'보다는 '하지만'으로 해석해야 할 것이다. 'bien sûr'의 위치도 의미가 있어 보인다. '하지만, 물론, 삶이 뭔지 아는 우린' 정도가 되어야 하지 않을까? 설명적으로 증폭된 첫 문장은 원문처럼 '간결하게' 옮길 필요가 있다. 조건형 과거에는 'J'aurais aimé voir votre père demain matin.'과 같은 '예의'(politesse)의 표현도 있지만, 두 조건형 과거 'J'aurais aimé…'는 과거의 '비현실'을 나타낸다. 이 반복의 의미도 살려 주어야 할 것이다.[12] 번역 ㄱ)은 이를 한 번은 '…시작하고 싶었다', 한 번은 '이렇게 말이다'라고 했고, ㄴ)은 한 번은 '…시작하고 싶었다', 한 번은 '-을 텐데'로 했는데, '…처럼 시작하고 싶었다. 이렇게 말하고 싶었다'라고 하여 반복의 의미를 살릴 필요가 있다. 'habitait'는 주절의 과거 때문이니, '살고 있는'이 아니라, '사는'이 되어야 할 것이다. 'Il était une fois…' 문장에서 'qui' 구문은 ㄱ)이나 ㄴ) 같은 분리 처리도 가능하지만, '…하는, …한'으로 해석하는 것이 더 적절해 보인다. 'un petit prince'도, 'une planète'도 '한 어린 왕자', '한 행성'이 되어야 할 것이다. 'ça aurait eu l'air beaucoup plus vrai'는, ㄴ)의 'ça'의 해석을 훨씬 간결히 한, '이게 훨씬 더 진실해 보였을 것이다' 정도로 옮기면 좋지 않을까?

둘째 문단의 등위 접속사 'car'를 《어린 왕자》의 거의 모든 번역이 ㄱ)처럼 '왜냐하면'으로 옮겼는데, 문법적이나 논리적으로는 그 사용을 납득하기 어렵다. ㄴ)의 '…해서 하는 말이다'는 꽤 고심한 끝에 얻은 번역으로 생각된다. 갈랑베르(2006:118)는 거의 '통사적 오류'인 이러한 용례들이 생텍

12 조건형 과거가 'J'aurais aimé aller voir ce film, mais je n'ai pas eu le temps.'(이 영화 가보고 싶었는데, 시간이 없었어)에서는 과거의 '비현실성'을 나타내지만, 다음 예에서는 현재의 소원을 나타낸다: J'aurais aimé être assez belle pour te plaire, pour t'attirer. Assez intelligente pour t'intéresser. J'aurais aimé être assez amusante pour te faire sourire, pour te faire rire, assez attachante pour que tu veuilles de moi pour l'éternité. Je crois qu'en fait, j'aurais aimé des tas de choses, mais avant tout, j'aurais aimé que tu tombes amoureux de moi.

쥐페리의《성채》에서 다수 나타난다고 지적하는데, 새 문단의 문두에 쓰인 이 'car'도 그러한 예의 하나가 아닌가 추측된다. 부정문인 후속 문장의 성격을 살려 주려면, '이 책이 가볍게 읽히지 않았으면 좋겠다' 정도의 번역이 타당할 것으로 생각된다. 'car' 이하는, 얼핏 보면, 두 번역에 별무리가 없다. 낱말 수도 원문이 88개인데 번역문들은 71개와 72개로, 양적으로는 원문보다 번역문이 간결하다. 하지만 자세히 보면 작품성 측면에서는 아쉽게 느껴지는 부분들이 눈에 띈다. 전반적으로 문체적 '간결성'을 보다 살리고, '명시화'('슬픈 일이니까')와 '증폭'('내가 그린 양')의 '번역 무늬'도 가급적 피할 필요가 있다. 'mon ami'를 ㄱ)은 '어린 왕자'라고 옮겼는데, ㄴ)처럼 '내 친구'라고 옮겨 줄 필요가 있다. 'son mouton'을 ㄱ)은 '내가 그린 양', ㄴ)은 '양'이라고 했는데, '그의 양'이라고 하는 게 좋지 않을까? 'Si j'essaie ici de décrire'는 ㄱ)의 '지금 여기에다 그의 모습을 그려 보는 것은'과 ㄴ)의 '내가 여기에다 그의 모습을 그리려고 애를 쓰는 것은' 외에 여러 번역이 있는데, '여기에 그의 모습을 그려 보려는 건' 정도가 무난할 것 같다.

'Tout le monde n'a pas eu un ami.'를 ㄱ)은, '항시적 현재'의 경우처럼, '아무에게나 다 친구가 있는 것은 아니다'라고 옮겼는데, 복합과거 의미의 의미를 살려 줄 필요가 있다. ㄴ)과 유사하게, '누구나 친구가 있었던 건 아니다' 정도로 옮기면 괜찮을 것이다. 'un ami'는 정말 '친구'라고 부를 만한 그런 한 사람을 말하는 것인데, 명시적으로 살리기는 어렵다. 'Et je puis devenir' 문장의 ㄱ) 번역의 '…도 있는 것이다' 같은 표현은 간결성의 방향이 아니다. 'qui ne s'intéressent plus qu'aux chiffres'는 ㄴ)의 '숫자밖에는 관심이 없는'이나 '숫자에만 관심을 보이게 된' 등의 번역이 있는데, ㄱ)의 '숫자밖에 모르는'에서 원문과 유사한 효과가 더 느껴진다. 마지막 문장의 'c'est donc… encore que' 구문도 앞에 무게가 두어지는 ㄱ)과 ㄴ) 대신, '그래서 …한 것이기도 하다'라는 번역으로 바꾸어 줄 필요가 있다. 위에 지적된 내용들을 고려하여 아래처럼 옮기면, 전체적으로 낱말 수도 ㄱ)의 126개, ㄴ)의 123개에서 98개로 대폭 줄어든다.

⇒ 하지만, 물론, 삶이 뭔지 아는 우리는 번호 같은 건 알 바 아니다! 나는 이 이야기를 동화처럼 시작하고 싶었다. 이렇게 말하고 싶었다. "옛날 옛적에 자기보다 클까 말까 한 한 행성에 사는, 친구가 필요한, 한 어린 왕자가 있었습니다." 삶이 뭔지 아는 이들에게는 이게 훨씬 더 진실해 보였을 것이다.

이 책이 가볍게 읽히지 않았으면 좋겠다. 추억을 이야기하자니 슬픔이 북받친다. 내 친구가 그의 양과 떠난 지 벌써 여섯 해다. 여기에 그의 모습을 그려 보려는 건 그를 잊지 않기 위해서다. 친구를 잊는 건 슬픈 일이다. 누구나 친구가 있었던 건 아니다. 나도 숫자밖에 모르는 어른들처럼 될 수 있다. 그래서 그림물감 한 상자와 연필들을 산 것이기도 하다.

8) **구문 순서**, portraits, me tromperai, Mais ça, **일부 표현들**

C'est dur de se remettre au dessin, à mon âge, quand on n'a jamais fait d'autres tentatives que celle d'un boa fermé et celle d'un boa ouvert, à l'âge de six ans ! J'essaierai, bien sûr, de faire des portraits le plus ressemblants possible. Mais je ne suis pas tout à fait certain de réussir. Un dessin va, et l'autre ne ressemble plus. Je me trompe un peu aussi sur la taille. Ici le petit prince est trop grand. Là il est trop petit. J'hésite aussi sur la couleur de son costume. Alors je tâtonne comme ci et comme ça, tant bien que mal. Je me tromperai enfin sur certains détails. Mais ça, il faudra me le pardonner. Mon ami ne donnait jamais d'explications. Il me croyait peut-être semblable à lui. Mais moi, malheureusement, je ne sais pas voir les moutons à travers les caisses. Je suis peut-être un peu comme les grandes personnes. J'ai dû vieillir.

ㄱ) 여섯 살 적에 뱃속이 들여다보이거나 안 보이거나 하는 보아구렁이 말고는 전혀 그려본 일이 없는 내가 새삼스레 이 나이에 다시 그림을 그린다는 것은 정말 힘든 일이다. 물론 되도록 실물과 가까운 초상화를 그려보려고 노력은 하겠다. 그러나 제대로 그릴 수 있으리라고 자신할 수는 없다. 어떤 그림은 괜찮아 보이는데 또 어떤 그림은 닮지를 않았다. 어린 왕자의 키도 조금씩 틀려지곤 한다. 여기서는 어린 왕자가 너무 크고 저기서는 너무 작다. 또 옷 색깔의 경우도 망설여진다. 그래서 이렇게 저렇게 어둠 속에서 무언가를 찾듯 더듬더듬 그려본다. 결국 나는 가장 중요한 어떤 부분을 잘못 그릴지도 모른다. 그러나 그 점에 대해서는 나를 좀 봐주었으면 한다. 내 친구는 도무지 설명을 해주는 법이 없었으니 말이다. 아마 내가 자기와 같다고 생각했던 것인지도 모른다. 그러나 나는 불행하게도 상자 속에 들어 있는 양을 꿰뚫어보지는 못한다. 아마 나도 어쩌면 어른들과 비슷한지도 모를 일이다. 이젠 나도 나이를 먹었나보다.

ㄴ) 이 나이에 다시 그림을 시작한다는 것은 힘든 일이다. 여섯 살 적에 속이 보이는 보아뱀과 속이 보이지 않는 보아뱀을 그려 본 것밖에 달리 그려 본 것이 없는 처지에! 물론 힘이 닿는 한 그의 모습과 가장 많이 닮은 초상화를 그리려고 노력은 하겠지만, 성공할 수 있을는지 정말 자신이 없다. 어떤 그림은 그런대로 괜찮지만 어떤 그림은 영 딴판이다. 키를 어림잡는 데도 좀 서투르다. 이쪽 어린 왕자는

너무 크고 저쪽은 너무 작다. 옷 색깔을 놓고도 망설여진다. 그래서 나는 되든 안 되든 이렇게도 저렇게도 더듬거려 본다. 필경은 아주 중요한 부분에 가서 잘못을 저지를 것만 같다. 그래도 나를 용서해 주어야 한다. 내 친구는 아무런 설명도 해 주지 않았다. 어쩌면 내가 자기와 같으리라고 생각했던가 보다. 그러나 불행하게도 나는 상자를 꿰뚫고 그 속에 있는 양을 볼 줄 모른다. 어쩌면 나도 얼마큼은 어른들처럼 되어 버린 것은 아닌지. 아마도 늙었나 보다.

4장 마지막 부분인데, 두 번역에 특별한 오류는 없다. 하지만 생텍쥐페리의 《어린 왕자》의 에크리튀르에 더 근접하기 위해 조금 달리 할 수 있는 부분들이 두 번역에서 여러 곳 눈에 띈다. 예를 들어, ㄱ)의 경우, 첫 문장에서 '힘들다'는 이야기를 먼저 해야 하니, 'quand' 구문의 순서도 원문처럼 해야 할 것이다. 이 첫 문장은 원문의 구조에 보다 가깝게 '이 나이에, 다시 그림 그리는 게 힘들다, 여섯 살 때, 속 안 보이는 보아뱀과 속 보이는 보아뱀 그린 것 말고는 다른 그림을 전혀 그려본 적이 없으니!'라고 번역할 수도 있지만, 다소 '변조'를 하되 'tentatives'와 그것을 받는 대명사 'celle'을 더 중시하는, '이 나이에, 다시 그림 그리는 게 힘들다, 여섯 살 때 그린, 속 안 보이는 보아뱀과 속 보이는 보아뱀 말고는 다른 시도들을 전혀 해본 적이 없으니!' 같은 번역도 가능하다. 'portraits'에 대해서는 그 지시물이 얼굴 중심의 그림이 아니라는 점과 복수라는 점을 고려할 필요가 있다. 'Alors je tâtonne comme ci et comme ça, tant bien que mal.'은 ㄱ)과 ㄴ)보다는 보다 간결하게 '그래서 나는 이래저래 더듬더듬 그려 본다'라고 옮기면 어떨까? 'sur certains détails plus importants'은 '가장 중요한 어떤 부분을'이나 '아주 중요한 부분에 가서'보다는, '더 중요한 어떤 부분들에서'라고 옮겨야 할 것이다. 이 'Je me tromperai'를 ㄱ)은 '잘못 그릴지도 모른다'로, ㄴ)은 '잘못을 저지를 것만 같다'로 옮기고 있는데, '틀릴지 모른다' 정도가 어떨까? 'Mais ça'를 ㄱ)은 '그러나 그 점에 대해서는'로, ㄴ)은 그냥 '그래도'라고 옮기고 있는데, '하지만 그건,' 정도로 옮기는 것이 원문의 리듬과도 맞는다. 'pardonner'는 '용서해 주다', '봐주다'도 괜찮지만, '눈감아주다'도 가능한 번역이다. 'malheureusement'은 여러 번역이 '불행하게도'나 '불행히도'로 옮기고 있는데, '유감스럽게도'라고 하면 어떨까? 두 번역에서 다소 아쉬운 것은 간결성에 대한 관심이다. 아래처럼 번역하면 낱말 수가 ㄱ)의 131개, ㄴ)의 129개에서 105개로 크게 줄어든다.

⇒ 이 나이에, 그림을 다시 그리는 게 힘들다. 여섯 살 적에, 속 보이는 보아뱀과 속 안 보이는 보아뱀 그린 것 말고는 다른 그림을 전혀 그려 본 일이 없으니! 물론, 되도록 실물에 가까운 인물화들을 그리려 노력은 할 것이다. 하지만 성공할 자신은 없다. 한 그림은 괜찮은데, 다른 건 안 닮았다. 키가 조금 틀려지기도 한다. 여기서는 어린 왕자가 너무 크다. 저기서는 너무 작다. 옷 색깔도 망설여진다. 그래서 이래저래 더듬더듬 그려 본다. 끝내 더 중요한 어떤 부분들에서 틀릴지 모른다. 하지만 그건, 눈감아 주어야 한다. 내 친구는 설명하는 법이 전혀 없었다. 어쩌면 내가 저와 닮았다고 생각했을지 모른다. 하지만, 나는, 유감스럽게도, 상자 속 양을 꿰뚫어 보지는 못한다. 어쩌면 나도 어른들을 좀 닮은 것 같다. 나이가 들었나 보다.

5장

1) **표현**, Ça venait tout doucement, C'est ainsi que…, **맥락 번역**, Je ne compris pas…

Chaque jour j'apprenais quelque chose sur la planète, sur le départ, sur le voyage. Ça venait tout doucement, au hasard des réflexions. C'est ainsi que, le troisième jour, je connus le drame des baobabs.
Cette fois-ci encore ce fut grâce au mouton, car brusquement le petit prince m'interrogea, comme pris d'un doute grave :
«C'est bien vrai, n'est-ce pas, que les moutons mangent les arbustes ?
– Oui. C'est vrai.
– Ah ! Je suis content.»
Je ne compris pas pourquoi il était si important que les moutons mangeassent les arbustes. Mais le petit prince ajouta :
«Par conséquent ils mangent aussi les baobabs ?»

ㄱ) 매일 조금씩 나는 별이니 출발이니 여행이니 하는 것들에 대해서 알게 되었다. 이런 것들은 이런저런 생각을 하는 중에 은연중 입 밖으로 나오게 된 것이었다. 사흘째 되는 날 바오밥나무의 비극을 알게 된 것도 그렇게 해서였다. 이번에도 역시 양 덕분이었다. 마치 무슨 심각한 의문에 사로잡힌 듯이 어린 왕자가 느닷없이 내게 물었으니 말이다.
"양이 작은 나무들을 뜯어먹는다는데 정말일까?"
"그럼, 정말이지."

"아! 그것 참 잘됐다."
양이 작은 나무들을 뜯어먹는다는 게 왜 그리도 중요한지 나는 이해할 수가 없었다. 그러나 어린 왕자는 말을 이었다.
"그렇다면 바오밥나무도 뜯어먹겠네?"

ㄴ) 나는 날마다 그의 별이라든지, 그 별을 떠나온 이야기라든지, 그의 여행이라든지 하는 것들에 대해 얼마큼씩 알게 되었다. 그 일은 아주 천천히, 이 생각 저 생각을 따라가며 진행되었다. 사흘째 되는 날, 내가 바오바브나무의 비극을 알게 된 것도 이런 식이었다.
이번에도 역시 양 덕분이었는데, 어린 왕자가 무슨 대단한 의문에라도 사로잡힌 듯 불쑥 이런 질문을 했다.
"양들이 작은 떨기나무를 먹는다는 게 정말이야?"
"그럼, 정말이야."
"아! 그럼 됐네!"
양이 작은 떨기나무를 먹는다는 게 왜 그렇게 중요한 일인지 나는 알 수가 없었다. 그러나 어린 왕자는 덧붙였다.
"그러면 양들은 바오바브나무도 먹겠네?"

이 예는 5장의 첫 문단이다. 첫 문장이 'Chaque jour'로 시작된 것이 고려되어야 할 것이다. ㄱ)의 되풀이된 '-이니'도 그렇지만, ㄴ)의 되풀이된 '-이라든지'도 조금 거슬린다. '매일 나는 별, 떠남, 여행에 대해 뭔가 알게 되었다' 정도로 충분하지 않을까? 'Ça venait tout doucement'을 ㄱ)은 '이런 것들은… 은연중 입 밖으로 나오게 된 것이었다'로, ㄴ)은 '그 일은 아주 천천히… 진행되었다'로 옮겼는데, 잘 이해가 안 된다. '서서히 그리 된 것이었다' 정도로 옮겨야 하지 않을까? 'C'est ainsi que' 문장은 리듬을 고려하여 'ainsi'를 먼저 해석할 필요가 있다. ㄱ)의 '-도 그렇게 해서였다'나 ㄴ)의 '-도 그런 식이었다' 대신, '그리하여, … -도 알게 되었다' 정도로 옮기자는 것이다. 'car' 이하는 '양 덕분'이라는 이유를 나타내는 것이니, 어순도 고려하면, '갑작스레 어린 왕자가 물었기 때문이다, 무슨 심각한 의문이라도 생긴 듯이.' 정도로 번역된다. 가운데의 의문문 'C'est bien vrai, n'est-ce pas, que…'의 두 번역은 마치 몰라서 묻는 것처럼 되어 있다. 하지만 'n'est-ce pas'가 삽입되어 있는 것은 상대에게 긍정적 동의를 기대한다는 것을 잘 보여 준다. 그렇다면 'C'est bien vrai'가 전치되어 있는 것과 더불어, 그 의미도 살려 주어야 한다. '정말이지, 그렇지, 양이 작은 나무들을 먹는 게?' 정도로 번역할 수 있다.

이 질문에 대한 'Oui. C'est vrai.'는 다소 건성으로 하는 대답이다. 그렇다면 '그래. 맞아.' 정도의 번역이 적절하다. 이에 대한 'Ah ! Je suis content.'은 안도의 느낌을 나타내는 표현인데, ㄱ)의 '야! 그것 참 잘됐다.'나 ㄴ)의 '아! 그럼 됐네!'는 그런 느낌과는 거리가 조금 있다. '아, 다행이다!'나 '야, 됐다!' 정도로 옮길 수 있다. 'mangeassent'는 접속법 반과거, 3인칭 복수인데, 그 미묘한 의미를 번역에서 살리기는 어렵다. 하지만 '작은 나무를 먹는 것'보다는 '작은 나무들을 먹는다는 게'가 '-다는'의 '거리두기'의 의미로 인해 다소 낫게 생각된다. 'manger'의 어휘 의미도 굳이 '뜯어먹다'라고 할 필요가 있을까? 그냥 '먹다'라는 해석이 오히려 낫지 않을까? 'Je ne compris pas' 문장은 일종의 '화법 문장'으로 보인다. 'Je'가 한 말을 나타낸다는 것이다. 이 문장은 '나는 이해할 수가 없었다'라고 하기보다, 간결하게 '나는 이해가 안 갔다'로 옮기는 것이 나아 보인다. ㄱ)과 ㄴ)을 비롯한 여러 번역이 그 다음의 'mais'를 '그러나'로 번역하고 있는데, 연결이 어색하다. '그런데'로 옮겨야 할 것이다.[13]

⇒ 매일 나는 행성, 떠남, 여행에 대해 뭔가 알게 되었다. 이런저런 생각들을 해 보다, 서서히 그리 된 것이었다. 그리하여, 사흘째 되던 날, 바오밥나무 비극도 알게 되었다. 이번에도 역시 양 덕분이었다. 갑작스레 어린 왕자가 물었기 때문이다, 무슨 심각한 의문이라도 생긴 듯이.
"정말이지, 그렇지, 양이 작은 나무들을 먹는 게?"
"그래, 맞아."
"아! 다행이다!"
양이 작은 나무들을 먹는다는 게 왜 그리 중요한지 나는 이해가 안 갔다. 그런데 어린 왕자가 덧붙였다.
"그렇다면 바오밥도 먹겠네?"

2) **간접화법**, les baobabs, ce troupeau, venir à bout, un seul baobab

Je fis remarquer au petit prince que les baobabs ne sont pas des arbustes, mais des arbres grands comme des églises et que, si même il emportait avec lui tout un troupeau d'éléphants, ce troupeau ne viendrait pas à bout d'un seul baobab.

13 한 번역은 이 'mais'의 번역을 생략하고 있다.

ㄱ) 나는 어린 왕자에게 바오밥나무는 작은 나무가 아니라 성당만큼이나 거대한 나무이므로 한 떼의 코끼리를 다 몰고 간다 해도 바로밥나무 한 그루를 다 해치우지는 못할 것이라고 일러주었다.

ㄴ) 나는 어린 왕자에게, 바오바브나무는 작은 떨기나무가 아니라 교회당만큼 커다란 나무이며, 코끼리 한 부대를 몰고 간다 해도 바오바브나무 하나를 해치우기 힘들 것이라고 일러 주었다.

ㄱ)은 'et que' 이전의 첫 번째 간접발화를 이유로 보아 '-이므로'로 옮겼고, ㄴ)은 그냥 서술로 보아 '-이며'로 옮겼는데, 이유로 보더라도 '-이라'로 옮기는 게 낫지 않을까? 'tout un troupeau d'éléphants'는 ㄱ)처럼 '한 떼의 코끼리'라고 하기보다, ㄴ)처럼 '코끼리를 한 떼'라고 하는 것이 원표현의 '정언성'에 걸맞은 우리말의 '정언적' 표현이다. 두 번역 모두 마지막 문장에서 'ce troupeau'를 따로 해석하지 않았는데, '그 한 떼가'라고 옮기는 것이 낫다. 번역 ㄱ), ㄴ) 모두 'les baobabs'와 이와 관련된 다른 어휘들을 모두 단수인 듯 해석하고 있는데, 틀린 것은 물론 아니나, 뒤의 'un seul baobab'와의 관련성을 생각하면 모두 '—들'로 번역하는 것이 나을 듯 하다. 'venir à bout'를 ㄱ)은 '다 해치우다'로, ㄴ)은 '해치우다'라고 해석하고 있는데, '다 먹어치우다'가 무난한 해석으로 생각된다. 'un seul baobab'의 'un seul'은 '단 한 그루도'로 살릴 수 있다.

⇒ 나는 어린 왕자에게, 바오밥들은 작은 나무들이 아니라 성당만큼 거대한 나무들이라, 그가 코끼리를 한 떼 몰고 간다 해도, 그 한 떼가 바오밥 단 한 그루도 다 먹어 치우지 못하리라고 일러 줬다.

3) L'idée, faire rire, les mettre les uns sur les autres

L'idée du troupeau d'éléphants fit rire le petit prince :
«Il faudrait les mettre les uns sur les autres…»

ㄱ) 한 떼의 코끼리라는 말에 어린 왕자는 웃어댔다.
"그럼, 코끼리들을 포개놓아야겠네…"

ㄴ) 코끼리 한 부대라는 말에 어린 왕자는 웃었다.
"그럼 코끼리 등에다 코끼리를 포개 놓아야겠네…"

'L'idée'는 두 번역뿐 아니라 대개의 번역들이 '말'로 옮기고 있다. 하지만 그보다는 원뜻에 보다 가깝게 '발상'이라고 하는 것이 좋을 듯 하다. 'faire rire'를 ㄱ)처럼 '웃어대다'로 해석하는 것은 다소 과잉 해석이다. ㄴ)의 '웃었다'가 무난한 자연스러운 표현이다. 'les mettre les uns sur les autres'는 '포개놓다'도 좋고, '무등 태우다'도 좋아 보인다.

⇒ 코끼리 떼라는 발상에 어린 왕자가 웃었다.
"걔네들 무등 태워야겠네…"

4) mais, avec sagesse, commencer par, tes moutons, Ben ! Voyons ! 등

Mais il remarqua avec sagesse :
«Les baobabs, avant de grandir, ça commence par être petit.
– C'est exact! Mais pourquoi veux-tu que tes moutons mangent les petits baobabs ?»
Il me répondit : «Ben ! Voyons !» comme s'il s'agissait là d'une évidence. Et il me fallut un grand effort d'intelligence pour comprendre à moi seul ce problème.

ㄱ) 어린왕자는 또 영리하게 이런 말도 했다.
"커다란 바오밥나무도 자라기 전엔 조그맣게 돋아나지?"
"그렇긴 하지. 하지만 왜 양이 작은 바오밥나무를 먹겠어?"
"아이, 참! 그 이유를 모른단 말이야?" 하고 어린 왕자는 당연한 일이 아니냐는 듯이 대답했다. 그래서 나 혼자서 이 수수께끼를 푸느라 머리를 짜내지 않으면 안 되었다.

ㄴ) 그러나 그는 슬기롭게 꼬집어 냈다.
"바오바브나무도 크기 전에는 작은 데서부터 시작해요."
"옳은 말이야! 그런데 어린 양이 왜 어린 바오바브나무를 먹어야 하지?"
그는 내가 다 아는 것을 묻고 있다는 듯이 대답했다. "아이참! 그거야!" 그런데 나는 이 문제를 혼자 푸느라고 머리를 쥐어짜야 했다.

예 4)는 예 3)에 바로 이어지는 대목이다. 이를 고려하면 'Mais'는 '그러나'로 번역되기 어렵다는 것이 이해가 될 것이다. 몇 개의 번역이 택하고 있는 '그런데'보다는 '하지만'이 낫다. 'avec sagesse'는 앞의 내용과의 대비를 생각하면, '영리하게'보다는 '현명하게'라고 해야 하지 않을까? 동사 'remarquer'와의 관계를 생각하면, '현명한'으로, 품사 전환인 '치환'을 할 필요도 있다. 'ça commence par être petit.'를 ㄱ)이 의문문으로 옮긴 것은

문제가 있다. 'commencer par'는 위 맥락에서는 '일단'으로 해석하는 것이 적절해 보인다. 그러면 문제의 구문은 '크기 전에, 일단 조그맣게 돋아나' 정도로 번역된다. 'C'est exact !'의 번역으로 ㄱ)의 '그렇긴 하지'는 단순히 사실과의 부합성을 인정하는 단순 대꾸의 해석으로는 다소 미흡하다. ㄴ)의 '옳은 말이야!'보다는 '맞다!'가 맥락상 더 나아 보인다. ㄱ)의 'Mais'이하의 '하지만 왜 … 먹겠어?'라는 해석에는 'veux-tu' 해석이 빠지다 보니 다소 아쉬운 해석이 되었다. ㄴ)의 '먹어야 하지?'란 해석도 충분치는 않다. 'veux-tu'의 의미도 살려 '먹었으면 하니?' 정도로는 옮겨야 할 것이다.

'tes moutons'은 위에 나온 'C'est bien vrai, n'est-ce pas, que les moutons mangent les arbustes ?'의 일반적인 경우와 관련된 것이니, 복수를 살려 주더라도 'tes moutons'을 '네 양들'이라고 할 필요는 없다. 오히려 그렇게 하면 텍스트의 일관성과 응결성에 문제가 생긴다. '양들이'로 족하다. 'Ben ! Voyons !'의 번역은 ㄱ)과 ㄴ)의 '아이! 참!'보다는 '나, 이런!'이 더 나아 보인다. ㄱ)의 '그 이유를 모른단 말이야?'는 불필요한 '증폭'이다. 감탄사도 'évidence'의 의미와 조화를 이루려면 표현도, 구문 순서도 "'나, 이런!' 그가 대꾸했다, 마치 당연지사라는 듯이."처럼 하는 것이 낫다. 'il me fallut un grand effort d'intelligence'에 대해 '여간한 정신의 노력이 들지 않았다'는 번역도 있는데, 어색한 직역이다. ㄱ)이나 ㄴ)의 번역이 무난하다. 'comprendre ce problème'에서 'problème'을 ㄱ)처럼 '수수께끼'라고 옮길 필요는 없다. 하지만 이 때문에 두 번역이 택한 'comprendre'의 '풀다'라는 해석은 '문제'의 경우에도 유효하다. 마지막 문장은, ㄱ)과 ㄴ)의 두 번역과 달리, 순차적으로 옮기는 것이 낫다고 생각된다.

⇒ 하지만 그는 현명한 지적도 했다.
"바오밥들도, 자라기 전에, 일단 조그맣게 돋아나."
"맞아! 그런데 왜 양들이 꼬마 바오밥들을 먹었으면 하니?"
"나, 이런!" 그가 대꾸했다. 마치 당연지사라는 듯이. 그래서 난 머리를 쥐어짜며 혼자 이 문제를 풀어야 했다.

5) Et en effet, Mais, jusqu'à ce qu', alors

Et en effet, sur la planète du petit prince, il y avait comme sur toutes les planètes, de bonnes herbes et de mauvaises herbes. Par conséquent de bonnes graines de bonnes herbes et de mauvaises graines de mauvaises herbes. Mais les graines sont invisibles. Elles dorment dans le secret de la terre jusqu'à ce qu'il prenne fantaisie à l'une d'elles de se réveiller. Alors elle s'étire, et pousse d'abord timidement vers le soleil une ravissante petite brindille inoffensive.

ㄱ) 과연 어린 왕자의 별에도 다른 별과 마찬가지로 좋은 풀과 나쁜 풀이 있었던 것이다. 따라서 좋은 풀의 좋은 씨와 나쁜 풀의 나쁜 씨가 있었다. 그러나 씨는 눈에 보이지 않는다. 땅 속 은밀한 곳에 숨어서 자고 있다가 그중의 하나가 어느 날 문득 깨어나고 싶어지는 것이다. 그러면 그것은 기지개를 켜고 우선 아무 해도 되지 않는 예쁘고 조그만 싹을 햇빛을 향해 슬며시 내민다.

ㄴ) 사실은 이런 것이었다. 어린 왕자의 별에는 여느 별에나 그렇듯이 좋은 풀과 나쁜 풀이 있었다. 따라서 좋은 풀의 좋은 씨앗, 나쁜 풀의 나쁜 씨앗이 있었다. 그러나 씨앗들은 보이지 않는다. 씨앗들은 땅속에 숨어 잠을 자고 있다가, 그중 하나에게 문득 깨어나고 싶다는 생각이 든다. 그러면 그 씨앗은 기지개를 켜고, 태양을 향해 처음엔 머뭇거리면서 그 아름답고 연약한 새싹을 내민다.

'Et en effet'의 ㄱ) 번역 '과연'은 다소 강한 해석이고, ㄴ)의 '사실은 이런 것이었다'는 문장화는 '증폭'의 느낌을 준다. 몇몇 번역에서 보듯이, 아예 번역을 하지 않은 것도 문제이다. 'Et il me fallut un grand effort d'intelligence pour comprendre à moi seul ce problème.'라는 앞 문장과의 관계를 고려하면, '그렇다' 정도가 무난하다.[14] 'Et en effet' 이하는 나름대로 문제를 풀어 간 과정의 기술이니, 번역도 그러한 과정에 알맞게 이루어질 필요가 있다. 'Il lui prend la fantaisie de+inf.'는 사전에 '…하고 싶은 생각에 사로잡히다'라고 나와 있는데, '…하고 싶어진다' 혹은, 다른 번역처럼, '…할 생각이 든다'라고 한 것은 적절한 맥락 번역이다. 'jusqu'à ce que'는 사전적으로는 '…할 때까지'이지만, 이를 ㄱ)은 '어느날 문득'으로, ㄴ)은 '문득'으로 옮겼다. 품사의 전환인 치환과 관점의 변화인 변조가 동시에 작용한 상당히 창의적인 번역들이다. 'inoffensive'는 '무해한'으로 간결히

14 한 영어 번역본에는 'Et en effet'가 'Indeed'로 번역되어 있다.

옮기는 것이 적절해 보인다. 'de bonnes herbes'나 'de bonnes graines' 같은 명사구의 복수는 적어도 위 맥락에서는 굳이 '–들'로 옮길 필요가 없다고 생각된다. 'Mais'는 '그러나'보다는 '하지만'이란 해석이 조금 나아 보인다.

⇒ 그렇다. 어린 왕자의 행성에도, 다른 행성들과 마찬가지로, 좋은 풀과 나쁜 풀이 있었다. 따라서 좋은 풀의 좋은 씨와 나쁜 풀의 나쁜 씨가 있었다. 하지만 씨들은 눈에 안 보인다. 땅 속에서 은밀히 잠자다, 그중 하나가 어느 날 문득 깨어나고 싶어진다. 그러면 기지개를 켜고, 우선 무해한 예쁘고 조그만 싹을 햇빛을 향해 슬며시 내민다.

6) discipline, disait, toilette, **복합관계대명사**, **정관사**, Et, **구문**, **정언적 표현**, un 등

«C'est une question de discipline, me disait plus tard le petit prince. Quand on a terminé sa toilette du matin, il faut faire soigneusement la toilette de la planète. Il faut s'astreindre régulièrement à arracher les baobabs dès qu'on les distingue d'avec les rosiers auxquels ils ressemblent beaucoup quand ils sont très jeunes. C'est un travail très ennuyeux, mais très facile.»
Et un jour il me conseilla de m'appliquer à réussir un beau dessin, pour bien faire entrer ça dans la tête des enfants de chez moi. « S'ils voyagent un jour, me disait-il, ça pourra leur servir. Il est quelquefois sans inconvénient de remettre à plus tard son travail. Mais, s'il s'agit des baobabs, c'est toujours une catastrophe. J'ai connu une planète, habitée par un paresseux. Il avait négligé trois arbustes… »

ㄱ) 어린 왕자는 훗날 나에게 이런 말을 하곤 했다. "그건 규율의 문제야. 아침에 세수를 하고 나면 나의 별도 정성 들여 몸단장을 해줘야 해. 바오밥나무가 아주 어릴 때는 장미와 비슷하지만 곧 장미와 구별할 수 있을 만큼 자라면 규칙적으로 신경을 써서 바오밥나무를 뽑아버려야 하는 거야. 그건 정말 귀찮긴 하지만 아주 쉬운 일이야."
그리고 어느 날 그는 우리 땅에 사는 어린이들이 머릿속에 잘 새겨둘 수 있도록 멋진 그림을 하나 정성껏 그려보라고 내게 권했다. "그 어린이들이 언젠가 여행을 하게 되면 도움이 될지도 몰라. 마땅히 할 일을 나중으로 미루어도 별 탈이 없을 때도 더러 있지만 바오밥나무의 경우 그랬다간 반드시 큰 사고가 생겨. 난 게으름뱅이가 사는 별을 하나 아는데, 그 게으름뱅이는 작은 나무 세 그루를 소홀히 한 채 그냥 내버려뒀었어."

ㄴ) "그건 규율의 문제야." 어린 왕자가 나중에 이런 말을 했다. "아침 세수가 끝나면 별도 조심스럽게 세수를 시켜야 해. 바오바브나무가 아주 어릴 때는 장미나무와 비슷한데, 구별할 수 있게 되면 그때부터 규칙적으로 뽑아 버려야 해. 아주 귀찮은 일이지만 아주 쉬운 일이야."
그리고 하루는 나에게 아름다운 그림 한 장을 그려서, 우리 땅에 사는 어린이

들 머릿속에 그걸 새겨 넣게 하라고 권했다. "어느 날 그 애들이 여행을 하게 되면 그게 도움이 될 거야. 이따금 할 일을 뒤고 미뤄 두었다고 해서 별걱정은 없겠지만, 그러나 바오바브나무의 경우라면 반드시 큰 난리가 일어나고 말아. 난 게으름뱅이가 살고 있는 별 하나를 아는데, 작은 나무 세 그루를 소홀히 한 게 그만…"

우선 위 맥락에서의 'disait'에는 반복의 의미가 없으니, ㄱ)의 '하곤 했다'는 적절치 않다. ㄴ)의 '말을 했다'를 더 간결히 한 '말했다'가 적절하다. 첫 문단은 직접화법이다. 이 화법의 처리가 ㄱ)과 ㄴ)이 다소 다른데, 후자가 더 나아 보인다. 'discipline'의 해석은 '기율', '규율' 외에 '생활 습관'이라는 것도 있는데, '규율'이 나아 보인다. 동화 성격의 《어린 왕자》에서 반복이 중요한 의미를 가지니, 두 번 되풀이된 'toilette'와 세 번 되풀이된 'très'도 반복의 의미를 살려 주어야 할 것이다. 'la toilette de la planète'에서 'la planète'를 ㄱ)은 '나의 별'로, ㄴ)은 '별'로 옮겼는데, '내 행성'으로 옮기는 것도 괜찮은 선택이다. 복합관계대명사 'auxquels…' 구문을 ㄱ)은 문장을 재구성하여 번역했고, ㄴ)은 원문 구조에 근접한 번역을 했는데, 이보다 더 근접한 번역도 가능하다. 둘째 문단의 첫 낱말 'Et'는 별 의미가 없어 보인다. '그리고'란 번역은 텍스트의 응결성에 마이너스가 되는, 일종의 '엇결림'처럼 느껴진다. 'les enfants de chez moi'는, 두 번역처럼, '우리 땅에 사는 어린이들'이라고 하기보다 '지구 어린이들'이라고 하는 것이 낫지 않을까?

정언적 표현으로 볼 수 있는 'ça pourra leur servir'는 ㄱ)의 '도움이 될지도 몰라'보다, ㄴ)의 '도움이 될 거야'와 같이, 더 확실한 의미 부여가 필요하다. 정언적 표현이기도 한 'c'est toujours une catastrophe'는 일종의 '단형문구'이다. ㄱ)의 '반드시 큰 사고가 생겨', 특히, 다른 한 번역의 '언제나 큰 재난이 따르는 법이야'는 불필요하게 증폭이 되어 있다. ㄴ)의 '반드시 큰 난리가 일어나고 말아'도 '예언적' 해석이라는 느낌을 준다. '늘 큰 재난이야' 정도가 무난하다. 'un paresseux'의 'un'은 '한'으로 그 의미를 살려 줄 필요가 있다. 'J'ai connu une planète'라는 '정언적' 표현에는 '… 행성 하나가 있었어'가 대응되는 어울리는 표현이다. ㄱ)의 대과거 번역 '소홀히 한 채 그냥 내버려뒀었어' 같은 명시화는 불필요해 보인다. 이 대과거는 생략된 부분에 대한 선행성을 나타낸다. ㄴ)의 처리가 더 적절하다.

⇒ "그건 규율 문제야." 나중에 어린 왕자가 말했다. "아침에 단장을 하고 나면, 내 행성도 정성 들여 단장을 해 줘야 해. 아주 어릴 적엔 장미와 아주 흡사한 바오밥나무를, 식별되는 대로 곧 규칙적으로 신경 써서 뽑아 줘야 해. 아주 귀찮지만, 아주 쉬운 일이야."

어느 날, 그는 내게 그림 하나를 멋지게 잘 그려, 지구 아이들 머릿속에 깊이 새겨지게 해 보라고 권했다. "언젠가 걔들이 여행을 하게 되면, 도움이 될 거야. 할 일을 나중으로 미루어도 별 탈이 없을 때도 더러 있어. 하지만 바오밥나무 경우는, 늘 큰 재난이야. 한 게으름뱅이가 사는 행성이 있었어. 그 사람은 작은 나무 셋을 하찮게 여겼다가…"

7) **첫 문장**, Mais, si… si… que…, Je dis, C'est… que, La leçon que… 등

Je n'aime guère prendre le ton d'un moraliste. Mais le danger des baobabs est si peu connu, et les risques courus par celui qui s'égarerait dans un astéroïde sont si considérables, que, pour une fois, je fais exception à ma réserve. Je dis:«Enfants ! Faites attention aux baobabs !» C'est pour avertir mes amis d'un danger qu'ils frôlaient depuis longtemps, comme moi-même, sans le connaître, que j'ai tant travaillé ce dessin-là. La leçon que je donnais en valait la peine.

ㄱ) 나는 도덕군자 같은 말투를 말하는 것을 좋아하지 않는다. 하지만 바오밥나무의 위험을 아는 사람은 너무나도 적고 어떤 소행성에서 길 잃은 사람이 당하게 될 위험은 너무나도 큰 것이므로 딱 한 번만 예외적으로 마음을 고쳐먹기로 한다.
그래서 나는 이렇게 말한다.
'어린이들이여, 바오밥나무를 조심하라!'
내가 이 그림을 이토록 정성스럽게 그린 것은 내 친구들이 나와 마찬가지로 오래 전부터 자신도 모르게 감수하고 있는 위험에 대하여 경각심을 불러일으키기 위해서이다. 내가 그림을 통해 주게 된 교훈은 그만한 값어치가 있는 것이었다.

ㄴ) 나는 도덕 선생 같은 말투를 별로 좋아하지 않는다. 그러나 바오바브나무의 위험을 사람들이 너무 모르고 있고, 길을 잃어 소행성에 들어가게 된 사람이 있다면 너무 큰 위험을 겪을 것 같기에, 내 신중한 태도에 한 번만 예외를 두어 도덕 선생처럼 말하기로 한다. 〈어린이들아! 바오바브나무를 조심해라!〉 내가 이렇게 이 그림에 힘을 들인 것은, 오래전부터 내 친구들이 나처럼 멋모르고 지나쳤던 그 위험을 그들에게 알려 주기 위해서다. 내 교훈은 이만큼 수고할 값어치가 있다.

첫 문장의 번역은 ㄱ), ㄴ) 모두 조금 아쉬움이 있다. 'moraliste'를 '도덕

군자'라고 '문화적 번안'을 하기보다 차라리 '모럴리스트'라고 '차용'을 하는 것이 낫지 않을까? 두 번역의 '(별로) 좋아하지 않는다'도 'Je n'aime guère'보다 그 강도가 약하다. '질색이다'가 적절한 번역이다. 'Mais'의 번역은 ㄱ)의 '하지만'이 적절하다. 'si… si… que…' 구문의 의미는 두 번역 모두 잘 살리고 있다. 하지만 간결성 측면에서는 개선의 여지가 있다. 'Je dis'의 처리는 쉽지 않다. ㄱ)은 '그래서 나는 이렇게 말한다'로 옮기고 있고, ㄴ)은 '증폭'과 '명시화'를 하고 앞 문장과 연결지어 '(예외를 두어) 도덕 선생처럼 말하기로 한다'라고 옮겼다.[15] 'pour une fois, je fais exception à ma réserve'를 '내 조심성에 딱 한 번 예외를 두기로 한다'고 번역한다면, 'Je dis'는 굳이 번역하지 않아도 되지 않을까? 묵시적 처리도 때로는, 직접화법의 '도입동사'(혹은 전달동사)와 관련해서는 하나의 좋은 번역 방식이 될 수 있다.

'C'est pour avertir… que j'ai tant travaillé…' 구문을 ㄱ)과 ㄴ)뿐 아니라, 대개 다른 번역들도 'que' 이하를 먼저 번역했는데, '어린이들이여, 바오밥나무를 조심하라!'라는 표현과의 의미적 연관성, 마지막 문장과의 구문적 응결성을 고려할 때, 타당한 선택으로 생각된다. 'un danger qu'ils frôlaient depuis longtemps…'의 ㄱ) 번역에 쓰인 '오래전부터… 감수하고 있는 위험'과 '자신도 모르게'는 서로 모순된다. '감수하다'는 '달갑게 받아들이다'의 뜻이기 때문이다. ㄴ)은 이 명사구를, 'frôler'의 의미를 고려하여, '오래전부터 내 친구들이 나처럼 멋모르고 지나쳤던 그 위험'으로 옮겼는데, '오래전부터 스쳐 지나온 한 위험'이 원표현의 의미에 더 가깝게 느껴진다. 마지막 문장 'La leçon que je donnais…'의 ㄱ) 번역은 다소 설명적이고, ㄴ) 번역은 간결하나, '이만큼'이 다소 어색하게 느껴진다.[16] 'La leçon que

15 또 한 번역은 그 앞 문장과 연결하여, '난생 처음으로 나는 그런 조심성을 버리고 이렇게 말하려 한다'라고, 또 다른 한 번역은 '내 평생에 특별히 딱 한 번만 이렇게 말하겠다'라고 옮기고 있다. '처음으로 한번 체면을 차리기 않기로 한다'라는 번역까지 있는데, 이는 직접화법의 도입부 처리가 쉽지 않음을 잘 보여 주는 것이다.

16 두 번역 외에도 '내가 주려는 교훈은 그만큼 애를 쓸 만한 것이다', '내가 전하려는 교훈은 이 그림을 애써서 그릴 만큼 충분한 가치가 있다', '이 그림을 통해 내가 전

je donnais'는 시점은 과거지만 그 대상은 불특정 다수인 점을 고려하여 '내가 주는 교훈'으로 옮길 수도 있고, 명사구 'La leçon que…'의 'que' 이하의 번역을 묵시화하여 ㄴ)처럼 '내 교훈'으로 옮길 수도 있다. 전체적인 문단 처리는 ㄱ)이 '어린이들이여, 바오밥나무를 조심하라!'를 부각시킨 반면, ㄴ)은 원문 형태를 그대로 반영하고 있다.

> ⇒ 나는 모럴리스트 어투는 질색이다. 하지만 바오밥나무 위험은 너무 안 알려져 있고, 어떤 소행성에서 길 잃은 사람이 당할 위험은 너무 크기에, 내 조심성에 딱 한 번 예외를 두기로 한다. '어린이들이여, 바오밥나무를 조심하라!' 내가 이 그림을 무척 정성스럽게 그린 것은 내 친구들에게, 나처럼, 모른 채, 오래전부터 스쳐 지나온 한 위험에 대해 경고하기 위해서이다. 내가 주는 교훈은 수고에 값할 만한 것이었다.

8) **미래**, grandioses, J'ai essayé… **문장**, animé **등**

> Vous vous demanderez peut-être : Pourquoi n'y a-t-il pas, dans ce livre, d'autres dessins aussi grandioses que le dessin des baobabs ? La réponse est bien simple : J'ai essayé mais je n'ai pas pu réussir. Quand j'ai dessiné les baobabs j'ai été animé par le sentiment de l'urgence.

ㄱ) 하지만 여러분은 이런 의문을 가질지도 모르겠다. "왜 이 책에는 바오밥나무의 그림만큼 거창한 그림들이 없는 것일까?" 그 대답은 아주 간단하다. 그리려고 노력은 해보았지만 성공하지는 못했기 때문이다. 바오밥나무들을 그릴 때에는 급박하다는 감정으로 온통 정신이 고조되어 있었던 것이다.

ㄴ) 여러분은 어쩌면 이렇게 물을지도 모른다. 왜 이 책의 다른 그림들은 바오바브나무처럼 웅장하지 못하냐고. 대답은 아주 간단하다. 나는 애써 그렸지만 성공하지 못했다. 바오바브나무를 그릴 때는 위급한 마음에 그만 힘이 솟았던 것이다.

예 8)은 예 7)에 바로 이어지는 대목이다. 'Vous vous demanderez peut-être'는 ㄱ)과 ㄴ)의 것들을 비롯한 여러 해석이 가능하고, '여러분은 아마 궁금할 것이다'도 그중 하나이다. 'grandioses'는 ㄱ)과 ㄴ)의 '거창한', '웅장한'을 비롯하여, '굉장한', '커다란', '장엄한' 등의 해석이 있는데, '장엄한'이 적절해 보인다. 'J'ai essayé…' 문장은 이유를 ' 때문이다'라고 명시화

하는 교훈은 이 그림을 그리느라 수고할 만한 가치가 있다는 것이다' 등의 번역들이 있다.

한 ㄱ)보다는 묵시적으로 처리한 ㄴ)이 낫다. 마지막 문장은 5장의 마지막 문장이기도 하다. ㄱ)은 'j'ai été animé par le sentiment de l'urgence'를 ㄴ)보다 증폭시켜 해석하고 있다. 이 부분은 한 번역의 '절박감에 고조되어 있었던 것이다'라는 해석이 돋보인다. 다만, '있었던 것이다'는 '있었다'로 충분하다. 'les baobabs'는 복수를 살려 주는 게 좋을 것 같다.

> ⇒ 여러분은 아마 궁금할 것이다. "왜 이 책에는 바오밥나무들 그림만큼 장엄한 다른 그림들이 없을까?" 답은 아주 간단하다. 그려 보았지만, 성공하지 못했다. 바오밥나무들을 그릴 당시는 절박감에 고조되어 있었다.

6장

1) ta petite vie mélancolique, pour distraction, la douceur des couchers de soleil

> Ah! petit prince, j'ai compris, peu à peu, ainsi, ta petite vie mélancolique. Tu n'avais eu longtemps pour distraction que la douceur des couchers de soleil.

ㄱ) 아! 어린 왕자여! 나는 이렇게 해서 조금씩 너의 연약하고 쓸쓸한 생활을 알게 되었다. 너에게는 오랫동안 구경거리라고는 그저 해 지는 광경의 감미로움밖에 없었지.

ㄴ) 아! 어린 왕자, 너의 초라하고 쓸쓸한 생활을 나는 이렇게 조금씩 알게 되었다. 오랫동안 네 마음을 달래 주는 것이라곤 아늑하게 해가 저무는 풍경밖에 없었다.

'ta petite vie mélancolique'는 ㄱ)과 ㄴ)의 '너의 연약하고 쓸쓸한 생활'과 '너의 초라하고 쓸쓸한 생활'이란 번역 외에, '네 쓸쓸한 생활', '너의 쓸쓸하고 단순한 생활', '소박하고도 쓸쓸한 네 삶', '너의 우울한 짧은 생활' 등의 번역이 있다. 3장에 나온 'mélancolie'와 연계하여 '우수 어린 네 단출한 삶'으로 옮기면 어떨까? 번역 ㄴ)은 3장의 'mélancolie'는 '우수'로 해석했으나, 이번 장의 'mélancolique'는 '쓸쓸한'으로 해석하고 있다. 'pour distraction'의 번역에는 ㄱ)의 '구경거리라고는', ㄴ)의 '네 마음을 달래 주는 것이라곤' 외에, '네 위안거리는', '오락이라는 게', '심심풀이라고는' 등이 있는데, '위안거리로'가 무난해 보인다. 'la douceur'는 ㄱ)의 '감미로움'이라는 번역이 적절해 보인다. 'des couchers de soleil'를 ㄴ)은, '해넘이'라고 옮긴 다른 문장들에서와 달리, 여기서는 '해가 저무는 풍경'으로 옮겼는데, 일관성 있게 옮기는 게 좋지 않을까? 복수 의미도 살려 주어야 할 것이다.

⇒ 아, 어린 왕자! 나는 이리하여 조금씩 우수 어린 네 단출한 삶을 알게 되었다. 너는 오랫동안 위안거리로 해넘이들의 감미로움밖에 없었다.

2) J'aime bien, Mais, tu as ri de toi-même, Je me crois toujours chez moi ! 등

«J'aime bien les couchers de soleil. Allons voir un coucher de soleil...
– Mais il faut attendre...
– Attendre quoi ?
– Attendre que le soleil couche.»
Tu as eu l'air très surpris d'abord, et puis tu as ri de toi-même.
Et tu m'as dit :
«Je me crois toujours chez moi !»

ㄱ) "나는 해가 지는 광경이 좋아. 우리 해 지는 걸 보러 가…"
"아직 기다려야 해."
"뭘 기다려?"
"해가 지길 기다려야 해."
처음에 너는 몹시 놀란 표정이었지. 하지만 곧 자기 말이 우습다는 듯 웃음을 터뜨리며 이렇게 말했어.
"지금도 내가 우리 별에 있는 것만 같아서!"

ㄴ) "나는 해넘이가 정말 좋아. 지금 해넘이를 보러 가요…"
"하지만 기다려야 하는데…"
"기다리다니, 뭘?"
"해가 지기를 기다려야지."
너는 처음에 아주 놀라 얼굴을 하더니, 곧 네 자신이 어처구니없다는 듯이 웃었다. 그리고 너는 말했지.
"나는 아직도 내 별에 있는 줄 알았어."

'J'aime bien…'은 불어의 자연스런 표현이지만, '나는…이 좋아'는 그에 상응하는 자연스러운 표현이 아니다. '나… 좋아해'가 적절한 대응 표현이다. 'le coucher du soleil'는 ㄱ)의 '해가 지는 광경'보다 ㄴ)의 '해넘이'가 적절한 번역으로 생각된다. 'Mais'는 ㄱ)에서는 번역이 안 되었고, ㄴ)은 '하지만'으로, 다른 번역들은 '그렇지만', '그러면' 등으로 옮겼는데, '하지만'이 적합해 보인다. 그냥 '기다려야지…'라고 한 번역도 두어 개 있다. 'tu a ri de toi-même'를 ㄱ)은 '웃음을 터뜨리며'로 옮겼는데, 그럴 상황이 아니다. ㄴ)의 '네 자신이 어처구니없다는 듯이 웃었다'보다 '제 말이 우스운 듯 피식 웃었다'가 상황에 어울리는 번역이 아닐까? 'Je me crois toujours chez moi !'는 자신의 착각이 우습다는 상황을 고려하면, ㄱ)이나 ㄴ)의 번역보다는 그러한 착각에 '거리두기'가 보다 분명하게 느껴지는 '내가 아직 내 별에 있는 줄 알아!' 같은 번역이 더 나아 보인다.

⇒ "나 해넘이 좋아해. 우리 해넘이 보러 가…"
"하지만 기다려야지…"
"뭘 기다려?"
"해넘이를 기다려야지."
너는 처음에 놀라는 기색이었으나, 곧 제 말이 우스운 듯 피식 웃었다. 그리고 말했다.
"내가 아직 내 별에 있는 줄 알아!"

3) En effet, quand, midi, **삽입구**, en une minute, pour, Malheureusement 등

En effet. Quand il est midi aux États-Unis, le soleil, tout le monde le sait, se couche sur la France. Il suffirait de pourvoir aller en France en une minute pour assister au coucher de soleil. Malheureusement la France est bien trop éloignée. Mais, sur ta si petite planète, il te suffisait de tirer ta chaise de quelques pas. Et tu regardais le crépuscule chaque fois que tu le désirais…

ㄱ) 그럴 수 있겠지. 누구나 다 알다시피 미국이 정오일 때 프랑스에서는 해가 지지. 단숨에 프랑스로 달려갈 수만 있다면 해 지는 것을 볼 수 있을 거야. 그런데 불행히도 프랑스는 너무 멀리 떨어져 있어. 그러나 너의 조그만 별에서는 의자를 몇 발짝 뒤로 물려놓기만 하면 되었지. 그렇게만 하면 맘 내킬 때마다 해지는 광경을 볼 수가 있었던 거야.

ㄴ) 그렇다. 미국이 한낮이면 누구나 다 알다시피 프랑스에서는 해가 저문다. 해가 저무는 것을 보려면 단 1분 동안에 프랑스로 갈 수만 있으면 될 텐데. 불행히도 프랑스는 너무 멀리 떨어져 있지. 그러나 그처럼 작은 너의 별에서는 의자를 몇 걸음 당겨 놓으면 그만이었지. 그래서 너 네가 원할 때마다 석양을 바라보곤 했었지…

'En effet'의 ㄱ) 번역 '그럴 수 있겠지'는 'c'est possible'을 연상시킨다. ㄴ)의 '그렇다'가 적절한 해석이다. 'Quand' 구문을 ㄱ)은 '-일 때'로, ㄴ)은 '-이면'으로 옮겼는데, 둘 다 괜찮지만, 위 맥락에서는 전자가 다소 낫게 느껴진다. 삽입구 'tout le monde le sait'는 그 번역도 원문처럼 쉼표 처리를 하는 것이 필요해 보인다. 'en une minute'를 ㄱ)은 '단숨에'로, ㄴ)은 '단 1분 동안에'로 옮겼는데, 직역한 후자보다 전자가 '훨씬 속도감과 긴박감, 짧은 간격'을 느끼도록 한다.[17] 'pour' 구문을 ㄱ)은 결과로, ㄴ)은 목적으로 해석했는데, ㄱ)이 더 적절해 보인다. 'le coucher de soleil'에 대해 'assister à' 대신에 'voir'를 사용한 것에 나름의 의미가 있겠으나, 딱히 '보다'를 대체할 표현이 생각나지 않는다. 'Malheureusement'을 4장에서 '유감스럽게도'라고 옮겼는데, 여기서도 그렇게 옮기는 것이 나아 보인다. 'bien trop éloignée'를 ㄱ)과 ㄴ)은 비슷하게 '너무 멀리 떨어져 있어(있지)'로 옮겼는데, '정말 너무 멀다'가 어떨까? 'crépuscule'을 ㄱ)은, 예 1)의 'les couchers du soleil'의 번역 '해 지는 광경'과 거의 마찬가지로, '해 지는 것'이라고 옮겼고, ㄴ)은 '석양'으로 옮겼다. 후자가 적절한 선택으로 생각된다. 그런데 ㄴ)은 'les couchers du soleil'를 예 1)에서는 '해가 저무는 풍경'으로, 예 2)에서는 '해넘이'로, 예 3)에서는 '해가 저무는 것'으로 옮겨 일관성을 결여한 것이 아쉽다.

⇒ 그렇다. 미국이 한낮일 때, 누구나 알다시피, 프랑스에서는 해가 진다. 단숨에 프랑스로 갈 수 있다면, 해넘이를 볼 수 있다. 유감스럽게도 프랑스는 정말 너무 멀다. 하지만 네 조그만 행성에서는 의자를 몇 발짝 뒤로 물리기만 하면 되었다. 그래서 석양을 맘 내킬 때마다 보았던 것이다…

17 김지현(2002:189) 참고.

4) Tu sais, tellement, les couchers de soleil, mais

Et un peu plus tard tu ajoutais :
«Tu sais… quand on est tellement triste on aime les couchers de soleil…
– Le jour des quarante-quatre fois tu étais donc tellement triste ?»
Mais le petit prince ne répondit pas.

ㄱ) 그리고 잠시 후 다시 말을 이었지.
"그런데… 몹시 슬플 적엔 해 지는 게 좋아져…"
"마흔네 번 본 날 그럼 넌 그렇게도 슬펐던 거야?"
그러나 어린 왕자는 대답이 없었다.

ㄴ) 그리고 잠시 후 이렇게 덧붙였지.
"아저씨도 알 거야… 그렇게도 슬플 때는 누구나 해가 저무는 게 보고 싶지."
"마흔네 번 해넘이를 본 날, 그렇다면 너는 그만큼 슬펐단 말이냐?"
그러나 어린 왕자는 대답하지 않았다.

'Tu sais'는 ㄱ)의 '그런데…', ㄴ)의 '아저씨도 알 거야' 외에, '아저씨', '아저씨…', '그런 거 알아요?…' 등으로 다양하게 번역되었다. 상대의 관심을 환기시키는 이 표현은 '있잖아…' 정도의 번역이 무난해 보인다. 반복된 'tellement'은 그 의미를 살려 주는 것이 좋겠다. 두 번역의 '그렇게도'보다 '무척'이 낫지 않을까? 'les couchers de soleil'는 여기서도 '해넘이'로 옮길 필요가 있다. 마지막 문장은 6장의 끝 문장이다. 'Mais'는 여기서도 '하지만'으로 옮기는 게 좋을 것 같다. 'ne répondit pas'는 '대답이 없었다'나 '대답하지 않았다'보다 '답하지 않았다'가, '하지만'과 소리의 부분적 반복으로 인해, 끝 문장의 여운이 조금 더 느껴지는 것 같다.

⇒ 잠시 후 네가 덧붙였다.
"있잖아… 아주 슬플 땐 해넘이가 좋아져…"
"마흔 네 번 본 날은 그럼 무척 슬펐던 거니?"
하지만 어린 왕자는 답하지 않았다.

7장

1) 수동형, 구문 순서, 부정관사, 정언적 표현

Le cinquième jour, toujours grâce au mouton, ce secret de la vie du petit prince me fut révélé. Il me demanda avec brusquerie, sans préambule, comme le fruit d'un problème longtemps médité en silence :

«Un mouton, s'il mange les arbustes, il mange aussi les fleurs ?
– Un mouton mange tout ce qu'il rencontre.
– Même les fleurs qui ont des épines ?
– Oui. Même les fleurs qui ont des épines.
– Alors les épines, à quoi servent-elles»

ㄱ) 닷새째 되던 날, 이번에도 양 덕분에 어린 왕자의 또 다른 비밀을 알게 되었다. 그는 오랫동안 속으로 곰곰이 생각한 끝에 튀어나온 말인 듯 느닷없이 내게 물었다.
"양이 말이야, 작은 나무를 뜯어먹는다면 꽃도 먹겠지?"
"양은 닥치는 대로 뭐든지 먹지."
"가시가 있는 꽃도 먹어?"
"그럼 가시 있는 꽃도 먹지."
"그렇다면 가시는 뭣에 쓰는 거지?"

ㄴ) 닷새째 되는 날, 그날도 역시 양의 도움으로 나는 어린 왕자의 삶에 깃들어 있는 이 비밀을 알게 되었다. 오랫동안 말없이 생각해 온 의문이 열매를 맺은 듯 갑자기 그는 밑도 끝도 없는 질문을 던졌다.
"양이 작은 떨기나무를 먹는다면 꽃도 먹을까?"
"양은 닥치는 대로 다 먹지."
"가시가 있는 꽃도?"
"그럼, 가시가 있는 꽃도."
"그렇다면 가시는 무슨 소용이 있는 거야?"

첫 문장의 'ce secret'는 ㄱ)의 '또 다른 비밀', ㄴ)의 '이 비밀' 외에, '비밀이 하나 더', '비밀을 한 가지' 등의 번역이 있고, 'ce'를 따로 옮기지 않은 번역들도 있는데, '이 비밀'이 무난하다. 'me fut révélé'라는 'révéler' 동사의 수동형 단순과거, 3인칭 단수이다. 원문의 이 형태를 보다 존중하는 번역은 '닷새째 되던 날, 역시 양 덕택에, 어린 왕자 삶의 이 비밀이 드러났다.' 정도가 될 것이다. 그 다음 문장의 ㄱ) 번역은 '느닷없이 물었다'고 끝나 있지만, 그 묻는 방식은 그다지 느닷없어 보이지 않는다. ㄴ)의 번역에서도 '갑작스러움'은 잘 느껴지지 않는데, 원문은 그 '갑작스러움'을 어순과 쉼표들을 통해 나타내고 있다. '그가 느닷없이, 불쑥, 물었다, 오랫동안 속으로 곰삭힌 한 문제의 결과인 양.'이라고 옮기면 어떨까? 'Un mouton, s'il mange les arbustes, il mange aussi les fleurs ?'는 막연히 궁금해서 묻는 말이 아니다. '양이 꽃을 먹느냐 먹지 않느냐'는, 앞의 서술도 시사하듯이, 어린 왕자에게는 매우 중요한 문제이다. 그렇다면 그러한 함축된 근심을 나타내기 위해서도 '양이 작은 나무들 먹으면 꽃도 먹는 거야?' 정도로는 번역되어야 할 것이다. 다른 일에 정신이 팔려 있는 서술자의 무심한 대답을 잘 드러내려면, 일견 자상한 대답처럼 보이는 '양은 닥치는 대로 뭐든지 먹지' 대신에 '양은 닥치는 대로 다 먹는다'가 되어야 하지 않을까? 'Même les fleurs qui ont des épines ?'의 핵심은 명사구이다. 이를 '가시가 있는 꽃도 먹어?'라고 한다면, 걱정과 염려가 가득한 어린 왕자의 심정을 나타내기엔 역부족이다. ㄴ)과 유사하게, '가시 있는 꽃도?'라고 하는 것이 나아 보인다. 그러면 그 대꾸도 '그래. 가시 있는 꽃도.'가 될 것이다. 'Alors les épines, à quoi servent-elles?'은 단순한 질문이 전혀 아닌데, ㄱ)의 '그렇다면 가시는 뭣에 쓰는 거지?'나, ㄴ)의 '그렇다면 가시는 무슨 소용이 있는 거야?'는 느긋하다. 이런 상황에서는 '그럼 가시는 왜 있는 거야?'라고 되묻지 않을까? 상황의 의미를 대화에 충분히 반영할 필요가 있다.

> ⇒ 닷새째 되던 날, 역시 양 덕택에 어린 왕자 삶의 이 비밀이 드러났다. 그가 느닷없이, 불쑥, 물었다, 오랫동안 속으로 곰삭힌 한 문제의 결과인 양.
> "양이 작은 나무들 먹으면 꽃도 먹는 거야?"
> "양은 닥치는 대로 다 먹는다."
> "가시 있는 꽃도?"
> "그래. 가시 있는 꽃도."
> "그럼 가시는 왜 있는 거야?"

2) 구문, Oh ! car, répondis, 다양한 표현

Je ne le savais pas. J'étais alors très occupé à essayer de dévisser un boulon trop serré de mon moteur. J'étais très soucieux car ma panne commençait de m'apparaître comme très grave, et l'eau à

boire qui s'épuisait me faisait craindre le pire.
«Les épines, à quoi servent-elles ?»
Le petit prince ne renonçait jamais à une question, une fois qu'il l'avait posée. J'étais irrité par mon boulon et je répondis n'importe quoi :
«Les épines, ça ne sert à rien, c'est de la pure méchanceté de la part des fleurs !
– Oh !»

ㄱ) 나는 그걸 알 수가 없었다. 나는 그때 엔진에 너무 꼭 조여진 볼트를 빼내는 일에 잔뜩 정신이 팔려 있었다. 비행기의 고장이 매우 심각하다는 느낌이 들기 시작했고 또 마실 물도 얼마 남지 않은지라 최악의 경우가 예상되는 상황이었기 때문에 걱정이 이만저만이 아니었다.
"가시는 뭣에 쓰는 거지?"
어린 왕자는 한번 물으면 결코 그냥 넘어가는 법이 없었다. 나는 볼트 때문에 신경이 곤두서 있던 중이라 아무렇게나 대답해버렸다.
"가시, 그건 아무 쓸모도 없는 거야."
"그래?"

ㄴ) 나는 그것을 알 수가 없었다. 나는 그때 내 모터에 너무 꽉 조여 있는 볼트를 푸느라고 온 정신을 다 쏟고 있었다. 고장이 아주 심하다는 생각이 들어서 나는 몹시 걱정스러웠고, 마실 물은 다 떨어져 가니 최악의 경우를 염려하지 않을 수 없었다.
"가시는 무슨 소용이 있는 거야?"
어린 왕자는 한번 질문을 던지면 절대로 포기하지 않는다. 나는 볼트 때문에 화가 나서 아무렇게나 대답했다.
"가시 그까짓 것은 아무 소용도 없는 거야. 꽃들이 괜히 심술을 부리는 거야."
"아!"

'Je ne le savais pas'는 예 1)에 이어지는 문장이다. '나는 그걸 알 수가 없었다'라는 문장 자체는 문제가 없지만, 'Je ne le savais pas'의 번역으로서는 적절치 않다. 'le'는 '가시가 왜 있는가 하는 것'이니, 보다 간결하게 '나는 몰랐다'라고 하면 된다. ㄱ)은 등위 접속사 'car' 문장을 종속 접속사 'parce que' 구문처럼 옮겼고, ㄴ)은 'car'를 번역을 생략하고 문장을 거의 재구성했는데, 일단 'J'étais très soucieux'를 '나는 걱정이 무척 컸었다' 정도로, 먼저 옮겨 줄 필요가 있다. 'Les épines, à quoi servent-elles ?'은 어린 왕자가 앞서 한 질문의 반복이다. 그런데, ㄱ)처럼, '가시는 뭣에 쓰는 거지?'라고 하면, 못 들은 사람한테 다시 묻는 식이다. 따져 되묻는 의미를 살려 주려면 '가시는 왜 있는 거냐고?'가 되어야 하지 않을까? 번역 ㄱ)에는 이상하게도

'Les épines, ça ne sert à rien' 바로 다음 표현인 'c'est de la pure méchanceté de la part des fleurs !'의 번역이 빠져 있다. 이 문장은 다른 일에 정신 팔린 사람의 귀찮은 듯한 대답이다. ㄱ)의 '가시, 그건 아무 쓸모도 없는 거야.'나, ㄴ)의 '가시 그까짓 것은 아무 소용도 없는 거야'로는 '퉁명스러움'이라는 변별적 의미가 충분히 살아나지 않는 느낌이다. '가시는 괜히 있는 거야' 정도는 되어야 하고, 이와 어울리는 뒷부분 해석은 '꽃들이 아주 못되서 그래!'일 것이다.[18] 전반적으로 감탄사 번역에 다소 문제가 있지만, 이 대목에서 'Oh !'에 대한 ㄱ) 번역 '그래?'는 다소 생뚱맞다. 이 상황에서 이게 어린 왕자가 낼 신음 혹은 외마디 소리겠는가? 적어도, ㄴ)처럼, '아!'라고는 해 주어야 할 것이다.

⇒ 나는 몰랐다. 나는 그때 엔진에 너무 꽉 조여진 볼트를 푸는 일에 온통 정신이 팔려 있었다. 나는 걱정이 무척 컸었다. 비행기 고장이 매우 심각한 조짐을 보이기 시작했고, 마실 물도 얼마 안 남아, 최악의 경우가 예상되는 상황이었기 때문이다.
"가시는 왜 있는 거냐고?"
어린 왕자는 일단 한번 물으면 그냥 넘어가는 법이 없었다. 나는 볼트 때문에 신경이 곤두서 있던지라 아무렇게나 대답했다.
"가시는 괜히 있는 거야, 꽃들이 아주 못되서 그래!"
"아!"

3) avec une sorte de rancune, Je ne te crois pas ! 등

Mais après un silence il me lança, avec une sorte de rancune :
«Je ne te crois pas ! Les fleurs sont faibles. Elles sont naïves. Elles se rassurent comme elles peuvent. Elles se croient terribles avec leurs épines…»

ㄱ) 잠시 아무 말이 없다가 어린 왕자는 원망스럽다는 듯이 이렇게 쏘아붙였다.
"거짓말 마! 꽃들은 연약해. 그리고 순진해. 꽃들은 자기들이 할 수 있는 만큼 자신을 보호하는 거야. 가시가 있으니 자기들은 무서운 존재라고 생각하는 거라고."

ㄴ) 그는 한동안 말이 없더니 앙심이라도 품은 듯 나를 몰아세웠다.
"그럴 리가 없어! 꽃들은 약한 거야. 꽃들은 순진해. 해볼 수 있는 데까지 자신을 지키려는 거야. 꽃들은 자기들이 가시를 가졌다고 무서운 줄 알고 있어…"

18 한 번역은 전체 문장을 '가시, 그건 아무 소용 없는 거다. 꽃이 고약해서 그런 것뿐이지!'라고 옮기고 있는데, 역시 약간 늘어진 느낌이다.

'avec une sorte de rancune'의 ㄱ) 번역 '원망스럽다는 듯이'에서는, ㄴ)에서와 달리, 'rancune'의 의미가 충분히 고려되지 않았다. '되갚듯'도 하나의 가능한 번역이다. 'Je ne te crois pas !'는 ㄱ)의 '거짓말 마!'나 '나는 아저씨 말을 믿지 않아!', '그건 거짓말이야!' 같은 번역보다 '변조'를 하여, ㄴ)처럼, 그러나 보다 간결히 '그럴 리 없어!' 정도로 옮기는 것이 낫지 않을까? 'Elles se rassurent comme elles peuvent.'도 리듬이 간결한 문장인데, 번역문들은 충분히 그렇지는 못하다. '나름대로 지키는 거야' 정도의 번역이 어떨까? 두 번역의 마지막 문장의 리듬 재현도 그렇지만, 특히 'terribles'의 구어 의미 재현이 다소 미흡한 느낌이다. '아주 대단하다' 정도로는 옮겨 주어야 하지 않을까?

⇒ 잠시 아무 말이 없다. 어린 왕자가, 되갚듯, 쏘아붙였다.
"그럴 리 없어! 꽃들은 연약해. 순진해. 나름대로 지키는 거야. 자기들이 아주 대단한 줄 알아. 가시가 있어서…"

4) Mais non, de choses sérieuses, stupéfait, il ajouta 등

«Et tu crois, toi, que les fleurs…
– Mais non ! Mais non ! Je ne crois rien ! J'ai répondu n'importe quoi. Je m'occupe, moi, de choses sérieuses !»
Il me regarda stupéfait.
«De choses sérieuses !»
Il me voyait, mon marteau à la main, et les doigts noirs de cambouis, penché sur un objet qui lui semblait très laid.
«Tu parles comme les grandes personnes !»
Ça me fit un peu honte. Mais, impitoyable, il ajouta :
«Tu confonds tout… tu mélanges tout !»

ㄱ) "정말로 그렇게 생각하는 거야? 꽃들이…"
"그만 해둬! 그만! 난 아무 생각도 안 해! 난 아무렇게나 대답했을 뿐이야. 나에겐 지금 중요한 일이 있어!"
어린 왕자는 어이가 없다는 듯이 나를 쳐다보았다.
"심각한 일이라고!"
어린 왕자는, 손에는 망치를 들고 손가락은 시커먼 기름투성이가 되어가지고 그에겐 아주 못생겨 보이는 무슨 물건 위로 몸을 굽히고 있는 내 모습을 바라보고 있었다.
"아저씨도 다른 어른들과 똑같이 말하네."
이 말에 나는 좀 부끄러워졌다. 그러나 그는 사정없이 말을 이었다.

"아저씨는 모든 걸 혼동하고 있어. 뭐든 다 뒤죽박죽으로 만들어놓고 있잖아!"

ㄴ) "그래, 아저씬 그렇게 생각하는 거야. 꽃들이…"
"아니야! 아니야! 난 아무 생각도 없어! 아무렇게나 대답한 거야. 나는, 나는 말이야, 중요한 일을 하느라고 바쁘단 말이야!"
그는 깜짝 놀라 나를 노려보았다.
"중요한 일이라고!"
그는 손가락에 새까맣게 기름을 묻힌 채 손에 망치를 들고 그에게는 매우 흉측해 보이는 물건에 엎드려 있는 내 모습을 보고 있었다.
"아저씨도 어른들같이 말하네!"
그 말에 나는 좀 부끄러웠다. 그러나 그는 매정하게 덧붙였다.
"아저씨는 모든 걸 혼동하고 있어. 아저씨는 모든 게 다 뒤죽박죽이야!"

되풀이된 짧은 'Mais non !'이라는 퉁명한 반응은, ㄱ)처럼, '그만 해둬! 그만!'이라고 하기보다 ㄴ)의 표현을 줄인 '아냐! 아냐!' 같은 해석이 더 적절해 보인다. 위 예에서는 'de choses sérieuses'도 반복되어 있는데, ㄱ)은 하나는 '중요한 일'로, 이를 되받은 다른 하나는 '심각한 일'로 옮기고 있다. 아마 착각이거나 실수일 것이다. ㄴ)은 둘 다 '중요한 일'로 옮기고 있는데, 둘 다 '심각한 일'이라고 하는 것이 더 나을 것 같다. 'Mais non !'이 반복된 것도 번역에 반영될 필요가 있다. 'stupéfait'의 의미는 ㄱ)의 '어이가 없다는 듯이'보다 ㄴ)의 '깜짝 놀라'나 '크게 놀라'에 가깝다. 'De choses sérieuses !'는, 두 번역보다 더 간결하게 '심각한 일?'이라고 해야 그 빈정거림의 의미가 분명해진다. 'Tu parles comme les grandes personnes !'는, 갈랑베르(2006:251)가 지적하듯이, 어린 왕자에게는 '지독한 욕설'이거나 적어도 '경멸적 표현'인데, ㄱ)의 '아저씨도 다른 어른들과 똑같이 말하네!'가 그러한 강도의 의미를 함축한다고 보기는 어렵다. ㄴ)은 보다 낫지만, 그 빈정거림의 의미를 살려 주려면, '어른들처럼 말하는군!' 정도의 번역이 필요하다.

'Ça me fit un peu honte. Mais, impitoyable, il ajouta'의 단순과거 'fit'는 시작상을 나타낸다. 그러니까 ㄱ)의 '부끄러워졌다'가 정확한 해석이다. 하지만 바로 이런 맥락에서는 '-었'도 시작상의 의미를 가질 수 있다고 생각된다. 길이와 리듬을 고려하여, ㄴ)보다 더 간결하게, '나는 조금 부끄러웠다. 하지만, 그는 사정없었다.'라고 하면 어떨까? 'il ajouta'는 번역하지 않아도 된다. '그는 사정없었다'에 묵시적으로 포함되어 있다고 볼 수 있다. 리드미칼한 짧은 문장 'Tu confonds tout··· tu mélanges tout !'를 ㄱ)은 과하게 증폭시키고 있다. ㄴ)이나, '아저씨는 모든 걸 혼동해··· 모든 걸 뒤죽박죽을 만들어···'로 옮긴 한 번역이 조금 더 낫지만, 리듬 고려가 여전히 아쉽다. 그렇다고 어느 번역처럼 '아저씨는 모든 걸 혼동하고 있어··· 모든 걸 혼동하고 있어···'라고 하여, 'confondre'와 'mélanger'를 동일하게 옮기는 것도 바람직하지 않다. '다 혼동해··· 다 뒤섞어!'라고 옮기면 어떨까?

⇒ "아저씨 생각은, 꽃들이···"
"아냐! 아냐! 나 아무 생각 안 해! 아무렇게나 대답한 거야. 나 심각한 일 하고 있어!"
그는 크게 놀라 나를 쳐다보았다.
"심각한 일?"
어린 왕자는, 손에 망치를 들고, 손가락들이 기름때로 시커멓게 되어, 아주 더러워 보이는 한 물건 위에 몸을 굽히고 있는 나를 바라보고 있었다.
"어른들처럼 말하는군."
나는 조금 부끄러웠다. 하지만, 그는 사정없었다.
"다 혼동해··· 다 뒤섞어!"

5) vraiment très irrité. Il secouait au vent..., jamais, sérieux, ça le fait gonfler...

Il était vraiment très irrité. Il secouait au vent des cheveux tout dorés :
«Je connais une planète où il y a un Monsieur cramoisi. Il n'a jamais respiré une fleur. Il n'a jamais regardé une étoile. Il n'a jamais aimé personne. Il n'a jamais rien fait d'autre que des additions. Et toute la journée il répète comme toi : "Je suis un homme sérieux ! Je suis un homme sérieux !", et ça le fait gonfler d'orgueil. Mais ce n'est pas un homme, c'est un champignon!
– Un quoi ?
– Un champignon !»

ㄱ) 어린 왕자는 진짜로 성이 잔뜩 나 있었다. 그는 온통 금빛인 머리카락을 흔들었다.
"나는 어떤 별에 살고 있는 얼굴이 뻘건 아저씨 하나를 알고 있어. 그는 꽃향기라곤 맡아본 적이 없어. 별을 바라본 적도 없고 누구를 사랑해본 적도 없고 오로지 계산밖에는 아무것도 하는 일이 없었어. 그러면서 온종일 '나는 진지한 사람이야! 나는 착실한 사람이야!' 하고 되풀이하면서 여간 거만하게 구는 게 아니야. 그렇지만 그건 사람이 아니라 버섯이라고!"
"뭐라고?"
"버섯이라니까!"

ㄴ) 그는 정말 화가 나 있었다. 금빛 머리칼을 바람 속에 흔들었다.
"내가 아는 별에 얼굴이 시뻘건 어른이 살고 있어요. 그는 꽃 한 송이 향기를 맡은 적도 없고, 별 하나 바라본 적도 없고, 누구 한 사람 사랑해 본 적도 없어요. 덧셈밖에는 다른 일을 한 적이 없는 거야. 그러면서 하루 종일 아저씨 같은 말만 되풀이한다고요. 〈나는 중요한 일을 하는 사람이야! 나는 중요한 일을 하는 사람이야!〉 그러고는 으스댄다고요. 하지만 그건 사람이 아니야, 그건 버섯이야!"
"뭐라고?"
"버섯이야!"

첫 문장은 ㄱ)과 ㄴ) 번역 다 괜찮으나, 음성적 의미 재현 측면에서는 전자가 더 낫다. 'vraiment'이 《어린 왕자》에서 다섯 번 나오는데, 다른 네 번을 '정말'로 옮겼으니 이번도 '정말'로 옮기되, '잔뜩'은 살리고 싶다. 'Il secouait au vent des cheveux tout dorés.'를 ㄱ)은 '그는 온통 금빛인 머리카락을 흔들었다'로, ㄴ)은 '금빛 머리칼을 바람 속에 흔들었다'로 옮겼는데, 모두 거의 직역이고, 상당히 어색하게 느껴진다.[19] 한편, 수동적 측면을 부각시켜 '그의 금발이 바람에 휘날렸다', '온통 금발인 그의 머리칼이 바람에 흩날리고 있었다'처럼, 변조 번역을 한 것들도 있다. 이러한 수동과 지속의 의미를 살려 '그의 짙은 금발이 바람에 날리고 있었다.' 정도로 옮기면 어떨까? 'secouer'에 대한 '휘날리다'나 '흩날리다'라는 해석은 다소 무리로 생각된다. ㄱ)이 'Je connais une planète où il y a un Monsieur cramoisi.'를 '나는 어떤 별에 살고 있는 얼굴이 빨건 아저씨 하나를 알고 있어.'로 옮긴 것은 필시 그 다음 문장의 'Il'과의 연결, 즉 조응(anaphore)을 통한 응결성(cohésion)의 고려 때문일 것이다. ㄴ)의 '내가 아는 별에 얼굴이 시뻘건 어른이 살고 있어요'는 원문의 형태적 의미를 보다 존중하는 번역이다. 부정관사 'une'와 'un'의 의미를 살린 '내가 아는 어떤 행성에 얼굴 빨건 한 아저씨가 살아.'가 원문의 정언성에 더 가까운 우리말 정언적 표현이 아닐까?

반복이 동화 성격을 가진 《어린 왕자》에서 중요하지만, 'jamais'의 네 번 반복은 특히 의미가 있는데, 두 번역에서는 이에 대한 고려가 충분치 않다. 또한 원문의 문장 수는 넷인데, ㄱ)과 ㄴ)의 번역에서는 둘이다. 리듬이 같

19 '그는 샛노란 금발을 바람에 휘날리고 있었다' 같은 번역 역시 거의 직역이다.

지가 않다. 이런 번역은 어떨까? "그 사람은 꽃향기를 맡아본 적이 전혀 없어. 별을 바라본 적도 전혀 없어. 누구를 사랑해본 적도 전혀 없어. 계산 말고는 해본 일이 전혀 없어." 'Je suis un homme sérieux'의 반복도 '나는 진지한 사람이다! 나는 진지한 사람이다!'라고 옮겨, 일종의 '자기 주문'의 의미를 살려 줄 필요가 있다. 'et ça le fait gonfler d'orgueil'를 ㄱ)은 '여간 거만하게 구는 게 아니야'로, ㄴ)은 '그러고는 으스댄다고요'로 옮기고 있는데, 해당 문장의 'faire'의 의미가 변별적이지 않은 번역이다. '그리구 이것 때문에 잔뜩 교만을 부리고 있어'나 '그래서 교만으로 가득 차 있어' 같은 번역들에서는 'faire'의 의미가 나타나 있지만, 리듬의 재현에 아쉬움이 있다. 만족스럽지는 않으나, '그게 그를 거만하게 만들어' 같은 번역은 어떨까? 'Un quoi ?'에 대한 'Un champignon !'도 어린 왕자가 '얼굴이 하얗게 질릴 정도로 화가 나' 있던 점을 고려한다면 그냥 '버섯!'이라고 해야 하지 않을까? 분명 어린 왕자가 큰 소리를 내는 대목일 테니 말이다.

⇒ 어린 왕자는 진짜 성이 잔뜩 나 있었다. 그의 짙은 금발이 바람에 날리고 있었다.
"내가 아는 어떤 행성에 얼굴 뻘건 한 아저씨가 살아. 그는 꽃향기를 맡아 본 적이 전혀 없어. 별을 바라 본 적도 전혀 없어. 누구를 사랑해 본 적도 전혀 없어. 계산 말고는 해 본 일이 전혀 없어." 그는 아저씨처럼 온종일 '나는 진지한 사람이다! 나는 진지한 사람이다!' 되뇌고 있어. 그게 그를 거만하게 만들어. 하지만 그건 사람이 아니야, 버섯이야!"
"뭐라고?"
"버섯!"[20]

6) tout pâle de colère, sérieux, important, s'éteignaient 등

Le petit prince était maintenant tout pâle de colère.
«Il y a des millions d'années que les fleurs fabriquent des épines. Il y a des millions d'années que les moutons mangent quand même les fleurs. Et ce n'est pas sérieux de chercher à comprendre pourquoi elles se donnent tant de mal pour se fabriquer des épines qui ne servent jamais à rien ? Ce n'est pas important la guerre des

20 요시다(2006:151): "프랑스에서는 일반적으로 버섯이라고 하면 양송이를 가리킨다. 옛날에는 양송이를 말똥 속에서 재배했으므로 그만큼 돈밖에 모르는 '더러운' 인간이라고 비꼬고 있는지도 모른다."

moutons et des fleurs ? Ce n'est pas plus sérieux et plus important que les additions d'un gros Monsieur rouge ? Et si je connais, moi, une fleur unique au monde, qui n'existe nulle part, sauf dans ma planète, et qu'un petit mouton peut anéantir d'un seul coup, comme ça, un matin, sans se rendre compte de ce qu'il fait, ce n'est pas important ça !»

Il rougit, puis reprit :

«Si quelqu'un aime une fleur qui n'existe qu'à un exemplaire dans les millions et les millions d'étoiles, ça suffit pour qu'il soit heureux quand il les regarde. Il se dit : « Ma fleur est là quelque part… » Mais si le mouton mange la fleur, c'est pour lui comme si, brusquement, toutes les étoiles s'éteignaient ! Et ce n'est pas important ça !»

ㄱ) 이제 어린 왕자는 너무 화가 나서 얼굴이 하얗게 질려 있었다.

"수백만 년 전부터 꽃은 가시를 만들어 갖고 있어. 그런데도 수백만 년 전부터 양들은 꽃을 먹어왔어. 그런데 어째서 꽃이 아무런 쓸모도 없는 가시를 만들어 가지느라고 그토록 애를 쓰는지 알려고 하는 건 중요한 일이 아니라는 거지? 양들과 꽃들의 전쟁 같은 건 중요한 게 아니라 이거지? 이건 얼굴이 뻘건 뚱뚱이 아저씨가 하는 계산보다 더 심각하고 중요한 일이 못 된다 이거지? 그런데 내가 내 별 말고는 다른 어디에도 없는, 이 세상에 단 하나뿐인 꽃을 하나 알고 있다면, 그런데 어린 양 한 마리가 어느 날 아침, 무심코 그걸 그냥 덥석 먹어 없애버린다면. 그건 중요한 일이 아니라 이거지?"

어린 왕자는 얼굴이 빨개져서 말을 이었다.

"만약 누군가 수백만 수천만 개나 되는 별 중에서 단 하나밖에 없는 꽃을 사랑하고 있다면, 그 사람은 바로 그 별을 바라보는 것만으로도 마음이 행복해질 수 있는 거야. '저기 어딘가에 내 꽃이 있겠지…' 하고 생각하면서 말이야. 그렇지만 양이 그 꽃을 먹는다고 생각해봐. 이건 그에게는 갑자기 모든 별들이 다 꺼져버리는 거나 마찬가지라고! 그런데도 그게 중요하지 않다는 거야?"

ㄴ) 어린 왕자는 화가 나서 이제 얼굴이 하얗게 질렸다.

"수백만 년 전부터 꽃들은 가시를 만들어 왔어. 수백만 년 전부터 양은 바로 그 꽃들을 먹어 왔고. 그런데 왜 꽃들이 아무 소용도 없는 가시를 만드느라 그렇게 고생을 하는지 알아보려는 것이 그래 중요한 일이 아니란 말이야? 양과 꽃들의 전쟁은 중요한 일이 아니란 말이야? 그 뚱뚱하고 시뻘건 어른의 덧셈보다 더 중요하고 진지한 일이 아니란 말이야? 내 별을 떠나선 어디를 가도 찾아볼 수 없는, 이 세상에 단 한 송이밖에 없는 꽃을 생각해 봐. 어느 날 아침 조그만 양이 멋도 모르고 이렇게 단숨에 없애 버릴지도 모르는 그 꽃을 내가 사랑한다고 해봐. 그런데 그게 중요한 일이 아니란 말이야?"

그는 얼굴이 빨개져 가지고 다시 말을 이었다.

"수백만 또 수백만이 넘는 별들 속에 그런 종류로는 단 한 송이밖에 없는 꽃을 누군가가 사랑한다면, 그 사람은 별들을 바라보기만 해도 행복할 거야. 〈저 하늘 어딘가에 내 꽃이 있겠지…〉 이렇게 혼자 말하겠지. 그런데 양이 그 꽃을 먹어 버리면 어떻게 되겠어. 그에겐 그 모든 별들이 갑자기 꺼져 버리는 것 같을 거야! 그래도 그게 중요한 일이 아니란 말이야!"

예 5)에서의 'vraiment très irrité'가 6)에서는 'tout pâle de colère'로 의미가 강화되어 있다. 전자를 '정말 성이 잔뜩 나 있었다'로 옮겼다면, 후자는 '너무 성이 나 얼굴이 창백했다' 정도로 옮겨 주어야 할 것이다. 이 예에서 긴 문장들이 연속되지만, 위의 예에서와 마찬가지로, 여전히 반복과 대응이 중요한 요소이다. 갈랑베르(2000:74)도 두 번씩 되풀이되는 'il y a millions d'années', 'ce n'est pas important', 'ce n'est pas sérieux'를 지적하며, 마지막 것은 'je suis un homme sérieux'에 '답한다'고 지적한다. 이 지적이 시사하듯이, 여기 예에서의 'sérieux'가 위 예의 'sérieux'와 거의 같은 의미라면, 그리고 여기에서의 'sérieux'를 '진지한'이라고 해석하는 것이 타당하다면, 위 예에서의 'homme sérieux'도 '착실한 사람'이라고 하기보다는 '진지한 사람'이라고 해야 할 것이다. 'les millions et les millions d'étoiles'를 ㄱ)은 '수백만 수천만 개나 되는 별'로, ㄴ)은 '수백만 또 수백만이 넘는 별들'로 옮겼는데,[21] 이 병렬된 숫자는, 브르트누(2001:74)가 지적하듯이, 일종의 '절대 최상급'이다. 즉 사랑하는 '유일한 하나'의 존재와 대비되는 상상 못 할 큰 숫자를 나타내는 것이다. ㄴ)은 일종의 직역이고, ㄱ)은 일종의 '문화번역'이다. 구어 상황이라면 '수'가 길게 발음되는 '수-백만'도 하나의 괜찮은 번역 방식이 되겠지만, 여기서는 ㄱ)의 방식을 택하는 것이 나을 것 같다.

ㄱ)에서 인용문의 첫 두 문장을 연결하는 '그런데도'는 불필요하다. 'd'un seul coup'를 ㄱ)은 '덥석'으로, ㄴ)은 '단숨에'로 옮겼는데, 전자가 나아 보인다. 예 6)의 두 문단의 마지막 문장이 'ce n'est pas important ça !'와 'Et ce n'est pas important ça !'이고, 후자는 전자를 다시 따져 묻는 의미가 있다는 것은 번역에서 중요하게 고려되어야 한다. ㄱ)과 ㄴ)의 번역도 나름대로 이를 고려한 번역이겠지만, 보다 분명하고 간결하게, '그게 중요한 일이 아니야?', '그게 중요한 일이 아니냐구!' 정도로 옮기는 것이 좋을 듯하다. 전자에서 느낌표 '!'를 물음표 '?'로 옮긴 것은 맥락 의미를 고려한 의

21 한 번역은 '수백만 개하고도 또 수백만 개나 되는 별들'로 옮겼다.

도적 조치이다. 첫 문단의 'plus sérieux et plus important'은 'plus'의 반복의 의미를 살려, '더 진지하고 더 중요한'이라고 하여 그 강조 의미를 살려 줄 필요가 있다. 's'éteignaient'는 '꺼져 버리는 거나'라는 번역도 괜찮지만, '꺼지는 거나'로 간결히 하는 게 좋지 않을까? 이제 원문의 리듬과 맥락을 충분히 고려하여 그 에크리튀르를 다시 번역하면 다음 정도가 된다.

⇒ 어린 왕자는 이제 너무 성이 나 얼굴이 창백했다.
"수백만 년 전부터 꽃들은 가시를 만들어 왔어. 수백만 년 전부터 양들은 그 꽃들을 먹어 왔고. 그럼 어째서 꽃들이 아무 쓸모도 없는 가시를 만드느라 그토록 애쓰는지 알아보는 게 진지한 일이 아니야? 양들과 꽃들의 전쟁이 얼굴 뻘건 뚱뚱이 아저씨 계산보다 더 진지하고 더 중요하지 않냐구? 이 세상에 단 하나뿐인 꽃, 내 행성 말고는 다른 어디에도 없는 꽃 하나가 나한테 있는데, 어느 날 아침, 작은 양 하나가 무심코 그걸 덥석 먹어 치운다면, 그게 중요한 일이 아니야?"
그가 얼굴이 빨개져 이어 말했다.
"누가 수백만 수천만이나 되는 별 중에 단 하나밖에 없는 꽃을 사랑하고 있다면, 그 사람은 별들을 바라보는 것만으로도 행복해져. '저기 어딘가 내 꽃이 있겠지…' 생각하는 거지. 그런데 양이 그 꽃을 먹는다, 이건 그에게 갑자기 모든 별들이 다 꺼지는 거나 마찬가지야! 그게 중요한 일이 아니냐구!"

7) **서술의 대과거와 반과거**, **표현**, les, Mais, **구문**, **부정관사**, **어휘**, atteindre, rejoindre 등

Il ne put rien dire de plus. Il éclata brusquement en sanglots. La nuit était tombée. J'avais lâché mes outils. Je me moquais bien de mon marteau, de mon boulon, de la soif et de la mort. Il y avait, sur une étoile, une planète, la mienne, la Terre, un petit prince à consoler ! Je le pris dans les bras. Je le berçai. Je lui disais : « La fleur que tu aimes n'est pas en danger… Je lui dessinerai une muselière, à ton mouton… Je te dessinerai une armure pour ta fleur… Je… » Je ne savais pas trop quoi dire. Je me sentais très maladroit. Je ne savais comment l'atteindre, où le rejoindre… C'est tellement mystérieux, le pays des larmes.

ㄱ) 어린 왕자는 더 이상 말을 잇지 못했다. 그는 갑자기 흐느껴 울기 시작했다. 어둠이 내린 뒤였다. 나는 손에서 연장을 내려놓아버렸다. 망치도 볼트도 목마름도 죽음도 모두 다 우습게 생각되었다. 어떤 별에, 어떤 떠돌이 별 위에, 나의 별인 지구 위에 내가 위로해주어야 할 한 어린 왕자가 있었던 것이다! 나는 그를 품안에 안았다. 그를 안고 흔들어 달래면서 나는 말하고 있었다. "네가 사랑하는 꽃은 이제 위험하지 않아… 너의 양에다가 굴레를 그려줄게… 그리고 네 꽃에는 울타리를 쳐주고. 또…" 나는 더이상 무슨 말을 해야 좋을지 알 수가 없었다. 나 자신

이 너무나 서툴게만 느껴졌다. 어떻게 해야 그의 마음을 어루만져주고 그와 한마음이 될지 알 수가 없었다. 눈물의 나라란 이토록 신비로운 것이다.

ㄴ) 그는 더 말을 잇지 못했다. 그는 갑자기 흐느껴 울기 시작했다. 어둠이 깔려 있었다. 나는 내 연장들을 던져두었다. 나는 망치도 나사도 목마름도 죽음도 안중에 없었다. 어떤 별, 어떤 행성 위에, 나의 별인 이 지구 위에, 내가 달래 주어야 할 어린 왕자가 하나 있다! 나는 그를 팔로 감싸 안았다. 그를 조용히 흔들어 달랬다. 나는 그에게 말했다. "네가 사랑하는 꽃은 이제 위험하지 않아… 양의 입에 씌우도록 내가 부리망을 하나 그려 줄게… 네 꽃을 위해 내가 갑옷도 하나 그려 줄게… 내가…" 나는 더 이상 무엇을 말해야 할지 도무지 알 수 없었다. 난 내가 아주 서툰 것 같았다. 어떻게 해야 그를 달랠 수 있는지, 어디를 가야 그의 마음을 다시 잡을 수 있는지… 나는 알 수 없었다. 눈물의 나라, 그건 그렇게도 신비롭다.

이 예에는 다양한 시제들이 나온다. 우선 두 단순과거는 서술을 나타내고, 'avais lâché'는 이에 따른 결과를 나타내는 것이니, '서술의 대과거'로 보아야 할 것이다. 'lâcher'의 어휘 의미도 이와 무관하지 않다. 한 번역의 '나는 연장을 내려놓았다'가 적절한 해석이다. 'éclata… en sanglots'는 시작상을 나타내는데, ㄱ)과 ㄴ)은 이를 잘 포착했다. 다만, '그는'은 '그가'로 바꿔 주는 게 좋을 것 같다. 'La nuit était tombée'는 '과거의 상황'의 의미이다. ㄱ)이나 ㄴ)의 해석보다는 '어느덧 밤이었다'라고 해석하는 것이 상황의 의미를 더 잘 나타낸다. '주위에는 이미 어둠이 깔려 있었다'라는 번역은 설명적이다. 반과거 문장 'Je me moquais bien de…'는 '서술의 대과거'에 따른 상황 묘사이다. ㄱ)의 '우습게 생각되었다'나 ㄴ)의 '안중에 없었다'도 괜찮지만, '하찮았다'가 서술자의 심정을 더 잘 드러내지 않을까? 'Il y avait…' 문장은 어렵지 않아 보이나, 그 '자유간접문체'나 쉼표들이 나타내는 리듬, 부정관사의 의미 등의 재현이 쉽지 않다. ㄱ)과 ㄴ)에서는 'Il y avait…'의 해석, 부정관사 'un'의 '어떤'이라는 해석, 전치사 'sur'의 '위에'라는 해석 등이 문제가 된다.[22] 마뜩지는 않으나, '하나의 별, 하나의 행성, 내 행성인 이 지구에 달래 주어야 할 한 어린왕자가 있잖은가!'라고 옮기면 어떨까?

22 한 번역은 '어떤 별, 어느 행성에, 아니 내 행성에, 이 지구 위에, 위로해 주어야 할 한 어린 왕자가 있는 것이었다!'로 되어 있다.

두 단순과거 'pris'와 'berçai' 다음의 'disais'는, 그 맥락상, 단순과거 'dis' 대신 쓰인 '서술의 반과거'로 보아야 할 것이다. 'berçai' 문장과 'disais' 문장을 '그를 안고 흔들어 달래면서 나는 말하고 있었다'라고 옮긴 ㄱ)은 적절해 보이지 않는다. 세 문장으로 옮긴 ㄴ)은 이보다 나아 보이나, '나는 그를 품에 안았다. 그를 얼러 주었다. 그리고 말했다.' 같은 처리가 조금 더 낫지 않을까? 'Je le pris dans les bras. Je le berçai. Je lui disais'를 '나는 그를 품에 안고 흔들어 주며 말했다'라는 한 문장으로 옮긴 한 번역은 원문의 리듬을 소홀히 한 번역이다. 'comment l'atteindre, où le rejoindre'의 두 동사는 실은 거의 비슷한 말이다.[23] 이를 ㄱ)은 '어떻게 해야 그의 마음을 어루만져주고 그와 한마음이 될지'로, ㄴ)은 '어떻게 해야 그를 달랠 수 있는지, 어디를 가야 그의 마음을 다시 잡을 수 있는지…'로 옮기고 있다. 이 밖에 '어떻게 그를 감동시키고 그의 마음을 붙잡을 수 있을지', '어떻게 그를 진정시킬지, 어디 가야 그의 마음을 다시 잡을 수 있을지', '무슨 말을 해야 그의 마음을 감동시키고 그의 마음을 다시 붙잡을 수 있을지' 같은 번역들도 있다. 하지만 모두 원문의 간결한 리듬의 재현에는 미치지 못하고 있다. 역시 미흡하긴 하나, '어떻게 그에게 닿을지, 어디서 그에게 이를지 알 수가 없었다'는 적어도 리듬은 유사한 번역이다. 'C'est tellement mystérieux, le pays des larmes.'는 7장의 마지막 문장이다. 여기서는 여운이 '변별적 자질'로 생각된다. ㄱ)과 ㄴ)의 '눈물의 나라란 이토록 신비로운 것이다', '눈물의 나라, 그건 그렇게도 신비롭다.'도 괜찮기는 하나, '그토록 신비로운 것이다, 눈물의 나라는.'이 더 여운을 살려 주는 번역이 아닐까?

⇒ 그는 말을 더 잇지 못했다. 그가 갑자기 흐느끼기 시작했다. 어느덧 밤이었다. 나는 연장들을 내려놓았다. 나에겐 망치도, 볼트도, 갈증도, 죽음도, 하찮았다. 하나의 별, 하나의 행성, 내 행성인 이 지구에 달래 주어야 할 한 어린 왕자가 있잖은가! 나는 그를 품에 안았다. 그를 얼러 주었다. 그리고 말했다. "네가 사랑하는 꽃은 안 위험해… 부리망을 그려 줄게, 네 양한테. 네 꽃한텐 보호망을 그려 주고… 또…" 나는 무슨 말을 해야 좋을지 몰랐다. 내가 무척 서툴다는 느낌이었다. 어떻게 그에게 닿을지, 어디서 그에게 이를지 알 수가 없었다… 그토록 신비로운 것이다, 눈물의 나라는.

23 한 영어 번역본에서는 이들을 각각 'reach', 'overtake'로 옮기고 있다.

8장

1) une, et, 대과거, Ça pouvait être, 단순과거, 반과거, mais 등

Mais celle-là avait germé un jour, d'une graine apportée d'on ne sait où, et le petit prince avait surveillé de très près cette brindille qui ne ressemblait pas aux autres brindilles. Ça pouvait être un nouveau genre de baobab. Mais l'arbuste cessa vite de croître, et commença de préparer une fleur. Le petit prince, qui assistait à l'installation d'un bouton énorme, sentait bien qu'il en sortirait une apparition miraculeuse, mais la fleur n'en finissait pas de se préparer à être belle, à l'abri de sa chambre verte. Elle choisissait avec soin ses couleurs. Elle s'habillait lentement, elle ajustait un à un ses pétales. Elle ne voulait pas sortir toute fripée comme les coquelicots.

ㄱ) 그런데 어느 날 그 꽃은 어디서 날아왔는지 알 수 없는 씨에서 싹이 텄다. 그래서 어린 왕자는 다른 싹들과는 도무지 닮은 데가 없는 이 싹을 무척 주의 깊게 관찰했다. 새로운 종류의 바오밥나무일지도 모른다고 생각했기 때문이다. 그런데 싹은 이내 생장을 멈추고 꽃봉오리를 맺기 시작했다. 커다란 꽃망울이 자리 잡는 것을 지켜보고 있던 어린 왕자는 거기에서 어떤 기적적인 것이 나타날 것을 느끼고 있었다. 그러나 꽃은 그 녹색의 방 속에 숨은 채 언제까지고 아름다워질 단장을 하기에만 바빴다. 꽃은 제 빛깔들을 정성껏 고르고 천천히 옷을 입고 있었다. 그리고 꽃잎들을 하나씩 가다듬어나갔다. 개양귀비꽃처럼 쭈글쭈글 구겨진 모습을 해가지고 밖으로 나오기가 싫었던 것이다.

ㄴ) 그런데 어디서 날아왔는지 알 수 없는 씨앗 하나에서 어느 날 그 꽃이 싹을 텄고, 어린 왕자는 다른 싹과 닮지 않은 이 어린 나무를 아주 가까이서 살폈다. 어쩌면 새로운 종류의 바오바브나무인지도 모른다. 그러나 이 어린 나무는 이내 자라는 것을 멈추고 꽃을 준비하기 시작했다. 어린 왕자는 그 커다랗게 자리 잡는 꽃망울을 지켜보며 곧 어떤 기적이 나타나리라고 생각했다. 그러나 꽃은 그 초록의 방에 숨어 계속 아름다움을 가꾸고 있었다. 정성 들여 색깔을 골랐다. 꽃은 천천히 옷을 입고 꽃잎을 하나하나 가다듬었다. 그 꽃은 개양귀비처럼 아무렇게나 차리고 나타나려 하지 않았다.

첫 문장에 시간 부사 같은 지표는 없으나, 'avait germé'와 'avait surveillé'는 '서술의 대과거'로 해석되어야 할 것으로 생각된다. ㄱ)과 ㄴ)은 이를 잘 재현하고 있다. 'et'는 '그래서'라고 해석한 ㄱ)보다는 '-고'로 해석한 ㄴ)이 적절해 보인다. 'une graine'는 '씨'보다는 '한 씨앗'이라고 옮겨 줄 필요가 있다. 'Ça pouvait être…'는 어린 왕자의 생각과 서술자의 서술이 중첩되어 있는 자유간접문체 문장이다. ㄱ)이 왜 '모른다고 생각

했기 때문이다'라고 옮겼는지 모르겠다.[24] 한 번역은 'Ça pouvait être un nouveau genre de baobab.'를 '새로운 종류의 바오밥나무인지도 모를 노릇이었다'라고 옮기고 있는데, 이 문장이 '자유간접문체'인 것은 파악한 것으로 짐작된다. 구어의 표지 'Ça'는 이 문체의 중요한 단서 중 하나이다. ㄴ)의 '어쩌면 새로운 종류의 바오바브나무인지도 모른다'라는 번역도 괜찮긴 하나, 더 간결하게 '새로운 종류의 바오밥나무일지도 몰랐다'라고 옮기고 싶다.

위 예에는 'Mais'가 세 번 나온다. ㄱ)은 '그런데', '그런데', '그러나'로, ㄴ)은 '그런데', '그러나', '그러나'로 옮겼는데, '그런데', '그러나', '하지만'으로 옮기는 게 보다 타당하지 않을까? 'commencer' 동사 다음에는 대개 전치사 'à'가 쓰이는데, 여기서는 'de'가 쓰였다. 전치사 'à'의 발음과 'commença' 어미 발음이 조화롭게 이어지지 않는 것이 주요 이유일지 모르겠다. 그 다음의 세 반과거 'choisissait', 's'habillait', 'ajustait'는, 뚜렷한 단서는 없으나 맥락의 의미로 보아, 일종의 '슬로우 비디오' 효과를 내는, '서술의 반과거'로 보아야 할 것 같다. '…입고 있었다', '가다듬어 나갔다', '가다듬고 있었다'라고 할 필요가 없다는 것이다. 마지막 반과거 'ne voulait pas'는 설명의 반과거로 해석된다. ㄱ)의 '나오기가 싫었던 것이다'는 적절한 해석이다. 아래와 같이 번역하면, 낱말 수가 ㄱ)의 93개에서 82개로 줄어든다. ㄴ)의 낱말 수는 84개이다.

⇒ 그런데 그 꽃은 어느 날, 어디서 날아왔는지 모를 한 씨앗에서 싹이 텄고, 어린 왕자는 다른 싹들과 닮은 데가 없는 그 싹을 매우 주의 깊게 관찰했다. 새로운 종류의 바오밥나무일지도 몰랐다. 그러나 그 싹은 이내 성장을 멈추고 꽃봉오리를 맺기 시작했다. 커다란 꽃망울이 자리잡는 것을 지켜보던 어린 왕자는 어떤 기적적인 출현을 예감하고 있었다. 하지만 그 꽃은 녹색 방 속에 숨은 채, 미모 단장을 그칠 줄 몰랐다. 그는 빛깔들을 정성껏 골랐다. 그는 천천히 옷을 차려입었고, 꽃잎들을 하나씩 가다듬었다. 개양귀비꽃처럼 온통 구겨진 모습으로 밖으로 나오기가 싫었던 것이다.

24 다른 한 번역도 이와 거의 유사하게 옮기고 있다.

2) **표현**, Eh! oui, Elle était très coquette, **대과거**, donc

> Elle ne voulait apparaître que dans le plein rayonnement de sa beauté. Eh ! oui. Elle était très coquette ! Sa toilette mystérieuse avait donc duré des jours et des jours. Et puis voici qu'un matin, justement à l'heure du lever du soleil, elle s'était montrée.
> Et elle, qui avait travaillé avec tant de précision, dit en bâillant :
> «Ah! Je me réveille à peine... Je vous demande pardon... Je suis encore toute décoiffée...»

ㄱ) 꽃은 그 다름다움의 빛이 가득해져올 때에야 비로소 나타나고 싶은 것이었다. 애교가 이만저만 아닌 꽃이었다! 그 꽃의 신비로운 단장이 그러니까 며칠이고 계속됐다. 그러더니 어느 날 아침, 해가 떠오르는 시각에 꽃이 마침내 그 모습을 드러냈다.
그런데 그토록 빈틈없이 몸치장을 해왔으면서도 꽃은 하품을 하며 이렇게 말했다.
"아아! 겨우 잠에서 깨어났네요… 용서하세요… 머리가 온통 헝클어졌지 뭐예요…"

ㄴ) 아름다운 빛이 흘러넘칠 때에야 나타나고 싶어 했다. 그렇다! 정말 멋쟁이 꽃이었다! 신비로운 화장은 그래서 몇 날 며칠이 걸렸다. 드디어 어느 날 아침 바로 해가 뜨는 시각에 그 꽃은 제 모습을 드러냈다.
그리고 그 꽃은 아주 꼼꼼하게 화장을 했으면서도 하품을 하며 이렇게 말했다.
"아! 전 이제 겨우 일어났어요… 미안해요… 아직 머리도 온통 헝클어져 있고…"

2)는 1)에 이어지는 부분이다. 첫 문장의 ㄱ) 번역은 다소 설명적이다. 어휘 의미들을 꼼꼼히 옮기려고 한 ㄴ)도 괜찮지만, 'dans le plein rayonnement de sa beauté'을 압축적으로 옮긴, '꽃은 자신의 아름다움의 절정에서 나타나고 싶었다' 같은 번역이 더 낫지 않을까? ㄱ)에는 'Eh ! oui.'의 번역의 빠져 있다. ㄴ)의 '그렇다!'를 비롯해, '아!, 정말,', '아! 정말이지', '정말이지' 같은 번역들이 있는데, '그랬다!'가 적절한 상황 번역이라고 생각된다. 'Elle était très coquette !'의 번역에는 ㄱ)과 ㄴ)의 '애교가 이만저만 아닌 꽃이었다!', '정말 멋쟁이 꽃이었다!' 외에, '아주 애교스러운 꽃이었다.' 같은 번역도 있는데, '무척 태깔 부리는 꽃이었다'라고 한 번역이 더 적절해 보인다. 그 다음 두 대과거 'avait duré'와 's'était montrée'는, 맥락의 의미상, 단순과거 'dura'와 'se montra' 대신에 사용된 '서술의 대과거'로 보아야 할 것이다. 'donc'은 ㄱ)의 '그러니까'보다는 ㄴ)의 '그래서'라는 해

석이 더 나은 것 같다. 'avait travaillé'는 단순과거 'dit'에 대한 선행성을 나타낸다. 마지막 문장은 꽃은 'très coquette'한 성격을 잘 나타내야 할 텐데, ㄱ)과 ㄴ)과 것과는 다소 번역, 원문의 뉘앙스를 좀 더 드러내는 보다 간결한 번역도 가능하다.

⇒ 그는 자신의 아름다움의 절정에서 나타나고 싶었다. 그랬다! 무척 태깔 부리는 꽃이었다! 그 신비로운 단장은 그래서 여러 날 계속되었다. 그러던 어느 날 아침, 바로 해가 돋을 무렵, 그가 모습을 드러냈다.
그렇게 공들여 단장을 했음에도, 그가 하품을 하며 말했다.
– 아! 겨우 잠이 깼어요… 미안해요… 머리가 아직 온통 헝클어져 있네요…

3) alors, **연어**, doucement, Et, émouvante, confus, ayant été chercher, avait servi

Le petit prince, alors, ne put contenir son admiration :
«Que vous êtes belle !
– N'est-ce pas, répondit doucement la fleur. Et je suis née en même temps que le soleil…»
Le petit prince devina bien qu'elle n'était pas trop modeste, mais elle était si émouvante !
«C'est l'heure, je crois, du petit déjeuner, avait-elle bientôt ajouté, auriez-vous la bonté de penser à moi…»
Et le petit prince, tout confus, ayant été chercher un arrosoir d'eau fraîche, avait servi la fleur.

ㄱ) 어린 왕자는 감탄의 마음을 억누를 수 없었다.
"정말 아름답군요!"
"그렇죠? 나는 해님과 동시에 태어났거든요…" 꽃이 속삭이듯 대답했다.
어린 왕자는 그 꽃이 그다지 겸손하지 않다는 것을 눈치챘다. 하지만 그 꽃은 너무나도 마음을 설레게 했다!
잠시 후 그 꽃이 말을 이었다. "아침식사 시간이 된 것 같네요. 제 생각을 좀 해주시지 않겠어요?"
어린 왕자는 무척 어리둥절했지만 물뿌리개에 신선한 물을 한 통 길어다가 꽃에 뿌려주었다.

ㄴ) 그러나 어린 왕자는 감탄을 누를 수가 없었다.
"참 아름다워요!"
"그렇죠?" 꽃이 나직하게 대답했다. "그리고 전 해님과 함께 태어났어요…"
어린 왕자는 그 꽃이 별로 겸손하지 못하다는 걸 알아차렸다. 그러나 그만큼 마음을 설레게 하는 꽃이 아닌가!
꽃은 이내 말을 이었다.

"지금쯤 아침 식사 시간이 아닐까요. 친절을 베풀어 제 생각을 좀 해주시겠어요?"
그 말에 어린 왕자는 어쩔 줄을 모르며 시원한 물이 담긴 물뿌리개를 찾아다가 꽃의 시중을 들었다.

예 3)은 예 2)에 이어지는 부분이다. 'alors'에는 시간 용법을 비롯하여 다양한 용법이 있는데, ㄱ)은 번역을 안 했고, ㄴ)은 '그러나'로 옮겼다. 여러 번역이 '그 때(에)'라는 시간적 의미로 해석하고 있고, 다른 한 번역은 '그런데도'로 해석하고 있는데, 적절해 보이지 않는다. 이 맥락에서는 '그만'으로 해석할 수 있지 않을까? 'ne pas contenir son admiration'은 연어적 표현으로, '감탄을 금하지 못하다'는 의미이니, 첫 문장은 '어린 왕자는 그만 감탄을 금할 수가 없었다' 정도로 번역이 된다. 'doucement'은 '조용히'보다는 '속삭이듯'이 상황에 어울려 보인다. 두 'Et'는 '그리고'의 뜻은 가지지 않는 리듬의 'et'로 보아야 할 것 같다. 'je'도 번역을 안 하면 상황의 뜻이 더 잘 살아난다. 'émouvante'는 ㄱ)과 ㄴ)의 '설레게 하는'이나 '마음을 움직이는'보다는 보다 강하게 '마음을 흔드는' 정도로 옮겨야 하지 않을까? 'tout confus'는 ㄱ)의 '무척 어리둥절했지만'이나 ㄴ)의 '어쩔 줄을 모르며'보다는, 두어 번역처럼, '무척 당황한'이란 번역이 더 나을 것 같다. 'ayant été'는 'être'의 현재분사 복합형으로서, 시간적 선행성을 나타낸다. 여기서 'être+chercher'는 'aller+chercher'와 같은 의미이다. 구문 전체는 '물뿌리개로 찬물 한 통을 받아다' 정도로 번역이 된다. 'eau fraîche'는 ㄱ)의 '신선한 물'보다는 ㄴ)의 '시원한 물'이 적절해 보인다. 'avait servi'는 단순과거 'put', 'répondit', 'devina'에 이어진다는 서술의 흐름을 고려하여, 단순과거 'serva'나 복합과거 'a servi' 대신에 쓰인 '서술의 대과거'로 보아야 할 것이다. 위 맥락에서의 꽃은 의인화된 꽃이니, '꽃에'보다는 '꽃에게'라고 해야 할 것이다.

⇒ 어린 왕자는 그만 감탄을 금할 수 없었다.
"정말 곱군요!"
"그렇죠?" 그 꽃이 속삭이듯 답했다. "해님과 함께 태어났어요…" 어린 왕자는 그가 그다지 겸손하지 않은 걸 눈치챘다. 하지만 정말 마음을 흔드는 꽃이었다!

잠시 후, 그가 말을 이었다. "아침식사 시간이지요? 제 생각도 좀 해 주면 좋겠네요…" 무척 당황한 어린 왕자는, 물뿌리개에 시원한 물 한통을 받아다, 꽃에게 주었다.

4) Ainsi **문장**, **대과거**, doucement, vous n'auriez pas, bien compliquée **등**

Ainsi l'avait-elle bien vite tourmenté par sa vanité un peu ombrageuse. Un jour, par exemple, parlant de ses quatre épines, elle avait dit au petit prince :

«Ils peuvent venir, les tigres, avec leurs griffes !

– Il n'y a pas de tigres sur ma planète, avait objecté le petit prince, et puis les tigres ne mangent pas l'herbe.

– Je ne suis pas une herbe, avait doucement répondu la fleur.

– Pardonnez-moi…

– Je ne crains rien des tigres, mais j'ai horreur des courants d'air. Vous n'auriez pas un paravent ?»

«Horreur des courants d'air… ce n'est pas de chance, pour une plante, avait remarqué le petit prince. Cette fleur est bien compliquée…»

ㄱ) 그렇게 그 꽃은 약간 심술궂은 허영심으로 이내 어린 왕자의 마음을 괴롭혔다. 가령, 어느 날 꽃은 제가 가지고 있는 네 개의 가시 이야기를 하며 어린 왕자에게 이런 말을 한 적이 있었다.

"호랑이들이 발톱을 세우고 올 테면 와보라 그래요!"

"내 별에는 호랑이가 없어요. 그리고 호랑이는 풀을 먹지 않아요!" 하고 어린 왕자가 대꾸했다.

"나는 풀이 아니에요." 꽃이 나직하게 대답했다.

"아, 미안해요……"

"난 호랑이 따윈 조금도 무섭지 않아요. 하지만 바람은 질색이에요. 혹시 바람막이는 없으세요?"

'바람은 질색이라…… 식물로서는 안된 일이군. 이 꽃은 꽤 복잡하구나…' 하고 어린 왕자는 생각했다.

ㄴ) 그 꽃은 이렇게 좀 심술궂은 허영심으로 그를 금방 괴롭혔다. 예를 들어, 어느 날은 자기의 가시 넷을 내보이며 어린 왕자에게 이런 말을 했다.

"호랑이들이 발톱을 세우고 덤벼들지도 몰라요!"

"이 별에는 호랑이가 없어요. 그리고 호랑이는 풀 같은 것은 먹지 않아요." 어린 왕자가 반박했다.

"전 풀이 아니에요." 꽃이 나직하게 대답했다.

"미안해요…"

"호랑이 따윈 무서울 게 없지만 그래도 바람은 끔찍해. 바람막이 같은 건 없나요?"

'바람이 끔찍하다고… 그렇다면 식물로서는 참 안됐구나.' 어린 왕자는 예사롭게 생각하지 않았다. '이 꽃은 정말 까다롭구나…'

4)는 3)에 바로 이어지는 대목이다. 이를 고려하면, 두 대과거 'l'avait-elle bien vite tourmenté'와 'avait dit', 그 다음의 'avait objecté'와 'avait répondu' 모두 단순과거나 복합과거 대신 쓰인 '서술의 대과거'로 보아야 할 것이다. 'bien vite'는 여러 번역이 번역을 생략하고 있는데, ㄴ)의 '금방'도 괜찮지만, ㄱ)의 '이내'라는 번역이 나아 보인다. 'par exemple'은 ㄱ)을 비롯한 여러 번역이 '가령'으로 옮겼고, ㄴ)은 '예를 들어'로 옮겼다. 한 번역은 '가령, …한 것 따위가 그것이다'라고 부연 번역을 하고 있는데, 'un jour'를 '어느 날' 대신 '하루는'이라고 옮기게 되면, 'par exemple'은 굳이 '가령'으로 옮기지 않아도 된다. 묵시적으로 처리하는 것이 오히려 낫다는 생각이 든다. 맨 앞의 'Ainsi'를 ㄱ)은 '그렇게'로, ㄴ)은 '이렇게'로, 다른 번역들은 '그리하여' 등으로 옮기고 있는데, '이렇게'가 적절해 보인다. 'par sa vanité un peu ombrageuse'를 ㄱ)과 ㄴ)의 '약간(좀) 심술궂은 허영심으로' 외에, 다른 번역들은 '약간 수줍은 허영심으로', '조금 까다로운 허영심으로', '심술궂은 허영심으로' 등으로 옮기고 있는데, 모두 뭔가 조금 미흡하다. 특히 'vanité'의 '허영심'이란 번역이 그렇게 느껴진다. 그렇다면 '허영심'이나 '오만', '자만'의 '상위어'로 볼 수 있는 '성깔'로 옮기는 것이 어떨까? 'par…' 전치사구를 '다소 까탈스런 그 성깔로 인해'로 옮기자는 것이다.

'parlant de'를 한 번역은 '… 이야기를 들먹이며'로 옮기고 있는데, '들먹이며'로 족하다. 이는 적절한 맥락 번역이기도 하다. 'doucement'은 두 번역의 '나직하게' 외에, '살며시', '상냥하게'란 번역도 있는데, '나지막이'가 괜찮아 보인다. 'avait objecté'와 'avait répondu'는 ㄱ)의 '대꾸했다', '대답했다'보다 '반박했다', '대꾸했다'가 맥락을 더 고려한 번역이다. 문장 'Vous n'auriez pas'의 ㄱ) 번역 '혹시 바람막이는 없으세요'는 '-는'을 빼는 게 더 낫다. '혹시 바람막이를 가지고 있으세요?'라고 옮긴 한 번역은 어색한 직역으로 느껴진다. 마지막의 직접화법도 어순을 고려하는, 조금 더 간결한 처리가 가능하다. '하고'는 불필요하다. 'bien compliquée'는 '꽤 복잡하구나'보다는, ㄴ)의 '이 꽃은 정말 까다롭구나…'를 보다 간결히 한 '이 꽃 꽤 까다롭군'이 원문과 어울리는 표현이다.

⇒ 이렇게 그 꽃은 다소 까탈스런 그 성깔로 인해, 이내 어린 왕자를 괴롭게 만들었다. 하루는 그가 자기 네 가시를 들먹이며, 어린 왕자에게 말했다.
"와 보라고 해요, 호랑이들, 발톱 세우고!"
"내 행성엔 호랑이가 없어요. 그리고 호랑이는 풀을 안 먹어요!" 어린 왕자가 반박했다.
"나 풀 아니에요." 그 꽃이 나지막이 대꾸했다.
"미안해요…"
"호랑이는 전혀 안 무서워요. 하지만 바람은 질색이에요. 혹시 바람막이 없어요?"
어린 왕자는 생각했다. '바람이 질색이라… 안 됐군, 식물로선. 이 꽃 꽤 까다롭군…'

5) Mais, Alors, Ainsi, s'était interrompue, avait toussé, 서술의 대과거, 표현 등

«Le soir vous me mettrez sous globe. Il fait très froid chez vous. C'est mal installé. Là d'où je viens…»
Mais elle s'était interrompue. Elle était venue sous forme de graine. Elle n'avait rien pu connaître des autres mondes. Humiliée de s'être laissé surprendre à préparer un mensonge aussi naïf, elle avait toussé deux ou trois fois, pour mettre le petit prince dans son tort :
«Ce paravent ?…
– J'allais le chercher mais vous me parliez !»
Alors elle avait forcé sa toux pour lui infliger quand même des remords.

Ainsi le petit prince, malgré la bonne volonté de son amour, avait vite douté d'elle. Il avait pris au sérieux des mots sans importance, et était devenu très malheureux.

ㄱ) "저녁에는 나에게 둥근 덮개를 씌워주세요. 이곳은 대단히 춥군요. 설비도 제대로 되어 있지 않으니. 전에 내가 있던 곳은…"
그러나 꽃은 말끝을 맺지 못했다. 그 꽃은 씨의 모습으로 온 만큼 다른 세상에 대해서는 아무것도 아는 게 없었던 것이다. 이렇게 어이없는 거짓말을 하다가 들킨 것이 부끄러웠는지 꽃은 어린 왕자에게 잘못을 뒤집어씌우려고 두세 번 기침을 했다.
"바람막이는요?"
"가지러 가려던 참이었는데 당신이 자꾸 말을 했잖아요!"
그러면서도 꽃은 어린 왕자에게 자책감을 느끼게 하려고 억지로 기침을 해댔다.

어린 왕자는 진심에서 우러난 사랑에도 불구하고 이내 꽃을 의심하게 되었다. 그는 꽃이 아무렇지도 않게 한 말을 너무 심각하게 받아들인 탓에 몹시 불행해졌다.

ㄴ) "저녁엔 유리 덮개를 씌워 줘요. 당신 별은 아주 춥네요. 설비가 엉망이고, 제가 떠나온 곳은…"

그러나 꽃은 거기서 말을 그쳤다. 꽃은 씨의 형식으로 이곳에 왔으니 다른 세계를 결코 알 턱이 없는 것이다. 그런 순진한 거짓말을 꾸미다가 들킨 게 부끄러워서 꽃은 잘못을 어린 왕자에게 뒤집어씌우려고 두세 번 기침을 했다.
"바람막이는요?"
"막 찾으러 가려는데 당신이 말을 하기에…"
그러자 꽃은 어찌 됐든 어린 왕자를 후회하도록 만들려고 기침을 했다.

이렇게 해서 어린 왕자는 그의 사랑에서 우러나온 착한 마음에도 불구하고 그 꽃을 곧 의심하게 되었다. 별것도 아닌 말을 심각하게 생각했고 그래서 아주 불행하게 되었다.

5)는 4)에 이어지는 대목이다. 우선 'me'나 'je' 같은 대명사는 불가피한 경우가 아니면 명시적으로 옮길 필요가 없다. 위 예에서 연결사 'Mais', 'Alors', 'Ainsi'를 ㄱ)은 '그러나', '그러면서도', 'Ø'로, ㄴ)은 '그러나', '그러자', '이렇게 해서'로 옮겼는데, '하지만', '그러자', '이리하여'가 타당해 보인다. 5)에는 주어로 쓰인 'elle'이 다섯 번 나온다. ㄱ)과 ㄴ)은 'Elle était venue sous forme de graine.'와 'Elle n'avait rien pu connaître des autres mondes.'를 한 문장으로 옮겼는데, 두 문장으로 옮기는 게 나을 것 같다. 나머지 네 경우를 ㄱ)은 '꽃'과 '그 꽃은'으로, ㄴ)은 모두 '꽃'으로 옮겼는데, 첫 번 'elle'만 '그 꽃'으로 옮기고 나머지는 모두 '그는'이라고 옮기는 게 낫지 않을까? 위 예에는 대과거가 모두 8개 나온다. 서술의 흐름으로 보아, 모두 '서술의 대과거'로 생각된다. ㄱ)과 ㄴ)의 대과거 번역은 대체로 적절하나, 설명조의 '아무것도 아는 게 없었던 것이다'와 '결코 알 턱이 없는 것이다'는 '알 수가 없었다'로 옮기는 것이 낫다. 전반적으로, 원문의 리듬에 더 다가가려는 노력이 필요하다. 가급적이면, 한 문장은 한 문장으로 옮기고, 간결해질 수 있는 것들은 되도록 간결하게 할 필요가 있다. 'C'est mal installé'도 간결하게 '설비가 안 좋아요' 정도로 해석할 수 있다.

'elle s'était interrompue'는 ㄱ)의 '꽃은 말끝을 맺지 못했다'나 ㄴ)의 '꽃은 거기서 말을 그쳤다'보다, 관점을 바꾸어 옮긴 몇 번역의 '꽃은 말을 잇지 못했다'가 적절해 보인다. 'pour mettre le petit prince dans son tort'는 '어린 왕자에게 잘못을 들씌우려고' 정도로 번역될 수 있다. 위치도 그대로 두면 좋을 것 같다. 'infliger des remords'를 ㄱ)은 '자책감을 느끼게 하다'

로, ㄴ)은 '후회하도록 만들다'로 옮겼는데, '자책감이 들다'도 괜찮지 않을까? 'quand même'를 ㄱ)은 '그러면서도'로, ㄴ)은 '어찌 됐든'으로 옮겼는데, '그래도'가 일반적인 해석이다. 'malgré la bonne volonté de son amour'는 ㄱ)의 '진심에서 우러난 사랑에도 불구하고'와 ㄴ)의 '그의 사랑에서 우러나온 착한 마음에도 불구하고' 외에, '사랑에서 우러나온 호의를 가지고 있었으면서도' 등으로 번역되어 있는데, 다소 설명적으로 느껴진다. 원문을 직역한 '사랑의 선의에도 불구하고'는 어색하지만, '선의의 사랑에도 불구하고'는 의미도 별다르지 않고, 어색하지도 않다. 'prendre au sérieux'는 '심각하게 받아들이다'의 뜻이다. 번역 ㄱ)에 덧붙여진 '너무'는 불필요하다. 'malheureux'는 거의 대부분의 번역이 '불행하다'로 해석하고 있다.[25] 살펴본 것들 중 한 번역본만 '기분이 언짢아지다'는 해석을 하고 있다. 마지막 문장의 두 서술을 연결하는 'et'는, ㄴ)처럼, '그래서'로 옮기면 좋을 것 같다.

⇒ "저녁에는 둥근 덮개를 씌워 주세요. 여기 아주 춥네요. 설비가 안 좋아요. 전에 있던 곳은…

하지만 그 꽃은 말을 잇지 못했다. 그는 씨앗의 모습으로 왔다. 다른 세상들에 대해서는 알 수가 없었다. 그는 빤한 거짓말을 하려다 들킨 것이 창피해, 두세 번 잔기침을 했다. 어린 왕자에게 잘못을 들씌우려고.

"바람막이는요…?"

"가지러 가려던 참이었는데, 말을 했잖아요!"

그러자 그는 어린 왕자가 그래도 자책감이 들도록 억지 기침을 해 댔다.

이리하여 어린 왕자는 선의의 사랑에도 불구하고, 이내 그 꽃을 의심하게 되었다. 그는 별것 아닌 말을 심각하게 받아들였고, 그래서 아주 불행해졌다.

6) confia, eût dû m'attendrir, m'en réjouir, ses pauvres ruses, si contradictoires 등

«J'aurais dû ne pas l'écouter, me confia-t-il un jour, il ne faut jamais écouter les fleurs. Il faut les regarder et les respirer. La mienne embaumait ma planète, mais je ne savais pas m'en réjouir. Cette histoire de griffes, qui m'avait tellement agacé, eût dû m'attendrir…»

Il me confia encore :

25 한 영어 번역은 'malheureux'를 'unhappy'로 옮기고 있다.

«Je n'ai alors rien su comprendre ! J'aurais dû la juger sur les actes et non sur les mots. Elle m'embaumait et m'éclairait. Je n'aurais jamais dû m'enfuir ! J'aurais dû deviner sa tendresse derrière ses pauvres ruses. Les fleurs sont si contradictoires ! Mais j'étais trop jeune pour savoir l'aimer.»

ㄱ) 어느 날 그는 내게 속마음을 털어놓았다. "그 꽃이 하는 말에 귀를 기울이지 말걸 그랬어. 꽃이 하는 말은 절대 귀담아들으면 안 돼. 그냥 바라보고 향기만 맡아야 하는 거야. 내 꽃은 내 별에 향기를 뿜어주고 있는데 나는 그걸 즐길 줄 몰랐어. 그 발톱 이야기에 너무 약이 올랐었거든. 사실은 가엾게 여겼어야 했는데 말이야…"
그는 내게 또 말했다.
"나는 그때 아무것도 이해할 줄 몰랐던 거야! 그 꽃이 하는 말이 아니라 행동을 보고 판단했어야 하는 건데 말이야. 그 꽃은 내게 향기를 뿜어주고 마음도 환하게 해주었어. 절대로 도망을 쳐버리지는 말았어야 하는 건데! 그 꽃의 대단치 않은 심술 뒤에 애정이 숨어 있는 걸 눈치챘어야 하는 건데 그랬어. 꽃들은 앞뒤가 어긋하는 말을 너무나 잘 하니까! 하지만 난 너무 어려서 꽃을 사랑할 줄 몰랐던 거야."

ㄴ) "꽃의 말을 듣는 게 아니었어." 어느 날 그는 내게 속마음을 털어 놓았다. "꽃들의 말을 들어서는 안 돼. 그저 바라보고 향기를 맡아야지. 내 꽃은 내 별을 향기롭게 해주었는데 나는 그걸 즐길 줄 몰랐어. 나를 그렇게 화나게 했던 그 발톱 이야기가 내 마음을 푸근하게 할 수도 있었는데…"
그는 계속해서 자기의 속마음을 이야기했다.
"그때 난 아무것도 알지 못한 거야! 말이 아니라 행동으로 그 꽃을 판단했어야 했는데. 그 꽃은 나를 향기롭게 해주고 내 마음을 밝게 해주었어. 거기서 도망쳐 나오는 것이 아니었는데! 그 어설픈 거짓말 뒤에 따뜻한 마음이 숨어 있는 걸 눈치챘어야 했는데. 꽃들은 정말 모순 덩어리야! 하지만 난 꽃을 사랑하기엔 너무 어렸어."

첫 문장의 'confia'는 되풀이된 둘째 문단의 'me confia'와 관련지어 옮겨야 하는데, 그러한 시도를 한 번역은 드물다. ㄱ)은 '속마음을 털어놓았다'와 '또 말했다'로, ㄴ)은 '털어 놓았다'와 '계속해서… 이야기했다'로 옮겼다. 몇 번역은 '털어놓았다'와 '또 이렇게도 말했다'나 이와 비슷하게 옮겼다. '이런 속사정을 했다'와 '이런 속내 이야기도 했다'라고 옮긴 번역은 문제의 관계를 어느 정도 고려하긴 했으나, 다소 미흡하다. '그가 내게 속마음을 얘기했다'와 '그가 다시 얘기했다'로 옮기면 어떨까? 'm'en réjouir'는 대개 '즐기다'로 해석하고 있고, 한 번역이 '그게 얼마나 좋은 건지'라고 옮긴 것이 눈에 띈다. '즐기다'에서는 '약간 낮춤'의 의미가 느껴지기에, '기뻐하다'가 보다 적절하게 생각된다. 'qui m'avait tellement agacé'를 ㄱ)

은 별도 문장으로, ㄴ)은 'Cette histoire de griffes'의 한정 표현으로 옮겼는데, 삽입문처럼 옮기는 게 나을 것 같다. 그 의미는 ㄱ)의 '너무 약이 올랐었거든', ㄴ)의 '나를 그렇게 화나게 했던' 외에, '눈살을 찌푸렸지만', '내 속을 긁어놓은', '나를 그토록 성가시게 했던' 등의 번역이 있는데, 호랑이 발톱 이야기란 앞의 맥락과는 약간 거리가 있어 보인다. '무척 짜증났었지만'은 어떨까? 'eût dû m'attendrir'는 접속법 대과거로, '조건형 과거 제2형'이라 불리기도 했던 것이다. 어린 왕자가 쉬운 말만 하는 게 아님을 잘 보여주는 한 예이다. 의미는 'aurais dû m'attendrir'와 매우 유사하나, 보다 문어적이라는 차이가 있다. ㄱ)의 '사실은 가엾게 여겼어야 했는데 말이야…'는 관점을 바꾼 변조적 번역이고, ㄴ)의 '내 마음을 푸근하게 할 수도 있었는데…'는 거의 직역이다. '오히려 가엾이 여겨야 했어…' 같은 변조 번역이 더 낫지 않을까?[26] 이 경우 가엾이 여기는 대상은 꽃이니 'Cette histoire de griffes'가 주어인 원문과는 다소 다른 번역이 되었으나, 가능한 하나의 선택이다.

'Je n'ai alors rien su comprendre !'는 ㄱ)의 '난 그때 아무것도 이해할 수 없었어.'나 ㄴ)의 '그때 난 아무것도 알지 못한 거야!'보다, '그땐 아무것도 몰랐어.'처럼, 그 결과를 나타내는 '변조' 번역을 해주는 것이 좋을 듯하다. 'Elle m'embaumait et m'éclairait'는 ㄱ)의 '그 꽃은 내게 향기를 뿜어주고 마음도 환하게 해주었어', ㄴ)의 '나를 향기롭게 해주고 내 마음을 밝게 해주었어' 외에, '꽃은 향기와 아름다움으로 나를 즐겁게 해주었거든' 같은 번역도 있다. 하지만 보다 간결한 '그 꽃은 나를 향기롭게, 환하게 해주었어' 같은 번역이 낫지 않을까? 'Je n'aurais jamais dû m'enfuir'와 'J'aurais dû deviner'는 조건형 과거이다. ㄱ)의 번역 '절대로 도망을 쳐버리지는 말았어야 하는 건데!'와 '눈치챘어야 하는 건데 그랬어', ㄴ)의 '거기서 도망쳐

26 해당 문장의 번역으론 다음의 것들이 있다: "그 발톱 이야기를 듣고 나는 무척 약이 올랐었지만, 사실은 가여워 했어야 했는데…"; "내 속을 그렇게 긁어놓은 발톱 이야기도 가엾게 생각했어야 되는 건데…"; "나를 짜증나게 한 그 발톱 이야기에 감동받았어야 했는데…"

나오는 것이 아니었는데!'와 '눈치챘어야 했는데'도 괜찮지만, 표현을 보다 간결하게, '절대 도망치지 말았어야 했어!', '눈치챘어야 했어'와 같이 옮겨 줄 필요가 있다. 'ses pauvres ruses'의 번역은 ㄱ)의 '대단치 않은 심술', ㄴ)의 '그 어설픈 거짓말' 외에, '오죽잖은 꾀', '그 하찮은 꾀', '그 가련한 꾀', '그 꽃의 거만한 태도' 등이 있는데, '그 안쓰러운 계략들'이 더 낫지 않을까? 'Les fleurs sont si contradictoires !'도, '꽃들은 앞뒤가 어긋하는 말을 너무나 잘 하니까!' 같은 ㄱ)의 설명적 번역보다 ㄴ)의 '꽃들은 정말 모순 덩어리야!'나, '꽃들은 모순투성이야!' 같은 '단형문구' 형태의 간결한 번역이 나아 보인다.

⇒ 어느 날 그가 내게 속마음을 얘기했다. "그 꽃 말 안 들을 걸 그랬어. 꽃들 말은 절대 듣지 말아야 해. 그냥 바라보고 향기만 맡아야 해. 내 꽃이 내 행성을 향기롭게 했지만, 난 기뻐할 줄 몰랐어. 그 발톱 얘기가 무척 짜증났었지만, 오히려 가엾이 여겼어야 했어…"

그가 다시 얘기했다. "그땐 아무것도 몰랐어. 그 꽃을 말이 아니라 행동으로 판단해야 했어. 그 꽃은 나를 향기롭게, 환하게 해 주었어. 절대 도망치지 말았어야 했어! 그 안쓰러운 계략들 뒤에 숨은 애정을 눈치챘어야 했어. 꽃들은 모순투성이야! 하지만 내가 너무 어려 사랑할 줄 몰랐어."

9장

1) arracha, mélancolie, les dernières pousses, croyait, mais, doux 등

Le petit prince arracha aussi, avec un peu de mélancolie, les dernières pousses de baobabs. Il croyait ne jamais devoir revenir. Mais tous ces travaux familiers lui parurent, ce matin-là, extrêmement doux. Et, quand il arrosa une dernière fois la fleur, et se prépara à la mettre à l'abri sous son globe, il se découvrit l'envie de pleurer.

ㄱ) 어린 왕자는 좀 서글픈 마음으로 마지막 바오밥나무 싹들도 뽑아주었다. 다시는 돌아오지 못하리라는 생각이 들었던 것이다. 그렇지만 늘 그가 해왔던 일들이 그 날따라 유난히도 정답게 느껴졌다. 그래서 꽃에게 마지막으로 물을 주고 둥근 덮개를 씌워주려는 순간 울음이 터져나올 것만 같았다.

ㄴ) 어린 왕자는 좀 쓸쓸한 마음으로 최근에 돋아난 바오바브나무의 싹들도 뽑았다. 그는 다시 돌아오게 되지 않으리라 생각하고 있었다. 그러나 손에 익은 그 모든 일들이 그날 아침엔 유난히도 다정하게 느껴졌다. 그리고 마지막으로 꽃에 물을 주고, 유리 덮개를 씌워 줄 채비를 할 때 그는 울고만 싶었다.

'arracha'는 '뽑다'나 '뽑아내다'의 뜻도 있지만, 맥락상 '솎아 내다'의 의미로 쓰인 것이다. 'avec un peu de mélancolie'는 '좀 서글픈 마음으로'나 '좀 쓸쓸한 마음으로'보다는, '조금 울적한 마음으로' 정도로 해석하는 것이 적절해 보인다. 'les dernières pousses'는 '마지막… 싹'이나 '최근에 돋아난… 싹'보다 '갓 돋아난 싹'이 더 간결한 표현이다. 'croyait'도 '생각이 들었던 것이다'나 '생각하고 있었다'보다 '…할 것 같았다'가 보다 간결한 해석이다. 'mais'의 번역에는 ㄱ)와 ㄴ)의 '그렇지만', '그러나' 외에, '그런데'가 눈에 띄는데, 이 '그런데'가 적절한 해석이다. 'tous ces travaux familiers'는 '늘 그가 해왔던 일들'이나 '손에 익은 그 모든 일들'이라고 옮길 수도 있지만, '그 모든 친숙한 일들'이라고 옮길 수도 있다. 'ce matin-là'는 ㄱ)의 '그날따라'보다, ㄴ)처럼 보다 구체적으로 '그날 아침엔' 또는 '그날 아침따라'로 옮겨 주어야 할 것이다. 'extrêmement doux'의 해석도 '유난히도 정답게', '유난히도 다정하게' 외에 '유난히 친근하고 다정스럽게'처럼 증폭된 번역도 있다. '유난히 정겹게'가 무난해 보인다. 'une dernière fois'는 거의 모든 번역이 '마지막으로'라고 옮기고 있다. 'il se découvrit l'envie de pleurer'는 ㄱ)의 '울음이 터져나올 것만 같았다'보다 ㄴ)의 '그는 울고만 싶었다'가 간결하나, 시작상이 보다 분명히 드러나는 '그는 울음이 날 것 같았다'가 더 나아 보인다.

⇒ 어린 왕자는, 다소 울적한 마음으로, 갓 돋아난 바오밥나무 싹들도 솎아 냈다. 그는 다시 못 돌아올 것 같았다. 그런데 그 모든 친숙한 일들이 그날 아침따라 유난히 정겹게 느껴졌다. 그래서 꽃에게 마지막으로 물을 주고, 둥근 덮개를 씌워 주려는 순간, 그는 울음이 날 것 같았다.

2) Mais oui, il restait là tout déconcerté..., cette douceur calme, Mais oui 등

Il fut surpris par l'absence de reproches. Il restait là tout déconcerté,

le globe en l'air. Il ne comprenait pas cette douceur calme.
«Mais oui, je t'aime, lui dit la fleur. Tu n'en as rien su, par ma faute. Cela n'a aucune importance. Mais tu as été aussi sot que moi. Tâche d'être heureux... Laisse ce globe tranquille. Je n'en veux plus.

ㄱ) 나무라는 말이 없어서 그는 놀랐다. 그래서 둥근 덮개를 손에 든 채 어쩔 줄 모르고 우두커니 서 있었다. 꽃이 왜 이렇게 조용하고 온순해졌는지 이해할 수가 없었다.
"그래, 난 너를 사랑해" 하고 꽃이 말했다. "넌 도무지 그걸 눈치채지 못하더라. 내 탓이지 뭐. 아무래도 좋아. 하지만 너도 나만큼이나 어리석었어. 부디 행복해… 그 둥근 덮개는 버려둬. 이제 더 이상 필요 없어."

ㄴ) 그는 꽃이 비난을 퍼붓지 않는 것을 보고 놀랐다. 유리 덮개를 쳐들고 그는 멍청히 서 있었다. 이렇게 잔잔하고 다정하다니 도무지 이해할 수 없었다.
"그래 난 너를 사랑해." 꽃이 말했다. "넌 그걸 알아차리지 못했어. 내 잘못이지. 그런 건 아무래도 좋아. 하지만 너도 나만큼 바보였어. 부디 행복하게 지내… 그 유리 덮개는 조용히 치워 두고. 이젠 필요 없어."

'le globe en l'air'를 '둥근 덮개를 쳐든 채'로 옮긴다면, 'Il restait là tout déconcerté'의 번역에서 'restait'를, ㄱ)처럼, 굳이 '우두커니 서 있었다'라고 번역하지 않아도 될 것 같다. '어쩔 줄 몰랐다'로 족하다. 'tout déconcerté'의 ㄴ) 번역 '멍청히'는 의미가 달라졌다. 명사구 'cette douceur calme'를 ㄱ)과 ㄴ)은 '왜 이렇게 조용하고 온순해졌는지'와 '이렇게 잔잔하고 다정하다니'에서 보듯이, 절의 형태로 옮겼는데, 원문처럼, 명사구 '이 차분한 부드러움'으로 옮겨도 좋을 것 같다. 'Mais oui'는 '그래'도 괜찮지만, '그래, 맞아'가 더 적절해 보인다. 이어지는 'je t'aime'는 '나 너 사랑해'가 무난하다. 'Cela n'a aucune importance'를 ㄱ)과 다른 한 번역은 '아무래도 좋아'로, ㄴ)은 '그런 건 아무래도 좋아'로, 다른 번역들은 '하긴 그건 중요하지 않지요'로, 그리고 두어개 번역은 번역을 안 하고 있다. '아무래도 좋아'가 무난한 번역이 아닐까? 'sot'는 ㄱ)의 '어리석다'란 해석도 괜찮지만, '바보'란 ㄴ)의 해석이 더 간결해서 더 나아 보인다. 'Je n'en veux plus'도 ㄱ)의 '이제 더이상 필요 없어'보다 ㄴ)의 보다 간결한 '이젠 필요 없어'가 상황에 더 어울리는 번역이다.

⇒ 그는 꽃이 나무라지 않아 놀랐다. 그는, 둥근 덮개를 쳐든 채, 어쩔 줄 몰랐다. 그는 이 차분한 부드러움이 이해가 안 갔다.

"그래, 맞아. 나 너 사랑해, 꽃이 말했다. 넌 아무것도 몰랐어. 내 잘못이야. 아무래도 좋아. 하지만 너도 나만큼 바보였어. 부디 행복해… 그 둥근 덮개는 내버려 둬. 이젠 필요 없어."

3) une, les bêtes, si je veux connaître, Il paraît que, Tu seras loin, toi 등

– Mais le vent…
– Je ne suis pas si enrhumée que ça… L'air frais de la nuit me fera du bien. Je suis une fleur.
– Mais les bêtes…
– Il faut bien que je supporte deux ou trois chenilles si je veux connaître les papillons. Il paraît que c'est tellement beau. Sinon qui me rendra visite ? Tu seras loin, toi. Quant aux grosses bêtes, je ne crains rien. J'ai mes griffes.»

ㄱ) "하지만 바람이 불면…"
"감기가 그렇게 심한 건 아니었어. 신선한 밤바람이 내게 좋을 거야. 난 꽃이니까."
"하지만 벌레들이…"
"나비를 보려면 벌레 두세 마리쯤은 참아줘야지. 나비는 정말 아름답다는데. 나비 말고 누가 나를 찾아와주겠어? 너는 멀리 가 있겠지. 큰 짐승들은 말이지, 조금도 겁날 것이 없어. 내 발톱이 있으니까."

ㄴ) "하지만 바람이…"
"나는 그렇게 감기에 잘 걸리지는 않아. 시원한 밤바람이 내게 좋을 거야. 난 한 송이 꽃이야."
"하지만 짐승들이…"
"나비를 보려면 벌레 두 세 마리는 견뎌 내야지. 나비는 참 아름다운 것 같더라. 그러지 않으면 누가 날 찾아오겠어. 너는 멀리 있을 거고. 커다란 짐승들이 온대도 난 겁날 게 없어. 나한텐 발톱이 있으니까."

'Je ne suis pas si enrhumée que ça…'는 ㄱ)의 과거보다는, '감기가 그렇게 심하진 않아'처럼, 현재로 옮기는 것이 타당하다. ㄴ)의 '나는 그렇게 감기에 잘 걸리지는 않아'는 어긋난 해석이다. 'Je suis une fleur'도 ㄱ)을 비롯해 몇 번역이 '-니까'로 옮겼는데, 불필요한 '증폭'이다. ㄴ)의 '난 한 송이 꽃이야'보다는 '나 꽃이잖아'가 보다 적절해 보인다. 이 경우, 일종의 '대표성'을 나타내는 부정관사 'une'가 묵시화된 것이다. 'les bêtes'를 ㄱ)이 '벌레들이'로 옮긴 것은 바로 뒤 문장과의 호응을 고려해서일 터인데, ㄴ)처럼, 그냥 본래 뜻인 '짐승들'로 옮겨 주는 게 낫겠다. 'si je veux connaître les papillons'은, '나비를 알고 싶으면'이라고 직역한 것보다, ㄱ)과 ㄴ)처럼, 맥락 의미를 살려 '나비를 보려면'이라고 옮긴 것이 적절해 보인다. 맥락상 'si' 구문은 뒤로 돌리는 것이 나을 것 같다. 'Il paraît que'의 해석은 ㄱ)의 '-답다는데'나 ㄴ)의 '것 같더라'보다 '-답다던데'가 나을 것 같다. 'Tu seras loin, toi.'는 짐작의 의미인 ㄱ)의 '너는 멀리 가 있겠지'보다는 조금 더 확실성을 나타내는 '멀리 있을 거잖아, 넌.' 정도로 옮길 필요가 있다.

⇒ "하지만 바람이…"
"감기가 그렇게 심하진 않아. 신선한 밤바람은 내게 좋을 거야. 나 꽃이잖아."
"하지만 짐승들이…"
"벌레 두세 마리는 참아야지, 나비들을 보려면. 참 아름답다던데. 아니면 누가 날 찾겠어? 멀리 있을 거잖아, 넌. 큰 짐승들은 전혀 겁 안 나. 내 발톱이 있잖아."

4) Ne traîne pas comme ça, c'est agaçant, vît, car, orgueilleuse

«Ne traîne pas comme ça, c'est agaçant. Tu as décidé de partir. Va-t'en.»
Car elle ne voulait pas qu'il la vît pleurer. C'était une fleur tellement orgueilleuse…

ㄱ) "그렇게 우물거리고 있지 마. 짜증 나. 떠나기로 했으면 어서 가."
꽃은 제가 우는 모습을 어린 왕자에게 보이고 싶지 않았던 것이다. 너무나도 자존심 강한 꽃이니까…

ㄴ) "그렇게 꾸물거리지 마. 자꾸 마음이 쓰여. 벌써 떠나기로 결심했잖아. 어서 가."
꽃은 우는 모습을 보이고 싶지가 않았던 것이다. 그렇게도 오만한 꽃이었다…

ㄷ) "그렇게 우물거리지 마. 짜증 나. 떠나기로 했잖아. 어서 가 봐."
울고 있는 자신의 모습을 어린 왕자에게 보이고 싶지 않아서 하는 말이었다. 그토록 잘난 꽃이었던 것이다…

'Ne traîne pas comme ça'는 ㄱ)이나 ㄴ)도 괜찮지만, '그렇게 어정대지 마'라고 옮기고 싶다. 'c'est agaçant'의 '짜증 나'나 '자꾸 마음이 쓰여' 같은 해석도 딱 맞는 해석은 아니지 않을까? '신경 사나워'가 보다 적절하다고 생각된다. 'Tu as décidé de partir. Va-t'en.'은 ㄱ)이나 ㄴ)보다는 ㄷ)의 번역이 보다 적절하다. 다만, 'Va-t'en.'은 '가라고'라고 옮기는 게 좋을 것 같다.

'Car' 구문의 ㄱ) 해석은 서술자의 서술로 해석한 것으로 보이고, ㄴ)의 해석은 다소 모호하게 느껴진다. ㄷ)은 어린 왕자의 말에 대한 서술자의 일종의 코멘트로 번역하고 있는데, 다소 과하게 설명적이다. 'Car' 구문은 'car'가 지표가 되는, 어린 왕자가 대는 '이유'와 서술자의 '서술'이 어우러진, '자유간접문체'로 보아야 할 것으로 생각된다. 직접화법으로 바꾼다면, 대략 'car je ne veux pas que tu me voies pleurer' 정도가 될 것이다. 접속법 반과거 'vît'가 쓰인 것은 자유간접문체에서 서술자의 목소리 부분이 조금 더 커지는 결과로 이해할 수 있다. 번역은 '우는 모습을 보이기 싫었기 때문이었다' 정도로 할 수 있을 것이다. 'orgueilleuse'는 '거만한'이나 '잘난'보다는 '자존심 센'의 의미로 보아야 하지 않을까?

⇒ "그렇게 어정대지 마. 신경 사나워. 떠나기로 했잖아. 가라고."
우는 모습을 보이기 싫었기 때문이었다. 무척 자존심 센 꽃이었다…

10장

1) Il, se trouvait, dans la région de, pour

Il se trouvait dans la région des astéroïdes 325, 326, 327, 328, 329 et 330. Il commença donc par les visiter pour y chercher une occupation et pour s'instruire.

ㄱ) 어린 왕자의 별은 소행성 325호, 326호, 327호, 328호, 329호, 330호의 지역에 위치하고 있었다. 그래서 일거리도 구하고 무엇인가 배우기도 할 생각으로 우선 그 별들을 하나씩 찾아가보기 시작했다.

ㄴ) 그의 별은 소행성 325, 326, 327, 328, 329, 330과 같은 구역에 있었다. 그래서 그는 우선 그 별들을 방문하여 일자리도 찾아보고 견문도 넓히기로 했다.

첫 문장의 'Il'을 ㄱ)은 '어린 왕자의 별'로, ㄴ)은 '그의 별'로 옮겼는데, 둘째 문장의 주어와 지시 대상이 같다는 점, 즉 '공지시'(coréférence) 관계에 있음을 고려하면, '그'로 옮기는 것이 적절하다.[27] '어린 왕자'라고 옮긴 번역도 있다. 'se trouvait'는 ㄱ)의 '위치하고 있었다', ㄴ)의 '(있는 쪽)에 있었다' 외에, '살고 있었다', '이웃해 있었다', '여행하고 있었다' 등으로 다양하게 옮겨져 있는데, '있었다'로 옮기는 것이 무난하다고 생각된다. 'dans la région de'는 ㄱ)의 '지역에'나 ㄴ)의 '-와 같은 구역에'보다 '구역에'가 맥락에 더 어울린다. 두 'pour' 구를 ㄱ)은 목적으로, ㄴ)은 서술로 해석했는데, 다수 번역이 전자와 같은 선택을 했다. 이러한 선택을 한다면 두 'pour' 구는 '…겸 …겸'으로 옮기면 좋을 것 같다.

⇒ 그는 소행성 325호, 326호, 327호, 328호, 329호, 330호 구역에 있었다. 그는 그래서 할 일도 찾을 겸 배우기도 할 겸, 이들을 찾아가 보기 시작했다.

2) s'écria, Et, Comment peut-il…, simplifié, Il ne savait pas que… **구문**, sont **등**

«Ah ! Voilà un sujet, s'écria le roi quand il aperçut le petit prince. Et le petit prince se demanda :

«Comment peut-il me reconnaître puisqu'il ne m'a encore jamais vu !»

Il ne savait pas que, pour les rois, le monde est très simplifié. Tous les hommes sont des sujets.

ㄱ) "아아! 신하가 한 명 왔도다!" 어린 왕자를 보자 왕은 소리쳤다. 그러자 어린 왕자는 생각했다.

'나를 한 번도 본 일이 없는데 어떻게 나를 알아보는 거지?'

왕에게는 이 세상이 아주 간단하다는 것을 어린 왕자는 알지 못했던 것이다. 왕에게는 모든 사람이 다 신하였다.

ㄴ) "아! 신민이 하나 오는도다!"

왕은 어린 왕자를 보고 소리쳤다. 어린 왕자는 의아스럽게 생각했다.

'한 번도 나를 본 적이 없는데 어떻게 알아보지!'

왕들에게는 세계가 아주 단순하게 되어 있다는 것을 어린 왕자는 몰랐던 것이다. 왕에겐 모든 사람이 다 신민이다.

's'écria'는 '소리쳤다'나 '외쳤다'로 족하다. 한 번역의 '큰소리로'라는 명시화는 불필요하다. 위의 맥락에서 'Et'를 ㄱ)은 '그러자'로 옮겼는데,

27 한 영어 번역본은 'He'로, 한 일본어 번역본은 '彼'로 옮겼다.

ㄴ)처럼, 특별한 의미가 없는 것으로 보아도 무방하다. 'se demanda'는 ㄱ)의 '생각했다'보다는 ㄴ)의 '의아스럽게 생각했다'가 낫고, 이보다는, 더 간결한 '의아했다'가 더 낫다. 'Comment peut-il…' 구문의 번역을 ㄱ), ㄴ) 번역 모두 뒤로 돌리고 있는데, 'puisque' 구문의 의미 때문에, 앞에 두는 것이 낫다. 번역은 '어떻게 날 알아보지, 날 본 적이 전혀 없는데!' 정도가 된다. 'simplifié'는 ㄱ)의 '간단하다'보다는 ㄴ)의 '단순하다'의 해석이 더 적절하다. 'Il ne savait pas que…' 구문은 번역에서 구들의 순서에 유의할 필요가 있다. ㄱ)의 '알지 못했던 것이다' 대신, ㄴ)처럼, '몰랐다'고 하면, 그 다음 문장과의 연결도 더 간결해진다. 구문의 마지막 문장의 'sont'은, ㄱ)보다 ㄴ)처럼, 현재 의미를 살려 주어야 한다. 마지막 문장의 번역에서 '왕에게는'이나 '왕에겐'은 불필요하다.

⇒ "호! 신하가 하나 왔구나." 어린 왕자를 보자 왕이 외쳤다.
어린 왕자는 의아했다.
"어떻게 날 알아보지, 날 본 적이 전혀 없는데!"
그는 왕들에게 세상이 아주 단순하다는 걸 몰랐다. 만인이 신하인 것이다.

3) Ça m'intimide…, Car, tenait, essentiellement, fût respectée, paraissait vexé 등

– (…) Allons ! bâille encore. C'est un ordre.
– Ça m'intimide… je ne peux plus… fit le petit prince tout rougissant.
– Hum ! hum ! répondit le roi. Alors je… je t'ordonne tantôt de bâiller et tantôt de…»
Il bredouillait un peu et paraissait vexé.
Car le roi tenait essentiellement à ce que son autorité fût respectée. Il ne tolérait pas la désobéissance. C'était un monarque absolu. Mais, comme il était très bon, il donnait des ordres raisonnables.
«Si j'ordonnais, disait-il couramment, si j'ordonnais à un général de se changer en oiseau de mer, et si le général n'obéissait pas, ce ne serait pas la faute du général. Ce serait ma faute.»

ㄱ) "(…) 자! 하품을 하라. 명령이니라."
"그렇게 말씀하시니 주눅이 들어서… 더는 하품이 안 나오네요…" 어린 왕자가 얼굴을 붉히며 말했다.
"어흠! 어흠!" 하고 왕이 대답했다. "그렇다면 짐이… 짐이 네게 명하노니 때로

는 하품을 하고, 또 때로는…"
그러면서 왕은 뭐라고 중얼거렸는데 화가 난 듯했다.
왜냐하면 왕은 무엇보다 자기 권위가 존중되기를 원하고 있었기 때문이다. 그는 불복종은 용서할 수가 없었다. 그는 절대 권력을 가진 왕이었다. 그러나 그는 마음이 매우 착했으므로 사리에 맞는 명령을 내리고 있는 것이었다.
"만약에 짐이 어떤 장군더러 물새로 변하라고 명령했는데 장군이 명령에 복종하지 않았다면 그것은 장군의 잘못이 아니라 짐의 잘못이리라" 하고 그는 평소에 늘 말하곤 했다.

ㄴ) "(…) 자! 다시 하품을 하라. 명령이다."
"그러시니 겁이 납니다… 이젠 하품이 나오질 않습니다…" 얼굴을 붉히며 어린 왕자는 말했다.
"흠! 흠!" 왕이 대답했다. "그렇다면, 짐은… 짐은 그대에게 명하노라. 어떤 때는 하품을 하고 어떤 때는…"
그는 좀 빠른 말로 얼버무렸으며, 화가 난 것 같았다.
왕은 어찌 됐든 자기 권위가 존중되길 바랐던 것이다. 그는 불복종을 용서하지 않았다. 그는 절대군주였다. 그러나 아주 착한 사람이어서 지당한 명령을 내렸다.
"짐이 만일 어느 장군에게," 그는 흔히 이런 말을 하는 것이었다. "짐이 만일 어느 장군에게 바닷새로 변하라고 명령했는데, 그 장군이 명령에 복종하지 않았다면, 그건 장군의 잘못이 아니라 짐의 잘못이니라."

'bâille encore'는 'encore'의 의미를 살려, ㄴ)처럼, '다시 하품하라'라고 옮겨 주어야 할 것이다. 'C'est un ordre'는 ㄱ)의 '명령이니라'나 ㄴ)의 '명령이다'도 괜찮지만, 한 번역의 '어명이니라'라는 해석이 맥락상 더 적합해 보인다. 'Ça m'intimide…'의 번역은 ㄴ)도 괜찮지만, ㄱ)도 괜찮다. 하지만 '주눅이 들어서…'만 남기고, '그렇게 말씀하시니'는 빼는 게 나을 것이다. 'Hum ! hum !' 다음의 'répondit'에 대한 ㄱ)과 ㄴ)의 '대답했다'라는 직역은 상당히 어색하다. 이희재(2009)의 11장 제목은 '살빼기'로서 '군살은 뺄수록 아름답다'는 부제가 붙어 있다. 그는 '영어는 또 say, explain, reply처럼 주어의 발언 행위를 묘사하는 동사를 꼬박꼬박 넣어 주는 경향이 있는데, 이것도 한국어 문장에서는 빼도 무방할 때가 많'다고 지적한다. 한국어 번역문에서 '물었다', '설명했다', '말했다', '대답했다' 같은 표현을 너무 남발하면 부자연스러운 느낌을 준다는 것이다(199).[28] 여기서도 마찬가

28 전성기(2013a:346-7) 참고.

지이다. 번역의 생략이 때로는 적절한 선택이다. 'Je ne peux plus…'도 '더는 하품이 안 나오네요…'나 '이젠 하품이 나오질 않습니다…'라고 할 필요가 없다. '안 나오네요…'로 족하다. 'Alors'는 ㄱ)과 ㄴ)의 '그렇다면'도 괜찮지만, '그러면'이 보다 간결하다. 'bredouillait un peu'는 'tantôt de…' 부분을 나타낸 것이니, '약간 중얼거렸는데'보다 '약간 웅얼거렸는데'가 더 나아 보인다. 'paraissait vexé'는 자기 명령들이 지켜지지 않는 데 대한 반응이므로, '화가 난 듯했다'보다 '기분이 상한 듯했다'가 그 의미에 더 가깝지 않을까?

'Car'는 꼭 '왜냐하면'이라고 옮겨야 하는 것은 아니다. ㄴ)은 '…했던 것이라'라는 선택을 했는데, '… 때문이다'라는 번역도 가능하다. 'tenir à'는 단순히 바라거나 원하는 정도를 넘어서는 것을 뜻한다. ㄱ)과 ㄴ)에서 그 의미가 명시적으로 나타나지는 않는데, '중요히 여기다' 정도로 옮기면 어떨까? 'essentiellement'을 ㄱ)은 '무엇보다'로, ㄴ)은 '어찌 됐든'으로 옮겼는데, 전자가 맥락에 어울려 보인다. 'fût respectée'는 수동형 접속법 반과거 형태로, 매우 문어적인 표현이다.《어린 왕자》원텍스트가 그렇게 쉽기만 한 텍스트가 아니라는 것을 잘 보여주는 여러 단서 중 하나인데, 그 의미 재현은 어렵다. 'Il ne tolérait pas la désobéissance'는 ㄱ)의 '그는 불복종을 용납할 수가 없었다'나, ㄴ)의 '그는 불복종을 용서하지 않았다'보다, '그는 불복종을 용인하지 않았다'라고 옮기는 게 낫지 않을까? 'un monarque absolu'는, ㄱ)처럼, '절대 권력을 가진 왕'이라고 풀어쓰기보다, ㄴ)처럼, '절대 군주'라고 하는 것이 원표현과 어울린다. 'raisonnables'을 ㄱ)은 '사리에 맞는'으로, ㄴ)은 '지당한'으로 옮겼는데, 전자가 적절해 보인다. 'ordres'의 번역은 '명령들'도 괜찮으나, '명들'이 더 적합해 보인다. 마지막 인용문 속의 'se disait-il couramment'은 'je dis couramment'이 자유간접문체로 바뀐 것으로 보아야 하지 않을까? ㄱ)의 직접화법 번역 '하고 그는 평소에 늘 말하곤 했다'나, ㄴ)의 나름의 '자유간접문체' 번역 '그는 흔히 이런 말을 하는 것이었다'보다 '자주 말하지만' 정도의 '자유직접문체'로 옮기는 것이 무난해 보인다.

⇒ "… 자! 다시 하품하라. 어명이니라."
"주눅이 들어… 안 나오네요…" 어린 왕자가 얼굴을 붉히며 말했다.
"어흠! 어흠!" "그러면, 왕이 말했다, 짐이… 짐이 명하노니, 때로는 하품을 하고, 때로는…"
그는 약간 웅얼거렸는데, 기분이 상한 듯했다.
왕은 무엇보다 자신의 권위 존중을 중요히 여겼기 때문이었다. 그는 불복종을 용인하지 않았다. 그는 절대 군주였다. 하지만 그는 매우 선했기에, 사리에 맞는 명들을 내렸다.
그는 늘 말했다. "짐이 어떤 장군한테 물새로 변하라고 명하는데, 그리 명하는데, 그 장군이 복종하지 않는다면, 그건 장군 잘못이 아니니라. 짐의 잘못이니라."

4) répondit, ramena, un pan, Mais, **자유간접문체**

«Puis-je m'asseoir ? s'enquit timidement le petit prince.
– Je t'ordonne de t'asseoir», lui répondit le roi, qui ramena majestueusement un pan de son manteau d'hermine.
Mais le petit prince s'étonnait. La planète était minuscule. Sur quoi le roi pouvait-il bien régner?

ㄱ) "앉아도 될까요?" 어린 왕자는 조심스레 물었다.
"네게 앉기를 명하노라." 이렇게 대답하며 임금님은 흰담비 가죽으로 된 망토의 자락을 위엄 있게 걷어들여 자리를 내주었다.
그러나 어린 왕자는 의아한 생각이 들었다. 별은 아주 작았다. 대체 왕은 무얼 다스린다는 걸까?

ㄴ) "앉아도 괜찮을까요?" 어린 왕자는 머뭇거리며 물었다.
"짐은 그대에게 앉기를 명하노라." 왕은 대답하며 담비 망토 한 자락을 위엄 있게 걷어 올렸다.
그러나 어린 왕자는 놀랐다. 그 별은 아주 작았다. 이 왕은 대체 무얼 다스린단 말인가?

단순과거 'répondit'와 'ramena'를 ㄱ)과 ㄴ)은 '…하며 …했다'라고 옮겼는데, 이렇게 두 행위가 다소 겹치는 것으로 해석하기보다, 두 행위가 이어진 것으로 해석하여 '…하고, …했다'나 '…답하고, …했다'라고 옮기는 것이 더 낫지 않을까? ㄱ)의 '자리를 내주었다'는 일종의 '번역 무늬'이다. 묵시적으로 두는 편이 낫다. 'un pan'은 ㄴ)처럼 '한 자락' 혹은 '한쪽 자락'이라고 해야 할 것이다. 'Mais'는 '그러나'보다 '그런데'로 이해되어야 할 것 같다. 마지막 두 문장은 자유간접문체이다. 두 문장을 ㄱ)의 '별은…', '왕은…'으로, ㄴ)은 '그 별은…', '이 왕은…'으로 옮겼다. 이보다 '행성이…', '이 왕이…'가 더 적절한 번역으로 생각된다.

⇒ "앉아도 될까요?" 어린 왕자가 조심스레 물었다.
"네게 앉기를 명하노라." 이렇게 답하고, 왕은 흰담비 망토 한 자락을 위엄 있게 걷어 들였다.
하지만 어린 왕자는 의아했다. 행성이 무척 작았다. 대체 이 왕이 무얼 다스린다는 건가?

5) avec une grande simplicité, Sur tout, sa planète **구문**, car **구문 등**

– Sire… sur quoi régnez-vous ?
– Sur tout, répondit le roi, avec une grande simplicité.
– Sur tout ?»
Le roi d'un geste discret désigna sa planète, les autres planètes et les étoiles.
«Sur tout ça ? dit le petit prince.
– Sur tout ça…», répondit le roi.
Car non seulement c'était un monarque absolu mais c'était un monarque universel.

ㄱ) "폐하…… 폐하께서는 무엇을 다스리고 계십니까?"
"모든 것을 다스리노라." 왕은 극히 간단하게 대답했다.
"모든 것을요?"
왕은 슬며시 손을 치켜 올리더니 그의 별과 다른 별들과 떠돌이별들을 두루 가리켰다.
"저 별들 모두를요?" 하고 어린 왕자가 물었다.
"저 별들 모두를……" 하고 왕은 대답했다.
왜냐하면 그는 전제적 군주일 뿐 아니라 또한 전 우주의 임금이었던 것이다.

ㄴ) "전하께선… 무얼 다스리십니까?"
"모든 것을." 왕은 매우 간단하게 대답했다.
"모든 것을요?"
왕은 조심스럽게 자기 별과 그리고 다른 모든 행성과 항성을 가리켰다.
"저걸 전부요?" 어린 왕자가 말했다.
"저것 건부를…" 왕이 대답했다.
그는 절대 군주였을 뿐만 아니라 만유의 왕이었기 때문이다.

우선 'avec une grande simplicité'는 리듬을 고려하여 '지극히 간결히'라고 옮기면 좋을 것 같다. 'Sur tout'는 왕의 그러한 '지극히 간결한' 답인데, ㄱ)처럼 '모든 것을 다스리노라'라고 옮기면, 조금 다른 답이 되고 만다. '모든 걸'로 족하다. 위 예의 'sa planète, les autres planètes et les étoiles'라는 표현은 'planète'와 'étoile'이 구분된다는 것을 전제한다. 《어린 왕자》

에서는 'planète'가 66회, 'étoile'이 49회 나온다. 26장에 가면 'planète'와 'étoile'이 유의어로 쓰였음을 보여주는 대목이 나오기도 한다. 어린 왕자가 'Cette nuit, ça fera un an. Mon étoile se trouvera juste au-dessus de l'endroit où je suis tombé l'année dernière…'라고 하는 대목이다. 그런데 ㄱ)과 ㄴ)을 포함하여 거의 모든 번역들이 《어린 왕자》의 거의 모든 'planète'를 '별'로 옮기고 있다. 위 예문의 'sa planète, les autres planètes et les étoiles'의 번역으로 ㄱ)의 '그의 별과 다른 별들과 떠돌이별들을'이나, ㄴ)의 '자기 별과 그리고 다른 모든 행성과 항성을'보다[29] '그의 행성, 다른 행성들, 다른 별들을'이 보다 적절해 보인다. 《어린 왕자》에서 'planète'와 'étoile'은, 원칙적으로, 각각 '행성'과 '별'로 옮기는 것이 원저자의 의도를 존중하는 것이라 생각된다. 'Sur tout ça ?'와 'Sur tout ça.'도, ㄱ)보다 ㄴ)처럼, 더 간결한 번역이 필요하다. 'car' 구문은 맥락을 살펴보면 자유간접문체임을 알 수 있다. 이 구문은 왕의 말이면서 동시에 서술자의 서술이다. 두 목소리가 중첩되어 있는 것이다. ㄱ)의 '왜냐하면 그는 전제적 군주일 뿐 아니라 또한 전 우주의 임금이었던 것이다.', ㄴ)의 '그는 절대 군주였을 뿐만 아니라 만유의 왕이었기 때문이다'는 이 '자유간접문체'를 의식한 번역이기는 하나, 간결함에 다소 아쉬움이 있다.

⇒ "폐하… 무얼 다스리세요?"
"모든 걸", 왕이 지극히 간결히 답했다.
"모든 걸요?"
왕은 슬며시 손을 들어 그의 행성, 다른 행성들, 다른 별들을 가리켰다.
"저 모두를요?" 어린 왕자가 물었다.
"저 모두를…" 왕이 답했다.
그는 전제 군주일 뿐 아니라 온 우주 임금이기 때문이었다.

6) Si j'ordonnais…, serait, fermement, raison, raisonnable, Si tu ordonnes… 등

– Si j'ordonnais à un général de voler d'une fleur à l'autre à la façon

29 살핀 것 중에는 두 번역만 각각 '자신의 별과 다른 모든 별과 행성을', '자기 별과 다른 별들과 행성들을'이라는 번역도 있다.

d'un papillon, ou d'écrire une tragédie, ou de se changer en oiseau de mer, et si le général n'exécutait pas l'ordre reçu, qui, de lui ou de moi, serait dans son tort ?

– Ce serait vous, dit fermement le petit prince.

– Exact. Il faut exiger de chacun ce que chacun peut donner, reprit le roi. L'autorité repose d'abord sur la raison. Si tu ordonnes à ton peuple d'aller se jeter à la mer, il fera la révolution. J'ai le droit d'exiger l'obéissance parce que mes ordres sont raisonnables.

ㄱ) "만약에 짐이 어떤 장군더러 나비처럼 이 꽃에서 저 꽃으로 날아다니라고 하거나 혹은 비극 작품을 한 편 쓰라고 하거나 혹은 물새로 변하라고 명령을 했는데 그 장군이 받은 명령을 이행하지 않는다면 그와 짐 둘 중에 누가 잘못이겠는가?"

"그야 폐하의 잘못이겠죠." 어린 왕자는 자신 있게 대답했다.

"옳도다. 누구에게든 그가 할 수 있는 것을 요구해야 하는 법. 권위는 우선 이치에 그 바탕을 두어야 하는 것이로다. 만약 백성에게 바다에 몸을 던지라고 명령한다면 그들은 반란을 일으킬 것이니라. 오직 짐의 명령이 이치에 어긋나지 않는 까닭에 짐은 복종을 요구할 권한을 갖는 것이니라."

ㄴ) "짐이 만일 어느 장군에게 이 꽃 저 꽃으로 나비처럼 날아다니라든지, 비극을 한 편 쓰라든지, 바닷새로 변하라고 명령을 하여, 그 장군이 하달된 명령을 수행하지 못했다면, 짐과 장군 가운데 누가 잘못이겠는가?"

"전하의 잘못입니다." 어린 왕자는 단호하게 대답했다.

"바로 그렇다. 누구에게나 그가 할 수 있는 것을 요구해야 하느니라." 왕은 계속했다. "권위는 무엇보다도 이성에 근거를 두는 법이니라. 네가 만일 네 백성들에게 바다에 빠져 죽으라고 명령을 한다면 그들은 혁명을 일으키리라. 짐이 복종을 요구할 권리가 있음은 명령이 지당하기 때문이니라."

위 예의 두 'Si' 문장에서 'Si j'ordonnais…, qui… serait…'는 'Si tu ordonnes…, il fera…'에 비해 혹여(或如)의 성격이 더 크다. ㄱ)과 ㄴ)의 번역도 괜찮기는 하나, '혹 …한다면, 그리고 …한다면, 누구 잘못이겠는가?'와 '…하면, …일으키리라'라고 하면 그 대비가 보다 선명해진다. 첫 번째 'serait'는 'Si+직설법 반과거'로 인해 나타난 조건형 현재로서, 'Si j'étais riche, j'achèterais tout ça, pas vous ?'와 같은 방식으로 쓰인 것이다. 'Ce serait vous'는 '폐하겠지요'로 족하다. ㄱ)의 '그야 폐하의 잘못이겠죠'와 ㄴ)의 '전하의 잘못입니다'는 증폭적 번역으로, 특히 후자는 'C'est vous'의 번역처럼 느껴진다. 'fermement'은 대개 '자신있게'와 '단호하게'라는 두 번역이 다수지만, '당돌하게'란 번역도 있다. 음절 수를 고려하여 '단호히'로 옮기는 것이 좋을 것 같다. 'd'abord'는 '우선'보다는 '무엇보다'가 더 적절해 보인다. 마지막 문장은 '복종 요구 권한'이 있다는 것과 그 이유에 대한 설명의 순서로 되어 있는데, 번역도 이에 따라 이루어지는 것이 좋을 것이다. 여러 번역이, ㄴ)과 유사하게, '내가 복종을 요구할 권한을 갖는 것은 나의 명령들이 이치에 맞는 까닭이다' 같은 번역을 하고 있는데, 이는 오히려 'Si j'ai le droit…, c'est parce que…' 구문의 번역에 가깝다. '…하기에 짐이 복종 요구 권한을 갖는 것이니라'가 원문에 보다 근접한 번역이다. 전반적으로 ㄱ)과 ㄴ)보다 더 간결한 번역이 필요하다. 낱말 수가 ㄱ)은 84개, ㄴ)은 73개, 아래 번역은 64개이다.

⇒ "짐이 어떤 장군한테 나비처럼 이 꽃에서 저 꽃으로 날아다니라거나, 비극을 한 편 쓰라거나, 물새로 변하라고 명한다면, 그리고 그 장군이 받은 명을 이행하지 않는다면, 그와 짐 중에 누구 잘못이겠는가?"
"폐하겠지요." 어린 왕자가 단호히 답했다.
"옳도다. 누구에게든 할 수 있는 걸 요구해야 하느니라." 왕이 말했다. "권위는 무엇보다 이치에 기반하는 것이니라. 백성에게 바다에 몸을 던지라고 하면, 반란을 일으키리라. 명령이 이치에 맞기에 짐이 복종 요구 권한을 갖는 것이니라."

7) Alors, **단순미래**, dans ma science du gouvernement, qui+**단순과거 등**

– Alors mon coucher de soleil ? rappela le petit prince qui jamais n'oubliait une question une fois qu'il l'avait posée.
–Ton coucher de soleil, tu l'auras. Je l'exigerai. Mais j'attendrai, dans ma science du gouvernement, que les conditions soient favorables.
– Quand ça sera-t-il ? s'informa le petit prince.
– Hem ! hem ! lui répondit le roi, qui consulta d'abord un gros calendrier, hem ! ce sera, vers… vers… ce sera ce soir vers sept heures quarante ! Et tu verra comme je suis bien obél.»

ㄱ) "그럼 제가 해가 지도록 해달라고 청한 것은요" 한번 물어보면 결코 그냥 넘어가는 법이 없는 어린 왕자가 내처 물었다.
"네가 청한 해 지는 광경은 구경하게 해주겠노라. 그러나 짐의 다스리는 방식에 따라 여러 조건들이 갖추어지기를 기다리겠노라."
"에헴, 에헴!" 하고 왕은 우선 커다란 달력을 찾아보고 나서 대답했다. "에헴, 에헴! 그러니까 그것은… 그러니까… 오늘 저녁 일곱시 사십분경이 될 것이니라. 짐의 명령이 얼마나 잘 이행되는지 두고 보라."

ㄴ) "그런데 제가 부탁한 해넘이는 어떻게 됐습니까?" 한번 질문을 하면 절대로 잊어버리지 않는 어린 왕자는 그걸 다시 일깨웠다.
"너는 해넘이를 보게 되리라. 짐은 그것을 명령하겠노라. 그러나 짐의 통치술에 따라 조건이 마련될 때까지 기다리겠노라."
"언제 그렇게 될까요?" 어린 왕자는 캐물었다.
"흠! 흠!" 왕은 우선 커다란 달력을 들추며 대답했다. "그것은… 오늘 저녁… 오늘 저녁… 그것은 오늘 저녁 7시 40분 경이 되리라. 그때 너는 짐의 명령이 얼마나 잘 이행되는가를 알게 되리라."

'Alors mon coucher de soleil ?'는 명사구인 원문과 마찬가지로, ㄱ)이나 ㄴ)보다 보다 간결하게, '그럼 해님이는요?'라고 옮길 필요가 있다. 'ma science du gouvernement'은 ㄱ)의 '짐의 다스리는 방식', ㄴ)의 '짐의 통치술' 외에, '짐의 다스리는 지식', '내 통치 기술', '짐의 통치학(統治學)', '짐의 다스리는 원리' 등의 번역이 있는데, '짐의 통치학'이 적절해 보인다. 둘째 문장에는 단순미래가 'tu l'auras', 'Je l'exigerai', 'j'attendrai'에 세 번 반복되어 나온다. 이는 의미 있는 반복이니 살려 주어야 한다. ㄱ)은 앞 두 문장을 한 문장으로 옮겼고, ㄴ)은 원문처럼 세 문장으로 옮겼다. 'Mais'의 번역은 '그러나'도 가능하나, '하지만'이 무난해 보인다. 'que' 절은 ㄱ)과 ㄴ)처럼 절로 옮길 수도 있지만, '조건들의 성숙'처럼 명사구로 간결하게 옮길 수도 있다. 'lui répondit le roi, qui consulta d'abord un gros calendrier'를 ㄱ)은 '우선 커다란 달력을 찾아보고 나서 대답했다'로, ㄴ)은 '우선 커다란 달력을 들추며 대답했다'로, 둘다 'qui' 이하의 단순과거부터 옮겼는데, 3장에 3)에서처럼, 'Ce fut le serpent qui creva.'(죽은 건 뱀이었다) 같은 경우가 아니니, 두 단순과거를 순차적으로 '…하더니, 왕은 커다란 달력부터 들췄다' 정도로 옮겨야 한다. 'répondit'는 'Hem ! hem !'과 우선적으로 관련되니 '대답하다'로 옮기기는 어렵다. 'd'abord'는 '-부터'가, 'consulta'는 '들췄다'가 적절한 해석으로 생각된다. 마지막 두 단순미래 번역은 ㄱ)과 ㄴ) 다 괜찮으나, '…될 것이니라!'와 '…두고 보거라'라고 옮기는 것도 괜찮아 보인다.

⇒ "그럼 해님이는요?" 일단 물으면 결코 그냥 안 넘어가는 어린 왕자가 다시 물었다.
"해님이는 보게 될 것이니라. 그리 되도록 할 것이니라. 하지만 짐의 통치학에 따라, 조건들의 성숙을 기다릴 것이니라."
"언제 그리 되나요?"
"어흠, 어흠!" 하더니, 왕은 커다란 달력부터 들췄다. "어흠, 어흠! 그러니까… 그러니까… 오늘 저녁 일곱 시 사십 분경이 될 것이니라! 짐의 명이 얼마나 잘 이행되는지 두고 보거라."

8) Mais, On ne sais pas, pas de place, qui+단순과거, l'autre côté, là-bas 등

– Mais il n'y a personne à juger !
– On ne sait pas, lui dit le roi. Je n'ai pas fait encore le tour de mon royaume. Je suis très vieux, je n'ai pas de place pour un carrosse, et ça me fatigue de marcher.
– Oh ! Mais j'ai déjà vu, dit le petit prince qui se pencha pour jeter encore un coup d'oeil sur l'autre côté de la planète. Il n'y a personne là-bas non plus…

ㄱ) "하지만 판결을 받을 사람이 아무도 없는데요!"
"그건 모르겠노라" 하고 왕이 말했다. "짐은 아직 이 나라를 순시해본 적이 없노라. 짐은 매우 연로하나 마차를 둘 자리도 없고 걸어 다니자니 피곤한 일이로다."
"아! 하지만 저는 이미 다 보았는걸요." 허리를 굽혀 별 저쪽을 다시 한번 바라보며 어린 왕자가 말했다. "저쪽에도 아무도 없는걸요."

ㄴ) "하지만 재판받을 사람이 없는데요!"
"아직 모른다! 짐은 아직까지 짐의 왕국을 돌아본 적이 없노라. 짐은 매우 늙었고, 수레를 놓을 자리도 없고, 걷자니 피곤하고." 왕이 말했다.
"아! 하지만 전 벌써 다 보았어요."어린 왕자는 대답했다. 그는 방금 몸을 기울여 그 별의 다른 편을 힐끗 보았던 것이다. "저쪽에도 역시 아무도 없습니다."

첫번째 'Mais'는 두 번역이 '하지만'으로 적절히 옮겼다. 'On ne sais pas'는 '모르노라' 정도의 번역이 괜찮을 것 같다. 'faire le tour de'를 ㄱ)은 '순시하다'로, ㄴ)은 '돌아보다'로 옮겼는데, 원표현이 평범한 것이니 후자처럼 옮기는 것이 나아 보인다. 'je n'ai pas de place pour un carrosse'의 번역들은 ㄱ), ㄴ)과 유사한 번역들과 '수레를 타고 다니기에는 별이 너무 작고'와 유사한 번역들로 구분된다. '마차 둘 자리' 정도로 옮길 수 있지 않을까?[30] 두 번째 'Mais'는 굳이 '하지만'이나 '그렇지만'으로 옮기지 않아도 될 것 같다. '벌써'에 강세가 주어지는 것으로 족하다. '… dit le petit prince qui se pencha pour'를 ㄱ)을 비롯한 대개의 번역들이 '바라보며(혹은 둘러보며) 어린 왕자가 말했다'는 식으로 옮기고 있는데, 적절치 않다. 단순과거

30 'carrosse'를 '사륜마차'로 옮긴 번역도 있다.

가 연이어 쓰일 때, 대개 앞의 것이 앞의 사건을 나타낸다. '바라보며'에 해당하는 표현은 'en jetant encore un coup d'oeil…' 정도 일 것이다. ㄴ)의 번역도 원문과 다소 다른 의미가 되었다. 이 경우도, 예 7)에서처럼, 'Ce fut le serpent qui creva.'(죽은 건 뱀이었다) 같은 경우가 아니니, '말하고, … 다시 흘깃 보았다' 정도로 옮겨 주어야 할 것이다. '말하다', '허리를 굽히다', '보았다'가 순차적으로 해석되어야 한다는 것이다.[31] 'l'autre côté de la planète'는 ㄱ)의 '별 저쪽', ㄴ)의 '그 별의 다른 편' 외에, '별의 저쪽', '(그) 별의 저쪽 편', '그 행성 저 편' 등으로 번역되어 있다. 그 다음 문장에 나오는 'là-bas'에 해당되는 이 'l'autre côté'는, ㄴ)처럼, '다른 편'으로 해석해야 하지 않을까? 'là-bas'는 '저쪽' 정도로 옮길 수 있을 것이다.

⇒ "하지만 재판 받을 사람이 아무도 없는데요!"
"모르노라." 왕이 말했다. "짐은 아직 짐의 왕국을 돌아본 적이 없노라. 짐은 아주 연로한데, 마차 둘 자리는 없고, 걷는 건 피곤하노라."
"아! 벌써 봤어요." 어린 왕자가 말하고, 허리를 굽혀 행성의 다른 편을 다시 흘깃 보았다. "저쪽에도 아무도 없어요."

9) Mais, ponctuellement, un ordre raisonnable, m', les conditions sont favorables

Mais le petit prince, ayant achevé ses préparatifs, ne voulut point peiner le vieux monarque :
«Si Votre Majesté désirait être obéie ponctuellement, elle pourrait me donner un ordre raisonnable. Elle pourrait m'ordonner, par exemple, de partir avant une minute. Il me semble que les conditions sont favorables…»

ㄱ) 어린 왕자는 이미 떠날 준비가 다 되었지만 늙은 왕의 마음을 아프게 하고 싶지는 않았다.
"폐하의 명령이 어김없이 이행되기를 바라신다면 제게 이치에 닿는 명령을 내려주시는 것이 좋겠습니다. 가령 저에게 일 분 내로 떠나라고 명령하시는 게 어떨는지요. 조건이 아주 잘 갖춰진 것 같은데요."

ㄴ) 어린 왕자는 준비를 다 끝냈지만 늙은 군주를 마음 아프게 하고 싶지 않았다.

31 해당 문장이 한 영어 번역에는 '"Oh, but I have looked already!" said the little prince, turning around to give one more glance to the other side of the planet.'로 되어 있다.

"전하의 명령이 어김없이 복종되길 원하신다면, 제게 지당한 명령을 내려 주십시오. 예를 들어 1분 안에 떠나라고 명령하실 수 있을 것입니다. 제 생각으론 조건이 마련된 것 같습니다만…"

ㄱ)과 ㄴ)은 'Mais'의 해석을 생략하고 있는데, 그래야만 하는 것은 아니다. '그런데'라는 해석이 타당해 보인다. 분사 구문 'ayant achevé ses préparatifs'의 번역은 '떠날 채비가 되었지만'도 가능하고, '떠날 채비는 되었으나'도 가능하다. 어린 왕자의 말에서 대명사 'elle'이 두 번 쓰인 것은 'Votre majesté'가 지시대상은 남성이나, 'majesté'가 여성형 명사이기 때문이다. 'ponctuellement'은 '어김없이'라는 뜻의 부사지만, '어김없는'이란 형용사로의 '치환' 번역도 가능하다. 이 경우, 동사 'obéir'는 명사 '이행'으로 역시 치환 번역이 된다. 'un ordre raisonnable', 'les conditions sont favorables'도 3), 7)에서와 같은 방식으로 옮겨야 할 것이다. 'Elle pourrait m'ordonner'를 '(사리에 맞는) 명을 내려 주시지요'로 옮긴다면, '내려주시지요'를 통해 그 대상이 누군지 알 수 있으니, 굳이 'm''를 '제게'나 '저에게'라고 번역할 필요가 없다. 마지막 문장의 'Il me semble que…'도 '조건이 성숙된 것 같은데요…' 같은 번역에선 굳이 '제 생각으론'이라고 명시화할 필요가 없다.

⇒ 그런데 어린 왕자는, 떠날 채비는 되었으나, 연로한 군주의 마음을 아프게 하고 싶지 않았다.
"폐하의 명의 어김없는 이행을 바라신다면, 사리에 맞는 명을 내려 주시지요. 예를 들어, 일 분 내 출발을 명해 보세요. 조건이 성숙된 것 같은데요…"

11장

1) Ah ! Ah !, admirateur, vaniteux, les louanges

«Ah ! Ah ! Voilà la visite d'un admirateur !» s'écria de loin le vaniteux dès qu'il aperçut le petit prince.

Car, pour les vaniteux, les autres hommes sont des admirateurs.

ㄱ) "아, 아! 나를 숭배하는 사람이 찾아오는군!" 어린 왕자를 보자마자 허영심이 많은 사람은 멀리서부터 소리쳤다.
허영심 많은 사람에게는 다른 사람이 모두 자신을 찬양하는 숭배자로 보이는 것이었다.

ㄴ) "아! 아! 찬미자가 하나 찾아오는구나!" 허영쟁이는 멀리 어린 왕자를 보자마자 소리쳤다.
허영쟁이들에게는 다른 사람들이 모두 찬미자로 보이기 때문이다.

'아, 아!'는 'Ah ! Ah !'의 단지 음역에 지나지 않는 느낌인데, 여러 번역본이 그렇게 옮기고 있다. '야아!' 같은 번역이 필요해 보인다. 'admirateur', 'vaniteux'를 ㄱ)의 '나를 숭배하는 사람', '허영심이 많은 사람'처럼 풀어 쓰기보다는, ㄴ)처럼, 한 낱말로 번역하는 것이 나아 보인다. 'vaniteux'의 번역은 '허영쟁이'보다, 한 번역이 제시한 '허영꾼'이 적절해 보인다. 'les vaniteux'는 복수를 살려 '허영꾼들'로 옮겨야 할 것이다. 'Car' 구문은 원인으로도, 단순 기술로도 해석 가능한데, 전자를 택해도 반드시 '왜냐하면'을 써야 하는 것은 아니다. ㄴ)의 '-로 보이기 때문이다'도 '이기 때문이다'로 줄일 수 있다.

⇒ "야아! 숭배자가 하나 오는구나!"
어린 왕자를 보자 허영꾼이 멀리서 소리쳤다.
허영꾼들에게 다른 사람들은 숭배자들이기 때문이다.

2) un drôle de chapeau, pour saluer, Malheureusement, qui+단순과거

«Bonjour, dit le petit prince. Vous avez un drôle de chapeau.
– C'est pour saluer, lui répondit le vaniteux. C'est pour saluer quand on m'acclame. Malheureusement il ne passe jamais personne par ici.
– Ah oui ? dit le petit prince qui ne comprit pas.

ㄱ) "안녕하세요. 이상한 모자를 쓰고 계시는군요." 어린 왕자가 말했다.
"이것은 인사를 할 때 쓰는 모자란다. 사람들이 내게 갈채를 보낼 때 답례를 하기 위해서지. 그런데 불행하게도 이곳을 지나가는 사람이 아무도 없단다."
"아, 그래요?" 무슨 말을 하는지 알아듣지 못한 어린 왕자가 말했다.

ㄴ) "안녕하세요." 어린 왕자가 말했다. "아저씨는 이상한 모자를 쓰셨네요."
"답례를 하기 위해서지." 허영쟁이가 대답했다. "사람들이 나에게 박수갈채를 할 때 답례를 하기 위해서야. 그런데 불행하게도 여기를 지나가는 사람이 아무도 없구나."
"아, 그래요?" 무슨 말인지 알아듣지 못한 어린 왕자가 말했다.

'un drôle de chapeau'는 '이상한 모자'도 괜찮지만 '희한한 모자'가 원의에 더 가까워 보인다. 해당 문장 전체는 간결히 '모자가 희한하네요'라고 옮길 수 있다. 되풀이된 'pour saluer'를 번역 ㄱ)은 '인사를 할 때'와 '답례를 하기 위해'로 옮기고 있는데, ㄴ)처럼, 동일한 표현을 사용하는 것이 바람직하다. 'Malheureusement'은 대개의 번역이 '불행하게도'나 '불행히도'로 옮기고 있고, 살핀 것 중에 하나만 '웬일인지'로 옮기고 있다. 위 맥락에서는 '유감스럽게도'도 가능한 번역이다. 단순과거의 출현 순서는 사건(événement) 전개의 순서와 일치하는 것으로 보인다. 'Ce fut le serpent qui creva.'(죽은 건 뱀이었다) 같은 문장에서 'fut'는 '사건'을 나타내지 않고, 'qui' 구문은 '…한'이라는 '제한'의 의미를 갖는다. 'dit le petit prince qui ne comprit pas'에서 'qui' 구문이 '제한'의 의미를 갖는 것이 아니니 'dit'부터 옮겨 주어야 한다. 그런데 ㄱ)과 ㄴ)을 포함한 다섯 번역이 모두 'qui ne comprit pas'를 'dit'보다 먼저 해석하고 있다. 한 번역은 '아무것도 알아듣지 못했으면서도 어린 왕자가 말했다'라고 부연 번역하고 있다. 한 번역만 'dit'의 해석을 생략한 채, '어린 왕자는 그의 말을 이해하지 못했다'라고 옮겼는데, 도입동사 'dit'의 번역은 생략하고,[32] 그 뒷부분은 '어린 왕자는 이해가 안 갔다'라고 하는 것이 나을 것 같다.[33]

⇒ "안녕하세요. 모자가 희한하네요." 어린 왕자가 말했다.
"인사하기 위해서야." 허영꾼이 답했다. "환호 받을 때 인사하기 위해서야. 유감스럽게도 이리론 아무도 전혀 안 지나가."
"아, 그래요?" 어린 왕자는 이해가 안 갔다.

32 2장 예 3) 참고.

33 한 영어 번역은 '"Yes?" said the little prince, who did not understand what the conceited man was talking about.'라고 되어 있다.

3) le chapeau, Mais, l', admirer, les louanges, la

«Et, pour que le chapeau tombe, demanda-t-il, que faut-il faire ?»
Mais le vaniteux ne l'entendit pas. Les vaniteux n'entendent jamais que les louanges.
«Est-ce que tu m'admires vraiment beaucoup ? demandat-il au petit prince.
– Qu'est-ce que signifie "admirer" ?
– "Admirer" signifie reconnaître que je suis l'homme le plus beau, le mieux habillé, le plus riche et le plus intelligent de la planète.

ㄱ) "그 모자가 땅에 떨어지게 하려면 어떻게 해야 하나요?" 어린 왕자가 물었다. 그러나 허영심 많은 사람의 귀에는 그의 말이 들리지 않았다. 허영심 많은 사람들에겐 칭찬하는 말만 귀에 들리는 것이었다.
"너는 진정으로 나를 크게 찬양하고 있는 것이냐?" 그가 어린 왕자에게 물었다.
"찬양한다는 게 뭐죠?"
"찬양한다는 건 내가 이 별에서 가장 미남이고 가장 옷을 잘 입고 가장 부자고 가장 똑똑하다고 인정한다는 뜻이지."

ㄴ) "그런데 모자를 떨어뜨리려면 어떻게 해야 하나요?"
그러나 허영쟁이는 그 말을 듣지 않았다. 허영쟁이들은 칭찬하는 말밖에는 듣지 않는다.
"너는 정말로 나를 무척 숭배하니?" 그는 어린 왕자에게 물었다.
"〈숭배한다〉는 게 무슨 뜻인데요?"
"〈숭배한다〉는 건 내가 이 별에서 가장 잘 생겼고 가장 옷을 잘 입고 가장 부자고 지식이 가장 많다고 인정해 준다는 뜻이지."

'le chapeau'는 ㄱ)의 '그 모자'라고 할 필요 없이, ㄴ)처럼, '모자'라고 하면 된다. 해당 문장은 '모자를 떨어뜨리려면 어떻게 해야지요?' 정도로 옮길 수 있다. 'Mais'는 여기서도 '하지만'이라는 해석이 더 낫다. 대명사 'l''는 '그 말'로 옮길 수도 있지만, '하지만 허영꾼은 듣지 못했다'처럼 번역을 안 할 수도 있다. 한 번역은 이 문장을 '그러나 허영쟁이는 그 말을 못 들은 척했다'라고 옮기고 있는데, 원문과는 뜻이 다르다. 'Les vaniteux n'entendent jamais que les louanges'는 일종의 단형문구이니, 그 성격에 맞는 번역이 필요하다. ㄱ)의 '허영심 많은 사람들에겐 칭찬하는 말만 귀에 들리는 것이었다'보다는 ㄴ)의 '허영쟁이들은 칭찬하는 말밖에는 듣지 않는다'가 보다 간결하다. 하지만 능동형보다 수동형으로의 번역이 낫지 않을까? 맥락 번역 혹은 상황 번역이라고 할 수 있는 '허영꾼들 귀엔 달콤한 소리만 들린다'가 더 적절해 보인다. 몇 번역이 'louanges'의 번역어로 선택한 '칭찬'은 그 정도가 다소 약하다. 동사 'admirer'는 명사 'admirateur'와 관련지어 번역하는 것이 필요한데, ㄱ)은 '숭배하는 사람'과 '찬양한다'로, ㄴ)은 '찬미자'와 '숭배한다'고 옮겼다. '숭배자'와—다소 과한 느낌이 없지 않으나—'숭배하다'로 옮기는 것이 나을 듯하다. 'la planète'의 정관사 'la'는, ㄱ)이나 다른 여러 번역처럼, '이'로 해석하는 것이 적절하다.

⇒ "모자를 떨어뜨리려면 어떻게 해야지요?" 어린 왕자가 물었다. 하지만 허영꾼은 듣지 못했다. 허영꾼들 귀엔 달콤한 소리만 들린다.
"너 정말 나 많이 숭배하니?" 그가 어린 왕자에게 물었다.
"'숭배한다'가 무슨 뜻이에요?"
"'숭배한다'는 건 내가 이 행성에서 가장 미남이고, 가장 옷 잘 입고, 가장 부자고, 가장 똑똑하단 걸 인정한다는 의미이다."

4) Mais, quand même, Je t'admire, décidément bien bizarres, simplement 등

– Mais tu es seul sur ta planète !
– Fais-moi ce plaisir. Admire-moi quand même !
– Je t'admire, dit le petit prince, en haussant un peu les épaules, mais en quoi cela peut-il bien t'intéresser ?»
Et le petit prince s'en fut.
«Les grandes personnes sont décidément bien bizarres», se dit-il simplement en lui-même durant son voyage.

ㄱ) "그렇지만 이 별에는 아저씨 혼자밖에 없잖아요?"
"제발 날 좀 기쁘게 해주렴. 어찌 됐든 나를 찬양만 해다오!"
"난 아저씨를 찬양해요." 어린 왕자가 어깨를 약간 으쓱하며 말했다. "하지만 그게 아저씨한테 무슨 소용이 있는 거죠?"
그리고 어린 왕자는 그 별을 떠났다.
'어른들은 아무리 봐도 정말 이상해!' 어린 왕자는 길을 가며 혼자 생각했다.

ㄴ) "하지만 이 별에는 아저씨 혼자뿐인데요!"
"나를 기쁘게 해다오. 아무튼 나를 숭배해다오!"
"난 어저씨를 숭배해요." 어린 왕자는 어깨를 약간 으쓱하며 말했다. "하지만 그게 아저씨한테 어떻다는 거예요?"
그리고 어린 왕자는 그 별을 떠났다.
'어른들은 아무래도 좀 이상해.' 여행을 하는 동안 어린 왕자는 속으로 이렇게만 생각했다.

예 4)는 3)에 바로 이어지는 대목이다. 'Mais'는 ㄱ)의 '그렇지만'도 가

능한 해석이나, ㄴ)의 '하지만'이 무난해 보인다. 'ta planète'의 소유한정사 'ta'도 위 맥락에서는 ㄱ)과 ㄴ)의 '이'라는 해석이 타당하다. 'Fais-moi ce plaisir'는 ㄱ)과 ㄴ)의 번역 외에, '(제발) 나를 즐겁게 해다오' 같은 번역이 있는데, '그렇게 해다오'가 오히려 원의에 가깝지 않을까? 'quand même'는 '어찌 됐든'이나 '아무튼'보다는 '그래도'로 해석해야 할 것이다. 'Je t'admire'는 '숭배해요'로 옮기는 것이 원문에 어울리는 번역으로 생각된다. 'en haussant un peu les épaules'에서의 어깨 모습은 몇 번역의 '들썩하다'나 '들썩이다'보다 ㄱ)과 ㄴ)의 '으쓱하다'가 적절하다. 'en quoi cela peut-il bien t'intéresser ?'는 ㄱ)의 '하지만 그게 아저씨한테 무슨 소용이 있는 거죠?', ㄴ)의 '하지만 그게 아저씨한테 어떻다는 거예요?' 외에, '그런데 그게 아저씨하고 무슨 상관이야?', '하지만 무엇 때문에 그러지요?' 등의 번역이 있는데, '하지만 그게 무슨 소용이야?' 같은 번역이 더 적절해 보인다.

'Et'는 여기서는 명시적으로 옮길 필요가 없다. 's'en fut'는 's'en être'의 단순과거 삼인칭 단수의 변화형이다. 's'en aller'(떠나다)라는 뜻의 이 동사는 문어적 표현으로, 단순과거로만 쓰인다. 10장 끝 문장의 'bien étranges'를 ㄱ)은 '정말 이상해', ㄴ)은 '참 이상해'로 옮겼는데, 11장 말미의 'décidément bien bizarres'도 ㄱ)은 '아무리 봐도 정말 이상해'로, ㄴ)은 '아무래도 좀 이상해'로 옮겼다. 'étranges'와 'bizarres'의 차이를 고려하면, '정말로 참 괴상해' 정도로 옮겨야 하지 않을까? 마지막 문장의 뒷 부분은, 이와 유사한 10장 마지막 문장의 'se dit le petit prince, en lui-même, durant le voyage'에 'simplement'이 덧붙여진 것이다. 이 부사는 리듬을 고려하여 '그냥'으로 옮기고 싶다. '여행하는 동안 어린 왕자는 이렇게만 생각했다', '어린 왕자는 길을 가며 …고 생각할 뿐이었다', '…이라고 여행을 하는 동안 자기 속으로 간단히 치부해 버렸다' 등의 번역이 있는데, '길을 가며 그는 그냥 속으로 생각했다'가 간결한 번역이다.

⇒ "하지만 이 행성에 아저씨 혼자잖아요?"
"그렇게 해 다오. 그래도 숭배해 다오!"
"숭배해요." 어린 왕자가 어깨를 약간 으쓱하며 말했다. "하지만 그게 무슨 소용이에요?"

어린 왕자는 떠났다.

"어른들은 정말로 참 괴상해", 길을 가며 그는 그냥 속으로 생각했다.

12장

1) La planète suivante, était habitée, Cette visite, une grande mélancolie

> La planète suivante était habitée par un buveur. Cette visite fut très courte, mais elle plongea le petit prince dans une grande mélancolie :

ㄱ) 그 다음 별에는 술꾼이 살고 있었다. 이 별에는 아주 잠깐밖에 머무르지 않았으나 어린 왕자는 그 때문에 마음이 몹시 우울해졌다.

ㄴ) 다음 별에는 술꾼이 살고 있었다. 이번 방문은 아주 짧았지만 어린 왕자를 깊은 우울에 잠기게 했다.

예 1)은 12장의 서두이다. 'La planète suivante'는 '그 다음 행성'으로 해석되어야 할 것이다. 'était habitée'는, 세 번역처럼, '살고 있었다'라고 옮길 수도 있지만, '살았다'라고 보다 간결하게 옮기는 것이 더 낫다. 'Cette visite'를 ㄱ)은 풀어서 번역했는데, '이 방문'이라는 명사구로의 번역이 낫지 않을까? ㄱ)은 3장의 'avec un peu de mélancolie'는 '마음이 약간 서글퍼졌는지'로, 6장의 'ta petite vie mélancolique'는 '너의 연약하고 쓸쓸한 생활'로, 9장의 'avec un peu de mélancolie'는 '좀 서글픈 마음으로'로, 12장의 'mais elle plongea le petit prince dans une grande mélancolie'는 '어린 왕자는 그 때문에 마음이 몹시 우울해졌다'로, 26장의 'Puis, mélancolique:'를 '그리고 쓸쓸한 표정으로 말했다', 'Et il sourit avec mélancolie'는 '그리고 그는 쓸쓸한 웃음을 지어 보였다'로 옮겼다. 여기서 보듯이, 'mélancolie'가 '서글픔', '쓸쓸함', '우울함' 등으로 해석되고 있는데, 응결성에서 다소 아쉬움이 느껴진다.

ㄴ)은 3장의 'avec un peu de mélancolie'는 '어딘지 좀 우울한 목소리로'로, 6장의 'ta petite vie mélancolique'는 '너의 초라하고 쓸쓸한 생활'로, 9장의 'avec un peu de mélancolie'는 '좀 쓸쓸한 마음으로'로, 12장의 'mais elle plongea le petit prince dans une grande mélancolie'는 '어린 왕자를 깊은 우울에 잠기게 했다'로, 26장의 'Puis, mélancolique:'를 '그러고는 우울하게,', 'Et il sourit avec mélancolie'는 '그리고 그는 우울하게 웃었다'로 옮겼다. 여기서는 'mélancolie'가 '우울함', '쓸쓸함'으로 나타나 있어, 응결성이 다소 나아진 느낌이 있다. 그런데 해당 표현들을 '약간 우수에 젖은 듯', '우수 어린 네 단출한 삶', '다소 울적한 마음으로', '하지만 어린 왕자를 깊은 우수에 빠트렸다', '그러곤 우울하게,'라고 옮기면, '우수'와 '우울'이란 소리의 유사성을 통해 표현들의 관련성이 보다 커지는 느낌이다. 이 짧은 장은 술 마시는 데 대한 창피함을 잊으려고 술을 마셔대는 술꾼 이야기다. 'une grande mélancolie'에 빠진 것은 'perplexe'해져서 그 별을 떠난 이후의 감정이다. 어린 왕자가 크게 연민의 감정을 느끼고 있음을 나타내려면 'dans une grande mélancolie'를 '깊은 우수'로 해석하는 것이 낫지 않을까? 이는 앞장들의 해석에 이어지는 해석이기도 하다. 이와 관련된 'plonger'도, '잠기게 하다'보다, 보다 간결하게, '빠트리다'로 번역하는 것이 나아 보인다.

⇒ 그 다음 행성에는 술꾼이 살았다. 이번 방문은 무척 짧았지만, 어린 왕자를 깊은 우수에 빠트렸다.

2) **단순과거**, **반과거**, perplexe, décidément très très bizarres, se disait-il… 등

– Pour oublier quoi ? s'enquit le petit prince qui déjà le plaignait.
– Pour oublier que j'ai honte, avoua le buveur en baissant la tête.
– Honte de quoi ? s'informa le petit prince qui désirait le secourir.
– Honte de boire! acheva le buveur qui s'enferma définitivement dans le silence.

Et le petit prince s'en fut, perplexe.

«Les grandes personnes sont décidément très très bizarres», se disait-il en lui-même durant le voyage.

ㄱ) "뭘 잊어요?" 측은하다는 생각이 든 어린 왕자가 물었다.
"창피한 걸 잊어버리려고." 술꾼이 고개를 숙이며 마음을 털어놓았다.
"뭐가 창피한데요?" 그를 돕고 싶어진 어린 왕자가 물었다.
"술 마시는 게 창피해!" 술꾼은 이렇게 말하고 입을 다물어버렸다.
어린 왕자는 황당한 마음으로 그 별을 떠났다.
'어른들은 아무리 봐도 너무 너무 이상해!' 어린 왕자는 길을 가며 혼자 생각했다.

ㄴ) "무얼 잊어요?" 어린 왕자는 벌써 그를 불쌍하게 여기며 캐물었다.
"내가 부끄러운 놈이란 걸 잊기 위해서." 술꾼은 고개를 떨어뜨리며 털어놓았다.
"뭐가 부끄러운데요?" 어린 왕자는 그를 도와주고 싶어 자세히 물었다.
"마신다는 게 부끄러워!" 주정뱅이는 말을 끝내고 입을 꼭 다물었다.
그래서 어린 왕자는 어쩔 줄 몰라 하며 그 별을 떠났다.
'어른들은 아무리 봐도 아주아주 이상해.' 여행을 하는 동안 그는 속으로 그렇게만 생각했다.

위 예에는 시제 결합 예가 나온다. '단순과거+qui+반과거', '단순과거+제롱디프', '단순과거+qui+반과거'와 '단순과거+qui+단순과거'의 경우들이다. ㄱ)과 ㄴ)은 이들의 순서의 의미를 잘 파악하고 있으나, 표현의 간결성에서는 조금 아쉬움이 있다. 'perplexe'는 ㄱ)의 '황당한 마음으로', ㄴ)의 '어쩔 줄 몰라 하며' 외에, '난처해진', '당황한', '어이가 없어진', '머리를 갸웃거리며' 등의 번역이 있는데, '혼란스러워져'가 오히려 상황 의미에 더 어울지지 않을까? 'perplexe'의 위치 의미도 살려 줄 필요가 있다. 'décidément très très bizarres'의 번역에서는 10장 끝 부분의 'bien étranges'에서 11장 끝의 'décidément bien bizarres', 12장 끝의 'décidément très très bizarres', '13장 끝의 'décidément tout à fait extraordinaire'에 이르는 변화가 고려되어야 할 것이다. 이 변화 과정은 이야기의 진전 과정이기도 하다. ㄱ)은 이를 '정말 이상해'→ '아무리 봐도 정말 이상해'→ '아무리 봐도 너무 너무 이상해'→ '아무리 봐도 완전히 이상해'로 옮겼고, ㄴ)은 이를 '참 이상해'→ '아무래도 좀 이상해'→ '아무리 봐도 아주아주 이상해'→ '확실히 이상야릇해'로 옮겼는데, 원문의 '유사 반복'과 '점진적 강화'의 성격을 섬세하게 나타내지는 못하고 있다. '아무리 봐도'를 묵시적 의미로는 인정할 수 있지만, 그 '명시화'에는 선뜻 동의하기 어렵다. 'étrange'와 'bizarre'를, ㄱ)과 ㄴ)처럼, 모두 '이상해'로 옮기기보다 후자를 '괴상해'로 옮기는 것이 낫지 않을까? 두 번역보다는 '어른들은 참 이상해'(10장 끝)→ '어른들은 정말로 참 괴상해'(11장 끝)→ '어른들은 정말로 아주 아주 괴상해'(12장 끝)→ '어른들은 정말로 완전히 비정상이야'(13장 끝)가 원문의 의미와 리듬을 보다 존중하는 번역으로 생각된다. 왕의 별에서 허영쟁이의 별로, 다시 술꾼의 별로, 그리고 사업가의 별로 여행하면서 별을 떠날 때 하는 이러한 생각들은, 부분적으로나마, 텍스트의 응결성과 일관성을 잘 보여주는 요소들이다. 이들을 섬세하게 옮기지 못하면 번역텍스트의 응결성과 일관성은 그만큼 약해질 수밖에 없다. 'perplexe' 번역은 위 맥락에서는 뒤로 돌리는 것이 적절해 보인다. 'se disait-il en lui-même durant le voyage'는 'se dire'가 단순과거로 쓰인 10장, 11장의 마지막 문장과 번역에서 차이를 드러내기 어렵다.

⇒ "뭘 잊어?" 측은해진 어린 왕자가 물었다.
"창피한 걸 잊으려고." 술꾼이 고개를 숙이며 고백했다.
"뭐가 창피한데?" 돕고 싶어진 어린 왕자가 캐물었다.
"술 마시는 게 창피해서!" 이렇게 말하고, 술꾼은 입을 굳게 닫아 버렸다.
어린 왕자는 떠났다, 혼란스러워져서.
"어른들은 정말로 아주 아주 괴상해." 길을 가며 그는 속으로 생각했다.

13장

1) toujours, Je suis sérieux, je ne m'amuse pas à des balivernes!, 대과거 등

– Cinq cents millions de quoi ?
– Hein ? Tu es toujours là ? Cinq cent un millions de… je ne sais plus… J'ai tellement de travail ! Je suis sérieux, moi, je ne m'amuse pas à des balivernes! Deux et cinq sept…
– Cinq cent un millions de quoi ?» répéta le petit prince qui jamais de sa vie n'avait renoncé à une question, une fois qu'il l'avait posée.

ㄱ) "뭐가 오억이에요?"
"응? 너 아직도 거기 있었니? 저…… 오억일백만…… 어, 잊어버렸네. 어찌나

바쁜지! 난 중요한 일을 하고 있는 사람이야. 허튼소리 하며 놀고 있는 게 아니라고! 둘에 다섯이면 일곱……"
"뭐가 오억일백만이에요?"
한 번 물어보면 결코 그냥 넘어가는 법이 없는 어린 왕자가 내처 물었다.

ㄴ) "뭐가 5억인데요?"
"뭐? 너 여태 거기 있니? 5억 1백만… 그리고 뭐더라… 이렇게도 일이 많으니! 나는 중대한 일을 하고 있는 사람이야. 난 말이야, 시시한 이야기 따위로 시간을 보내진 않아. 둘에 다섯은 일곱…"
"뭐가 5억 1백만인데요?" 한번 질문을 하면 절대로 포기하지 않는 어린 왕자는 되풀이해서 물었다.

몇 번역이 'Tu es toujours là ?'를 '아직(도) 거기 있었니?'로 옮기고 있는데, '있었니'보다는 '있니'가 원문과 어울리는 표현이다. ㄴ)과 비슷한, 한 번역의 '너 여태 거기 있어?'가 적절해 보인다. 'je ne sais plus…'와 'J'ai tellement de travail !'는 어려운 표현들은 아니지만, 위 맥락에서 정확히 어떤 의미로 쓰였는지, 그 뒷 부분과도 어울리는 번역인지 잘 살펴야 한다. 'Je ne sais plus…'는 혼잣말이고, 'J'ai tellement de travail !'는 어린 왕자에게 하는 말이다. 전자를 ㄱ)이 '뭐더라…'라고 옮긴 것은 아주 적절한 선택으로 보인다. 하지만 후자는 '일이 산더미야!' 정도로 옮기는 것이 더 낫지 않을까? 'Je suis sérieux, moi, je ne m'amuse pas à des balivernes !'의 ㄱ)과 ㄴ) 번역은 의미 전달엔 전혀 문제가 없으나, 표현이 원문보다 다소 풀어진 느낌이 든다. '나는 중대한 일을 하는 사람이야. 허튼소리 할 시간이 없어!', '나는 착실한 사람이야. 쓸데없는 짓은 하지 않는다', '난 중요한 일을 하는 사람이야. 잡담할 시간이 없어!' 같은 번역들도 상황 의미 재현에 아쉬움이 조금 있다. 'sérieux'의 앞선 예들에서의 맥락 의미를 고려하면, 여기서도 '진지한'으로 옮기는 것이 좋을 것 같다. 해당 문구는 '정언적' 성격이 강해 보이니, 번역도 그 성격을 잘 살려 주어야 할 것이다. '진지한 사람이야, 나! 허튼짓 하는 게 아니야!' 정도가 어떨까?

⇒ "뭐가 오억이라구요?"
"응? 여태 거기 있어? 오억 백만… 잊어버렸네… 일이 산더미야! 진지한 사람이야, 나! 허튼짓 하는 게 아니야! 둘 더하기 다섯은 일곱…"
"뭐가 오억 백만이라구요?"

일단 한 번 물었다 하면 결코 그냥 넘어가는 법이 없는 어린 왕자가 다시 물었다.

2) **담화/이야기**, Je suis sérieux, moi, la voici !

Le businessman leva la tête :
«Depuis cinquante-quatre ans que j'habite cette planète-ci, je n'ai été dérangé que trois fois. La première fois ç'a été, il y a vingt-deux ans, par un hanneton qui était tombé Dieu sait d'où. Il répandait un bruit épouvantable, et j'ai fait quatre erreurs dans une addition. La seconde fois ç'a été, il y a onze ans, par une crise de rhumatisme. Je manque d'exercice. Je n'ai pas le temps de flâner. Je suis sérieux, moi. La troisième fois... la voici! Je disais donc cinq cent un millions...

ㄱ) 사업가가 고개를 들었다.
"나는 이 별에서 오십사 년째 살고 있지만 그 동안에 남의 방해를 받은 적은 딱 세 번뿐이야. 첫 번째는 이십이 년 전, 어디선가 날아와 떨어진 풍뎅이 한 마리 때문이었어. 그게 요란한 소리를 내서 덧셈이 네 군데나 틀렸지 뭐냐. 두 번째는 십일 년 전이었는데 신경통 때문이었어. 난 운동 부족이야. 산책할 시간이 없으니까. 난 중요한 일을 하고 있는 사람이거든. 그리고 세 번째는… 바로 지금이야! 가만있자, 오억일백만이었으니까…"

ㄴ) 사업가가 고개를 들었다.
"나는 이 별에 54년간을 살았지만 방해를 받은 적은 세 번밖에 없었다. 처음은 22년 전이야. 어디서 날아들었는지 풍뎅이 한 마리가 떨어졌지. 그놈이 요란한 소리를 내지르는 통에 덧셈이 네 군데나 틀렸지. 두 번째는 11년 전인데 신경통이 발작한 때문이었어. 난 운동 부족이야. 한가롭게 걸어다닐 시간이 없어서. 나는, 나는 말이야, 중요한 일을 하는 사람이야. 세 번째는… 바로 지금이야! 그런데 아까 내가 5억 1백만…"

시제 운용에는 '이야기'(récit)와 '담화'(discours)의 두 면이 있다.[34] 전자의 중심은 단순과거이고, 후자의 중심은 현재이다. '이야기'에 속하는 첫 문장 'Le businessman leva la tête'와 달리, 위의 인용문은 '담화'에 속하는데, 현재 · 복합과거 · 반과거 · 대과거로 이루어져 있다. 'ç'a été'는, 과거의 상태나 상황에 대한 기술을 나타내는 'c'était'와 달리, 과거의 사건이나 현상을 포괄적으로 표현한다. 그래서 사실이나 사건들의 연속을 나타내기도 한다.[35] 'ç'a été… par…'는 ㄱ)이, 두 경우 모두, '… 때문이었어'로 적절히 해

34 전성기(1998) 참고.

석하고 있다. 'sérieux'는 여기서도 '진지한'으로 해석되어야 할 것이다. 'la voici !'는, 'la troisième fois'와 'la'와의 호응을 고려해서도 '이번이다!'로 해석해야 하지 않을까? 반과거 'disais'는 'donc'와 더불어 '그러니까'라는 정도의 '재언급'을 나타낸다. 사업가의 말 원문이 전체적으로 퉁명스러운 느낌을 주니, 번역도 그러한 '변별적 의미'를 살려 주어야 한다. 낱말 수도 ㄱ)과 ㄴ)의 63개, 59개에 비해 다음 번역은 52개로, 더 간결하다.

⇒ 사업가가 고개를 들었다.
"이 행성에 사는 오십사 년 동안, 방해받은 적이 딱 세 번이다. 첫 번째는 이십이 년 전이었는데, 어디선가로부터 떨어진 풍뎅이 한 마리 때문이었다. 소리가 어찌나 요란스러웠던지, 덧셈이 네 군데나 틀렸다. 두 번째는 십일 년 전이었는데, 신경통 발작 때문이었다. 운동 부족이야. 산책할 시간이 없어. 진지한 사람이야, 나. 세 번째는… 이번이다! 그러니까, 오억 백만…"

3) **구문 순서**, Celui-là, raisonne un peu comme, mon ivrogne

– Et à quoi cela te sert-il d'être riche ?
– A acheter d'autres étoiles, si quelqu'un en trouve.»
«Celui-là, se dit en lui-même le petit prince, il raisonne un peu comme mon ivrogne. »

ㄱ) "부자가 되는 건 무슨 소용이 있는데요?"
"새로운 별이 발견되면 그걸 또 사는 데 소용되지."
'이 사람도 아까 만난 술꾼과 비슷한 말을 하는군.' 어린 왕자는 생각했다.

ㄴ) "그럼 부자가 되는 건 무슨 소용이 있는데요?"
"다른 별들을 사는 데 소용되지. 누가 별을 하나 발견했을 때 말이야."
'이 사람도 이치를 따지는 식이 그 주정뱅이와 비슷하네.' 어린 왕자는 속으로 생각했다.

번역 ㄱ)은 'A acheter d'autres étoiles, si quelqu'un en trouve.'를 뒷부분의 'si'절부터 해석했는데, 구문 순서도 의미가 있으니, ㄴ)처럼, 앞에서부터 번역하되, 원문만큼 간결한 번역을 할 필요가 있다. '다른 별들 사지, 혹 새로 발견되면.' 같은 번역도 괜찮아 보인다. 'servir à'를 꼭 '소용이 있다'

35 다음 예도 참고하라: "Ça a été amusant un moment, mais au bout de cinq minutes, tout le monde est parti." (잠시 재미있었으나, 오분 후에는 모두가 떠났다)

나 '소용되다'로 옮겨야 하는 것은 아니다. 'Celui-là'는 'Celui-ci'와 대비되는 표현으로, 그 차이는 지리적 거리뿐 아니라 심리적 거리를 나타낼 수도 있다. 이 맥락에서는 ㄱ)과 ㄴ)의 '이 사람'이란 번역이 괜찮아 보인다. 'raisonne un peu comme'를 ㄱ)을 비롯한 여러 번역이 '비슷한 말을 하다'로 해석했고, ㄴ)은 'raisonner'의 명시적 의미를 살려 '이치를 따지는 식이 …와 비슷하다'라고 옮겼는데, 굳이 그렇게 하지 않아도 될 것 같다. '생각하는 게 비슷하다'로 옮기는 게 위 맥락에서는 더 나을 것 같다. 'mon ivrogne'는 ㄱ)의 '아까 만난 술꾼', ㄴ)의 '그 주정뱅이' 외에, '술꾼', '그 술꾼' 등의 번역이 있는데, '그 술꾼'이 무난해 보인다.

⇒ "부자 되서 뭐 해?"
"다른 별들 사지, 혹 새로 발견되면."
"이 사람도", 어린 왕자는 생각했다. "그 술꾼과 생각하는 게 비슷하군."

4) Ça suffit !, ce n'est pas très sérieux, les choses sérieuses 등

– Qu'est-ce que ça veut dire ?
– Ça veut dire que j'écris sur un petit papier le nombre de mes étoiles. Et puis j'enferme à clef ce papier-là dans un tiroir.
– Et c'est tout ?
– Ça suffit !»
«C'est amusant, pensa le petit prince. C'est assez poétique. Mais ce n'est pas très sérieux.»
Le petit prince avait sur les choses sérieuses des idées très différentes des idées des grandes personnes.

ㄱ) "그건 무슨 말이에요?"
"조그만 종이 조각에다 내 별의 개수를 적어서 서랍에 넣고 자물쇠로 꼭꼭 잠가둔단 말이야."
"그게 다예요?"
"그러면 다지!"
'재미있는데' 하고 어린 왕자는 생각했다. '상당히 시적인걸. 그렇지만 그리 중요한 일은 아니군.'
어린 왕자는 중요한 일에 대해서 어른들과는 매우 다른 생각을 가지고 있었다.

ㄴ) "그게 무슨 말이에요?"
"그건 작은 종이에 내가 가진 별들의 숫자를 적는다는 말이지. 그 다음 나는 그 종이를 서랍 속에 넣고 자물쇠를 채워 두는 거야."

"그게 다예요?"
"그럼 됐지!"
'그거 재미있다.' 어린 왕자는 생각했다. '꼭 시 같다. 하지만 별로 중대한 일은 아니군.'
어린 왕자는 중대한 일이라는 것에 대해 어른들과는 생각이 달랐다.

'Ça veut dire que…' 문장과 'Et puis' 문장은 첫 문장 바로 앞 문장 'Non, mais je puis les placer en banque.'(그렇지. 하지만 은행에 맡길 수 있지.)에 대한 설명인데, ㄱ)은 두 문장을 한 문장으로, ㄴ)은 두 문장으로 옮겼다. 후자가 나아 보이나, '그건'이나 '나는' 같은 표현은 생략해서 더 간결화할 필요가 있다. 'Ça suffit !'의 두 번역 '그러면 다지!'와 '그러면 돼!'도 괜찮지만, '그럼 돼!'가 더 간결하다. 'ce n'est pas très sérieux'에서 'sérieux'는 '중요한 일', '중대한 일' 등으로 번역되어 있는데, 지금까지의 'sérieux'의 맥락 의미를 고려한다면 이 경우도 '진지한'으로 해석하는 것이 나을 것이다. 'les choses sérieuses'의 번역에서는 복수의 의미도 고려할 필요가 있다.

⇒ "조그만 종이에 내 별들 개수를 적는다는 거야. 그러곤 그 종이를 서랍에 넣고 자물쇠로 잠그는 거지."
"그게 다야?"
"그럼 돼!"
"재미있군", 어린 왕자는 생각했다. "자못 시적이야. 하지만 그리 진지한 일은 아니군."
어린 왕자는 진지한 일들에 대해 어른들과는 사뭇 다른 생각을 가지고 있었다.

5) posséder**의 반복**, car, répondre, décidément, extraordinaires **등**

«Moi, dit-il encore, je possède une fleur que j'arrose tous les jours. Je possède trois volcans que je ramone toutes les semaines. Car je ramone aussi celui qui est éteint. On ne sait jamais. C'est utile à mes volcans, et c'est utile à ma fleur, que je les possède. Mais tu n'es pas utile aux étoiles…
Le businessman ouvrit la bouche mais ne trouva rien à répondre, et le petit prince s'en fut.
«Les grandes personnes sont décidément tout à fait extraordinaires», se disait-il simplement en lui-même durant le voyage.

ㄱ) "나는 말예요," 하고 그가 또 말했다. "꽃을 하나 가지고 있는데 난 그 꽃에 매일 물을 줘요. 또 화산도 세 개 가지고 있어서 일주일에 한 번씩 청소해줘요. 불이 꺼

진 화산도 다 청소해주거든요. 언제 어떻게 될지 모르니까요. 내가 꽃이나 화산을 소유한다는 건 그들에게 유익한 일인 거예요. 하지만 아저씨는 별들에게 그다지 유익할 게 없는데…”
사업가는 무슨 말인가 하려 했으나 마땅히 대답할 말이 생각나지 않았다. 그래서 어린 왕자는 그 별을 떠났다.
‘어른들은 아무리 봐도 완전히 이상해!’ 어린 왕자는 길을 가며 혼자 생각했다.

ㄴ) “나는요.” 그는 다시 말했다. “나는 꽃을 하나 가졌는데 날마다 물을 줘요. 화산 세 개를 가졌는데 주일마다 청소를 해요. 불 꺼진 화산도 같이 청소하니까요. 지금은 죽은 화산이지만 어떻게 될지 누가 알아요. 그것들을 내가 가지고 있는 건 화산한테도 이롭고 꽃한테도 이롭지만, 아저씨는 별들한테 이로울 게 없어요.”
상인은 무어라 말을 하려 했지만 대답할 말을 찾아내지 못했다. 어린 왕자는 별을 떠났다.
‘정말이지 어른들은 확실히 이상야릇해.’ 여행을 계속하며 어린 왕자는 속으로 이렇게만 생각했다.

위 직접화법에서는 동사 ‘posséder’가 세 번 나온다. ㄱ)은 두 번은 ‘가지고 있다’로, 한 번은 ‘소유하다’로, ㄴ)은 두 번은 ‘가지다’로, 한번은 ‘가지고 있다’로 옮겼는데, 같은 방식으로 옮길 필요가 있다. ‘있다’도 가능한 선택이다. 이를테면, ‘…하나 있는데, … 세 개 있는데… 이들이 나한테 있는 건.’처럼 옮기면, 전체적으로 표현 리듬이 원문과 유사해진다. ‘tous les jours’와 ‘toutes les semaines’의 반복적 리듬도 ㄱ)의 ‘매일’, ‘일주일에 한 번씩’보다는 ㄴ)의 ‘날마다’, ‘주일마다’가 더 잘 살려 주고 있으나, ‘매일’, ‘매주’가 더 간결하다. ‘car’는 청소하는 화산이 왜 ‘셋’인가를 설명하는 것인데, ‘puisque’처럼 옮긴 ㄴ)보다는 ㄱ)이 다소 나아 보인다.[36] 한 번역은 둘째 셋째 문장을 ‘화산도 세 개나 가지고 있어서 일주일에 한 번씩 그을음을 청소해 주지. 휴화산도 청소해 주니까 모두 세 개야.’라고 옮기고 있는데, 둘째 문장은 원문보다 ‘명시화’가 다소 과한 느낌이고, 셋째 문장 번역은 설명적이다. ‘C’est utile à mes volcans, et c’est utile à ma fleur, que je les possède.’ 문장의 ‘C’est… que…’와 반복의 리듬을 ㄱ)의 ‘내가 꽃이나 화산을 소유한다는 건 그들에게 유익한 일인 거예요.’보다 ㄴ)의 ‘그것들을 내가 가지고 있는 건 화산한테도 이롭고 꽃한테도 이롭지만,’이 더 잘 살려

36 한 영어 번역은 이 부분을 괄호 안에 넣어 다음과 같이 처리하고 있다: “(for I also clean out the one that is extinct; one never knows)”

주고 있다. 하지만 '화산들에도 유익해, 꽃에도 유익해, 이들이 나한테 있는 건.' 같은 번역이 원문의 '시적 에크리튀르'에 더 다가가는 번역이 아닐까? 'répondre'는 어린 왕자가 자신이 화산들이나 꽃을 소유하는 건 그 대상들에게 이롭지만, 사업가가 별들을 소유하는 건 그 대상들에게 전혀 이로울 게 없다는 지적에 대한 것이니, ㄱ)과 ㄴ)의 '대답하다'보다 '대꾸하다'로 해석해야 할 것이다. 세 개의 단순과거 'ouvrit', 'en trouva rien', 's'en fut'의 연속 등장의 의미의 번역은 ㄱ)보다 ㄴ)이 다소 낫게 느껴지나, 더 간결한 처리도 가능하다. 마지막 문장의 'décidément tout à fait extraordinaires'는 앞장들의 관련된 표현들을 고려하면 '정말로 완전히 비정상이야' 정도로 옮길 수 있다. 끝 부분은 12장 예 2)에 나온 'se disait-il en lui-même durant le voyage'에 'simplement'만 덧붙여져 있는 것임을 고려해야 할 것이다.

⇒ 그가 다시 말했다. "내게 꽃이 하나 있는데, 매일 물을 줘. 화산은 세 개 있는데, 매주 청소해 줘. 휴화산도 청소하거든. 혹시 모르잖아. 화산들에도 유익해, 꽃에도 유익해, 이들이 나한테 있는 건. 하지만 아저씬 별들한테 유익하지 않잖아…"
사업가는 입을 열었으나, 대꾸할 말이 전혀 없었다. 어린 왕자는 떠났다.
"어른들은 정말로 완전히 비정상이야", 길을 가며 그는 속으로 그냥 생각했다.

14장

1) Cependant, Peut-être bien que, absurde, Au moins, puisque

(...) Cependant il se dit en lui-même:
«Peut-être bien que cet homme est absurde. Cependant il est moins absurde que le roi, que le vaniteux, que le businessman et que le buveur. Au moins son travail a-t-il un sens. Quand il allume son réverbère, c'est comme s'il faisait naître une étoile de plus, ou une fleur. Quand il éteint son réverbère, ça endort la fleur ou l'étoile. C'est une occupation très jolie. C'est véritablement utile puisque c'est joli.»

ㄱ) (…) 그래서 어린 왕자는 속으로 이런 생각을 했다.

'이 사람은 분명 엉뚱한 사람일 거야. 그래도 왕이나 허영심 많은 사람이나 사업가, 혹은 술꾼보다는 덜 엉뚱한 사람이지. 적어도 이 사람이 하는 일은 어떤 의미가 있어 보이니까. 가로등을 켜면 그건 별 한 개를, 혹은 꽃 한 송이를 태어나게 하는 것과 마찬가지니까. 가로등을 끄면 꽃이나 별을 잠들게 하는 거고. 그러니까 그건 아주 아름다운 직업이야. 아름다우니까 진짜로 유익한 것이고.'

ㄴ) (…) 하지만 속으로 이렇게 생각했다.

'어쩌면 이 사람도 엉터리일 거야. 하지만 왕이나 허영쟁이나 사업가나 술꾼 같은 엉터리들보다는 낫지. 적어도 그가 하는 일에는 어떤 의미가 있어. 그가 가로등에 불을 켜면 별 하나나 꽃 한 송이를 새로 태어나게 하는 것과 같은 거야. 그가 가로등을 끄면 꽃이나 별을 잠재우는 것야. 아주 재미있는 일인데. 재미있으니까 정말 유익한 것이지.'

두 'Cependant'을 ㄱ)은 '그래서'와 '하지만'으로, ㄴ)은 '하지만'과 '하지만'으로 옮겼는데, 몇 번역에서 선택한 '그렇지만'이 더 나아 보인다. 위 인용문에서는 세 문장 'Peut-être bien que…', 'Cependant…', 'Au moins…'의 논증 의미 파악과 재현이 중요하다. ㄱ)은 '…일 거야. 그래도 …이지. (…) 적어도 …니까.'로, ㄴ)은 '…일 거야. 하지만 …지. (…) 적어도 …가 있어.'로 되어 있다. 이들보다 '…일지 몰라. 그렇지만 …해. (…) 적어도 … 있어.'가 더 나은 재현으로 생각된다. 'Peut-être bien que'는 ㄱ)은 단지 추측의 의미로, ㄴ)은 추측과 양보의 의미로 옮겼는데, 후자가 더 적절하다. 'il est moins absurde que…' 다음에는 'que'만 되풀이되고 있다. 이 반복의 의미도 살려 줄 필요가 있는데, ㄱ)과 ㄴ)은 이에 다소 미흡하다. '-보다, -보다, -보다, -보다'로 살려 줄 필요가 있다. 'absurde'에는 ㄱ)의 '엉뚱한', ㄴ)의 '엉터리' 외에, '어리석은', '사리를 잘 모르는' 등의 해석이 있는데, 아주 적절해 보이지는 않는다. 'absurde'는 14장 외에 2장의 'Aussi absurde que cela me semblât…'와 24장의 'il est absurde de chercher un puits'에서도 쓰였는데, ㄱ)은 이들을 '너무나도 엉뚱하다'와 '당치도 않은 짓이었다'로, ㄴ)은 '정말 멍청한 짓을 하다'와 '터무니없는 짓이다'라고 각각 옮겼는데, '황당하다'가 적절하지 않을까? 특별한 문제가 없으면, 세 'absurde'를 모두 같은 방식으로 옮겨야 할 것이다. 두 개의 'Quand' 문장은 등지기의 일이 어째서 의미 있는가 보이고 있다. 마지막의 'puisque' 구문의 '정당화'

의 의미는 잘 나타내고 있으나, 그 위치의 의미는 고려하지 않았는데, 이 위치 의미도 여기서 변별성을 갖는다. 'puisque c'est joli'는 ㄱ)의 '아름다우니까'나 ㄴ)의 '재미있으니까' 대신 '멋지니까'라고 하면 어떨까?

⇒ (…) 그렇지만 그는 속으로 생각했다.
'이 사람 황당한지 몰라. 그렇지만 왕보다, 허영꾼보다, 장사꾼보다, 술꾼보다는 덜 황당해. 적어도 그가 하는 일은 의미가 있어. 그가 가로등을 켜는 건 별 하나, 혹은 꽃 하나 더 태어나게 하는 거야. 그가 가로등을 끄는 건 그 꽃 혹은 그 별을 잠들게 하는 거야. 아주 멋진 일이야. 진정으로 이로워, 멋지니까.'

2) **단순과거**, respectueusement, Bonjour, venir de…, Bonsoir, consigne, Et

Lorsqu'il aborda la planète il salua respectueusement l'allumeur :
«Bonjour. Pourquoi viens-tu d'éteindre ton réverbère ?
– C'est la consigne, répondit l'allumeur. Bonjour.
– Qu'est-ce que la consigne ?
– C'est d'éteindre mon réverbère. Bonsoir.»
Et il le ralluma.
«Mais pourquoi viens-tu de le rallumer ?
– C'est la consigne, répondit l'allumeur.
– Je ne comprends pas, dit le petit prince.
– Il n'y a rien à comprendre, dit l'allumeur. La consigne c'est la consigne. Bonjour.»

ㄱ) 그 별에 다가가며 어린 왕자가 가로등 켜는 사람에게 정답게 인사를 했다.
"안녕, 왜 지금 가로등을 껐어?"
"명령이야. 좋은 아침!" 가로등 켜는 사람이 대답했다.
"명령이 뭔데?"
"이 가로등을 끄라는 거지. 잘 자."
그러고 나서 점등인은 다시 가로등을 켰다.
"그런데 왜 또 금방 가로등을 다시 켰어?"
"명령이야."
"무슨 소린지 도무지 모르겠군." 어린 왕자가 말했다.
"이해하려 할 것 없어. 명령은 명령이니까. 좋은 아침."

ㄴ) 그는 별에 들어서며 가로등 켜는 사람에게 공손하게 인사를 했다.
"안녕하세요. 왜 방금 가로등을 껐나요?"
"명령이야." 가로등 켜는 사람이 대답했다. "안녕?"
"명령이 뭐예요?"
"가로등을 끄라는 거야. 그럼 안녕히."
그리고 그는 다시 불을 켰다.
"그럼 왜 방금은 불을 켰지요?"

"명령이야." 가로등 켜는 사람이 대답했다.
"못 알아듣겠는데." 어린 왕자가 말했다.
"알아듣고 말고가 없어." 가로등 켜는 사람이 말했다. "명령은 명령이야. 안녕?"

'Lorsqu'il aborda…, il salua…'에서 두 단순과거의 ㄱ)은 '다가가며… 인사를 했다'로, ㄴ)은 '들어서며… 인사를 했다'로 옮겼는데, 이는 'aborder'의 행위 종료 전에 'saluer' 행위가 이루어졌음을 뜻하는 것이다. 그러나 전자가 종료되고 후자가 이루어진 것으로 본다면, '…에 이르자 … 인사했다'라고 옮겨야 할 터인데, 이 해석이 더 타당해 보인다. 'allumeur'를 ㄱ)은 '가로등 켜는 사람'과 '점등인' 두 가지로 옮겼고, ㄴ)은 '가로등 켜는 사람'으로 풀어서 옮겼다. 김윤진(2001:38)은 '등대지기'에서 유추된 '가로등지기'를 'allumeur'의 번역어로 제안한 바 있는데, 좋은 제안이나, 더 줄여 '등지기'로 옮기는 것이 더 낫지 않을까? 'respectueusement'은 ㄱ)의 '정답게'보다, 그리고 몇 번역이 택한 '정중히'보다 ㄴ)의 '공손하게'나 '공손히'가 더 적절한 상황 번역이다. ㄱ)은 아마 'tu'와의 호응을 고려해 '정답게'를 택한 것으로 짐작된다. 'tu'를 '아저씨'로 옮기면 '안녕하세요' 대신 쓰인 '안녕'과 '공손히'는 어층의 일관성을 이룰 수 있다. 'tu'라고 하는 것이 꼭 반말하는 것은 아니니, 그 미묘한 사용상의 뉘앙스를 잘 고려할 필요가 있다.

근접과거 'venir de'는 '지금… 했다'도 괜찮지만, '방금… 했다'를 택하고 싶다. ㄱ)은 두 근접과거를 '지금…'과 '금방…'으로 다소 달리 옮겼는데, ㄴ)처럼, 반복의 의미를 살려 줄 필요가 있다. 'consigne'는 두 번역의 '명령'보다는 '지시'가 더 낫게 느껴진다. 'Bonjour'와 'Bonsoir'는 만났을 때의 아침 인사말과 저녁 인사말인데, 두 인사말의 반복은, 김윤진(2001:38)의 지적대로, '시간의 신속한 흐름'을 나타낸다. 이러한 '변별적 의미'가 번역에 반영되는 것이 바람직하나, 쉽지 않은 것이 사실이다. ㄱ)은 '좋은 아침'과 '잘 자'로, ㄴ)은 '안녕?'과 '안녕히'로 옮겼고, '좋은 아침'과 '좋은 밤', '안녕'과 '잘 자'라고 한 번역들도 있다. 나름대로 고심한 번역들이나, 만날 때 인사와 헤어질 때 인사처럼 옮긴 것들은 문제가 된다. 'Bonjour'나 'Bonsoir'나 모두 '안녕'으로 옮기는 것이 차라리 나을 것 같다. 'Et'는

ㄱ)의 '그러고 나서'와 ㄴ)의 '그리고' 외에, '그러면서' 등의 번역이 있는데, '그리고'가 무난한 선택으로 생각된다. 'Mais pourquoi viens-tu de le rallumer ?'에서의 'Mais'는 ㄱ)의 '그런데'나 ㄴ)의 '그럼'보다는, 'Mais, mange !'(아니, 안 먹을 거야?) 같은 경우의 '아니'의 뜻으로 해석해야 할 것이다. 마지막 문장의 'x, c'est x' 구조는 'x는 x야'라는 해석으로 충분하다. ㄱ)의 '-니까'는 불필요한 '증폭'이다.

⇒ 그는 그 행성에 이르자 등지기에게 공손히 인사했다.
"안녕! 아저씨 왜 방금 가로등 껐어?"
"지시야. 등지기가 답했다. 안녕."
"지시가 뭔데?"
"이 가로등 끄라는 거야. 안녕."
그리고 그가 가로등을 다시 켰다.
"아니 왜 방금 다시 켰어?"
"지시야."
"이해가 안 되네." 어린 왕자가 말했다.
"이해고 자시고 없어. 지시는 지시야. 안녕."

3) terrible, raisonnable, Et, depuis cette époque, C'est bien là le drame ! 등

«Je fais là un métier terrible. C'était raisonnable autrefois. J'éteignais le matin et j'allumais le soir. J'avais le reste du jour pour me reposer, et le reste de la nuit pour dormir…
– Et, depuis cette époque, la consigne a changé ?
– La consigne n'a pas changé, dit l'allumeur. C'est bien là le drame ! La planète d'année en année a tourné de plus en plus vite, et la consigne n'a pas changé !

ㄱ) "정말이지 이건 고달픈 직업이야. 전에는 무리한 일이 아니었지. 아침이 되면 불을 끄고 저녁이 되면 다시 켰으니까. 그리고 나머지 낮시간에는 쉬고 밤시간에는 잘 수 있었고…"
"그럼 그 후에 명령이 바뀌었어?"
"명령이 바뀌지 않았으니까 문제지! 별은 해마다 점점 더 빨리 돌고 있는데 명령은 바뀌지 않으니 원!"

ㄴ) "나는 여기서 아주 끔찍한 일을 하고 있단다. 한때는 이치에 맞는 일이었지. 아침에 불을 끄고 저녁에 불을 켰었어. 낮엔 쉴 시간도 있었고 밤엔 잠잘 시간도 있었고…"
"그럼 그 뒤로 명령이 바뀌었나요?"
"바뀌지 않았어." 가로등 켜는 사람이 말했다. "비극은 바로 그거야! 별은 해가

갈수록 점점 빨리 돌고 명령은 바뀌지 않고!"

'terrible'의 해석은 ㄱ)의 '고달픈', ㄴ)의 '끔찍한' 외에, '고된', '정말 힘든', '참 고된', '정말 고된', '가혹한' 등으로 무척 다양하게 되어 있는데, '고달픈'이 적절해 보인다. 'un métier'는 '직업'이기도 하지만 '일'이기도 하니, 'Je fais là un métier terrible.'은 '이거 아주 고달픈 일이야' 정도로 해석된다. 'raisonnable'은 ㄱ)의 '무리한 일이 아닌', ㄴ)의 '이치에 맞는' 외에, 무리가 없는', '합리적', '괜찮은', '그래도 괜찮은', '순탄한' 등으로 번역되어 있는데, '무리가 아닌'이 적절해 보인다. 'Et'는 '그럼', '그렇다면' 외에 'Ø' 번역도 있는데, '그럼'이 적절해 보인다. 'depuis cette époque'의 번역은 ㄱ)의 '그 후로', ㄴ)의 '그 뒤로' 외에, '그 후', '그 후에' 등으로 되어 있는데, 다 괜찮지만, '그 뒤로'라고 옮기고 싶다. ㄱ)은 'La consigne n'a pas changé'와 'C'est bien là le drame !'를 묶어서 한 문장으로 옮겼는데, 후자의 '문제지!'라는 번역은 좀 약하다. ㄴ)은 '바뀌지 않았어.'와 '비극은 바로 그거야!'의 두 문장으로 옮겼는데, 후자가 다소 어색하다. 후자를 '그게 비극이지!'로 옮긴 번역도 있다. 이 발화 자체로는 '그게 바로 큰 문제야!' 같은 번역도 가능하나, 맥락을 고려하면 '그러니까 난리지!' 같은 번역도 가능하다. 마지막 문장은 복합과거가 두 번 사용되었는데, ㄱ)과 ㄴ)은 이를 모두 현재로 옮겼고, 다른 여러 번역도 그러한 선택을 하였다. 앞의 것은 현재로, 뒤의 것은 과거로 옮기는 것이 자연스럽다.

⇒ 이거 아주 고달픈 일이야. 무리가 아니었어, 예전엔. 아침에 불을 끄고, 저녁에 불을 켰어. 나머지 낮 시간엔 쉬고, 밤 시간엔 잠잤어…

"그럼, 그 뒤로 지시가 바뀌었어?"

"지시가 안 바뀌었어." 점등인이 말했다. "그러니까 난리지! 행성은 해마다 더 빨리 도는데, 지시는 안 바뀌었어!"

4) aima, se souvint, allait chercher, en tirant sa chaise

Le petit prince le regarda et aima cet allumeur qui était tellement fidèle à la consigne. Il se souvint des couchers de soleil que lui-même allait autrefois chercher, en tirant sa chaise.

ㄱ) 어린 왕자는 그를 바라보았다. 너무나도 명령에 충실한 그 사람이 좋아졌다. 그러자 어린 왕자는 전에 의자를 뒤로 옮겨가며 보고 싶어했던 해 지는 광경이 생각났다.

ㄴ) 어린 왕자는 그를 바라보았으며, 명령에 그렇게도 성실한 이 가로등 켜는 사람을 사랑했다. 그는 의자를 끌어당겨 해넘이를 보던 옛날이 생각났다.

'aima'는 ㄱ)을 비롯한 여러 번역이 '좋아졌다'라고 하여 시작상의 의미를 살려 주었는데, '사랑했다'라고 옮긴 ㄴ)을 비롯한 몇 번역은 그렇지 못하다. 'en tirant sa chaise'를 ㄱ)은 '의자로 뒤로 옮겨가며'라고 옮겼는데, 6장에서는 'il te suffisait de tirer ta chaise de quelques pas'가 '의자를 몇 발짝 뒤로 물려놓기만 하면 되었'다고 옮겨져 있다. ㄴ)은 이 6장 표현을 '의자를 몇 걸음 당겨 놓으면 그만이었지'라고 옮겼는데, 이번 장에서는 '의자를 끌어당겨'로 옮겼다. 일관성 있게 옮기는 것이 필요하다. 'allait chercher'를 ㄱ)은 '보고 싶어했던'으로, ㄴ)은 단지 '보던'으로, 다른 한 번역은 '보러 가던'으로 옮겼다. 여기서 'allait'는 '반복 · 습관'의 반과거이니, 보통 경우라면 '보러 갔던'(영어로는 'had gone to seek')으로 옮겨야 할 터인데, 이는 '의자를 뒤로 물려' 해넘이를 자주 보았던 어린 왕자의 경험과는 맞지 않는다. 여기서는 '보았던 해넘이들이 생각났다' 정도로 옮기기로 하자. ㄱ)의 두 문장 사이의 '그러자'는 불필요하다.

⇒ 어린 왕자는 그를 바라보았다. 지시에 너무나 충실한 그 등지기가 좋아졌다. 그는 전에 자신이 의자를 뒤로 물리며 보았던 해넘이들이 생각났다.

5) Tu sais, je connais, Car 구문

«Tu sais… je connais un moyen de te reposer quand tu voudras…
– Je veux toujours», dit l'allumeur.
Car on peut être, à la fois, fidèle et paresseux.

ㄱ) "저기 말이지… 쉬고 싶을 때 쉴 수 있는 방법이 있어."
"쉬고 싶은 생각뿐이야." 가로등 켜는 사람이 말했다.
사람은 누구나 성실하게 일하면서도 한편은 게으름을 피우고 싶을 수 있는 것이다.

ㄴ) "저 말이에요… 쉬고 싶을 때 쉴 수 있는 방법이 있는데…"
"나야 항상 쉬고 싶지." 가로등 켜는 사람이 말했다.

사람이란 충실하면서도 동시에 게으를 수 있는 법이다.

'Tu sais'는 ㄱ)의 '저기 말이지…'나 ㄴ)의 '저 말이에요…'보다 '있잖아'가 보다 적절하게 느껴진다. 위 맥락에서의 'je connais'의 번역은 한 번역의 '쉬고 싶을 때 쉴 방법을 알고 있는데…' 같은 명시적 처리보다 ㄱ)이나 ㄴ)의 묵시적 처리가 나아 보인다. 'Je veux toujours'는 ㄱ)의 '쉬고 싶은 생각뿐이야'나 ㄴ)의 '나야 항상 쉬고 싶지'보다 '늘 그러고 싶지'가 더 간결해서 더 나아 보인다. 'Car' 구문은 등지기의 목소리와 서술자의 목소리가 중첩된 '자유직접문체'로 보아야 할 것 같다. ㄱ)의 '…는 것이다'는 흔히 자유간접문체의 번역에서 사용되는 방식이다. ㄴ)도 가능한 번역이기는 하나, '누구나 성실하면서도 게으를 수 있기 때문이다'가 자유직접문체 느낌이 더 난다. 한 번역은 '사람은 누구나 성실하면서도 한편으로는 게으름 부리고 싶을 때도 있으니까'라고 옮겼는데, 증폭의 '번역 무늬'처럼 느껴진다. 게다가 '…니까'는 'puisque'의 번역에 적합한 표현이다.

⇒ "있잖아… 쉬고 싶을 때 쉴 방법이 있어…"
"늘 그러고 싶지." 등지기가 말했다.
누구나 성실하면서도 게으를 수 있기 때문이다.

6) 삽입 구문, 수동 구문, Cependant, c'est le seul qui… 구문, s'occuper de

«Celui-là, se dit le petit prince, tandis qu'il poursuivait plus loin son voyage, celui-là serait méprisé par tous les autres, par le roi, par le vaniteux, par le buveur, par le businessman. Cependant, c'est le seul qui ne me paraisse pas ridicule. C'est, peut-être, parce qu'il s'occupe d'autre chose que de soi-même.»

ㄱ) 어린 왕자는 다시 길을 가며 이런 생각을 했다.
'이 사람은 아마도 왕이나 허영심 많은 사람이나 술꾼, 혹은 사업가 같은 사람들에게 업신여김을 당할지도 몰라. 하지만 우스꽝스러워 보이지 않는 사람은 이 사람 하나뿐이야. 아마도 자기 자신이 아닌 다른 일에 열심이기 때문일 거야.'

ㄴ) 어린 왕자는 더 멀리 여행을 떠나며 생각했다. '이 사람은 다른 사람들, 왕이나 허영쟁이나 술꾼이나 사업가한테 업신여김을 받을 거야. 그렇지만 내가 보기엔 우스꽝스럽지 않은 사람은 이 사람뿐이야. 그건 아마 이 사람이 제 자신이 아닌 다른 것에 정성을 들이고 있기 때문일 거야.'

'Celui-là'가 위 예에서는 반복되어 있는데, 삽입 구문을 ㄱ)이나 ㄴ)처럼 앞으로 빼낸다면 되풀이해 옮기지 않아도 된다. 그렇지만 두 삽입 표현 'se dit le petit prince'와 'tandis qu'il poursuivait plus loin son voyage'를 '이 사람, 더 먼 길을 가며 어린 왕자는 생각했다, 이 사람 다른 모든 사람들한테…'와 같이 살려 주는 게 좋지 않을까?[37] 'son voyage'는 10장 마지막 문장의 'durant son voyage'부터 나오는데, ㄱ)은 이를 '길을 가며'로, ㄴ)은 '여행을 하며'로 옮겼다. 11장 마지막 문장의 'durant son voyage'는 ㄱ)은 역시 '길을 가며'로, ㄴ)은 '여행을 하는 동안'으로 옮겼다. 위 예는 ㄱ)은 '다시 길을 가며'로, ㄴ)은 '더 멀리 여행을 떠나며'로 옮겨, 두 번역 모두 나름대로, 해당 표현의 반복성에 유의했는데, ㄱ)이 더 나아 보인다. 다만 ㄱ) 이번 번역에서 'plus loin'의 번역을 생략한 것이 조금 아쉬운데, 이 부사 표현을 '더 먼'으로 치환하여 '더 먼 길을 가며'로 옮기면 더 나을 것 같다. 위 예에서 조건형 현재의 수동 구문 'serait méprisé par'의 'par'가 5번 반복되어 있는 것도 충분히 의미가 있으니, 이를 번역에 반영할 필요가 있다. 위치의 의미도 번역에서 고려되어야 할 것이다. 'Cependant'은 '그렇지만'이 무난한 번역으로 생각된다. 'c'est le seul qui…' 구문은 ㄱ)과 ㄴ)을 비롯한 거의 모든 번역들이 'qui' 이하부터 옮기고 있는데, 앞에서부터 '그렇지만 이 사람만 안 우스꽝스러워 보여.'와 같이 번역하는 것이 리듬상 나아 보인다. 's'occuper de'는 ㄱ)의 '…에 열심이다'와 ㄴ)의 '…에 정성을 들이다'를 비롯하여, '보살피다', '열중하다', '전념하다' 등의 번역이 있는데, '돌보다'가 맥락과 더 어울리지 않을까?

⇒ '이 사람, 더 먼 길을 가며 어린 왕자는 생각했다, 이 사람 다른 모든 사람들한테 업신여김 받을지 몰라, 왕한테, 허영꾼한테, 술꾼한테, 사업가한테. 그렇지만 이 사람만 안 우스꽝스러워 보여. 아마 자신 아닌 걸 돌보기 때문일 거야.'

37 살펴본 번역 중에서는 한 번역만 'celui-là'를 다음처럼 반복해서 옮겼다: "'저 사람을, 어린 왕자는 더 멀리 여행을 하면서 생각했다. '저 사람을 다른 사람들, 왕, 허영꾼, 술꾼, 상인은 경멸할 거야."

7) eut un soupir de regret, dont, 접속법 대과거, sa, ce que…, c'est qu'… 등

Il eut un soupir de regret et se dit encore :
«Celui-là est le seul dont j'eusse pu faire mon ami. Mais sa planète est vraiment trop petite. Il n'y a pas de place pour deux… »
Ce que le petit prince n'osait pas s'avouer, c'est qu'il regrettait cette planète bénie à cause, surtout, des mille quatre cent quarante couchers de soleil par vingt-quatre heures !

ㄱ) 어린 왕자는 아쉽다는 생각이 들어 한숨을 내쉬며 또 이런 생각을 했다.
'내가 친구로 삼을 만한 사람은 저 사람 하나뿐이었는데. 하지만 그의 별은 너무 작아. 둘이 서 있을 자리가 없으니…'
어린 왕자의 가슴속엔 스스로에게도 차마 고백하지 못하는 것이 있었다. 그것은 무엇보다도 스물네 시간 동안 천사백마흔네 번이나 해가 지는 저 축복받은 별을 못내 잊지 못하고 있다는 사실이었다.

ㄴ) 그는 서운해서 한숨을 내쉬며 다시 생각했다.
'내가 친구로 삼을 수 있는 사람은 그 사람뿐이었는데. 그러나 별이 정말 너무 작았어. 둘이 있을 자리가 없어…'
어린 왕자가 차마 털어놓진 못한 것은, 이 별이 무엇보다도 스물네 시간에 1,440번이나 찾아오는 해넘이로 축복을 받았기 때문에 그가 이 별을 그리워한다는 것이었다!

'eut un soupir de regret'는 간결한 문어체 구문인데, ㄱ)의 '아쉽다는 생각이 들어 한숨을 내쉬며'는, ㄴ)과 달리, 다소 설명식 번역이 되었다. '섭섭해서 한숨을 내쉬며', '안타까움에 한숨을 내쉬며' 등의 번역들도 있는데, '아쉬움에 한숨지었다'가 괜찮아 보인다. 위 예에서 'de lui'에 해당하는 'dont'의 접속법 대과거 구문 'j'eusse pu faire mon ami'는 일반적으로는 'j'aurais pu faire de lui mon ami'처럼, 조건형 과거로 표현된다.[38] 특히 접속법 대과거의 일인칭에서의 사용은 흔치 않다. ㄱ)의 '내가 친구로 삼을 만한 사람'과 ㄴ)의 '내가 친구로 삼을 수 있는 사람' 외에, 두어 번역이 '내가 친구로 삼을 수 있었던 사람'으로 옮기고 있다. '친구로 삼을 만 했었던'이라는 번역도 괜찮지만, 알메이다(2011:18)가 지적한 '저자의 의도', '고상한 어법'이나 '왕자의 어투'를 고려하면, 더 간결한 '내가 벗삼았을'이 더 적절

38 한 영어 번역은 'dont' 구문을 다음과 같이 옮기고 있다: "That man is the only one of them all whom I could have made my friend."

한 번역으로 생각된다. 'sa planète'의 소유한정사 'sa'가 속생각이라는 상황 의미를 고려하면, '그의'보다는 'Ø', 즉 제로 번역이 오히려 나을 것 같다. 'ce que…, c'est qu'…' 구문을 ㄱ)은 두 문장으로 나누고 있는데, 굳이 그럴 필요가 있을까? 'à cause de'의 번역이 빠져, 결과적으로 내용이 다소 바뀌었다.[39] ㄴ)도 'surtout'의 번역 생략으로 인해 문장에 다소 힘이 빠졌다. 'n'osait pas'의 두 번역 '차마 …하지 못하다'는 아주 적절하다.

⇒ 그는 아쉬움에 한숨지었다. 그리고 다시 생각했다.
'내가 벗 삼았을 유일한 사람이야. 하지만 행성이 너무 작아. 두 사람 자리도 안 돼…'
어린 왕자가 차마 고백하지 못한 것은, 그가, 무엇보다, 스물네 시간 동안 천사백사십 번의 해넘이로 인해 이 축복 받은 행성을 못 잊는다는 것이었다.

15장

1) Tiens!, **단순과거, 자유간접문체**

«Tiens ! voilà un explorateur !» s'écria-t-il, quand il aperçut le petit prince.
Le petit prince s'assit sur la table et souffla un peu. Il avait déjà tant voyagé !

ㄱ) "야! 탐험가가 하나 왔군 그래!" 어린 왕자를 보자 그가 소리쳤다.
어린 왕자는 테이블 앞에 와 앉으면서 가쁜 숨을 몰아쉬었다. 벌써 많은 여행을 했던 것이다!

ㄴ) "됐다! 탐험가가 하나 오는구나!" 그는 어린 왕자를 보고 소리쳤다.
어린 왕자는 책상에 앉아 잠시 숨을 돌렸다. 벌써 멀리도 여행을 했구나!

'Tiens !'의 번역은 ㄱ)의 '야!'가 ㄴ)의 '됐다!'보다 낫지만, 화자가 '노

39 다음 번역의 문장 재구성은 상당히 자의적이다: "그가 그 축복 받은 별을 잊지 못하는 것은 그 별에서는 하루 스물네시간 동안 무려 1440번이나 해가 지는 것을 볼 수 있기 때문이었다. 그것은 어린 왕자가 차마 스스로에게도 고백하지 못하는 것이었다."

신사'임을 고려하면, '호!' 정도로 옮겨야 하지 않을까? 두 단순과거의 번역은 첫째 것을 '…면서'라고 옮기고 있는 ㄱ)보다는 '앉아'라고 옮긴 ㄴ)이 낫다. 's'assit sur la table'를 ㄱ)은 '테이블에 앉는다'는 게 어색해 보이니 '테이블 앞에 와 앉으면서'라고 옮긴 것으로 짐작되는데, 이는 's'asseoir devant la table'에 어울리는 번역이다. ㄴ)은 '책상에 앉아'로 옮겼고, 다른 한 번역은 '책상에 걸터앉아'로 옮겼다. '테이블에 걸터앉아'라고 하면 어떨까? 마지막 문장은 '자유간접문체'인데, '벌써 많은 여행을 했던 것이다!'에서 보듯이, '자유간접문체'로 옮기고자 한 ㄱ)보다 '자유직접문체'로 '벌써 멀리도 여행을 했구나!'라고 옮긴 ㄴ)의 번역이 더 나아 보인다. '벌써 여행을 꽤 했군!' 같은 자유직접문체 번역도 괜찮아 보인다.

⇒ "호! 탐험가가 하나 오는군!" 어린 왕자를 보자 그가 소리쳤다.
어린 왕자는 테이블에 걸터앉아 잠시 숨을 돌렸다. 벌써 여행을 꽤 했군!

2) Ça c'est, **자유간접문체**, majestueuse

– Ça c'est bien intéressant, dit le petit prince. Ça c'est enfin un véritable métier !» Et il jeta un coup d'oeil autour de lui sur la planète du géographe. Il n'avait jamais vu encore une planète aussi majestueuse.

ㄱ) "그건 정말 재미있겠는데요." 어린 왕자가 말했다. "그거야말로 진짜 직업다운 직업이군요!" 그리고 어린 왕자는 지리학자의 별을 한번 휘둘러보았다. 그는 아직까지 그처럼 멋들어진 별을 본 적이 없었던 것이다.

ㄴ) "그거 참 재미있네요." 어린 왕자가 말했다. "이제야 직업다운 직업을 만났구나!" 그러고는 지리학자의 별을 슬쩍 둘러보았다. 이렇게 위엄 있는 별을 그는 아직까지 본 적이 없었다.

'Ça c'est bien intéressant'을 ㄱ)은 '그건 정말 재미있겠는데요.'로, ㄴ)은 '그거 참 재미있네요.'로 옮겼는데, ㄴ)의 번역이 더 적절하다. 'Ça c'est enfin un véritable métier !'를 ㄱ)은 어린 왕자가 지리학자에게 하는 말로, ㄴ)은 혼잣말로 해석했는데, 'Ça c'est' 반복 등으로 보아 전자가 타당한 것 같다. 'Ça c'est'의 반복은 의미가 있으나, 위의 경우를 번역에서 나타내기는 어렵다. ㄱ)과 ㄴ)의 번역에서도 반복의 의미는 나타나 있지 않다. 다만, 두 'Ça c'est' 문장을 '그거 참 재미있네요'와 '그야말로 직업다운 직업이네요!'로 옮기면, 어미 '-네요'의 반복을 통해 'Ça c'est' 번역에서 부족한 것이 다소 보충될 수는 있다. 'véritable'은 위 맥락에서 '직업다운'이라는 뜻을 가지니, '진짜'란 표현은 불필요하다. 마지막 문장 'Il n'avait jamais vu encore une planète aussi majestueuse.'는 자유간접문체이다. 이를 직접화법으로 바꾼다면 대략 'Je n'ai jamais vu encore une planète aussi majestueuse.' 정도가 될 것이다. 'encore'는 발화자의 발화 시점과의 직접적 연관성을 나타내는 하나의 지표이다. ㄱ)보다 ㄴ)의 번역이 더 낫다고 생각된다. 'majestueuse'의 의미에 ㄱ)의 '멋들어지다'나 ㄴ)의 '위엄 있다'보다 '장엄하다'가 더 가깝지 않을까?

⇒ "그거 참 재미있네요." 어린 왕자가 말했다. "그야말로 직업다운 직업이네요!" 어린 왕자는 지리학자의 행성을 한 번 휘둘러보았다. 그는 아직 이처럼 장엄한 행성을 본 적이 없었다.

3) **조건형 현재**, des catastrophes, les livres, Parce que, les ivrognes, Alors, serait 등

– Pourquoi ça ?
– Parce qu'un explorateur qui mentirait entraînerait des catastrophes dans les livres de géographie. Et aussi un explorateur qui boirait trop.
– Pourquoi ça ? fit le petit prince.
– Parce que les ivrognes voient double. Alors le géographe noterait deux montagnes là où il n'y en a qu'une seule.
– Je connais quelqu'un, dit le petit prince, qui serait mauvais explorateur.
– C'est possible. Donc, quand la moralité de l'explorateur paraît bonne, on fait une enquête sur sa découverte.

ㄱ) "그건 왜요?"
"만약 어떤 탐험가가 거짓말을 한다면 지리책에 큰 문제가 생기고 말 테니까. 또 술을 너무 많이 마시는 탐험가도 마찬가지고."
"그건 왜요?" 어린 왕자가 물었다.
"취한 술꾼의 눈에는 모든 게 둘로 보이니까. 그렇게 되면 산이 하나밖에 없는데도 두 개라고 기록할 게 아니겠어?"

"내가 아는 어떤 사람도 그럼 좋지 못한 탐험가일지 모르겠네요." 어린 왕자가 말했다.
"그럴 수도 있지. 그래서 탐험가가 믿을 만해 보이면 그가 발견한 것에 대해서 조사를 한단다."

ㄴ) "그건 왜요?"
"거짓말을 하는 탐험가는 지리책에 큰 난리를 일으키거든. 또 술을 너무 많이 마시는 탐험가도 마찬가지야."
"그건 왜요?"
"술 취한 사람은 하나를 둘로 보기 때문이야. 그러면 지리학자는 산이 하나밖에 없는 곳에 둘이 있다고 기록할 거 아니니."
"서투른 탐험가가 되기 꼭 알맞은 사람을 저도 하나 알고 있어요." 어린 왕자가 말했다.
"있을 수 있는 이야기다. 그래서 탐험가의 품행이 괜찮다고 알려지면 그가 발견한 것을 조사하지."

'Pourquoi ça ?'의 번역에서 대명사는 옮길 필요 없다. '왜지요?'로 충분하다. 위 예에는 조건형 현재가 여럿 나온다. 모두 화자가 '거리를 두는 것'을 의미하는데, 동일한 방식으로 그 의미를 살리기는 어렵다. 중요한 것은 가급적 단정적인 표현이 되지 않도록 하는 것이다. 예를 들어, 'mentirait'를 '…한다면'으로 옮긴 ㄱ)은, 'parce que'를 '-말 테니까'로 옮겨 'entraînerait'의 번역이 다소 단정적인 듯한 느낌을 준다. 'mentirait'를 '-하는'으로 옮긴 ㄴ)도 'parce que'를 '-거든'으로 옮겨 역시 다소 단정적인 느낌을 준다. '거짓말하는 탐험가는… 하게 되기 때문이지' 같은 번역에서는 그런 느낌이 조금 줄어든다. 마지막 조건형 현재 구문 'qui serait mauvais explorateur'는, 번역본들에서, ㄱ)처럼 술어적으로 해석하는 부류와, ㄴ)처럼 'quelqu'un'을 수식하는 표현으로 해석하는 부류로 나뉘는데, 후자가 적절해 보인다. 해당 문장을 '안 좋은 탐험가일 어떤이를 알아요' 정도로 옮길 경우, 조건형 현재 'serait'는 '-일'에 해당된다. 위의 평서문 예 'Je connais quelqu'un qui serait mauvais explorateur.'에서는 'qui' 구문에 조건형 현재 대신 직설법 현재가 쓰이면, '안좋은 탐험가인 어떤이를 알아요' 정도가 될 것이다.

또 한 예로, 'Je connaît quelqu'un qui est né un 29 février.'(2월 29일생인 어떤이를 알아요.)와 'Connaissez-vous quelqu'un qui serait né le 29 février ?'(2월 29일생인 어떤 이를 아세요?)는 'connaître' 동사와 현재/조건형 현재의 대비, 부정관사/정관사의 대비를 잘 보여 준다. 'C'est possible.'의 번역으로는 ㄴ)의 '있을 수 있는 이야기다'보다 ㄱ)의 '그럴 수도 있지'가 더 타당해 보인다. 'des catastrophes'의 번역에는 ㄱ)의 '큰 문제'를 비롯하여, '커다란 변화', '큰일', '커다란 이변', '큰 난리' 등이 있는데, 직역에 가까운 '재앙들'도 괜찮아 보인다. 'les livres de géographie'는 '지리책'이라고 해도 틀리지는 않지만, '–들'이라는 복수 표지를 붙여 주는 것이 좋을 것 같다. 'Parce que'는 '…때문이지'로 반복해서 옮겨 줄 필요가 있다. '…테니까'는 'puisque'의 번역처럼 느껴진다. 명사구 'les ivrognes'는 '취한 술꾼'이나 '주정꾼들' 같은 번역도 가능하지만, '술이 취하면' 같이 조건절로의 번역도 가능하다. 이러한 번역은 '둘로 보이기 때문이지'와 같이, 서술을 간결하게 할 수 있는 이점이 있다. 전반적으로 ㄱ)이나 ㄴ)보다 더 간결하게 옮길 필요가 있다. 낱말 개수가 아래 번역에서는, 두 번역의 68개, 62개에서 47개로 줄어든다.

⇒ "왜지요?"
"거짓말하는 탐험가는 지리책들에 재앙들을 초래하게 되기 때문이지. 과음하는 탐험가도 마찬가지고."
"왜지요?" 어린 왕자가 물었다.
"술이 취하면 둘로 보이기 때문이지. 그러면 지리학자는 하나밖에 없는 산을 둘로 기록하게 되지."
"안 좋은 탐험가일 어떤 이를 알아요." 어린 왕자가 말했다.
"그럴 수 있지. 그래서 탐험가의 품성이 믿음직해야 그가 발견한 것을 조사한단다."

4) Mais toi, **느낌표 문장들**, Et, registre, d'abord, On **구문**, Alors **등**

Le géographe soudain s'émut.
«Mais toi, tu viens de loin ! Tu es explorateur ! Tu vas me décrire ta planète !»
Et le géographe, ayant ouvert son registre, tailla son crayon. On note d'abord au crayon les récits des explorateurs. On attend, pour noter à l'encre, que l'explorateur ait fourni des preuves.
«Alors ? interrogea le géographe.

ㄱ) 지리학자가 갑자기 흥분했다.

"그런데 넌, 너는 멀리서 왔지? 탐험가겠군! 네가 살던 별에 대해서 이야기해 봐!"

그러고는 지리학자는 장부를 펼쳐놓고 연필을 깎았다. 탐험가들의 이야기를 처음에는 연필로 적어두었다가 나중에 탐험가가 증거를 제시하면 그제야 잉크로 적는 것이었다.

"그래서?" 하고 지리학자가 물었다.

ㄴ) 지리학자는 갑자기 흥분했다.

"그런데 너는 멀리서 왔지! 너는 탐험가다! 네 별에 대해 설명을 해다오!"

그리고 지리학자는 큰 공책을 펼치고 연필을 깎았다. 탐험가의 이야기는 우선 연필로 적는다. 잉크로 적으려면 탐험가가 증거물을 내놓을 때까지 기다려야 한다.

"자?" 지리학자가 물었다.

첫 문장의 'Le géographe'는, 상황 의미를 고려하여, '지리학자가'라고 옮겨야 할 것이다. 'Mais toi'에서의 'Mais'를 ㄱ)과 ㄴ)은 '그런데'로 옮겼는데, '갑자기 흥분한 상태'에서 하는 말로는 좀 부자연스럽지 않은가? '참' 정도로 옮겨 주어야 하지 않을까? 세 느낌표 문장 번역은 ㄱ), ㄴ)과 조금 달리 하고 싶다. 상황 의미와 구어성을 적극 고려한다면, '멀리서 왔지! 탐험가구나! 네 행성 얘기 해봐라!' 정도로 옮겨야 하지 않을까? 'Et'는 리듬 이외의 의미를 갖는다고 보기 어렵다. 'registre'를 ㄱ)은 '장부'로, ㄴ)은 '큰 공책'으로 옮겼는데, '기록부'가 무난해 보인다. 'd'abord'의 번역은 ㄱ)의 '처음에는'도 괜찮으나, ㄴ)의 '우선'이 더 나아 보인다. '일단'이란 번역도 괜찮다. 현재로 되어 있는 두 'On' 구문을 ㄱ)은 한 문장으로 옮기면서 '것이었다'라고 번역했고, 몇 번역도 이와 유사하게 되어 있는데, 다소 미흡하다. ㄴ)이 두 문장으로 옮긴 것은 좋으나, 번역이 다소 과하게 길어졌다. 'On attend'을 '기다려야 한다'로 옮긴 것도 조금 아쉽다. 한 번역은 '탐험가의 이야기를 처음에는 연필로 기록한다. 이후 증거가 확보되면 기다렸다가 잉크로 적는 것이다.'라고 옮겼는데, 좋은 시도이긴 하나, 번역 후반부는 원문과 다소 달리 재구성된 것이다. 원문의 정언성을 가급적 존중하는 정언적 표현으로의 번역이 필요하다. 두 'On' 구문에서 현재 시제는 '의례적' 사실들을 나타낸다. ㄱ)이 '그래서?'로, ㄴ)이 '자?'로 옮기고 있는 'Alors'는 지리학자가 어린 왕자에게 그의 행성에 대해 얘기해달라고 재촉하는 상황을 나타내는 것이니, 물음표를 물음표로 '직역'한 두 번역보다, '느낌표'로 의역한 '자!' 같은 번역이 더 적절해 보인다. 'interrogea'도 ㄱ)과 ㄴ)처럼 '물었다'라고 옮기는 것보다, 상황과 맥락을 고려하여, '재촉했다'라고 옮기는 것이 낫지 않을까?

⇒ 지리학자가 갑자기 흥분했다.
"참, 너 멀리서 왔지? 탐험가구나! 네 행성 얘기해 봐라!"
지리학자는 기록부를 펼쳐 놓고, 연필을 깎았다. 탐험가들 이야기들은 일단 연필로 기록된다. 잉크로 적기 위해, 탐험가의 증거 제시를 기다리는 것이다.
"자!" 지리학자가 재촉했다.

5) Ma fleur est éphémère, Ce fut là…, Mais, Elle a une bonne…, Et, **구문 순서 등**

«Ma fleur est éphémère, se dit le petit prince, et elle n'a que quatre épines pour se défendre contre le monde ! Et je l'ai laissée toute seule chez moi !»
Ce fut là son premier mouvement de regret. Mais il reprit courage :
«Que me conseillez-vous d'aller visiter ? demanda-t-il.
– La planète Terre, lui répondit le géographe. Elle a une bonne réputation…»
Et le petit prince s'en fut, songeant à sa fleur.

ㄱ) '내 꽃은 덧없는 것이구나!' 하고 어린 왕자는 혼자 생각했다. '세상과 맞서서 자기를 보호할 수단이라곤 가시 네 개밖에 없고! 그런 꽃을 내 별에 혼자 두고 왔으니!' 처음으로 후회의 감정이 솟구쳐올랐다. 그러나 그는 다시 용기를 냈다.
"저는 이제 어느 별을 찾아가보는 게 좋을까요?" 그가 물었다.
"지구라는 별에 가봐" 하고 지리학자가 대답했다. "평판이 좋은 별이니까…"
그리하여 어린 왕자는 그의 꽃 생각을 하면서 다시 길을 떠났다.

ㄴ) '내 꽃은 덧없구나.' 어린 왕자는 생각했다. '게다가 바깥세상으로부터 저를 보호한다는 게 네 개의 가시뿐이구나! 나는 그런 꽃을 내 별에 홀로 두고 왔구나!'
이것이 그가 처음으로 느낀 후회의 감정이었다. 그러나 그는 다시 용기를 되찾았다.
"할아버지 생각엔 제가 어딜 찾아갔으면 좋겠어요?" 그는 물었다.
"지구가 괜찮아." 지리학자가 대답했다. "그 별은 평판이 좋아…"
그래서 어린 왕자는 자기 꽃을 생각하며 길을 떠났다.

'Ma fleur est éphémère.'는 '내 꽃이 그렇다'는 걸 알고 나서 하는 생각이니 '내 꽃이 덧없구나!'가 더 적합하다. 'Ce fut là…' 구문의 해석은 다양하다. ㄱ)의 '처음으로 후회의 감정이 솟구쳐올랐다', ㄴ)의 '이것이 그가 처음으로 느낀 후회의 감정이었다'를 비롯하여, '그것은 후회스러운 느낌의 시작이었다', '어린 왕자는 처음으로 후회하기 시작했다' 같은 다소 어색한 번역들도 있지만, '그것은 그가 처음으로 느끼는 후회의 감정이었다' 같은 괜찮아 보이는 번역도 있다. 이 번역을 보다 간결하게, '그건 그가 처음 느낀 후회의 감정이었다' 정도로 옮기면 좋지 않을까? 'Que me conseillez-vous…' 문장 번역도 ㄱ)과 ㄴ)을 따르되, 더 간결한 '어딜 찾아보면 좋을까요?' 같은 번역이 더 낫지 않을까? 'La planète Terre'라는 명사구는 '지구 행성'처럼 간략히 옮기는 게 낫다. 'Elle a une bonne réputation…'이 묵시적으로 이유일 수는 있으나, 그렇게 명시적으로 옮길 필요는 없다. 마지막 'Et'는 '그리하여'나 '그래서' 등의 구체적 의미보다 리듬의 의미만 갖는 것으로 생각된다. 이는, 15장의 마지막 문장이기도 한 이 마지막 문장의 구문 순서의 의미를 '어린왕자는 떠났다, 자기 꽃 생각을 하면서.'와 같이 살려 주면, 더불어 살아난다. 알메이다(2011:13)는 's'en fut'를 격조 있는 고어법적 표현이라고 평하는데, 번역으로의 재현은 힘들다.

⇒ '내 꽃이 덧없구나!' 어린 왕자는 생각했다. '세상에 맞서 자신을 보호할 수단으로 가시 네 개밖에 없어! 그런 꽃을 내 행성에 혼자 두고 오다니!'
그건 그가 처음 느낀 후회의 감정이었다. 하지만 그는 다시 용기를 냈다.
"어딜 찾아보면 좋을까요?" 그가 물었다.
"지구 행성" 지리학자가 답했다. "평판이 좋아…"
어린 왕자는 떠났다, 자기 꽃 생각을 하면서.

16장

1) donc, quelconque

La septième planète fut donc la Terre.
La Terre n'est pas une planète quelconque !

ㄱ) 일곱 번째 별은, 그러니까 지구였다.
지구는 어디서나 볼 수 있는 흔한 별이 아니다!

ㄴ) 일곱 번째 별은 따라서 지구였다.
지구는 여간한 별이 아니다.

ㄷ) 그렇게 해서 찾아온 일곱 번째 별이 바로 지구였다.
지구는 그저 그런 행성이 아니었다!

'donc'은 '그러니까', '따라서', '그래서', '그렇게 해서' 등으로 해석되어 있는데, '그러니까'가 적절하다. 'quelconque'는 ㄱ)의 '어디서나 볼 수 있는 흔한' 외에, 이와 유사한 '지금껏 보아 온 평범한', '그저 그렇고 그런 보통' 같은 설명적 번역들에서, ㄴ)의 '여간한'과 이와 유사한 '보통', '그저 그런', '시시한', '보잘것없는'에 이르기까지 무척 다양한 번역들이 제시되어 있는데, '여간한'도 괜찮아 보이지만, '그저 그런'도 꽤 괜찮다.

⇒ 일곱 번째 행성은 그러니까 지구였다.
지구는 그저 그런 행성이 아니다!

2) Pour… je vous dirai…, une véritable armée de

Pour vous donner une idée des dimensions de la Terre je vous dirai qu'avant l'invention de l'électricité on y devait entretenir, sur l'ensemble des six continents, une véritable armée de quatre cent soixante-deux mille cinq cent onze allumeurs de réverbères.

ㄱ) 전기가 발명되기 전까지는 육대주 전체를 통틀어 사십육만이천오백십일 명이나 되는 가로등 켜는 사람을 두어야 했다고 설명하면 여러분은 지구라는 별의 크기가 어느 정도인지를 짐작할 수 있을 것이다.

ㄴ) 전기가 발명되기 전까지 육대주 전체에 46만 2,511명이나 되는 가로등 켜는 사람들이 정말 군대처럼 움직여야 했다는 이야기를 들으면 지구가 얼마나 큰지 여러분들도 짐작할 수 있을 것이다.

ㄷ) 당신에게 지구의 크기가 어느 정도인지 알려주기 위해서는, 전기가 발명되기 전에는 여섯 대륙을 통틀어 사십육만이천 오백 십일 명으로 구성된 어마어마한 가로등지기 군대를 두어야 했다고 말해 두는 게 좋겠다.

위 문장의 핵심 구조는 'Pour… je vous dirai…'인데, ㄱ)과 ㄴ)은 이를 뒤

부터 해석을 해서 결과적으로 원문 구조의 의미가 다소 바뀌었는데, 여러 번역이 이러한 방식을 채택하고 있다. ㄷ)은 원문 구조를 존중하는 선택을 했는데, 같은 선택에서 '지구의 크기가 가늠이 가도록,…' 같은, 다소 다른 번역도 가능하다. 후자처럼 옮기면, 그 다음 문단의 첫 문장 'Vu d'un peu loin ça faisait un effet splendide.'(좀 떨어진 데서 보면, 그건 장관이었다.)과도 연결이 더 자연스럽다. ㄱ)은 이 첫 문장을 '그래서 좀 멀리 떨어져서 바라보면 그건 여간 찬란한 모습이 아니었다.'로 옮겼고, 여러 번역이 이런 식으로 '그래서'를 덧붙였는데, 그럴 필요도 없다. 'une véritable armée de'를 ㄱ)은 '사람'으로만 옮겼고, '정말 군대처럼'으로, ㄷ)은 '어마어마한… 군대'로 옮겼는데, '…나 되는'과 아울러 '군대'를 홑따옴표로 처리하는 것도 하나의 방법이다.

⇒ 지구의 크기가 가늠이 가도록, 전기가 발명되기 전까지, 여섯 대륙 전체에, 사십육만 이천오백십일 명이나 되는 등지기 '군단'을 두어야 했다는 말을 해야겠다.

3) menaient, des vies d'oisiveté et de nonchalance, travaillaient

> Seuls, l'allumeur de l'unique réverbère du pôle Nord, et son confrère de l'unique réverbère du pôle Sud, menaient des vies d'oisiveté et de nonchalance : ils travaillaient deux fois par an.

ㄱ) 다만 북극의 단 하나밖에 없는 가로등을 켜는 사람과 남극의 하나밖에 없는 그의 동료만이 한가롭고 나른한 생활을 하고 있었다. 그들은 일 년에 두 번만 일을 하면 되는 것이었다.

ㄴ) 오직, 북극에 하나뿐인 가로등 켜는 사람과 남극에 하나뿐인 그의 동업자, 이 두 사람만 한가롭고 태평하게 살았다. 그들은 1년에 두 번 일을 하였다.

3)에서 반과거 'menaient'와 'travaillaient'는 습관과 반복을 나타내는 '역사적 반과거'이다. 전자를 굳이, ㄱ)처럼, '…한 생활을 하고 있었다'라고 옮길 필요는 없다. '…한 삶을 살았다'로 족하다. 후자도, ㄱ)처럼, '…일을 하면 되는 것이었다'라고 부연 번역할 필요가 없다. '일했다'라고 하면 된다. 'des vies d'oisiveté et de nonchalance'를 ㄱ)은 '한가롭고 나른한 생활'로

옮겼고, '한가롭고 마음 편한 생활'이란 번역도 있는데, ㄴ)과 유사한, '한가롭고 태평스런 삶' 정도가 괜찮아 보인다.

⇒ 단지, 북극의 유일한 등지기, 그리고 남극의 유일한 등지기 동료만 한가롭고 태평스런 삶을 살았다. 그들은 일 년에 두 번 일했다.

17장

1) faire de l'esprit, honnête, risquer de, Les hommes occupent…, milles

Quand on veut faire de l'esprit, il arrive que l'on mente un peu. Je n'ai pas été très honnête en vous parlant des allumeurs de réverbères. Je risque de donner une fausse idée de notre planète à ceux qui ne la connaissent pas. Les hommes occupent très peu de place sur la terre. Si les deux milliards d'habitants qui peuplent la terre se tenaient debout et un peu serrés, comme pour un meeting, ils logeraient aisément sur une place publique de vingt milles de long sur vingt milles de large. On pourrait entasser l'humanité sur le moindre petit îlot du Pacifique.

ㄱ) 재치 있게 말하려다가 다소 거짓말을 하게 되는 수가 있다. 내가 가로등 켜는 사람들에 대하여 한 이야기가 아주 정직한 것은 아니었다. 지구에 대해서 잘 알지 못하는 사람들에게 자칫하면 지구에 대해 잘못된 생각을 갖게 할 염려가 없지 않으니 말이다. 사람들이 지구 위에서 차지하는 자리란 지극히 작은 것이다. 지구에 사는 이십억 명의 사람들이 무슨 집회를 하듯 한 장소에 빼곡히 모여 선다면 아마도 길이 이십 마일, 넓이 이십 마일 정도 되는 광장 안에 넉넉히 다 들어갈 수 있을 것이다. 인류 전체를 태평양의 제일 작은 섬에다가 빽빽이 몰아넣을 수도 있을 것이다.

ㄴ) 재치를 부리려다 보면 좀 거짓말을 하게 되는 수가 있다. 여러분들에게 가로등 켜는 사람들의 얘기를 하면서도 내가 아주 정직했던 것은 아니다. 우리 별을 잘 모르는 사람들이 이 별에 대해 그릇된 생각을 가지게 될까 봐 걱정이다. 지구에서 사람들이 차지하는 자리는 아주 작다. 지구에 사는 20억의 주민이 무슨 모임에서처럼 좀 좁혀 서기만 하면 가로 20마일, 세로 20마일의 광장 하나에 어렵지 않게 들어설 수 있을 것이다. 태평양의 가장 작은 섬 하나에 전 인류를 몰아넣을 수도 있으리라.

'faire de l'esprit'는 ㄱ)과 ㄴ)을 포함하여 거의 대부분의 번역이 하나같이 '재치'를 사용하여, '재치있게 말하다', '재치(를) 부리다', '재치 있게 이야기하다' 등으로 번역하고 있다. 한자어를 써서 '재담을 하다'라고 옮기는 것이 낫지 않을까? 'honnête'를 '솔직한'으로 해석한 번역도 있는데, ㄱ)과 ㄴ)의 '정직한'이 적절한 번역이다. 'risquer de'를 ㄱ)은 '…할 염려가 없지 않으니 말이다'로 증폭 번역을 했고, ㄴ)은 '…될까 봐 걱정이다'로 의역을 했다. 관점을 바꾸는 변조를 하여 '자칫 오해를 살지도 모르겠다'라고 옮기는 것도 괜찮은 선택이다. 'Les hommes…' 문장의 주제는 '사람들'인데, ㄱ)과 ㄴ)에서는 '자리'가 되었고, '사람들은 지구 위의 아주 작은 부분밖에 차지하지 못하고 있다.' 같은 번역에서는 주제는 유지되었지만, 서술의 관점이 다소 바뀌었고, 증폭되어 있다. 리듬을 고려한 '사람들은 지구의 아주 작은 자리를 점유한다' 같은 번역이 무난해 보인다. 'occuper'가 '점유하다'로 번역된 것이다. 'Si+imp. …, cond. prés. … ' 문장을 ㄱ)은 '…모여 선다면… 다 들어설 수 있을 것이다'로, ㄴ)은 '…서기만 하면 … 들어설 수 있을 것이다'로 옮겼는데, '…선다면, … 들어설 것이다'로 더 간결하게 옮길 수 있다. 'vingt milles'은 ㄱ)과 ㄴ)을 비롯해 살펴본 모든 번역이 '이십 마일'로 옮겼는데, 앞에서 'mille milles'을 '수만 리'로 옮긴 번역들까지도 그러하다. '마일'로 옮기던가 '리'로 옮기던가 한쪽을 택하는 게 바람직하지 않을까? '마일'을 차용하여 '이십 마일'이라고 하는 것이 나을 것 같다. 'entasser'를 ㄱ)과 ㄴ)은 '몰아넣다'로 옮겼는데, '쌓아 넣다'가 낫지 않을까? ㄱ), ㄴ)과 아래 번역의 낱말 수는 각각 86개, 72개, 57개이다.

⇒ 재담을 하려다 보면, 다소 거짓말이 될 수가 있다. 내 등지기들 얘기가 아주 정직했던 건 아니다. 우리 행성을 잘 모르는 사람들에게 자칫 오해를 살지도 모르겠다. 사람들은 지구의 아주 작은 자리를 점유한다. 지구에 사는 이십억 인구가 어떤 집회에서처럼 바짝 붙어 선다면, 가로세로 이십 마일의 광장 안에 넉넉히 들어설 것이다. 인류를 태평양의 가장 작은 섬에 쌓아 넣을 수도 있으리라.

2) vous, s'imaginent, donc, pensum, Vous avez confiance en moi

Les grandes personnes, bien sûr, ne vous croiront pas. Elles s'imaginent tenir beaucoup de place. Elles se voient importantes comme des baobabs. Vous leur conseillerez donc de faire le calcul. Elles adorent les chiffres : ça leur plaira. Mais ne perdez pas votre temps à ce pensum. C'est inutile. Vous avez confiance en moi.

ㄱ) 어른들은 물론 이런 말을 믿지 않을 것이다. 그들은 자신들이 상당히 큰 자리를 차지하고 있다고 생각하는 것이다. 그들은 자신들이 바오밥나무처럼 중요하다고 생각한다. 그러므로 여러분은 그들에게 계산을 해보라고 일러주는 게 좋다. 그들은 숫자를 대단히 좋아하니까. 그건 그들의 마음에 들 것이다. 그러니 여러분은 그 문제를 푸느라고 시간을 낭비할 필요가 없다. 쓸데없는 일이다. 내 말만 믿으면 된다.

ㄴ) 물론 어른들은 이 말을 믿지 않을 것이다. 그들은 자기들이 넓은 자리를 차지하고 있다고 생각한다. 자기들이 바오바브나무처럼 커다랗다고 생각한다. 그러니 그들에게 계산을 좀 해보라고 하는 게 좋겠다. 숫자를 존경하는 사람들이니 그냥 기뻐할 것이다. 그렇다고 여러분들까지 그 지루한 일에 시간을 허비할 것은 없다. 그럴 필요가 없다. 내 말을 믿으라.

'vous'는 ㄱ)의 '이런 말', ㄴ)의 '이 말' 외에, '여러분의 말' 등으로 옮겨져 있다. 한 경우는 해당 문장을 '어른들은 이런 말을 하면 여러분 말을 믿지 않을 것이다'라는 거의 설명적 번역을 하고 있다. '이 말'이 무난한 맥락 번역이다. 's'imaginer'는 대개의 번역들이 '…라고 생각하다'나 '…줄로 생각하다', '치부하고 있다'로 옮기고 있다. 's'imaginer'가 그 대상의 내용을 사실이 아니라 '거짓 방향의 것'으로 전제한다는 것을 고려하면, 이것과 유사한 것으로 짐작되는 '…줄 안다'가 적절해 보인다. ㄱ)과 ㄴ)은 예 1)의 'occuper'와 예 2)의 'tenir'를 모두 '차지하다'로 옮겼는데, 후자만 '차지하다'로 옮기는 게 좋을 것 같다. 위 예에서 'donc'은 명시적으로 번역하지 않아도 될 것이다. 'pensum'은 '문제', '지겨운 일' 등으로 옮겨져 있는데, ㄴ)처럼, 비유적 의미로 '지루한 일'로 옮기고 싶다. 'donc'은 ㄱ)과 ㄴ)의 '그러니' 외에, '그러므로', '그러니까' 등으로 옮겨져 있는데, '그러니'가 적합해 보인다. 마지막 문장 'Vous avez confiance en moi.'는 ㄱ)의 '내 말만 믿으면 된다', ㄴ)의 '내 말을 믿으라.' 외에, '여러분은 내 말을 믿지 않는가', '여러분은 나를 믿으면 된다', '내 말을 믿으면 되니까' 등으로 다양하게 옮겨져 있다.[40] '내 말을 믿으시라' 정도의 권유의 표현이 어떨까?

⇒ 어른들은, 물론, 이 말을 안 믿을 것이다. 그들은 많은 자리를 차지하는 줄 안다. 자신들을 바오밥나무들처럼 중요하게 생각한다. 그러니 그들에게 계산을 하라고 권하라. 그들은 숫자를 무척 좋아한다. 마음에 들어할 것이다. 하지만 여러분은 그런 지루한 일에 시간 낭비할 필요 없다. 쓸데없는 일이다. 내 말을 믿으시라.

3) une fois sur terre, **수동문**, **반과거**+quand, Bonne nuit, à tout hasard

Le petit prince, une fois sur Terre, fut donc bien surpris de ne voir personne. Il avait déjà peur de s'être trompé de planète, quand un anneau couleur de lune remua dans le sable.
«Bonne nuit, fit le petit prince à tout hasard.
– Bonne nuit, fit le serpent.

ㄱ) 어린 왕자는 그래서 일단 지구에 도착하고 나자 사람이 아무도 없는 것을 보고 무척 이상하다는 생각이 들었다. 그래서 별을 잘못 찾아오지 않았나 하고 걱정을 하는 참이었는데 모래 속에서 달같이 빛나는 고리 하나가 꿈틀대는 것이 보였다.
"안녕." 어린 왕자가 무턱대고 말했다.
"안녕." 뱀이 대답했다.

ㄴ) 어린 왕자는, 일단 지구에 내려섰는데, 도무지 사람이 하나도 보이지 않아 깜짝 놀랐다. 혹시 별을 잘못 찾아온 게 아닌가 벌써 걱정하고 있는데, 달빛의 고리가 모래속에서 꿈틀거렸다.
"안녕." 어린 왕자는 혹시나 하고 말했다.
"안녕." 뱀이 말했다.

'une fois sur Terre'를 ㄱ)은 '일단 지구에 도착하고 나자', ㄴ)은 '일단 지구에 내려섰는데'로 옮겼고, 이 밖에 '지구에 이르자', '지구에 발을 들여놓았을 때', '지구에 도착해서', '일단 지구에 내려선 (어린 왕자는)' 같은 번역들이 있다. ㄴ)도 괜찮지만, '일단 지구에 도착했는데'도 괜찮다. 단순과거 수동문 'fut bien surpris de ne voir personne'에서 단순과거 'fut'는 '돌발성'과 '점괄성'을 나타내고, 이 의미를 'donc'이 강화하고 있는데, ㄱ)의 '사람이 아무도 없는 것을 보고'는 이를 나타내기에는 역부족이다. ㄴ)의 '깜짝 놀랐다'가 적절하다. 다만, '도무지 사람이 하나도 보이지 않아'는 다소 늘어진 느낌을 주니, '아무도 안 보여'로 압축하면 좋을 것 같다. '반과거+quand' 구문은 '…했는데, 그때' 같은 처리가 무난해 보인다. 'remua'

40 한 영어 번역은 'You have, I know, confidence in me.'라고 옮겼다.

를 '꿈틀대는 것이 보였다'나 '움직이는 것이 보였다'라고 옮기는 것은《어린 왕자》문체의 '간결성'에 어긋나기도 하지만, 단순과거 'remua'의 갑작스러움을 나타내는 적절한 방식도 아니다. 'un anneau couleur de lune'의 은유도 그대로 살리면 좋을 것이다. ㄱ)의 '달같이 빛나는 고리 하나가'보다 ㄴ)의 '달빛의 고리가'가 조금 낫긴 하나, '달빛 고리 하나가'라고 옮기는 게 더 나을 것 같다. 'Bonne nuit'는 바른 용법이 아니다. 첫 대면에 만나자마자 'Bonne nuit'라고 하지는 않는다. 김윤진(2001:38-9)은 이 인사를 한 건 어린 왕자가 인사법을 잘 몰랐기 때문이고, 뱀은 그 인사에 맞춰 응답한 것이라고 설명한다. 'Bonne nuit'는 곧 잘 사람이나 바로 자러 갈 사람에게 사용하는 인사말이니 '잘 자' 정도에 해당하나, 위 맥락에서는 그냥 '안녕'으로 옮기는 것이 나을 것 같다. 참고한 다른 모든 번역도 '안녕'으로 옮겼다. 'à tout hasard'는 ㄴ)의 '혹시나'보다 ㄱ)의 '무턱대고'가 나아 보인다. '무작정'도 괜찮다.[41]

⇒ 어린 왕자는, 일단 지구에 도착하자, 아무도 안 보여 깜짝 놀랐다. 행성을 잘못 찾아온 것이 아닌지 그는 두려웠는데, 그때 모래 속에서 달빛 고리 하나가 꿈틀댔다.
"안녕." 어린 왕자가 무작정 말했다.
"안녕." 뱀이 답했다.

4) dit-il enfin, Le petit prince eut un sourire, Tu n'es pas bien puissant…

Le petit prince le regarda longtemps :
«Tu es une drôle de bête, lui dit-il enfin, mince comme un doigt…
– Mais je suis plus puissant que le doigt d'un roi, dit le serpent.
Le petit prince eut un sourire :
– Tu n'es pas bien puissant… tu n'as même pas de pattes… tu ne peux même pas voyager…
– Je puis t'emporter plus loin qu'un navire», dit le serpent.

ㄱ) 어린 왕자가 한참 동안 그를 쳐다보았다.
"넌 아주 이상하게 생긴 동물이구나. 손가락처럼 가느다란 것이…" 하고 마침내 그가 말했다.

41 '될 대로 되라는 심정으로'나 '엉겁결에'도 다소 어긋난 의미로 느껴지지만, '친절하게'란 번역은 좀 엉뚱하다.

"하지만 나는 왕의 손가락보다도 더 센걸." 뱀이 말했다.
어린 왕자는 빙그레 웃었다.
"별로 세 보이지 않는데 뭐…… 넌 발도 없잖아. 여행도 할 수 없겠는데…"
"난 너를 배보다 더 멀리 데려다 줄 수 있어." 뱀이 말했다.

ㄴ) 어린 왕자는 오랫동안 뱀을 바라보았다.
"너는 이상한 짐승이구나." 마침내 그가 말했다. "손가락같이 가느다랗고…"
"하지만 난 왕의 손가락보다도 더 힘이 세지." 뱀이 말했다.
어린 왕자는 빙긋이 웃으며 말했다.
"네가 힘이 세다니… 발도 없는데… 여행도 할 수 없고…"
"나는 너를 배보다 더 멀리 데려갈 수 있어." 뱀이 말했다.

'enfin'은 사전적으로는 '마침내', '드디어', '결국'의 뜻이다. 위 예의 'dit-il enfin'의 'enfin'을 ㄱ)과 ㄴ) 모두 '마침내'로 옮겼다. 그런데 몇 줄 위 'Où sont les hommes ? reprit enfin le petit prince.'의 'enfin'은 ㄴ)은 '마침내'로 똑같이 옮겼으나, ㄱ)은 '이윽고'로 다르게 옮겼다. '결국'을 두 경우에 다 사용하는 게 낫지 않을까? 'Le petit prince eut un sourire'도, 첫 문장 'Le petit prince le regarda longtemps'와 마찬가지로, 사건의 상황 묘사이니, '어린 왕자는'이 아니라 '어린 왕자가'라고 옮겨야 할 것이다. 'Le petit prince eut un sourire.'의 번역도 '어린 왕자가 빙긋 웃었다'로 족하다. '말했다'는 불필요하다. 아직은 어린 왕자와 뱀 사이의 대화가 그리 우호적으로 진행되는 단계가 아니니, 말투에서도 이러한 섬세한 의미가 마지막 두 문장의 번역에서도 살아나야 할 것이다.

⇒ 어린 왕자가 그를 한참 바라보았다.
"희한한 짐승이구나." 그가 결국 말했다. "손가락처럼 가느다래…"
"하지만 왕의 손가락보다 더 힘세." 뱀이 말했다.
어린 왕자가 빙긋 웃었다.
"세긴 뭐가 세… 발도 없잖아… 여행도 못 할 테고…"
"나 배보다 더 멀리 너 데려갈 수 있어." 뱀이 말했다.

5) **구문 순서**, dont, une étoile

Il s'enroula autour de la cheville du petit prince, comme un bracelet d'or :
«Celui que je touche, je le rends à la terre dont il est sorti, dit-il

encore. Mais tu es pur et tu viens d'une étoile…»
Le petit prince ne répondit rien.

ㄱ) 뱀은 어린 왕자의 발목을 금팔찌 모양으로 감으며 말했다. "내가 건드리는 사람은 자기가 나왔던 땅으로 다시 돌아가게 돼. 하지만 넌 순진하고 또 어떤 별에서 왔으니까……"
어린 왕자는 아무 대답도 하지 않았다.

ㄴ) 그는 마치 금팔찌처럼 어린 왕자의 발목을 휘감았다.
"누구든지 내가 건드리기만 하면 자기가 태어난 땅으로 되돌아가지." 그가 다시 말했다. "그러나 넌 순수하고 또 별에서 왔으니까…"
어린 왕자는 아무 대답도 하지 않았다.

첫 문장에서 'comme un bracelet d'or'는 ㄱ)이나 ㄴ)의 방식이 아니라, 나중에 옮기는 것이 나아 보인다. 그러면 번역에서도, 원문에서처럼, '말했다'를 충분히 생략할 수 있다. 'celui'는 사람이 아닐 수도 있으니, '…하는 자'라고 해석해야 할 것이다. ㄴ)의 '누구든지…'는 의미는 충분히 통하나, 원문의 의미와는 다소 다르다. 'la terre dont il est sorti'는 ㄱ)의 '자기가 나왔던 땅', ㄴ)의 '자기가 태어난 땅' 외에, '그가 나왔던 땅', '자기가 왔던 곳' 등으로 옮겨져 있는데, '그가 비롯된 대지'도 가능한 번역이라고 생각된다. 'une étoile'은 '어떤 별', '별', '다른 별' 등으로 옮겨져 있는데, ㄱ)의 '어떤 별'이 맥락에 어울리는 번역으로 생각된다.

⇒ 뱀은 어린 왕자의 발목을 감았다, 금팔찌처럼.
"내가 건드리는 자는 그가 비롯된 대지로 돌아가게 돼." 그가 다시 말했다. "하지만 네가 순수하고, 어떤 별에서 왔으니…"
어린 왕자는 아무 답도 안 했다.

6) Tu me fais pitié, pourquoi parles-tu…, un jour, Je les résous toutes 등

«Tu me fais pitié, toi si faible, sur cette Terre de granit. Je puis t'aider un jour si tu regrettes trop ta planète. Je puis…
– Oh! J'ai très bien compris, fit le petit prince, mais pourquoi parles-tu toujours par énigmes ?
– Je les résous toutes », dit le serpent.
Et ils se turent.

ㄱ) "널 보니 가엾은 생각이 드는구나. 그렇게 연약한 아이가 딱딱한 돌뿐인 지구에 왔으니. 네 별이 너무 그리워지면 언제고 너를 도와줄게. 나는 말이지…"
"응! 잘 알았어. 그런데 넌 어째서 밤낮 수수께끼 같은 말만 하니?" 어린 왕자가 말했다.
"난 그 수수께낄 모두 풀어줄 수 있어." 뱀이 말했다.
그러고 나서 그들은 입을 다물었다.

ㄴ) "너를 보니 애처롭구나. 이 화강암의 지구 위에서 너처럼 약한 애를 보니. 어느 날 네 별이 너무 그립거든, 내가 널 도와줄 수 있어. 내가 해줄 수…"
"오! 잘 알았어." 어린 왕자가 말했다. "그런데 너는 왜 늘 수수께끼로 말을 하니?"
"나는 그걸 모두 풀지." 뱀이 말했다.
그리고 그들은 말이 없었다.

'Tu me fais pitié'의 두 번역 '널 보니 가엾은 생각이 드는구나'과 '너를 보니 애처롭구나'는 증폭 번역이다. '가엾구나'로 족하다. 이 문장 뒤의 'toi si faible, sur cette Terre de granit.'는 불완전 문장들인데, '그렇게도 연약한 네가 이 돌멩이투성이의 지구 위에 있는 것을 보니 가엾은 생각이 드는구나'처럼, 앞의 문장과 함께 한 문장으로 옮긴 것은 원문의 리듬을 고려하지 않은 것이다. 이 두 구의 번역은 ㄱ)이나 ㄴ)의 방식보다, '여리디 여린 네가, 이 화강암 지구에 왔으니.'가 조금 낫지 않을까? 'un jour'를 ㄱ)은 '언제고'로, ㄴ)은 '어느 날'로 옮겼는데, 후자가 더 나아 보인다. 'j'ai très bien compris'가 'j'ai bien compris'보다 강한 정도를 나타낸다는 점을 고려하면, '잘 알았어'보다 '아주 잘 알았어'가 되어야 하지 않을까? 'pourquoi parles-tu toujours par énigmes ?'에서 우선 'toujours'의 '밤낮'이나 '언제나'라는 해석보다, 위 맥락에서는, '계속'이나 '줄곧' 혹은 '내내'가 나아 보인다. 표현 전체는, 글자 그대로는, ㄱ)의 왜 늘 수수께끼 같은 말만 하냐기보다, ㄴ)의 왜 늘 수수께끼로 말하느냐는 뜻이지만, 결과적으로는 별 차이가 없다.[42] 'Je les résous toutes'의 'les'는 'énigmes'를 가리킨다. 이때 이들은 '공지시성'(coréférentialité) 관계에 있다고 말한다. 'Je les résous toutes.'는 ㄱ)의 '난 그 수수께낄 모두 풀어줄 수 있어.'보다 ㄴ)의 '나는 그걸 모두

42 《프라임 불한사전》은 'parler par énigmes'를 '수수께끼 같은 말을 하다'로 풀이하고 있다.

풀지.'가 낫지만, '나 그것들 다 풀어.'가 보다 간결하다. 마지막 문장 'Et ils se turent.'는 17장의 마지막 문장이기도 하지만, 같은 장에서 이미 한 번 쓰인 표현이기도 하다. ㄱ)은 이를 '그리고 그들은 둘 다 아무 말이 없었다'고 옮겼는데, 마지막 문장에서는 번역이 다소 바뀐 것이다. ㄴ)은 두 경우 모두 '그리고 그들은 말이 없었다'로 옮겼다. 살펴본 대여섯 종의 다른 번역들 중에서는 하나만 두 경우 모두 '그러고 나서 그들은 입을 다물었다'라고 옮겼다. 'Et'는 '그리고', '그리고는', '그러고 나서' 등으로 번역되어 있는데, '그리고'가 무난하다. 'Et ils se turent.'의 단순과거의 시작상을 고려하여 '그리고 그들은 입을 다물었다'라고 옮기면, 17장의 중간에서도 마지막에서도 별문제 없이 그대로 쓰일 수 있다.

⇒ "가엾구나. 여리디 여린 네가, 이 화강암 지구에 왔으니. 널 도와줄 수 있어, 어느 날 네 행성이 너무 그리워지면. 내가…"
"그래! 아주 잘 알았어. 그런데 왜 내내 수수께끼로 말을 하지?" 어린 왕자가 물었다.
"나 그것들 다 풀어", 뱀이 말했다.
그리고 그들은 입을 다물었다.

18장

1) traversa + et + ne rencontra que, rien du tout…

Le petit prince traversa le désert et ne rencontra qu'une fleur. Une fleur à trois pétales, une fleur de rien du tout…

ㄱ) 어린 왕자는 사막을 가로질러 갔지만 만난 것은 오직 꽃 한 송이뿐이었다. 꽃잎이 고작 셋인 아주 보잘것없는 꽃이었다.

ㄴ) 어린 왕자는 사막을 가로질렀으나, 단지 꽃 한 송이를 만났다. 꽃잎을 셋 가진 꽃 한 송이, 아무것도 아닌 꽃 한 송이…

ㄷ) 어린 왕자는 사막을 계속 걸었으나 만난 것이라고는 꽃 한 송이밖에 없었다. 잎이 셋 달린 아주 소박한 꽃이었다.

위 예에서 'traversa+et+ne rencontra que'는 간결한 느낌을 주는데, 번역

들이 그렇지 못한 경우들이 있다. 특히 ㄷ)이 그렇다. 말줄임표의 의미는 세 번역 중 ㄴ)만 살렸다. 세 번역 모두 'traversa'의 행위 중에 'rencontra' 행위가 이루어졌음을 보여 주는 외에, '-지만'이나 '-으나'로 원문에서 묵시적인 의미를 명시화하고 있다. 예 1) 바로 다음에 어린 왕자와 꽃이 인사하는 장면이 이어진다는 점을 고려하면, 그러한 번역들이 잘못된 것은 아니나, 'traversa'를 '사막을 지나면서,'라고 옮기는 것이 낫다고 생각된다. 'rien du tout'의 세 번역 '아주 보잘것없는', '아무것도 아닌', '아주 소박한'이 다 괜찮으나, '알량한'이라고 옮기고 싶다.

⇒ 어린 왕자는 사막을 건너면서, 꽃 하나만 만났다. 꽃잎이 셋인, 알량한 꽃 하나만…

2) dit, demanda poliment, La fleur, une caravane, Mais, Le vent les promène 등

«Bonjour, dit le prince.
– Bonjour, dit la fleur.
– Où sont les hommes ?» demanda poliment le petit prince.
La fleur, un jour, avait vu passer une caravane :
«Les hommes ? Il en existe, je crois, six ou sept. Je les ai aperçus il y a des années. Mais on ne sait jamais où les trouver. Le vent les promène. Ils manquent de racines, ça les gêne beaucoup.
– Adieu, fit le petit prince.
– Adieu», dit la fleur.

ㄱ) "안녕." 어린 왕자가 말했다.
"안녕." 꽃이 대답했다.
"사람들은 어디 있지?" 어린 왕자가 공손히 물었다.
이 꽃은 어느 날 대상(隊商)의 무리가 지나가는 것을 본 적이 있었다.
"사람들? 글쎄, 예닐곱 명 있기는 한가 봐. 몇 해 전엔가 그 사람들을 본 적이 있어. 그렇지만 어딜 가야 그들을 찾을 수 있는지 모르겠어. 바람이 부는 대로 떠돌아다니니까. 뿌리가 없는 사람들이거든. 그래서 아주 곤란해하지."
"잘 있어." 어린 왕자가 말했다.
"잘 가." 꽃이 말했다.

ㄴ) "안녕." 어린 왕자가 말했다.
"안녕." 꽃이 말했다.
"사람들은 어디 있지?" 어린 왕자가 점잖게 물었다.
그 꽃은 어느 날 대상(隊商)이 지나가는 것을 본 적이 있었다.
"사람들? 예닐곱쯤 있는 것 같아. 몇 년 전에 그들을 보았지. 하지만 어디 가야

만날 수 있을지 전혀 알 길이 없어. 바람이 그들을 몰고 다니지. 그들은 뿌리가 없어서 아주 곤란을 겪는 거야."
"안녕히." 어린 왕자가 말했다.
"안녕히." 꽃이 말했다.

두 번째 'dit'를 ㄱ)은 '대답했다'로 옮겼는데, 첫 번째와 동일하게 옮기는 게 좋지 않을까? 앞에서 'respectueusement'을 '정중히'라고 옮겼으니, 'poliment'은 '공손히'로 옮길만 하지만, 위 맥락을 고려하면 한 번역이 택한 '얌전하게'나, 이보다 더 간결한 '얌전히'도 괜찮고, ㄴ)의 '점잖게'도 괜찮은 선택이다. 명시적인 'tutoyer'의 지표는 드러나 있지 않지만, 살펴본 모든 번역이 18장 전체를 마치 그런 것처럼 옮기고 있다. 'une caravane'는 '대상 한 무리'라고 해야 할 것이다. 'La fleur'를 ㄱ)은 한 번만 '이 꽃'으로, ㄴ)은 한 번만 '그 꽃'으로 옮겼는데, 모두 그냥 '꽃'으로 옮기는 것이 낫지 않을까? 'Mais'는 ㄱ)의 '그렇지만'보다 ㄴ)의 '하지만'이 더 적절해 보인다. 'Le vent les promène.'를 ㄱ)은 '바람이 부는 대로 떠돌아다니니까.'로 옮겼는데, '-니까'는 불필요하다. ㄴ)의 '바람이 그들을 몰고 다니지.'도 괜찮으나, 관점을 바꿔, 즉 변조를 하여 '바람 따라 떠돌아.' 같은 번역이 더 나아 보인다. 'ça les gêne beaucoup'도, ㄱ)의 '그래서 아주 곤란해하지.', ㄴ)의 '아주 곤란을 겪는 거야.'보다 '불편을 많이 느껴' 같은 번역이 앞 문장과의 발음상의 유사성 때문에도 더 낫다는 느낌이 든다.

⇒ "안녕." 어린 왕자가 말했다.
"안녕." 꽃이 말했다.
"사람들 어디 있어?" 어린 왕자가 얌전히 물었다.
꽃은, 어느 날, 대상 한 무리가 지나가는 걸 본 적이 있었다.
"사람들? 예닐곱 명 있나 봐. 몇 해 전에 봤어. 하지만 어디 가야 만날지 전혀 모르겠어. 바람 따라 떠돌아. 뿌리가 없어. 그래서 불편을 많이 느껴."
"잘 있어." 어린 왕자가 말했다.
"잘 가." 꽃이 말했다.

19장

1) une, eût jamais connues, se servait, se dit-il, Mais, des aiguilles de roc

Le petit prince fit l'ascension d'une haute montagne. Les seules montagnes qu'il eût jamais connues étaient les trois volcans qui lui arrivaient au genou. Et il se servait du volcan éteint comme d'un tabouret. «D'une montagne haute comme celle-ci, se dit-il donc, j'apercevrai d'un coup toute la planète et tous les hommes...» Mais il n'aperçut rien que des aiguilles de roc bien aiguisées.

ㄱ) 어린 왕자는 어느 높은 산 위로 올라갔다. 그가 아는 산이라고는 고작 무릎까지 오는 세 개의 화산뿐이었다. 불 꺼진 화산을 그는 걸터앉는 의자로 사용하곤 했었다. '이렇게 높은 산 위에서라면 별 전체와 사람들을 한눈에 다 볼 수 있겠는걸.' 어린 왕자는 혼자서 생각을 했다. 그러나 보이는 것이라곤 바늘 끝처럼 뾰족뾰족한 바위산들뿐이었다.

ㄴ) 어린 왕자는 높은 산에 올라갔다. 그가 그때까지 알고 있던 산이라곤 무릎밖에 안 차는 화산 세 개뿐이었다. 거기다가 사화산은 걸상으로 쓰고 있었다. 그래서 그는 생각했다. '이렇게 높은 산에서라면 이 별 전체와 사람들을 한눈에 다 볼 수 있겠는데.' 그러나 그는 뾰족뾰족한 바위 꼭대기밖에는 보지 못했다.

'une montagne'의 'une'의 번역은 ㄱ)의 '어느'나, 묵시적 처리를 한 ㄴ)보다, '한'으로 옮기는 것이 나아 보인다. 'a monté'라는 평범한 표현 대신에 쓰인 단순과거 형태의 'fit l'ascension de'까지 고려하면, 첫 문장은 '어린 왕자는 한 높은 산에 올랐다'로 옮기는 게 좋을 것 같다. 'seules'로 인해 쓰인 접속법 대과거 'eût jamais connues'는 반드시 필요한 선택은 아니다. 알메이다(2011:18)는 해당 문장이, 충분히 가능한 문장 'Les seules montagnes qu'il connaissait jusque-là étaient les trois volcans.'의 반과거 'connaissait' 대신 쓰인, 일종의 '문학적 사치'로 보았다. 해당 문장의 'jamais'의 사용도 고어법의 하나라고 그는 지적한다.[43] 이 접속법 대과거의 해석은 '아는'이나 '알고 있던'보다는 '알았던'이 적절해 보인다. 'se servait'는 반복의 반과거이긴 하나, ㄱ)처럼, 꼭 '사용하곤 했었다'라고 해야 하는 것은 아니다.

43 하지만 알메이다(2011:18)는 이 'jamais'가 'Tu es la seule femme que j'aie jamais aimée totalement.' 같은 구어문에서는 쓰일 수 있다고 말한다.

'썼었다'로 충분하다. ㄴ)을 비롯한 몇 번역의 '쓰고 있었다'는 적절치 않아 보인다. 'se dit-il'의 처리 방법은 여러 가지가 있다. ㄱ)의 '어린 왕자는 혼자서 생각을 했다'나 '그래서 그는 이런 생각을 했다' 등은 증폭된 번역이다. ㄴ)의 '그래서 그는 생각했다'가 적절한데, '그래서'와 '그는'의 순서를 바꾸면 더 좋을 것 같다. 'Mais'는 여기서도 '하지만'의 뜻이다. 'des aiguilles de roc'의 'aiguilles'는 은유적 표현이고, 이는 'aiguisées'와 호응하고 있는데, '바늘 끝처럼'이나 '바늘처럼' 같은 비교 처리나 '날카로운 바위 산봉우리' 같은 서술적 표현이 주로 눈에 띈다. 은유와 호응을 모두 살리기는 어렵지만, 'des aiguilles'의 '침들'이라는 은유 번역은 가능하다.

⇒ 어린 왕자는 한 높은 산에 올랐다. 그가 알았던 산들이라곤 그의 무릎에 닿는 세 개의 화산뿐이었다. 그는 휴화산을 의자로 썼었다. '이 정도 높이 산이라면,' 그는 그래서 생각했다. '행성 전체와 사람들 모두가 한 눈에 보이겠는 걸.' 하지만 보이는 건 뾰족뾰족한 바위 침들뿐이었다.

2) Soyez mes amis, toute, parlait 등

– Soyez mes amis, je suis seul, dit-il.
– Je suis seul… je suis seul… je suis seul…», répondit l'écho.
«Quelle drôle de planète ! pensa-t-il alors. Elle est toute sèche, et toute pointue et toute salée. Et les hommes manquent d'imagination. Ils répètent ce qu'on leur dit… Chez moi j'avais une fleur:elle parlait toujours la première…»

ㄱ) "친구가 되어줘. 외로워." 어린 왕자가 말했다.
"외로워… 외로워… 외로워…" 메아리가 답했다.
그래서 어린 왕자는 생각했다. '참 이상한 별이군! 온통 메마르고 온통 뾰족뾰족하고 온통 소금투성이야. 그리고 사람들은 상상력이 없는지 남의 말을 되풀이나 할 뿐이니… 내 별에는 꽃 한 송이가 있었지. 그 꽃은 언제나 먼저 말을 걸곤 했는데…'

ㄴ) "내 친구가 되어 줘. 난 외로워…" 그가 말했다.
"난 외로워… 난 외로워… 난 외로워…" 메아리가 대답했다.
그래서 그는 생각했다. '별 이상한 별이 다 있네! 아주 메마르고 아주 날카롭고 아주 각박한 별이야. 게다가 사람들은 상상력이 없어. 말을 해주면 그 말을 되풀이하고… 내 별엔 꽃이 한 송이 있었지. 그 꽃은 언제나 먼저 말을 걸었는데…'

'Soyez mes amis'와 'je suis seul'은, ㄱ)처럼, '친구가 되어줘'와 '외로워'로 충분하다. '내'와 '난'은 필요치 않다. 'toute'는 세 번 반복되어 있는데, 이를 ㄱ)은 '온통'으로, ㄴ)은 '아주'로 잘 재현하고 있다. 특히 '온통'은, '온통 메마르고 온통 뾰족뾰족하고 온통 소금투성이야'에서 느낄 수 있듯이, 세 형용사 표현들의 소리들과 잘 어울려져 그 효과가 더욱 돋보인다. '삽입 구문 'pensa-t-il alors'의 번역을 ㄱ)과 ㄴ) 모두 인용문 앞에 놓았는데, 그것도 한 방법이지만, '그래서' 없이 '그는 생각했다'를 삽입문으로 두는 것이 오히려 낫지 않을까? ㄱ)은 'Et les hommes manquent d'imagination.'와 'Ils répètent ce qu'on leur dit…'를 한 문장으로 옮겼는데, ㄴ)처럼, 두 문장으로 옮기는 것이 원문의 리듬을 존중하는 번역이다. 첫 문장 앞의 'Et'는 ㄴ)의 '게다가'보다 ㄱ)의 '그리고'가 적절한 해석이다. '그리고 사람들은 상상력이 없어.' 정도로 번역이 된다. 'Ils répètent ce qu'on leur dit…'의 번역은 '하는 말이나 되풀이하고…' 정도가 괜찮지 않을까? 'elle parlait toujours la première…'는 ㄱ)처럼 '그 꽃은 언제나 먼저 말을 걸곤 했는데'라고 하지 않고, '걔는 늘 먼저 말을 걸었는데'라고만 해도 반과거의 반복의 의미가 나타난다.

⇒ "친구가 되어 줘. 외로워." 어린 왕자가 말했다.
"외로워… 외로워… 외로워…" 메아리가 답했다.
'참 희한한 행성이군!' 그는 생각했다. 온통 메마르고 온통 뾰족뾰족하고 온통 소금투성이야. 그리고 사람들은 상상력이 없어. 하는 말이나 되풀이하고… 내 행성에 꽃 하나가 있었지. 걔는 늘 먼저 말을 걸었는데…'

20장

1) Mais il arriva que…, **분사 구문**, chez les hommes.

Mais il arriva que le petit prince, ayant longtemps marché à travers les sables, les rocs et les neiges, découvrit enfin une route. Et les routes vont toutes chez les hommes.

ㄱ) 그러나 어린 왕자는 오랫동안 모래와 바위들과 눈 속을 헤매고 나서 마침내 길을 하나 발견했다. 그리고 길들은 모두 사람들이 있는 곳으로 나 있는 것이다.

ㄴ) 그러나 어린 왕자는 사막과 바위와 눈을 헤치고 오랫동안 걸어서 마침내 길을 하나 발견하게 되었다. 길은 모두 사람들이 사는 곳으로 통한다.

ㄷ) 어린 왕자는 오랫동안 모래와 바위와 눈 위로 이리저리 헤맨 끝에 마침내 길을 하나 찾아내게 되었다. 그런데 길은 모두 사람들이 있는 데로 가는 것이다.

위 예는 20장의 첫 대목이다. 첫 문장의 첫 단어가 'Mais'인 것인데, '그러나'로 옮긴 두 번역 외에, '그리하여'로 옮긴 번역도 있고, ㄷ)처럼, 안 옮긴 번역도 있다. '당시 상황으로는 도저히 인간 세상에 도달하지 못할 것 같았다'는 정도로 요약할 수 있는 19장 말미의 의미를 적극 고려한다면, '하지만'이 그래도 낫지 않을까? ㄴ)이 '마침내 …하게 되었다'라고 한 것은 'enfin'과 'il arriva que…'를 같이 고려한 때문인 것으로 짐작된다. ㄱ)은 후자를 묵시적으로 처리한 것으로 짐작되는데, 'enfin'이 있으니 이러한 묵시적 처리도 괜찮아 보인다. 'enfin'은 '마침내'나 '드디어'나 다 괜찮지만, 후자가 리듬 측면에서 조금 나아 보인다. 'ayant longtemps marché'의 명시적 의미는 '걸은 끝에'지만 상황 의미를 고려하면 '헤맨 끝에'란 해석도 충분히 가능하다. 'Et'는 리듬의 역할만 하는 것으로 보인다. '그리고'나 '그런데' 같은 번역이 오히려 문장들의 응결에 방해가 된다. 'les routes vont toutes chez les hommes'는 ㄴ)이 그중 나아 보이는데, '길들은 모두 사람 사는 곳으로 통하기 마련이다'로 조금 바꾸면 어떨까?

⇒ 하지만 어린 왕자는 모래밭, 바위 더미, 눈밭을 오래 헤맨 끝에, 드디어 길을 하나 발견했다. 길들은 모두 사람 사는 곳으로 통하기 마련이다.

2) **자유간접문체**, leur, Ah !, Et

Le petit prince les regarda. Elles ressemblaient toutes à sa fleur.
«Qui êtes-vous ? leur demanda-t-il, stupéfait.
– Nous sommes des roses, dirent les roses.
– Ah !» fit le petit prince…
Et il se sentit très malheureux. Sa fleur lui avait raconté qu'elle était

seule de son espèce dans l'univers. Et voici qu'il en était cinq mille, toutes semblables, dans un seul jardin !

ㄱ) 어린 왕자가 그들을 바라보았다. 모두가 다 자기 별에 두고 온 그의 꽃을 닮은 것이었다.
"너희들은 누구니?" 어린 왕자가 깜짝 놀라며 그들에게 물었다.
"우린 장미꽃이야." 그들이 대답했다.
"아, 그래?" 어린 왕자가 말했다.
그러자 어린 왕자는 자신이 몹시 불행하게 느껴졌다. 그의 꽃은 이 세상에 자기와 같은 꽃은 하나도 없다고 늘 그에게 말했었다. 그런데 지금 이 정원 한 곳에만 똑같은 꽃이 오천 송이나 피어 있는 게 아닌가!

ㄴ) 어린 왕자는 그 꽃들을 바라보았다. 모두 자기 꽃과 닮은 꽃들이었다.
"너희들은 누구니?" 어린 왕자는 어리둥절해서 물어보았다.
"우리는 장미꽃이야." 장미꽃들이 대답했다.
"아!" 어린 왕자가 말했다.
그는 자기가 매우 불행하다고 생각했다. 그의 꽃은 자기가 이 세상에서 같은 종류로는 단 한 송이의 꽃이라고 말했었다. 그런데 정원 하나에 이렇게 똑같은 꽃이 5천 송이나 있다니!

둘째 문장은 일반 서술처럼 보이기도 하지만, 자유간접문체이다. 대략 'Elles ressemblent toutes à ma fleur.' 정도 문장이 둘째 문장처럼 나타난 것이라 볼 수 있다. 'Qui êtes-vous ?'(너희들 누구니?)라는 어린 왕자의 질문도 한 단서이고, 'regarda', 'Qui êtes-vous ?', 'stupéfait' 등도 그 단서들이다. ㄱ)은 이를 파악한 것으로 보이나, 번역이 다소 설명적이다. '자기 별에 두고 온' 부분이 특히 그렇다. ㄴ)의 '모두 자기 꽃과 닮은 꽃들이었다.'는 더 간결하나, '모두가 그의 꽃을 닮았다.'처럼, 더 간결한 번역도 가능하다. '모두가'를 '모두'로 하면, '서술'(narration)의 성격이 보다 강하게 느껴진다. 'leur'는 '그들에게'라고 옮길 필요 없다. 번역 생략이 오히려 적절하다. 'stupéfait'의 번역에는 ㄱ)의 '깜짝 놀라며'와 ㄴ)의 '어리둥절해서' 외에, '놀란', '깜짝 놀란' 등이 있는데, '짬짝 놀라'도 괜찮지만 '크게 놀라'가 적절할 것 같다.

'Ah ! fit le petit prince…'의 ㄱ)의 번역은 다소 부적절하다. '아, 그래?'라는 것이 상황과 맞지 않고, 'fit'를 '말했다'로 옮긴 것도 공감이 가지 않는다. ㄴ)은 감탄사 번역은 괜찮으나, '말했다'는 문제이다. 한 번역은 감탄사는 '아!'로 옮기고 나머지 부분을 '어린 왕자는 그만 할 말을 잃고 말았다'라고 옮겼는데, 번역이라기보다 맥락 의미의 설명이다. 몇몇 번역은 'fit le petit prince…'의 번역을 빼고 있는데, 그러한 생략도 하나의 번역 방법이다. 하지만 그 경우엔 그 다음 문장 'il se sentit'의 'il'을 '어린 왕자'로 옮겨야 할 것이다. 'Et'는 특별한 의미를 갖는 것으로 보기 어렵다. '그러자'는 맥락과 어울리지 않는다. 단순과거 'se sentit'는 시작상을 나타낸다. ㄱ)의 '느껴졌다'보다는 '느낌이 들었다'가 보다 분명한 표현이다. ㄴ)의 '생각했다'는 이 시작상을 살리지 못하고 있다. 마지막 두 문장도 자유간접문체이고, 'se sentit', 두 문장의 내용, 마지막의 느낌표 등이 그 단서들이다. 이 두 문장도 더 간결해질 수 있다.[44] 'cinq mille'은, 숫자에 특별한 의미를 부여하기 어렵다면 '지천으로'라고 옮길 수도 있겠으나, 살펴본 모든 번역이 '오천'으로 옮겼고, 이를 따르기로 한다.

⇒ 어린 왕자가 그들을 바라보았다. 모두가 다 그의 꽃을 닮았다.
"너희들 누구니?" 어린 왕자가 크게 놀라 물었다.
"우리 장미꽃이야." 그들이 답했다.
"아!"
어린 왕자는 몹시 불행한 느낌이 들었다. 그의 꽃은 이 세상에 자기 같은 꽃은 하나도 없다고 했었다. 그런데 정원 한 곳에만 똑 닮은 꽃들이 오천 송이나 피어 있지 않은가!

3) 조건형 현재, car, pour échapper au ridicule, pour m'humilier 등

«Elle serait bien vexée, se dit-il, si elle voyait ça… elle tousserait énormément et ferait semblant de mourir pour échapper au ridicule. Et je serais bien obligé de faire semblant de la soigner, car, sinon, pour m'humilier moi aussi, elle se laisserait vraiment mourir…»

ㄱ) '내 꽃이 이걸 보면 무척 속상할 거야…' 하고 어린 왕자는 생각했다. '아마 기침을 마구 해대며 창피한 꼴을 면하려고 죽는 시늉을 할지도 몰라. 그럼 나는 그를 간호해주는 척해야겠지. 그러지 않으면 내게 죄책감을 주려고 정말로 죽어버릴지도 몰라…'

44 한 번역은 'Sa fleur…' 문장을 '어린 왕자의 장미는 자기 품종으로는 자신이 유일한 꽃이라 말해 왔으니까'라고 옮기고 있는데, 자유간접문체의 적절한 번역으로 보기는 힘들다.

ㄴ) '내 꽃이 이걸 보면 몹시 화가 나겠지…' 어린 왕자는 속으로 말했다. '웃음거리가 되지 않으려고 큰 소리로 기침을 하고 죽는 시늉을 하겠지. 그럼 나는 할 수 없이 돌봐 주는 척해야겠지. 그러지 않으면 나까지 부끄럽게 만들려고 정말 죽어 버릴지 몰라…'

'si elle voyait ça'의 번역을 ㄱ)과 ㄴ) 모두 앞에 놓았는데, 원문에서의 위치 의미를 존중할 필요가 있다. 'vexée'는 ㄱ)의 '속상하다', ㄴ)의 '화가 나다' 외에, '상심하다', '속이 상하다' 등이 있는데, '언짢아하다'도 괜찮아 보인다. 이 예에는 조건형 현재들이 다수 나온다. 모두 추측의 의미를 나타낸다. ㄱ)의 직접화법 번역에서 '하고'는 불필요하다. 'car'는 ㄱ)과 ㄴ)을 비롯한 살펴본 모든 번역이 해석을 안 하고 있는데, 이 경우도 《어린 왕자》에 여러 차례 나타나는, 특별한 의미를 가지지 않은 'car'로 생각된다. 'pour échapper au ridicule'은 ㄱ)의 '창피한 꼴을 면하려고'와 ㄴ)의 '웃음거리가 되지 않으려고' 외에, '창피한 꼴을 겪지 않으려고', '창피스러운 모습을 보이지 않으려고' 등으로 번역되어 있는데, '웃음거릴 면하려고' 같은 번역이 낫지 않을까? 'pour m'humilier'는 ㄱ)의 '내게 죄책감을 주려고'와 ㄴ)의 '나까지 부끄럽게 만들려고' 외에, '내게도 창피를 주려구' 같은 번역이 있는데,[45] 이 '내게도 창피를 주려고'가 적절해 보인다.

⇒ '아주 언짢아하겠군, 이걸 보면…' 어린 왕자는 생각했다. '심하게 콜록대며, 웃음거릴 면하려고 죽는 시늉을 할 걸. 그럼 돌보는 척해야겠지. 안 그러면, 내게도 창피를 주려고 정말 죽어 버릴지 몰라…'

4) il se dit encore, je ne possède qu'une rose ordinaire, dont, Et, il pleura 등

Puis il se dit encore : «Je me croyais riche d'une fleur unique, et je ne possède qu'une rose ordinaire. Ça et mes trois volcans qui m'arrivent au genou, et dont l'un, peut-être, est éteint pour toujours, ça ne fait pas de moi un bien grand prince…» Et, couché dans l'herbe, il pleura.

ㄱ) 그리고 어린 왕자는 이런 생각도 했다. '난 이 세상에 단 하나밖에 없는 꽃을 가진 부자인 줄만 알고 있었지. 그런데 알고 보니 내가 가진 꽃은 겨우 평범한 장미꽃

45 '내게 미안한 마음이 들게 하기 위해', '내게 무안을 주려고' 등의 번역도 있다.

이군. 그리고 기껏 무릎까지밖에 안 오는 화산 세 개. 그중 하나는 영영 꺼져버렸는지도 모르는데. 그 정도 가지고는 대단한 왕자가 되긴 틀렸어…'
그래서 그는 풀밭에 엎드려 울었다.

ㄴ) 그리고 그는 또 이렇게 생각했다. '나는 내가 세상에 하나밖에 없는 꽃을 가진 부자라고 생각했는데, 흔한 장미꽃 하나를 가졌을 뿐이야. 거기에다 무릎밖에 안 차는 화산 세 개, 그것도 하나는 영원히 꺼져 있을지도 모르는데, 그런 걸 가지고 어떻게 훌륭한 왕자가 되겠어…' 그는 풀밭에 엎드려 울었다.

'il se dit encore'는 예 3)의 'se dit-il'와 연계된 것이니, 번역에도 이 연계가 반영되는 것이 바람직하다. '그는 다시 생각했다'라는 번역이 무난해 보인다. ㄱ)은 'je ne possède qu'une rose ordinaire'의 번역에서 묵시적인 '그런데 알고 보니'를 명시화했는데, 간결성 측면에서는 바람직하지 않다. 위 예에서 'une fleur unique'와 'une rose ordinaire'의 구조가 같은데, ㄱ)과 ㄴ)의 번역에서는 드러나지 않는다. ㄱ)의 'unique'의 번역 '세상에 하나밖에 없는'도 과하게 증폭되어 있다. '유일한 꽃 하나'와 '보통 장미 하나'를 대비시키면 되지 않을까? 'dont'은 살펴본 모든 번역이 '그중'으로 잘 옮기고 있다. 'ça ne fait pas de moi…' 문장은 ㄱ)과 ㄴ) 외에도 여러 번역이 마치 '미래 사실'인 듯이 옮기고 있는데, '현재 사실'로 해석한 '그 정도론 대단한 왕자가 못 되잖아…' 같은 번역이 필요하다. 'Et'는 '그래서', '그러고는', '그리고' 등으로 옮겨져 있는데, ㄴ)처럼, 여기서는 안 옮기는 것이 낫다. 단순과거 'pleura'는 위 맥락에서 시작상을 나타내니, ㄱ)과 ㄴ)처럼 '울었다'고 옮길 것이 아니라 '울기 시작했다'라고 옮겨야 할 것이다. 20장의 끝 문장이기도 한 'Et, couché dans l'herbe, il pleura.'는 '풀밭에 엎드려, 그는 울기 시작했다'라고 옮기면 될 것이다. ㄱ)은 마지막 문장을 원문과 달리 별도 문단으로 처리했는데, 그럴 필요가 있는지 의문이다.

⇒ 그리고 그는 다시 생각했다. '난 유일한 꽃 하나를 가진 부자인 줄 알았어. 그런데 단지 보통 장미 하나를 가진 거야. 그것과 무릎에 닿는 화산 세 개. 그중 하나는 영영 꺼졌는지도 모르고. 그 정도론 대단한 왕자가 못 되잖아…' 풀밭에 엎드려, 그는 울기 시작했다.

21장

1) C'est alors que...

C'est alors qu'apparut le renard :

ㄱ) 여우가 나타난 것은 바로 그때였다.

ㄴ) 여우가 나타난 것은 바로 그때였다.

ㄷ) 바로 그때 여우가 나타났다.

ㄹ) 그때 여우가 나타났다.

'C'est… que' 구문은 문법서 예문에서도 흔히 뒤부터 번역하는 것을 본다. 그래서 'C'est Pierre qui est venu.' 같은 문장을 으레 '온 것은 피에르이다'라고 옮기는데, '-가'에 강세가 주어지는 '피에르가 왔어'가 원문과 어울리는 자연스러운 번역이다. 마찬가지로, 21장의 첫 문장인 위 예도 ㄹ) 번역이 제일 적절하다. 전 장의 마지막 문장이 '그는 울기 시작했다'로 끝났는데, 울기 시작한 바로 '그때'가 되는 것이다.

⇒ 그때 여우가 나타났다.

2) **간결화**, Bien sûr, petit garçon, semblable à cent mille, unique

– C'est une chose trop oubliée, dit le renard. Ça signifie "créer des liens..."
– Créer des liens ?
– Bien sûr, dit le renard. Tu n'es encore pour moi qu'un petit garçon tout semblable à cent mille petits garçons. Et je n'ai pas besoin de toi. Et tu n'as pas besoin de moi non plus. Je ne suis pour toi qu'un renard semblable à cent mille renards. Mais, si tu m'apprivoises, nous aurons besoin l'un de l'autre. Tu seras pour moi unique au monde. Je serai pour toi unique au monde...

ㄱ) "그건 사람들이 너무나 잊고 있는 건데… 그건 '관계를 맺는다'는 뜻이야." 여우가 말했다.
"관계를 맺는다고?"

"물론이지." 여우가 말했다. "넌 나에게 아직은 수없이 많은 다른 어린아이들과 조금도 다를 바 없는 한 아이에 지나지 않아. 그래서 나는 널 별로 필요로 하지 않아. 너 역시 날 필요로 하지 않고. 나도 너에게는 수없이 많은 다른 여우들과 조금도 다를 바 없는 한 마리 여우에 지나지 않지. 하지만 네가 나를 길들인다면 우리는 서로를 필요로 하게 되는 거야. 너는 내게 이 세상에서 하나밖에 없는 존재가 되는 거야. 난 네게 이 세상에서 하나밖에 없는 존재가 될 거고…"

ㄴ) "그건 모두들 너무나 잊고 있는 것이지." 여우가 말했다. "그건 '관계를 맺는다'는 뜻이야."
"관계를 맺는다고?"
"물론이지." 여우가 말했다. "너는 아직 내게 세상에 흔한 여러 아이들과 전혀 다를 게 없는 한 아이에 지나지 않아. 그래서 나는 네가 필요 없어. 너도 역시 내가 필요 없지. 나도 세상에 흔한 여러 여우들과 전혀 다를 게 없는 한 여우에 지나지 않는 거야. 그러나 네가 나를 길들인다면 우리는 서로 필요하게 되지. 너는 나한테 이 세상에 하나밖에 없는 것이 될 거야. 나는 너한테 이 세상에 하나밖에 없는 것이 될 거고…"

번역 ㄱ)과 ㄴ)은 대체로 잘 되어 있다. 하지만 원저자가 의도한 에크리튀르의 간결성을 고려하면, 번역 역시 더 간결해질 필요가 있다. 'Bien sûr'를 ㄱ)과 ㄴ)은 '물론이지'로, 몇 번역은 '그래'라고 옮기고 있는데, 아마 이 맥락에서 '물론'이라는 말이 어색하게 느껴서일 것으로 짐작된다. '그래 맞아'가 조금 더 낫지 않을까? 일부 다른 번역들은 'petit garçon'을 '소년'으로 옮기고 있는데, 원문에서 명시적인 남성의 표현을 묵시적으로 '아이'로 처리해도 별문제가 없다. 'semblable'을, ㄱ)과 ㄴ)처럼, '다를 바 없는'으로 '부정의 부정'을 통해 옮기는 것은 관점의 변화를 나타내는 '변조'이다. 'cent mille'을 ㄱ)은 '수없이 많은'으로, ㄴ)은 '흔한'으로 옮겼고, 다른 한 번역은 '몇 천 몇 만'으로 옮기고 있는데, 굳이 그럴 필요가 있을까? ㄱ)의 '수없이 많은'의 효과가 원문의 것과 유사하게 느껴진다. 'unique'는 ㄱ)의 '하나밖에 없는 존재', ㄴ)의 '하나밖에 없는 것' 외에, '유일한 존재' 등으로 옮겨져 있는데,[46] '유일한'이란 해석이 괜찮아 보인다. 아래와 같이 옮기면, 낱말 수가 ㄱ)의 88개, ㄴ)의 82개에서 65개로 줄어든다.

⇒ "너무 잊혀진 건데… '관계를 맺는다'는 뜻이야." 여우가 말했다.
"관계를 맺어?"

46 '오직 하나밖에 없는 존재', '단 하나뿐인 존재' 같은 번역들도 있다.

"그래 맞아." 여우가 말했다. "넌 나에게 아직 수없이 많은 다른 아이들과 다를 바 없는 한 아이일 뿐이야. 나는 네가 필요치 않아. 너도 내가 필요치 않고. 나는 너에게 수없이 많은 다른 여우들과 다를 바 없는 한 마리 여우일 뿐이야. 하지만 네가 나를 길들이면, 우리는 서로가 필요해져. 너는 내게 이 세상에서 유일해져. 난 네게 이 세상에서 유일해지고…"

3) comme ensoleillée, **미래, 전미래, 문장 변조**

Mais le renard revint à son idée :

«Ma vie est monotone. Je chasse les poules, les hommes me chassent. Toutes les poules se ressemblent, et tous les hommes se ressemblent. Je m'ennuie donc un peu. Mais, si tu m'apprivoises, ma vie sera comme ensoleillée. Je connaîtrai un bruit de pas qui sera différent de tous les autres. « Les autres pas me font rentrer sous terre ». Le tien m'appellera hors du terrier, comme une musique. Et puis regarde ! Tu vois, là-bas, les champs de blé ? Je ne mange pas de pain. Le blé pour moi est inutile. Les champs de blé ne me rappellent rien. Et ça, c'est triste ! Mais tu as des cheveux couleur d'or. Alors ce sera merveilleux quand tu m'auras apprivoisé ! « Le blé, qui est doré, me fera souvenir de toi ». Et j'aimerai le bruit du vent dans le blé…»

ㄱ) 그러나 여우는 다시 하던 이야기를 계속했다.

"내 생활은 단조롭단다. 나는 닭들을 사냥하고 사람들은 나를 사냥하지. 닭들은 모두 비슷비슷하고 사람들도 모두 비슷비슷해. 그래서 난 좀 따분해. 하지만 네가 나를 길들인다면 내 생활은 햇빛이 드는 것처럼 환해질 거야. 난 다른 모든 발소리와는 다른 한 가지 발소리를 분간할 수 있게 될 거야. 다른 발소리를 들으면 난 얼른 굴 속으로 들어가겠지. 그렇지만 네 발소리를 들으면 마치 음악 소리를 들은 듯이 굴 밖으로 뛰쳐나올 거야. 그리고 저길 봐! 저기 밀밭이 보이지? 난 빵을 먹지 않아. 밀은 나한테 아무 소용이 없어. 밀밭을 보아도 머리에 떠오르는 게 아무것도 없거든. 그건 서글픈 일이지! 하지만 너는 금빛 머리카락을 가졌어. 그러니 네가 나를 길들인다면 멋질 거야! 금빛으로 무르익은 밀을 보면 네 생각이 날 테니까. 그럼 난 밀밭을 지나가는 바람소리도 사랑하게 될 거야…"

ㄴ) 그러나 여우는 자기 생각을 다시 이야기했다.

"내 생활은 단조로워. 나는 닭을 쫓고, 사람들은 나를 쫓고. 닭들은 모두 그게 그거고, 사람들도 모두 그게 그거고. 그래서 난 좀 지겨워. 그러나 네가 날 길들인다면 내 생활은 햇빛을 받은 듯 환해질 거야. 모든 발자국 소리와는 다르게 들릴 발자국 소리를 나는 듣게 될 거야. 다른 발자국 소리는 나를 땅속에 숨게 하지. 네 발자국 소리는 음악처럼 나를 굴 밖으로 불러낼 거야. 그리고 저기, 밀밭이 보이지? 나는 빵을 먹지 않아! 밀은 내게 아무 소용이 없어. 그래서 슬퍼! 그러나 네 머리칼은 금빛이야. 그래서 네가 나를 길들인다면 정말 놀라운 일이 일어날 거야. 밀은, 금빛이어서, 너를 생각나게 할 거야. 그래서 나는 밀밭에 스치는 바람소리를 사랑하게 될 거고…"

'comme ensoleillée'를 ㄱ)은 '햇빛이 드는 것처럼 환해지다'로, ㄴ)은 '햇빛을 받은 듯 환해지다'로 옮겼고, '해가 돋는 것처럼 환해지다', '환히 밝아지다' 같은 번역도 있는데, 마지막 것이 무난해 보인다. 3)에서는 현재시제와 미래시제가 뚜렷하게 대비되어 쓰이고 있다. 'Les autres pas me font rentrer sous terre.'는 확언의 의미인데, ㄱ)은 이를 '…가겠지'라고 하여 추측의 의미로 해석하고 있다. '굴속으로 들어가'라고 하면, 그 다음에 쓰인 연결어 '그렇지만'도 불필요하다. ㄱ)은 이 'faire rentrer' 문장을 변조하여 의역했는데, ㄴ)은 '다른 발자국 소리는 나를 땅속에 숨게 하지'라고 원문을 직역했다. 여기서는 ㄱ)의 방식이 더 나은 것 같다. 'Mais tu as…'와 'Alors ce sera…'를 ㄱ)은 '하지만…'과 '그러니…'로, ㄴ)은 '그러나…'와 '그래서…'로 옮겼는데, '그런데…'와 '그래서…'가 적절하다. 이 두 문장은 ㄱ)에선 '가겠어.'와 '거야!'로, ㄴ)에선 '–이야.'와 '거야'로 끝나는데, 리듬을 고려한 후자가 더 낫다.

'Le blé, qui est doré, me fera souvenir de toi.'를 ㄱ)은 '…보면 …테니까'로, ㄴ)은 '…나게 할 거야'로 옮겼는데, 후자의 '사역적 번역'보다는 전자의 '능동적 번역'이 나아 보이나, '–니까'는 불필요한 증폭이다. '생각날 거야'로 충분하다. 마지막 문장의 'Et'를 ㄱ)은 '그럼'으로, ㄴ)은 '그래서'로 옮겼는데, 이 문장을 '바람소리도 사랑하게 될 거고…'라고 옮기게 되면 'Et'는 명시적으로 옮기지 않아도 된다. 'quand tu m'auras apprivoisé'는 전미래 구문인데, 굳이 그 의미를 살리려면 '길들이고 나면'으로 옮기면 된다. 구문 순서대로 나중에 옮기면, 조금 덜 어색해진다. ㄱ)과 ㄴ)의 번역은 대체로 잘 되어 있으나, 원저자가 의도한 에크리튀르의 간결성과 리듬을 보다 적극적으로 고려하면, 결과는 상당히 달라진다. 낱말 수도 ㄱ)의 122개, ㄴ)의 108개에서 97개로 크게 줄어든다.

⇒ 하지만 여우는 이야기를 계속했다.
"내 생활은 단조로워. 나는 닭들을 사냥하고, 사람들은 나를 사냥해. 닭들도 모두 비슷비슷하고, 사람들도 모두 비슷비슷해. 그래서 좀 따분해. 하지만 네가 나를 길들이면, 내 삶이 환히 밝아질 거야. 다른 모든 발소리들과 다른 하나를 알 수 있을 테고. 다른 발소리들을 들으면 난 굴속으로 들어가. 네 발소리는 나를 굴 밖으로 불러낼 거야.

음악 소리처럼. 보이지, 저기, 밀밭? 나 빵 안 먹어. 밀은 나한테 소용없어. 밀밭은 봐도 아무것도 안 떠올라. 서글픈 일이야! 그런데 네 머린 금빛이야. 그래서 정말 멋질 거야. 네가 날 길들이고 나면! 금빛인 밀을 보면, 네가 생각날 거야. 밀밭을 지나가는 바람 소리도 사랑하게 될 거고…"

4) **직접화법**, à découvrir, à connaître, **단형문구**, **변조**, des choses toutes faites **등**

Le renard se tut et regarda longtemps le petit prince :
«S'il te plaît… apprivoise-moi ! dit-il.
– Je veux bien, répondit le petit prince, mais je n'ai pas beaucoup de temps. J'ai des amis à découvrir et beaucoup de choses à connaître.
– On ne connaît que les choses que l'on apprivoise, dit le renard. Les hommes n'ont plus le temps de rien connaître. Ils achètent des choses toutes faites chez les marchands. Mais comme il n'existe point de marchands d'amis, les hommes n'ont plus d'amis. Si tu veux un ami, apprivoise-moi !

ㄱ) 여우가 말을 그치고 어린 왕자를 오래오래 쳐다보더니,
"부탁이야… 나를 길들여줘!" 하고 말했다.
"나도 그러고 싶어." 어린 왕자가 대답했다. "그렇지만 시간이 많지 않아. 찾아야 할 친구들도 있고 알아볼 것들도 많거든……"
"누구든 자기가 길들인 것밖에는 알지 못하는 거야." 여우가 말했다. "사람들은 이제 시간이 없어서 아무것도 알지 못하게 되었어. 상점에 가서 다 만들어진 물건들을 사는 거야. 하지만 친구를 파는 상점은 없으니까 사람들은 이제 친구가 없어. 친구를 갖고 싶으면 나를 길들여줘!"

ㄴ) 여우가 입을 다물고 오랫동안 어린 왕자를 바라보았다.
"제발… 나를 길들여 줘!" 여우가 말했다.
"그러고는 싶은데." 어린 왕자가 대답했다. "시간이 없어. 나는 친구들을 찾아야 하고 알아야 할 것도 많고."
"자기가 길들인 것밖에는 알 수 없는 거야." 여우가 말했다. "사람들은 이제 어느 것도 알 시간이 없어. 그들은 미리 만들어진 것을 모두 상점에서 사지. 그러나 친구를 파는 상인은 없어. 그래서 사람들은 친구가 없지. 네가 친구를 갖고 싶다면, 나를 길들여 줘!"

《어린 왕자》에는 직접화법이 무척 많이 나온다. 이들을 매번 '…하고 말했다' 식으로 처리한다면, 이 작품 번역의 '핵심'인 '시적 에크리튀르'가 크게 훼손된다. 'des amis à découvrir'와 'beaucoup de choses à connaître'는 둘 다 'avoir'의 목적어로서 구조도 같으니, 같게 옮길 필요가 있는데, 틀린

건 물론 아니지만, ㄴ)은 다르게 옮겼다. '찾아야 할 친구들'과 '알아야 할 것들' 정도로 옮길 수 있을 것이다. 'On ne connaît que les choses que l'on apprivoise.'는 일종의 '단형문구'이니 '단형문구'로 옮겨야 할 것이다. ㄱ)의 '누구든 자기가 길들인 것밖에는 알지 못하는 거야.', ㄴ)의 '자기가 길들인 것밖에는 알 수 없는 거야.'보다 간결하게, '길들인 것들만 아는 거야.'라고 하면 좋지 않을까? 'Les hommes…' 문장은 ㄱ)의 '사람들은 이제 시간이 없어서 아무것도 알지 못하게 되었어.', ㄴ)의 '사람들은 이제 어느 것도 알 시간이 없어.'보다, 변조된 '사람들은 이제 뭘 알려고 시간을 들이지 않아.' 같은 번역이 나아 보인다. 'des choses toutes faites'은 '다 만들어진 물건들'이나 '미리 만들어진 것'이라고 하기보다 '기성품'이라고 하는 것이 좋지 않을까? 'Ils achètent…' 문장은 '상점들에 가서 기성품들을 사지.' 정도로 옮길 수 있을 것이다. 그 다음의 'Mais'는 ㄱ)의 '하지만'과 ㄴ)의 '그러나'보다 '그런데'가 더 적절해 보인다.

⇒ 여우가 말을 그치고, 어린 왕자를 오래 쳐다보았다.
"부탁이야… 나 길들여 줘!" 그가 말했다.
"나도 그러고 싶어." 어린 왕자가 답했다. "하지만 시간이 많지 않아. 찾아야 할 친구들도 있고, 알아야 할 것들도 많아…"
"길들인 것들만 아는 거야." 여우가 말했다. "사람들은 이제 뭘 알려고 시간을 들이지 않아. 상점들에 가서 기성품들을 사지. 그런데 친구들을 파는 상점은 없으니, 친구가 없는 거지. 친구를 갖고 싶으면, 나를 길들여!"

5) **미래**, Le langage est source de malentendus, Mais, pourra

– Que faut-il faire ? dit le petit prince.
– Il faut être très patient, répondit le renard. Tu t'assoiras d'abord un peu loin de moi, comme ça, dans l'herbe. Je te regarderai du coin de l'oeil et tu ne diras rien. Le langage est source de malentendus. Mais, chaque jour, tu pourras t'asseoir un peu plus près…»

ㄱ) "어떻게 하면 되는 건데?"
"아주 참을성이 많아야 해." 여우가 대답했다. "우선 내게서 좀 떨어져서 이렇게 풀밭에 앉아 있어. 내가 곁눈질로 너를 슬쩍 바라볼 거야. 그럼 넌 아무 말 하지 말고 가만히 있어. 말은 오해를 낳는 거니까. 하지만 넌 날마다 조금씩 더 가까이 다가앉게 될 거야…"

ㄴ) "어떻게 해야 하는데?" 어린 왕자가 말했다.
"아주 참을성이 있어야 해." 여우가 대답했다. "처음에는 나한테서 조금 떨어져서 바로 그렇게 풀밭에 앉아 있어. 난 곁눈질로 너를 볼 텐테, 너는 말을 하지 마. 말은 오해의 근원이야. 그러나 하루하루 조금씩 가까이 앉아도 돼…"

미래시제는 위 예에서 여러 의미로 쓰이고 있다. 't'assoiras'는 권유, 'regarderai'는 미래 사실의 기술, 'ne diras rien'는 권유, 'tu pourras t'asseoir'는 허락의 의미이다. ㄱ)은 이 마지막 것을 '추측'인 듯이 해석하고 있는데, ㄴ)의 '조금씩 가까이 앉아도 돼…'처럼, 허락의 의미로 옮기되, 표현은 '다가와 앉으라고…'처럼, 좀더 간결하게 하면 좋을 것이다. 'Le langage est source de malentendus'는 일종의 '단형문구'이다. ㄱ)의 '말은 오해를 낳는 거니까'보다 ㄴ)의 '말은 오해의 근원이야'가 간결하다. 원문에는 '-니까'에 해당되는 부분이 없다. 'Mais'는 ㄱ)의 '하지만'과 ㄴ)의 '그러나' 외에, '그래도', Ø 번역 등이 있는데, ㄱ)의 '하지만'이 나아 보인다.

⇒ "어떻게 해야 돼?" 어린 왕자가 물었다.
"참을성이 아주 많아야 해." 여우가 답했다. "우선 내게서 좀 떨어져 앉아, 그렇게, 풀밭에. 내가 곁눈질로 널 볼 거야. 넌 아무 말 마. 말은 오해의 원천이야. 하지만, 매일, 조금씩 다가와 앉으라고…"

6) 접속법 대과거, 단순미래, Mais, à quelle heure, des rites

Le lendemain revint le petit prince.
«Il eût mieux valu revenir à la même heure, dit le renard. Si tu viens, par exemple, à quatre heures de l'après-midi, dès trois heures je commencerai d'être heureux. Plus l'heure avancera, plus je me sentirai heureux. À quatre heures, déjà, je m'agiterai et m'inquiéterai; je découvrirai le prix du bonheur ! Mais si tu viens n'importe quand, je ne saurai jamais à quelle heure m'habiller le coeur... Il faut des rites.

ㄱ) 다음날 어린 왕자는 다시 거기로 갔다.
"같은 시간에 왔으면 더 좋았을걸." 여우가 말했다. "가령, 네가 오후 네시에 온다면 난 세시부터 벌써 행복해지기 시작할 거야. 시간이 갈수록 나는 점점 더 행복해지겠지. 네시가 되면 난 벌써 흥분해서 안절부절못할 거야. 그래서 행복이 얼마나 값진 것인가를 알게 되겠지! 그러나 네가 시간을 정하지 않고 아무 때나 오면 나는 몇시부터 마음을 곱게 단장해야 하는지 통 알 수가 없잖아… 그래서 의식이 필요한 거야."

ㄴ) 이튿날 어린 왕자가 다시 왔다.
"같은 시간에 왔으면 더 좋았을걸." 여우가 말했다. "가령 오후 4시에 네가 온다면 나는 3시부터 행복해지기 시작할 거야. 시간이 갈수록 난 더 행복해질 거야. 4시가 되면, 벌써, 나는 안달이 나서 안절부절못하게 될 거야. 난 행복의 대가가 무엇인지 알게 될 거야! 그러나 네가 아무 때나 온다면, 몇 시에 마음을 준비해야 할지 알 수 없을 거야… 의례가 필요해."

'revint le petit prince'를 ㄱ)은 '거기를 다시 갔다'라고 했는데, 그 다음 문장의 여우 입장에서 말하는 'revenir'를 고려한다면, ㄴ)처럼, '어린 왕자가 다시 왔다'라고 해야 할 것이다. 'Il eût mieux valu revenir'는 형태상으로 접속법 대과거이나, 직설법에 쓰였을 경우 '조건형 과거 제2형'이라고 불리기도 한다. 알메이다(2011:19)는 이 용례에 대해 '문체의 귀족적 면모'를 지적한다. 동일한 정도는 아닐지라도, '같은 시간에 왔으면 더 좋았을 걸'보다는, 어린 왕자가 같은 시간에 오지 않은 점도 보다 잘 드러내고, 어투도 약간 고전적 느낌을 살려, '같은 시간에 왔더라면 더 좋았을 것이야'라고 하는 것도 괜찮지만, '…좋았을 거야'라고 하여, 그 다음에 나오는 세 번의 '-거야'의 반복을 두드러지게 하는 것도 괜찮을 것이다.

6)에서는 미래시제가 7번 나오는데, ㄱ)과 ㄴ)은 이들을 대체로 잘 살리고 있다. 'je m'agiterai et m'inquiéterai'는 ㄱ)과 ㄴ)의 것보다 '난 불안해 하고 걱정할 거야'가 원문의 리듬을 더 존중하는 번역이 아닐까? 'je découvrirai le prix du bonheur !'는 앞 문장과의 연결관계를 생각하면, ㄱ)의 '그래서 행복이 얼마나 값진 것인가를 알게 되겠지!'보다, ㄴ)의 '난 행복의 대가가 무엇인지 알게 될 거야!'보다, '행복의 값어치를 알게 되는 거지!'가 더 낫지 않을까? 'Mais'는 두 번역의 '그러나'보다 '그런데'가 적절해 보인다. 'à quelle heure'는 ㄴ)을 비롯한 대개의 번역들이 '몇 시에'로 옮기고 있으나, ㄱ)처럼 '몇시부터'로 옮기는 것이 나을 듯하다. 'des rites'는 복수를 살려 '의식들'로 옮기는 것이 좋을 듯하다.

⇒ 다음 날 어린 왕자가 다시 왔다.
"같은 시간에 왔더라면 더 좋았을 거야." 여우가 말했다. "네가, 가령, 오후 네 시에 온다면 세 시부터 행복해지기 시작할 거야. 시간이 갈수록, 나는 점점 더 행복해질 거야. 네 시면, 벌써, 난 불안해 하고 걱정할 거야. 행복의 값어치를 알게 되는 거지! 그런데 네가 아무 때나 오면, 몇 시부터 마음 단장을 할지 통 알 수 없잖아… 의식들이 필요해."

7) C'est ce qui fait…, mes chasseurs, Si **구문 주절**

– Qu'est-ce qu'un rite ? dit le petit prince.
– C'est aussi quelque chose de trop oublié, dit le renard. C'est ce qui fait qu'un jour est différent des autres jours, une heure, des autres heures. Il y a un rite, par exemple, chez mes chasseurs. Ils dansent le jeudi avec les filles du village. Alors le jeudi est jour merveilleux ! Je vais me promener jusqu'à la vigne. Si les chasseurs dansaient n'importe quand, les jours se ressembleraient tous, et je n'aurais point de vacances.»

ㄱ) "의식이 뭐지?" 어린 왕자가 물었다.
"그것도 사람들이 너무나 잊고 있는 것이지." 여우가 말했다. "어떤 날이 다른 날들과, 어떤 시간이 다른 시간들과 다르게 만드는 게 의식이야. 가령, 나를 쫓는 사냥꾼들에게도 의식이 있어. 그들은 목요일이면 마을 처녀들과 춤을 추지. 그래서 나에게 목요일은 신나는 날이야! 나는 포도밭까지 산보를 갈 수 있어. 하지만 만약 사냥꾼들이 아무 때나 춤을 춘다고 해봐. 모든 날이 다를 바 없이 다 같은 날일 테니 난 하루도 마음 놓고 쉬지 못할 거야…"

ㄴ) "의례가 뭐야?" 어린 왕자가 말했다.
"그것도 모두들 너무 잊고 있는 것이지." 여우가 말했다. "그건 어떤 날을 다른 날과 다르게, 어떤 시간을 다른 시간과 다르게 만드는 거야. 이를테면 사냥꾼들에게도 의례가 있지. 그들은 목요일이면 마을 처녀들하고 춤을 춘단다. 그래서 목요일은 경이로운 날이지! 나는 포도밭까지 산택을 나가지. 만일에 사냥꾼들이 아무 때나 춤을 춘다면 모든 날이 다 그게 그거고, 내게는 휴일이 없을 거야."

'C'est ce qui fait qu'…'는 ㄴ)과 유사하게, '…다르도록 하는 거야'라고 하면 될 것이다. ㄱ)의 '…게 의식이야'는 오히려 'ce qui fait qu'…, c'est le rite'에 해당하는 번역이다. 'mes chasseurs'는 쉬운 표현이나, 번역은 그렇게 쉽지 않다. ㄱ)의 '나를 쫓는 사냥꾼들'과 'mes'를 묵시적으로 처리한 ㄴ)의 '사냥꾼들' 외에, '내가 아는 사냥꾼들' 같은 번역도 있는데, '나 잡으려는 사냥꾼들'이 무난하지 않을까? 'Si' 구문의 주절을 ㄱ)은 별도 문장으로 처리했는데, 원문대로 하면서 그 '정언성'[47]도 살려 주는 게 좋을 것이다.

⇒ "의식이 뭐지?" 어린 왕자가 물었다.

47 1부 '8. 정언성과 번역 무늬' 참고.

"그것도 너무 잊혀진 거야." 여우가 말했다. "어떤 날이 다른 날들과, 어떤 시간이 다른 시간들과 다르도록 하는 거야. 예를 들어, 나 잡으려는 사냥꾼들에게도 의식이 있어. 그들은 목요일이면 마을 처녀들과 춤을 춰. 그래서 목요일은 신나는 날이야! 포도밭까지 산책을 하지. 사냥꾼들이 아무 때나 춤을 추면, 그 날이 그 날일 테니, 휴일이 전혀 없는 거지…"

8) gênées, On ne peut pas mourir pour vous, Puisque의 **반복**, dont

Et les roses étaient bien gênées.
«Vous êtes belles, mais vous êtes vides, leur dit-il encore. On ne peut pas mourir pour vous. Bien sûr, ma rose à moi, un passant ordinaire croirait qu'elle vous ressemble. Mais à elle seule elle est plus importante que vous toutes, puisque c'est elle que j'ai arrosée. Puisque c'est elle que j'ai mise sous globe. Puisque c'est elle que j'ai abritée par le paravent. Puisque c'est elle dont j'ai tué les chenilles (sauf les deux ou trois pour les papillons). Puisque c'est elle que j'ai écoutée se plaindre, ou se vanter, ou même quelquefois se taire. Puisque c'est ma rose.»

ㄱ) 그러자 장미꽃들은 매우 어색해했다.
"너희들은 아름답지만 속이 텅 비어 있어." 어린 왕자가 다시 말을 계속 했다. "아무도 너희들을 위해서 자신의 목숨을 바치지 않아. 물론 내 장미꽃도 평범한 행인에겐 너희들과 비슷한 꽃으로 보이겠지. 그렇지만 하나뿐인 그 꽃이 내게는 너희들 모두보다 더 소중해. 내가 직접 물을 준 꽃이니까. 내가 직접 둥근 덮개를 씌워준 꽃이니까. 내가 직접 바람막이로 막아 보호해준 꽃이니까. 내가 직접 벌레들을 잡아준(나비가 되라고 남겨둔 두세 마리만 제외하고) 꽃이니까. 불평을 해도, 자랑을 늘어놓아도, 심지어 때때로 입을 다물고 있어도 나는 다 들어준 꽃이니까. 그건 바로 내 장미꽃이니까."

ㄴ) 이 말에 장미꽃들은 난처했다.
"너희들은 아름다워. 그러나 너희들은 비어 있어." 어린 왕자는 다시 말했다. "아무도 너희들을 위해 죽을 수는 없을 거야. 물론 멋모르는 행인은 내 장미도 너희들과 비슷하다고 생각할 거야. 그러나 그 꽃 하나만으로도 너희들 전부보다 더 소중해. 내가 물을 준 꽃이기 때문이야. 내가 바람막이로 바람을 막아 준 꽃이기 때문이야. 내가 벌레를 잡아 준 꽃이기 때문이야(나비가 되라고 두세 마리만 남겨 놓고). 내가 불평을 들어 주고, 허풍을 들어 주고, 때로는 침묵까지 들어 준 꽃이기 때문이야. 그것이 내 장미이기 때문이야."

'gênées'는 ㄱ)의 '어색해하다', ㄴ)의 '난처하다' 외에, '어쩔 줄 몰라하다', '당황하다' 등으로 해석되어 있는데, '난감해하다'라는 해석이 상황에 더 적합하지 않을까? 다소 긴 인용문은 대체로 번역이 잘 되어 있다. 하지만

'정언적' 표현이나 증폭을 적극적으로 피한다면, 매우 웅변적인 원문의 성격을 더 잘 살릴 수 있을 것이다. '웅변성'은 위 대목의 중요한 '변별적 자질'이다. 'On ne peut pas mourir pour vous'는 증폭된 ㄱ)과 ㄴ)의 번역 외에, '누가 너희를 위해 죽을 수는 없을 테니까', '누구도 너희를 위해서 죽을 수 없으니까', '아무도 너희를 위해 죽어주지는 않을 테니까', '너희들을 위해 죽을 사람은 하나도 없을 거야' 등으로 옮겨져 있는데, '누가 너희를 위해 죽겠어?'처럼, 단언문을 '수사적 의문문'으로 바꾸어 주는 것도 한 방법이다. 관점을 바꾸는 이러한 '변조'도 필요 시 충분히 활용할 수 있어야 할 것이다. ㄱ)의 '내게는', '직접', '둥근' 등은 모두 증폭된 것으로 볼 수 있다. 이들은 원문 때문에 꼭 필요한 것들이 아니다. 위 예에는 'puisque'가 여섯 번이나 나온다. 이를 ㄱ)은 모두 '-니까'로 옮겼고, ㄴ)은 모두 '때문이야'로 옮겼는데, 전자가 적절한 번역이다. '때문이야'는 'parce que'에 어울리는 해석이다. 특히 마지막 'Puisque' 문장을 ㄱ)은 '그건 바로 내 장미꽃이니까.'로, ㄴ)은 '그것이 내 장미이기 때문이야.'로 옮겼는데, '내 장미니까.'라고 했을 때의 말의 힘에 못 미친다. 'dont' 구문은 번역을 통해서는 짐작이 안 되는 구문이니, 우리말과의 차이에 유의할 필요가 있다. 아래와 같이 번역하면, 낱말 수도 ㄱ)의 85개, ㄴ)의 78개에서 67개로 크게 줄어든다.

> ⇒ 그러자 장미꽃들은 무척 난감해했다.
> "너희는 아름다워, 하지만 텅 비어 있어." 어린 왕자가 이어 말했다. "누가 너희를 위해 죽겠어? 물론, 내 장미도 보통 행인은 너희와 비슷하다고 생각할 거야. 하지만 그 꽃 하나가 너희 모두보다 더 중요해, 내가 물을 준 꽃이니까. 내가 덮개를 씌워 준 꽃이니까. 내가 바람막이로 막아 준 꽃이니까. 내가 벌레들을 잡아 준 꽃이니까(나비가 되라고 남겨 둔 두세 마리를 제외하고). 불평하거나, 자랑하거나, 때로 입 다물고 있을 때도 내가 들어 준 꽃이니까. 내 장미니까."

9) Voici, **단형문구**, C'est... qui, deviens responsible, afin de se souvenir

> Et il revint vers le renard :
> «Adieu, dit-il...
> – Adieu, dit le renard. Voici mon secret. Il est très simple : on ne voit bien qu'avec le coeur. L'essentiel est invisible pour les yeux.
> – L'essentiel est invisible pour les yeux, répéta le petit prince, afin

de se souvenir.
– C'est le temps que tu as perdu pour ta rose qui fait ta rose si importante.
– C'est le temps que j'ai perdu pour ma rose… fit le petit prince, afin de se souvenir.
– Les hommes ont oublié cette vérité, dit le renard. Mais tu ne dois pas l'oublier. Tu deviens responsable pour toujours de ce que tu as apprivoisé. Tu es responsable de ta rose …
– Je suis responsable de ma rose…», répéta le petit prince, afin de se souvenir.

ㄱ) 어린 왕자는 다시 여우에게로 돌아왔다.
"그럼, 잘 있어." 그가 말했다.
"잘 가!" 여우가 말했다. "그럼 비밀을 가르쳐줄게. 아주 간단한 거야. 오직 마음으로 보아야 잘 보인다는 거야. 가장 중요한 건 눈에 보이지 않아."
"가장 중요한 건 눈에 보이지 않아." 잘 기억해두기 위해서 어린 왕자가 되뇌었다.
"네 장미꽃이 그토록 소중하게 된 것은 네가 네 장미꽃을 위해서 소비한 시간 때문이야."
"내가 내 장미꽃을 위해서 소비한 시간 때문이야…" 잘 기억해두기 위해서 어린 왕자가 되뇌었다.
"사람들은 이 진실을 잊어버렸어." 여우가 말했다. "하지만 넌 그걸 잊으면 안 돼. 네가 길들인 것에 대해서 너는 영원히 책임이 있는 거야. 너는 네 장미꽃에 대해 책임이 있어."
"나는 내 장미꽃에 대해 책임이 있어……" 잘 기억해두기 위해서 어린 왕자가 되뇌었다.

ㄴ) 그리고 그는 여우에게로 돌아왔다.
"잘 있어." 그가 말했다.
"잘 가." 여우가 말했다. "내 비밀은 이거야. 아주 간단해. 마음으로 보아야만 잘 보인다. 중요한 것은 눈으로는 보이지 않는다."
"중요한 것은 눈으로는 보이지 않는다." 어린 왕자는 기억해 두려고 되풀이했다.
"네 장미를 그토록 소중하게 만든 건 네가 너의 장미에게 소비한 시간 때문이야."
"나의 장미에게 소비한 시간 때문이야." 어린 왕자는 기억해 두려고 되풀이했다.
"사람들은 이 진실을 잊어버렸어." 여우가 말했다. "그러나 너는 잊으면 안 돼. 네가 길들인 것에 너는 언제까지나 책임이 있어. 너는 네 장미한테 책임이 있어…"
"나는 내 장미한테 책임이 있어…" 어린 왕자는 기억해 두려고 되풀이했다.

위 예는 예 8)에 바로 이어지는 대목이다. 첫 문장은 여우가 시킨 대로 장미꽃들을 다시 보러 갔다 돌아온 것을 나타낸다. 이때 'Et'는, ㄱ)처럼, 안 옮길 수도 있으나, ㄴ)처럼 '그리고'로 옮길 수도 있다. 'Voici mon secret'의 ㄱ) 번역 '그럼 비밀을 가르쳐줄게'는 '명시화'와 '증폭'으로 느껴진다. 원문의 임팩트를 살리려면, ㄴ)처럼, 간결하게 '내 비밀은 이거야' 같은 번역이 필요하다. 일종의 단형문구인 'on ne voit bien qu'avec le coeur'를 ㄱ)은 '오직 마음으로 보아야 잘 보인다는 거야'로, ㄴ)은 '마음으로 보아야만 잘 보인다'로 옮겼는데, 조금 더 간결하게 '마음으로 봐야 잘 보여'라고 옮길 수도 있다. 'L'essentiel est invisible pour les yeux'에서 'l'essentiel'을 ㄱ)이 '가장 중요한 건'으로 옮긴 것은 이 맥락에서는 문제가 없다. 하지만 번역자는 이 표현을 4장(Quand vous leur parlez d'un nouvel ami, elles ne vous questionnent jamais sur l'essentiel.)에서는 '제일 중요한 것'으로 달리 옮기고 있다. 24장에 'Le plus important est invisible…'란 문장이 나오는데, 번역자는 이것도 '가장 중요한 것은 눈에 보이지 않아.'로 옮기고 있어, 결과적으로 'l'essentiel'과 'le plus important'의 번역이 같다. ㄴ)은 'l'essentiel'을 여기서는 '중요한 것'으로 옮겼으나, 4장에서는 '가장 중요한 것'으로 옮겼다. 일관성에 다소 문제가 있다. 원문의 '아포리즘' 의미를 살리려면, ㄱ)과 ㄴ)보다 간결하게, '본질은 눈에 안 보여' 정도로 옮기는 게 좋지 않을까?

'afin de se souvenir'는 '기억해 두기 위해서'나 '기억해 두려고'라고 옮길 수도 있지만, '변조'를 하여 '잊지 않으려고'라고 옮길 수도 있다. 이 전치사구의 위치와 반복의 의미에 특히 유의할 필요가 있다. 'C'est… qui…' 구문은, ㄱ)이나 ㄴ)과 달리, 순차적으로, '네가 네 장미꽃에 뺏긴 시간 때문에 네 장미꽃이 그토록 소중한 거야.'라고 번역하는 게 더 낫다. 'le temps que tu as perdu'는, ㄱ)과 ㄴ)의 '소비한 시간'보다 '뺏긴 시간'이 원문의 의미에 보다 가깝다. 여우의 말의 어미는 '–여'나 '–어' 형태일지라도 어린 왕자가 속으로 되뇌는 말의 어미는 '–다' 형태가 바람직하다. ㄴ)은 'deviens responsable'과 'es (suis) responsable'을 모두 '책임이 있어'로 같게 옮겼고, ㄱ)은 '책임이 있는 거야'와 '책임이 있어'로 구분했는데, '책임을 지게 돼'와 '책임이 있어'로의 구분이 더 명료하다. 전반적으로 낱말 수가 ㄱ)은 109개, ㄴ)은 91개로, 훨씬 간결해졌다. 아래 번역은 90개로, 숫자로는 ㄴ)과 차이가 거의 없으나, 세부적으로는 간결성이 더 드러나게 하고, 원문의 리듬을 더 존중함으로써, '시적 에크리튀르'의 성격이 더 두드러지게 하는 번역이라고 말할 수 있다.

⇒ 그리고 그는 여우에게 돌아왔다.
"잘 있어." 그가 말했다.
"잘 가!" 여우가 말했다. "내 비밀은 이거야. 아주 간단해. 마음으로 봐야 잘 보여. 본질은 눈에 안 보여."
"본질은 눈에 안 보인다." 어린 왕자가 되뇌었다. 잊지 않으려고.
"네가 네 장미꽃에 뺏긴 시간 때문에 네 장미꽃이 그토록 소중한 거야."
"내가 내 장미꽃에 뺏긴 시간 때문에…" 어린 왕자가 되뇌었다. 잊지 않으려고.
"사람들은 이 진실을 잊어버렸어." 여우가 말했다. "하지만 넌 잊으면 안 돼. 네가 길들인 것에 넌 영원히 책임을 지게 돼. 넌 네 장미꽃에 책임이 있어."
"난 내 장미꽃에 책임이 있다…" 어린 왕자가 되뇌었다. 잊지 않으려고.

22장

1) Et, gronda, illuminé, Ils reviennent déjà ?, l'aiguilleur, un échange, On
구문 등

Et gronda, en sens inverse, un second rapide illuminé.
«Ils reviennent déjà ? demanda le petit prince…
– Ce ne sont pas les mêmes, dit l'aiguilleur. C'est un échange.
– Ils n'étaient pas contents, là où ils étaient ?
– On n'est jamais content là où l'on est», dit l'aiguilleur.

ㄱ) 그러자 반대 방향에서 불을 환하게 켠 두 번째 급행 열차가 우렁찬 소리를 내며 달려왔다.
"아까 그 사람들이 벌써 돌아오는 건가?" 어린 왕자가 물었다.
"아까 그 사람들이 아냐." 철도원이 말했다. "두 열차가 서로 교차하는 거야."
"자기가 사는 곳이 마음에 들지 않나 보지?"
"자기가 사는 곳이 마음에 드는 법은 없어."

ㄴ) 그러자 이번에는 반대편에서 불을 환하게 켠 두 번째 급행열차가 우르릉거렸다.
"그들이 벌써 되돌아오는 건가요?" 어린 왕자가 물었다.
"같은 사람들이 아니란다." 전철수가 말했다. "서로 자리를 바꾸는 거야."
"살던 곳에서 만족하지 못했나요?"
"사람들은 사는 곳에서 결코 만족하는 법이 없지." 전철수가 말했다.

'Et'는 예 1)의 몇 줄 위에서 'Et un rapide illuminé…'라는 맥락에서 쓰였고, 예 1) 몇 줄 아래의 'Et gronda le tonnerre d'un troisième…'라는 맥락에서도 쓰였는데, ㄱ)과 ㄴ)은 이 세 'Et'를 각기 '그러는데', '그러자', '그러자'와 '그때', '그러자', '그러자'로 옮겼다.[48] 갈랑베르(2001:28)은 위 대목을 가리켜 채플린의 <모던 타임즈>를 연상시킨다는 지적을 하는데, 그러한 의미에서도 'Et'의 반복의 의미를 살려 주어야 할 것이다. ㄱ)이 첫 번째 'Et'에 대해 한 '그때'라는 해석이 타당하다면, 그 해석을 세 번 모두 선택하는 것이—무척 예외적인 해석이긴 하나—'그러자'를 선택하는 것보다는 낫게 생각된다. 'gronda'의 ㄱ) 번역 '우렁찬 소리를 내며 달려왔다'는 ㄴ)의 '우르릉거렸다'에 비해 다소 과하게 설명적이다. '소리를 냈다'는 번역은 의미가 상당히 약하다. '우렁찬 소리를 냈다'는 번역보다는, 은유를 은유로 재현한, 한 번역의 '포효했다'가 보다 적절해 보인다. 'illuminé'의 '불을 환하게 켠'은 증폭의 느낌을 주는 번역이고, '불은 켠'은 의미가 다소 약하다. '불을 밝힌' 정도가 무난해 보인다.

'l'aiguilleur'는 '철도원', '포인트잡이', '전철수', '선로통제원' 등의 번역이 있는데, ㄴ)의 '전철수'(轉轍手)가 적절해 보인다. 'Ils reviennent déjà ?'에서 'Ils'을, ㄱ)은 '아까 그 사람들이'로, ㄴ)은 '그들이'로 옮겼는데, 불필요하다. 한 번역처럼 '벌써 되돌아오는 거야?'로 족하다. 'C'est un échange'는 그 다음 문장들을 보아서도 승객들에 대한 것으로 보아야 하는데, ㄱ)을 비롯한 몇 번역은 이를 '두 열차'에 대한 것으로 해석하고 있다. ㄴ)의 '서로 자리를 바꾸는 거야'라는 번역보다 '서로 바꾸는 거야'가 다소 나아 보인다. 'Ce ne sont pas les mêmes'는, ㄱ)의 '아까 그 사람들이 아냐'나 ㄴ)의 '같은 사람들이 아니란다'보다 '다른 사람들이야'라는 변조적 해석이 적합하다. 두 번째 'Ils' 문장은 구문 순서를 존중하여, 두 번역과 다르게, '마음에 안 들었나, 있었던 곳이?' 정도로 옮기는 것이 좋을 것이다. 'étaient'는 '사는 곳'이나 '살던 곳'보다는 '있던 데'라는 해석이 더 타당해 보인다. 'On n'est

48 한 영어 번역은 이들을 모두 'And'로 옮겼다.

jamais content là où l'on est.'의 '정언적' 성격에는 '자기 있는 데는 누구한테나 흡족치 않아.' 정도의 표현이 어울리지 않을까?

⇒ 그러자 반대 방향에서 불을 밝힌 두 번째 급행열차가 포효했다.
"벌써 되돌아오는 거야?" 어린 왕자가 물었다.
"다른 사람들이야." 전철수가 말했다. "서로 바꾸는 거야."
"마음에 안 들었나, 있던 데가?"
"자기 있는 데는 누구한테나 흡족치 않아."

2) Et, premiers, rien du tout, là-dedans, écrasent leur nez contre les vitres 등

Et gronda le tonnerre d'un troisième rapide illuminé.
«Ils poursuivent les premiers voyageurs ? demanda le petit prince.
– Ils ne poursuivent rien du tout, dit l'aiguilleur. Ils dorment là-dedans, ou bien ils bâillent. Les enfants seuls écrasent leur nez contre les vitres.
– Les enfants seuls savent ce qu'ils cherchent, fit le petit prince. Ils perdent du temps pour une poupée de chiffons, et elle devient très importante, et si on la leur enlève, ils pleurent ...
– Ils ont de la chance», dit l'aiguilleur.

ㄱ) 그러자 불은 환하게 켠 세 번째 급행 열차가 우렁찬 소리를 내며 달려왔다.
"이 사람들은 또 먼젓번 승객들을 쫓아가고 있는 거야?" 어린 왕자가 물었다.
"쫓아가긴 뭘 쫓아가? 저 안에서 잠을 자거나 아니면 하품이나 하고 있는 거지. 오직 아이들만이 유리창에 코를 바짝 대고 있을 뿐이야."
"아이들만이 자기가 무얼 찾고 있는지 알아." 어린 왕자가 말했다. "아이들은 허름한 헝겊인형 하나 때문에도 많은 시간을 보내지. 그러다보면 그 인형이 아주 중요한 게 되는 거야. 누가 그걸 뺏기라도 하면 울어대잖아…"
"아이들은 운이 좋구나." 철도원이 말했다.

ㄴ) 그러자 세 번째 급행열차가 불을 환하게 켜고 천둥소리를 냈다.
"이 사람들은 먼젓번 여행자들을 쫓아가는 건가요?"
"그들은 아무것도 쫓지 않는단다." 전철수가 말했다. "그 안에서 잠을 자지 않으면 하품이나 잔뜩 하는 거지. 어린애들만이 유리창에 코를 박고 있어."
"어린애들만 자기들이 뭘 찾는지 알고 있어요. 어린애들은 헝겊인형에 시간을 바치고, 그래서 인형은 아주 중요한 것이 되는 거예요. 그걸 빼앗기면 소리 내어 울고…" 어린 왕자가 말했다.
"어린이들은 운이 좋구나." 전철수가 말했다.

'Et'는 앞 예서와 마찬가지로, 여기서도 '그때'라는 해석이 적합하다. 첫 문장은 ㄱ)이 ㄴ)보다 더 증폭적 번역을 하고 있다. '그때 불을 밝힌 세 번

째 급행 열차가 포효했다.' 정도로 충분하다. 'premiers'는 ㄱ)과 ㄴ)의 '번째번'이란 해석도 괜찮고, '앞'이란 해석도 괜찮다. 'Ils ne poursuivent rien du tout.'의 '쫓아가긴 뭘 쫓아가?'라는 ㄱ) 해석은 원문보다 조금 퉁명스럽다. ㄴ)의 '그들은 아무것도 쫓지 않는단다'는 다소 설명적인 느낌을 준다. '아무것도 안 쫓아가.'가 무난하다. 'là-dedans'과 그 해석 '저 안에서'는 대화자들이 열차를 보고 있음을 함의한다. ㄴ)의 '그 안에서'가 적절해 보인다. 'écrasent leur nez contre les vitres'를 '오직 아이들만이 유리창에다 코를 대고 밖을 내다보고 있을 뿐이란다'라고 옮긴 한 번역은 '명시화'의 '번역 무늬'가 드러난 경우이다. 이에 비해, ㄱ), 특히 ㄴ)은 상대적으로 간결하다. '코를 들이박고 있다'가 경제성 면에서 원표현과 유사하다. 'perdre du temps'의 부분관사 'du'를, ㄱ)처럼, '많은'으로 해석하는 것은 무리다. ㄴ)의 '시간을 바치다' 같은 긍정적 표현은 원문의 마이너스 뉘앙스와 다르고, ㄱ)의 '시간을 보내다'는 중립적 표현이니, '시간을 뺏기다'로 옮기는 게 나을 것 같다. 마지막 문장의 두 'et'를 ㄱ)은 '그러다보면'과 'Ø'로, ㄴ)은 '그래서'와 'Ø'로 옮겼는데, 맥락상 각각 '그러면'과 '그래서'로 해석될 수 있다. 'Ils ont de la chance'를 대개는 ㄱ)과 ㄴ)처럼 혹은 '아이들은 운이 좋아'로 옮기고 있는데, 한 세 번역 정도는 이를 '아이들은 행복하군'으로 해석하고 있다.

⇒ 그때 불을 밝힌 세 번째 급행열차가 포효했다.
"앞 승객들을 쫓아가는 거야?" 어린 왕자가 물었다.
"아무것도 안 쫓아가." 전철수가 말했다. "그 안에서 자거나 하품을 해. 아이들만 유리창에 코를 들이박고 있어."
"아이들만 자신이 찾는 걸 알아." 어린 왕자가 말했다. "아이들은 헝겊 인형 하나에도 시간을 뺏겨. 그러면 그 인형이 아주 중요해져. 그래서 누가 그걸 뺏으면 울게 되고…"
"아이들은 운이 좋구나." 전철수가 말했다.

23장

1) C', marchand, pilules perfectionnées, On en avale une par semaine…

> «Bonjour, dit le petit prince.
> – Bonjour», dit le marchand.
> C'était un marchand de pilules perfectionnées qui apaisent la soif. On en avale une par semaine et l'on n'éprouve plus le besoin de boire.

ㄱ) "안녕." 어린 왕자가 말했다.
"안녕." 장사꾼이 대답했다.
그는 갈증을 달래주는 최신 알약을 파는 장사꾼이었다. 그 약은 한 주일에 한 알씩 먹으면 다시는 목이 마르지 않게 되는 약이었다.

ㄴ) "안녕하세요." 어린 왕자가 말했다.
"안녕." 장사꾼이 말했다.
그는 목마름을 달래 주는 최신 개량 알약을 파는 사람이었다. 일주일에 한 알만 먹으면 다시 목이 마르지 않는다는 것이다.

한 번역은 첫 문장을 '그것은 갈증을 푸는 완성된 알약을 파는 장사꾼이었다.'로 옮겼는데, 위 맥락에서는 'C''를, ㄱ)과 ㄴ)을 포함한 대부분의 번역처럼, '그는'으로 옮기는 것이 무난하다. 그런데 'marchand'을 '상인' 대신에 굳이 '장사꾼'이라고 할 필요가 있을까? 'pilules perfectionnées'의 번역은 '최신 알약'도 괜찮고, '개량 알약'도 괜찮다. 굳이 '최신 개량 알약'이라고까지 할 필요는 없지 않을까? 마지막 'On' 구문은 일종의 '자유직접문체'로 보아야 할 것 같다. 그 내용은 상인의 말이기도 하고, 서술자의 서술이기도 하기 때문이다. 그런데 그 처리가 용이하지 않다. ㄱ)의 번역은 문장 구조 자체를 바꾸는 선택을 했고, ㄴ)은 자유간접문체로의 번역을 선택했다. '일주일에 한 알만 먹어도 갈증을 느끼지 않는단다.'로 옮긴 번역도 나름대로 성공한 번역이다. 자유간접문체로 옮기더라도, ㄴ)의처럼 변조를 하여, '다시 목이 마르지 않는다는 것이다'라고 옮길 수도 있고, '물 마실 필요를 안 느낀다는 것이다'처럼, 보다 직접적으로 옮길 수도 있다. ㄱ)의 주어 '그 약은'은 생략이 충분히 가능하다.

⇒ "안녕." 어린 왕자가 말했다.
"안녕." 상인이 말했다.
그는 갈증 달래 주는 최신 알약을 파는 상인이었다. 일주일에 한 알만 먹으면, 물 마실 필요가 없다는 것이다.

24장

1) étions, j'avais écouté, bien jolis, tout doucement, heureux, une fontaine 등

Nous en étions au huitième jour de ma panne dans le désert, et j'avais écouté l'histoire du marchand en buvant la dernière goutte de ma provision d'eau :

«Ah ! dis-je au petit prince, ils sont bien jolis, tes souvenirs, mais je n'ai pas encore réparé mon avion, je n'ai plus rien à boire, et je serais heureux, moi aussi, si je pouvais marcher tout doucement vers une fontaine!

ㄱ) 사막에서 비행기가 고장을 일으킨 지 팔 일째 되는 날이었다. 나는 아껴두었던 물의 마지막 남은 한 방울을 마시면서 그 장사꾼에 관한 이야기를 다 들었다.
"아! 네가 겪은 일들 이야기는 정말 재미있구나!" 나는 어린 왕자에게 말했다.
"그런데 난 아직 비행기를 고치지 못했고 이제는 마실 물조차 떨어졌어. 나도 무슨 샘을 향해서 천천히 걸어갈 수 있었으면 정말 좋겠다."

ㄴ) 사막에서 비행기 고장이 일어난 지 여드레째 되는 날이었다. 나는 저장해 놓은 물의 마지막 한 방울을 마시면서 장사꾼에 대한 이야기를 듣고 있었다.
"아!" 나는 어린 왕자에게 말했다. "너의 지난 이야기는 정말 아름답구나. 그러나 난 비행기를 아직도 고치지 못했어. 마실 물도 없고. 나도 아주 천천히 샘터로 걸어갈 수 있다면 행복하겠다!"

위 예는 24장의 첫 대목이다. 'Nous en étions'은, ㄱ)과 ㄴ)에서 보듯이, 상태를 나타낸다. 바로 다음에 나오는 'j'avais écouté'를 ㄱ)은 '다 들었다'로, ㄴ)은 '듣고 있었다'로 옮겼고, '들었었다', '듣고는', '들었다' 등의 번역도 있다. 이 대과거는 복합과거의 의미로 쓰인, 이른바 '서술의 대과거'로 보아야 할 것이다. 24장의 첫 문장이어서, 본래의 대과거로 쓰였다고 보기 어려운 데다, 앞장 끝 부분과 별다른 관련도 없기 때문이다. 그렇다면 '들었

다'가 적절한 해석이다. 제롱디프 구문 'en buvant…'의 ㄱ) 번역 '아껴두었던 물의 마지막 한 방울을 마시면서'나, ㄴ) 번역 '저장해 놓은 물의 마지막 한 방울을 마시면서'나, 모두 조금 어색하다. 두 번역에서 '마지막 남은 한 방울을 마시는' 시간과 이야기를 듣는 시간이 같은 것으로 느껴지기 때문이다. 이 제롱디프 구문 번역을 뒤로 돌리고, '마지막 남은 한 방울을 마시면서'는 표현을 다소 완화하여 '탈탈 털어 마시면서'로 변조 번역을 하면, 어색한 느낌은 다소 해소된다. 감탄사 'Ah !'의 '아!'란 두 번역은 다소 미흡해 보인다. 그 뒤의 내용이 충분히 고려된 번역이 되어야 할 터인데, '그래'는 어떨까? 'bien jolis'는 ㄱ)과 ㄴ)의 번역 외에, '참 멋있구나' 등의 번역이 있는데, 거의 빈말이라는 맥락 의미를 잘 살리려면 '아주 재밌구나' 정도가 괜찮지 않을까?

'tes souvenirs'는 ㄱ)의 '네가 겪은 일들 이야기는', ㄴ)의 '너의 지난 이야기는' 외에, '경험담', '추억담', '체험담' 등의 번역도 있는데, '네 지난 얘기'가 괜찮을 것 같다. 조건형 현재가 쓰인 'serait heureux'는 '좋겠다' 정도가 무난해 보인다. 마지막 'si' 구문의 'vers une fontaine'는 23장의 마지막 문장에도 쓰였던 표현인데, ㄱ)은 이 문장에서는 '샘을 향해'로, 24장에서는 '무슨 샘을 향해서'라고 조금 달리 옮기고 있는데, 이 '무슨'은 이해가 잘 안 된다. ㄴ)은 모두 '샘터로'라고 옮겼는데, 'une'의 '비한정성'을 다른 방식으로 나타내는 '샘 있는 데로' 같은 번역이 필요하지 않을까? 'tout doucement'을 ㄱ)은 '천천히'로, ㄴ)은 '아주 천천히'로 옮겼는데, 이 표현이, ㄱ)이 '만약 내게 마음대로 써도 되는 오십삼 분이 있다면'으로, 그리고 ㄴ)이 '내가 그 53분을 써야 한다면'으로 옮기고 있는, 'si j'avais cinquante-trois minutes à dépenser' 다음에 나온 것임을 고려하면, '아주 느긋하게'가 어울리는 번역이다. 그러면 1)에서 어린 왕자에 대한 전체 어조의 '퉁명스러움'이란 '변별적 의미'도 더 잘 살아난다. 여기에는 조건형 현재 구문 'et je serais heureux, moi aussi,'의 구문 순서를 존중한 번역 '좋겠다, 나도'도 적잖이 기여한다.

⇒ 사막에서 비행기가 고장난 지 팔 일째 되는 날이었다. 나는 상인 얘기를 들었다, 남겨 두었던 물을 탈탈 털어 마시면서.
어린 왕자에게 내가 말했다.
"그래, 아주 재밌구나, 네 지난 얘기. 그런데 아직 비행기도 못 고쳤고, 마실 물도 다 떨어졌다. 좋겠다, 나도, 샘 있는 데로 아주 느긋하게 걸어갈 수 있으면!"

2) il ne s'agit plus de, Parce que, mon raisonnement, avoir eu, va mourir 등

– Mon ami le renard, me dit-il…
– Mon petit bonhomme, il ne s'agit plus du renard !
– Pourquoi ?
– Parce qu'on va mourir de soif…»
Il ne comprit pas mon raisonnement, il me répondit :
«C'est bien d'avoir eu un ami, même si l'on va mourir. Moi, je suis bien content d'avoir eu un ami renard…»

ㄱ) "내 친구 여우는…"
"얘야, 여우 얘기를 하고 있을 때가 아냐!"
"왜?"
"목이 말라 죽을 지경이니까…"
어린 왕자는 내 말을 이해할 수 없다는 듯 대답했다.
"죽을 지경이라 해도 친구가 있었다는 건 좋은 일이야. 난 여우 친구가 있었다는 게 기뻐…"

ㄴ) "내 친구 여우는…" 그는 나에게 말했다.
"얘야, 지금은 여우 이야기를 할 때가 아니야!"
"왜?"
"목이 말라 죽을 지경인데…"
그는 내 설명을 이해하지 못하고 이렇게 대답했다.
"죽는다고 해도 친구를 하나 가진 것은 좋은 일이야. 난 내 친구 여우를 가져서 기뻐…"

'il ne s'agit plus du renard'는 ㄴ)의 '지금은 여우 이야기를 할 때가 아니야!' 같은 번역도 물론 가능하지만, '지금 여우가 문제가 아니야' 같은 간결한 처리도 가능하다. ㄱ)의 'Parce que' 구문의 '…니까'라는 해석은 'puisque'의 해석으로 느껴진다. 이 구문은, 이유는 묵시적으로 처리하여, '목말라 죽게 생겼잖아…' 정도의 '상황에 대한 설명'으로 옮길 수 있을 것이다. 근접미래 'va mourir'는 현재와 맞닿아 있는, 급박한 위험을 나타낸다. 'on va mourir'가 반복되어 있다는 점도 번역에서 유의해야 한다.[49]

'죽을 지경이다'보다 '죽게 생겼다'가 더 급박한 느낌을 준다. ㄱ)은 'on va mourir'를 두 번 '죽을 지경…'이라고 옮겼는데, ㄴ)은 '죽을 지경…'과 '죽는다고…'로 달리 옮겼다. 둘 다 '죽게 생겼다…'고 옮기는 게 좋을 것이다. 'mon raisonnement'은 ㄱ)의 '내 말'이나, ㄴ)의 '내 설명'도 괜찮기는 하나, '말귀'가 맥락을 고려한 적절한 번역이다.[50] 'répondit'는 ㄱ)과 ㄴ)을 비롯하여 대개의 번역이 '대답했다'라고 옮기고 있는데, 물음에 답한 상황을 나타낸 것이 아니기 때문에 다소 문제가 된다. 한 번역만 '이렇게 말했다'로 옮겼다. 두 단순과거 'ne comprit pas'와 'répondit'의 연속의 의미를 나타내려면, '그가 말귀를 못 알아들고, 내게 말했다.' 정도로 옮겨 주어야 하지 않을까? 'avoir eu'는 결과로서의 현재 상황을 나타낸다고 보면, '…얻은 건'과 '…얻은 게' 정도로 해석이 된다.

⇒ "내 친구 여우는…" 그가 말했다.
"얘, 지금 여우가 문제가 아냐!"
"왜?"
"목말라 죽게 생겼잖아…"
그가 말귀를 못 알아듣고, 내게 말했다.
"친구를 얻은 건 좋은 일이야, 죽게 생겼다 해도. 난 여우 친구를 얻은 게 아주 기뻐…"

3) Mais, répondit à ma pensée, J'eus un geste de lassitude, 화법, Cependant 등

Mais il me regarda et répondit à ma pensée :
«J'ai soif aussi… cherchons un puits…»
J'eus un geste de lassitude : il est absurde de chercher un puits, au hasard, dans l'immensité du désert. Cependant nous nous mîmes en marche.

ㄱ) 그러나 어린 왕자는 나를 쳐다보더니 내 마음을 헤아린다는 듯 대답했다.
"나도 목이 말라… 우리 우물을 찾으러 가."
나는 피곤하다는 몸짓을 해 보였다. 넓고 넓은 사막 한가운데서 무턱대고 우물을 찾아 나선다는 것은 당치도 않은 짓이었던 것이다. 그런데도 우리는 걷기 시

49 한 번역은 첫 번째 것을 '목말라 죽을 상황인데', 두 번째 것을 '죽는 일이 있어도'라고 옮기고 있다.

50 한 번역은 '그는 죽는 이유를 이해하지 못하고'라고 옮기고 있다.

작했다.

ㄴ) 그러나 그가 나를 바라보더니 내 생각에 대답을 했다.
"나도 목이 말라… 우물을 찾으러 가요…"
나는 내키지 않는 몸짓을 했다. 이 거대한 사막에서 무턱대고 물을 찾는다니 터무니없는 짓이다. 그러나 우리는 걷기 시작했다.

위 예는 어린 왕자가 상황의 급박함을 짐작치 못하자 비행사가, ㄱ) 번역에 따르면, '도무지 배도 안 고프고 목도 마르지 않은 모양이네. 그저 햇볕만 좀 있으면 족한가 봐…'라고 생각하던 차에 벌어진 상황이다. 이러한 상황의 반전을 나타내려면 'Mais'는 ㄱ)과 ㄴ)의 '그러나'보다 '그런데'가 되어야 할 것이다. 첫 문장은 두 개의 단순과거 'regarda'와 'répondit'가 포함된 간결한 문장인데, ㄱ)은, 다른 여러 번역들처럼, '설명식' '증폭' 번역을 하고 있다. ㄴ)보다도 간결하게 '나를 쳐다보고, 내 생각에 답했다' 정도로 번역하여, 원문의 리듬을 살려 줄 필요가 있다. 'un geste de lassitude'는 ㄱ)의 '피곤하다는 몸짓' 외에 '소용없다는 몸짓', '지친 몸짓' 등의 해석이 있으나, ㄴ)의 '내키지 않는 몸짓'이 나아 보인다. '맥 풀린 몸짓'도 괜찮은 선택일 것 같다.[51]

그 다음 문장 'Il est absurde…'는, 구문이나 표현으로 인해, 서술의 성격이 강한 '자유직접문체'로 볼 수 있다. ㄱ)의 '-다는 것은 당치도 않은 짓이었던 것이다'는 자유간접문체 번역처럼 되어 있는데, 서술 부분이 다소 증폭되어 있다. ㄴ)의 '-다니 터무니없는 짓이다'는 원문처럼 자유직접문체이다. 그런데 이 'absurde'를 《어린 왕자》의 다른 두 경우처럼 '황당하다'는 번역어를 사용하려면, '-다니 황당하다'보다는 '-다니 황당했다'라고 하는 것이 더 자연스럽다. 이는 자유간접문체로 옮긴 것이 된다. 해당 문장을 '광활한 사막 한가운데서 무턱대고 우물을 찾아 나선다는 건 터무니없는 짓이기 때문이다'라고 옮긴 번역이 쌍점 ':'을 이유로 해석한 것은 타당하나, 그 표현이 다소 과하게 느껴진다. 해당 문장을 자유직접문체로 보더라도 번역에 따라 각 목소리의 크기는 달라질 수 있다. 문어 형태로 간주되는 'dans

51 한 번역은 이 부분을 '맥이 탁 풀린 태도'로 옮기고 있다.

l'immensité du désert'는 'il est absurde de chercher un puits'에서보다 서술자의 '목소리'가 조금 더 크게 나타나는 부분인데, ㄱ)의 '넓고 넓은 사막 한가운데서'이나 ㄴ)의 '이 거대한 사막에서'라는 번역은, 결과적으로, 어린 왕자의 '목소리'를 더 키운 셈이다. 해당 전치사구를 '광활한 사막 한복판에서'라고 옮기면, 두 번역보다는 서술자의 목소리가 다소 커지게 된다. ㄴ)의 '이 거대한 사막에서 무턱대고 물을 찾는다니 터무니없는 짓이다'는 자유직접문체로의 번역이다. 'Cependant'을 ㄱ)은 '그런데도'로, ㄴ)은 '그러나'로 옮겼는데, '그렇지만'이 적절해 보인다.

> ⇒ 그런데 어린 왕자가 나를 쳐다보고, 내 생각에 답했다.
> "나도 목말라… 우리 우물 찾으러 가…"
> 나는 맥 풀린 몸짓을 했다. 광활한 사막 한가운데서 무턱대고 우물을 찾아 나서다니 황당했다. 그렇지만 우리는 걷기 시작했다.

4) 전과거, 단순과거, 구문 순서

> Quand nous eûmes marché, des heures, en silence, la nuit tomba, et les étoiles commencèrent de s'éclairer. Je les apercevais comme en rêve, ayant un peu de fièvre, à cause de ma soif.

ㄱ) 몇 시간 동안 아무 말 없이 걷고 나니 해가 지고 별들이 빛나기 시작했다. 갈증 때문에 열이 좀 있어서 그런지 별들이 마치 꿈속같이 보였다.

ㄴ) 말없이 여러 시간을 걷고 나자, 어둠이 깔리고 별이 빛나기 시작했다. 나는 목마름 때문에 좀 열에 들떠 꿈결에서인 듯 그 별들을 바라보았다.

첫 문장은 잘 안 쓰이는 전과거가 단순과거들과 더불어 쓰였다. 상당히 문어적으로 느껴지는 문장인데, 두 번역뿐 아니라 다른 번역들에서도 이에 대한 고려의 흔적을 느끼기 어렵다. '…고 나니'가 전과거의 의미를 부분적으로 나타내나, 전과거의 직역은 불가능하니 일종의 상쇄를 시도할 수밖에 없다. 부족하지만, '몇 시간 묵묵히 걷고 나니, 어느덧 밤이었다. 별들이 빛나기 시작했다' 정도의 번역은 어떨까? 알메이다(2011:15-6)에 의하면, 이 전과거의 느낌은 포르투갈어로도 살리기 어렵다. 그는 번역의 이점 중 하나는 원어의 나라보다 번역되는 언어의 나라에서 일부 작품들의 접근

이 더 용이해지는 것이라고 지적한다. '창조' 측면의 손실이 '보급' 측면에 이득이 된다는 것이다. 둘째 문장도, 구문의 순서를 고려해서라도, 그 문어적 표현의 느낌을 살려 줄 필요가 있다. 'apercevais'는 '바라보았다'는 능동적 해석보다 '보였다'는 수동적 해석이 낫지 않을까? '갈증 때문에 열이 좀 있어선지, 별들이 꿈속 같아 보였다.'라는 번역이 두 번역보다 조금 나아 보인다.

⇒ 몇 시간을 묵묵히 걷고 나니, 어느덧 밤이었다. 별들이 빛나기 시작했다. 갈증 때문에 열이 좀 있어선지, 별들이 꿈속 같아 보였다.

5) Mais, **단순과거 연속, 문장의 간결성**

Mais il ne répondit pas à ma question. Il me dit simplement :
«L'eau peut aussi être bonne pour le coeur...»
Je ne compris pas sa réponse mais je me tus... Je savais bien qu'il ne fallait pas l'interroger.

ㄱ) 그러나 어린 왕자는 내 물음엔 대답하지 않고 그저 이렇게만 말했다.
"물은 마음에도 좋을 수가 있어…"
나는 어린 왕자가 하는 말을 이해할 수 없었지만 아무 대꾸도 하지 않았다… 그에게 되묻지 않는 편이 낫다는 걸 알고 있었으니까.

ㄴ) 그러나 그는 내 물음에 대답하지 않았다. 단지 이렇게 말했다.
"물은 마음에도 좋아…"
나는 그의 대답을 알아듣지 못했지만 입을 다물었다… 그에게 물어서는 안 된다는 것을 나는 잘 알고 있었다.

'Mais'는 여기서도 '하지만'의 뜻이다. 두 번에 걸쳐 단순과거가 연속적으로 쓰였는데, 그 의미를 번역에서도 고려해야 할 것이다. ㄱ)은 두 경우의 번역에 모두 아쉬움이 있고, ㄴ)은 두 번째 경우가 그러하다. ㄱ)의 '어린 왕자가 하는 말'은 지나치게 설명적이니, 그냥 '그의 말'이라고 하는 것이 좋을 것 같다. ㄴ)의 '그의 대답'이란 번역은 다소 문제가 된다. '그는 내 물음에 대답하지 않았다'는 바로 두 줄 위의 서술 때문이다. 마지막 문장의 'Je savais bien que…'를, ㄱ)처럼, 굳이 이유나 정당화로 옮길 필요가 없다. ㄴ)처럼, '잘 알고 있었다'로 족하다. 위 예는 전반적으로 보다 간결한 번역이 가능하다. 아래와 같이 번역하면 낱말 수가 ㄱ)의 35개에서, ㄴ)처럼, 28개로 줄어든다.

⇒ 하지만 그는 물음에 답하지 않았다. 이렇게만 말했다.
"물은 마음에도 좋을 수 있어…"
나는 그의 말을 이해 못 했다. 하지만 입을 다물었다… 되묻지 말아야 할 줄 나는 잘 알고 있었다.

6) **현재**, ce mystérieux rayonnement…, Mais il enchantait toute cette maison 등

Et c'était vrai. J'ai toujours aimé le désert. On s'assoit sur une dune de sable. On ne voit rien. On n'entend rien. Et cependant quelque chose rayonne en silence…
«Ce qui embellit le désert, dit le petit prince, c'est qu'il cache un puits quelque part…»
Je fus surpris de comprendre soudain ce mystérieux rayonnement du sable. Lorsque j'étais petit garçon j'habitais une maison ancienne, et la légende racontait qu'un trésor y était enfoui. Bien sûr, jamais personne n'a su le découvrir, ni peut-être même ne l'a cherché. Mais il enchantait toute cette maison. Ma maison cachait un secret au fond de son coeur…

ㄱ) 정말 그랬다. 나는 언제나 사막을 좋아했다. 모래 언덕에 앉아 있으면 아무것도 보이지 않고 아무 소리도 들리지 않는다. 그리고 무엇인가 침묵 속에서 빛을 발한다.
"사막이 아름다운 건 어딘가에 샘을 감추고 있기 때문이야…" 어린 왕자가 말했다.
나는 모래가 신비롭게 빛을 발하는 이유를 깨닫고 깜짝 놀랐다. 어렸을 적에 나는 아주 오래된 집에 살고 있었다. 그런데 전해오는 이야기에 의하면 그 집에는 보물이 감춰져 있다고 했다. 물론 아무도 그것을 발견하지 못했다. 아니 어쩌면 아무도 찾으려 들지 않았는지도 모른다. 그러나 그 보물로 인해서 그 집 전체가 신비한 마법에 걸려 있는 것만 같았다. 우리집은 그 깊숙한 곳에 어떤 비밀을 간직하고 있었으니까 말이다.

ㄴ) 사실이다. 나는 늘 사막을 좋아했다. 모래 언덕 위에 앉으면 아무것도 보이지 않고 아무 소리도 들리지 않는다. 그러나 정적 속에 빛나는 어떤 것이 있다…
"사막이 아름다운 것은," 어린 왕자가 말했다, "어딘가 우물을 숨기고 있기 때문이야…"
나는 모래밭이 왜 그처럼 신비롭게 빛나는지 문득 깨달았다. 어렸을 때 나는 고가(古家)에서 살았다. 전해 오는 이야기로는 그 집에 보물이 묻혀 있다고 했다. 물론 아무도 그 보물을 발견하지 못했고, 어쩌면 찾으려 하지도 않았을 것이다. 그러나 그 보물이 우리 집 구석구석을 황홀하게 만들었다. 우리 집은 그 깊숙한 곳에 비밀을 감추고 있었다…

둘째 문장은 대부분 번역이 ㄱ)이나 ㄴ)처럼 옮겼으나, 한 번역은 '나는 늘 사막을 사랑해왔다'라고 옮겼다. 다 가능한 번역이긴 하나, ㄴ)의 '나는 늘 사막을 좋아했다'가 리듬상으로도 좋아 보인다. 첫 문단 현재시제 네 문장을 ㄱ)과 ㄴ)은 모두 두 문장으로 옮겼다. 그리고 마지막의 말줄임표를 하나는 고려하고, 하나는 고려하지 않았다. '모래언덕 위에 앉으면 아무것도 보이지 않는다. 아무것도 들리지 않는다. 그러나 무엇인가 침묵 속에 빛나는 것이 있다…'처럼 세 문장으로 옮긴 번역도 있다. 원문처럼 네 문장으로 옮기는 것이, 그리고 말줄임표도 살려 주는 것이 사막 언덕의 느낌을 더 잘 살아나게 하는 것 같다. 'Et cependant'을 ㄱ)은 '그리고'로, ㄴ)은 '그러나'로 옮겼고, '그런데도'란 번역도 있는데, '그렇지만'이 적절한 번역으로 생각된다.

'Je fus surpris…' 문장은 그 단순과거와 동사 'comprendre'의 긴 목적어 명사구 'ce mystérieux rayonnement du sable'로 인해 문어 느낌을 주니, 그러한 성격에 맞게 옮길 필요가 있다. 이 명사구는, ㄱ)의 '모래가 신비롭게 빛을 발하는 이유', ㄴ)의 '왜 그처럼 신비롭게 빛나는지'처럼, 풀어서 번역할 수도 있지만, '모래의 신비로운 빛남'이라는 명사구로 번역하는 것이 더 적절해 보인다. 'ni peut-être même ne l'a cherché'는 '어쩌면 찾으려 들지 않았는지도,' 같은 불완전 문장으로 끝내는 게 더 나을지 모른다. 'Mais il enchantait toute cette maison'에서 'il'을 어느 번역은 '전설'로 옮기고 있는데, '보물'이 되어야 할 것이다. 이 문장은 '하지만 그 보물은 그 집 전체를 매료했다' 같은 직역이 안 되니 방법을 모색해야 한다. ㄱ)의 '그러나 그 보물로 인해서 그 집 전체가 신비한 마법에 걸려 있는 것만 같았다.', ㄴ)의 '그러나 그 보물이 우리 집 구석구석을 황홀하게 만들었다.' 외에, '그러나 그 보물로 인해서 그 집은 매력이 있었다.', '그런데도 그 보물로 해서 그 집은 매력이 넘쳐 보였다.' 등의 번역이 있는데, '하지만 이 보물로 인해 온 집이 마법이 걸렸다' 정도로 옮기면 어떨까? 'au fond de son coeur'는 물론 은유적 표현인데, 은유로의 번역이 어려우니 그 대신 간결함을 선택하여 '그 깊숙이'로 번역하기로 한다. ㄱ)의 낱말 수는 95개, ㄴ)은 83개, 아래 번역은 78개이다.

⇒ 정말 그랬다. 나는 늘 사막을 좋아했다. 모래 언덕에 앉는다. 아무것도 안 보인다. 아무 소리도 안 들린다. 그렇지만 무언가 정적 속에서 빛을 발한다…
"사막이 아름다운 건," 어린 왕자가 말했다. "어딘가 우물을 감추고 있어서야…"
나는 문득 모래의 신비로운 빛남을 이해하고 놀랐다. 어렸을 적 나는 아주 오래된 집에 살았다. 전설에 의하면, 그 집에 보물이 감춰져 있었다. 물론, 아무도 그걸 발견치 못했다, 어쩌면 찾으려 들지 않았는지도. 하지만 이 보물로 인해 온 집이 마법에 걸렸다. 우리 집은 그 깊숙이 하나의 비밀을 감추고 있었던 것이다…

7) **단순과거**, J'étais ému, semblait, à la lumière de, ce, ces **등**

Comme le petit prince s'endormait, je le pris dans mes bras, et me remis en route. J'étais ému. Il me semblait porter un trésor fragile. Il me semblait même qu'il n'y eût rien de plus fragile sur la Terre. Je regardais, à la lumière de la lune, ce front pâle, ces yeux clos, ces mèches de cheveux qui tremblaient au vent, et je me disais : «Ce que je vois là n'est qu'une écorce. Le plus important est invisible…»

ㄱ) 어린 왕자가 잠이 들었으므로 나는 그를 안고 다시 길을 떠났다. 나는 가슴이 뭉클해졌다. 부서지기 쉬운 무슨 보물을 안고 가는 느낌이었다. 이 세상에 이보다 더 부서지기 쉬운 것은 없을 거란 생각까지 들었다. 나는 달빛에 비친 그 창백한 이마, 감겨 있는 눈, 바람결에 나부끼는 금빛 머리카락을 바라보았다. 그리고 생각했다. '지금 내 눈앞에 보이는 건 오직 껍질일 뿐이야. 가장 중요한 것은 눈에 보이지 않아.'

ㄴ) 어린 왕자가 잠이 들어 나는 그를 품에 안고 다시 길을 걸었다. 나는 감동했다. 부서지기 쉬운 보물을 안고 가는 것 같은 느낌이었다. 지구 위에 그보다 더 부서지기 쉬운 것은 없으리라는 느낌마저 들었다. 나는 달빛 아래서 그 창백한 이마, 그 감긴 눈, 바람에 흩날리는 그 머리칼을 바라보며 혼자 생각했다. '내가 보고 있는 것은 껍질에 지나지 않아. 가장 중요한 것은 눈에 보이지 않아…'

첫 문장의 두 단순과거 번역은 ㄱ)보다 ㄴ)과 유사하게 '나는 그를 품에 안고, 다시 길을 나섰다.'라고 하는 것이 그 효과 재현에 더 적절해 보인다. 'J'étais ému'는 사건의 기술이 아니라 과거의 심정 묘사이니, 단순과거의 번역 같은 ㄱ)의 '나는 가슴이 뭉클해졌다' 대신 '나는 가슴이 뭉클했다'라고 해야 할 것이다. 'Il me semblait…'와 'Il me semblait même…'의 반복의 의미가, '…느낌이었다'와 '…란 생각까지 들었다'라고 옮긴 ㄱ)에는 반영되어 있지 않다. 반면에 ㄴ)은 이를 '…느낌이었다'와 '…라는 느낌마저 들었다'를 통해 잘 재현하고 있다. 'à la lumière de'을 ㄱ)은 '달빛에 비친'으로, ㄴ)은 '달빛 아래서'로 옮겼는데, ㄱ)이 적절해 보인다. ㄱ)은, ㄴ)과 달리, 'ce', 'ces', 'ces'를 반복하여 번역하지 않았는데, 반복해 줄 필요가 있다. 마지막 문장 'Le plus important est invisible…'은, ㄱ)과 ㄴ)보다 더 간결하게 '가장 중요한 건 안 보인다…'라고 하면 좋지 않을까?

⇒ 어린 왕자가 잠이 들었기에, 나는 그를 안았다. 그리고 길을 다시 떠났다. 나는 가슴이 뭉클했다. 부서지기 쉬운 어떤 보물을 안은 듯했다. 이 세상에 이보다 더 부서지기 쉬운 건 없을 듯했다. 달빛에 비친 그 창백한 이마, 그 감긴 눈, 바람결에 나부끼는 그 머릿결을 바라보며, 나는 생각했다. '내가 여기 보는 건 단지 껍데기다. 가장 중요한 건 안 보인다…'

8) Comme, m'émeut si fort, c'est, même quand il dort, **자유직접화법**, Et

Comme ses lèvres entr'ouvertes ébauchaient un demi-sourire je me dis encore : «Ce qui m'émeut si fort de ce petit prince endormi, c'est sa fidélité pour une fleur, c'est l'image d'une rose qui rayonne en lui comme la flamme d'une lampe, même quand il dort…» Et je le devinai plus fragile encore. Il faut bien protéger les lampes : un coup de vent peut les éteindre…

Et, marchant ainsi, je découvris le puits au lever du jour.

ㄱ) 반쯤 벌리고 있는 그의 입술에 어렴풋한 미소가 어리어 있는 것을 보며 나는 또 생각했다. '이 잠든 어린 왕자가 이렇게까지 내 마음을 감동시키는 것은 꽃 한 송이에 대한 그의 변함없는 마음, 잠들어 있을 때조차도 꺼지지 않는 등불처럼 그의 마음속에 빛나고 있는 한 송이 장미꽃 때문이야…' 그래서 나는 그가 더욱 부서지기 쉬운 존재라는 것을 느낄 수 있었다. 당연히 등불을 잘 막아주지 않으면 안 된다. 바람이 거세게 불면 꺼질 수도 있으니까…

그리하여 나는 그렇게 걸어가다가 해가 뜰 무렵에 우물을 발견했다.

ㄴ) 그의 반쯤 벌린 입술에 어렴풋이 떠오르는 미소를 보고 나는 또 생각했다. '잠든 어린 왕자가 나를 이렇듯 감동하게 만드는 것은, 한 송이 꽃에 바치는 그의 성실한 마음 때문이다. 비록 잠이 들어도 그의 가슴속에서 등불처럼 밝게 타오르는 한 송이 장미꽃의 영상이 있기 때문이다…' 그래서 나는 그가 더욱더 부서지기 쉽다는 걸 알아차렸다. 등불들을 잘 지켜야 한다. 한 줄기 바람에도 꺼질지 모르는…

그리고 나는 이렇게 걸어가 동이 틀 무렵 우물을 발견했다.

'Comme' 구문의 ㄱ) 번역 '반쯤 벌리고 있는 그의 입술에 어렴풋한 미소가 어리어 있는 것을 보며'는 '명시화'된 번역이다. ㄴ)은 이보다는 덜 하나,[52] '살짝 벌어진 그의 입술에 살포시 미소가 어렸기에'가 원문 의미에 더 가깝다. 'm'émeut si fort'는 ㄱ)과 ㄴ)을 비롯한 대개의 번역이 '부사+동사'(이렇듯 감동하게 만드는)로 옮기고 있는데, '부사+형용사'(이리도 감동스러운)로 치환하여 옮길 수도 있다. 'c'est'를 ㄱ)과 ㄴ)을 비롯한 여러 번역이 '때문이야'나 '때문이다'로 옮기고 있는데, 후자가 낫게 느껴진다. 'même quand il dort'의 번역 '잠잘 때조차도…'의 위치는, ㄱ)이나 ㄴ)과는 다르게, 문장 후미가 되어야 그 의미가 살아난다. 인용문 다음의 'Et'는 '그러자'라는 번역도 있지만, ㄱ)과 ㄴ)의 '그래서'가 나아 보인다. 'Il faut bien…' 문장은 자유직접문체이다. '등불들을 잘 보호해야 해. 한 줄기 바람에도 꺼질 수 있어…'라고 옮기면, 자유직접문체의 느낌이 ㄱ)이나 ㄴ)보다 더 잘 살아난다. 'un coup de vent'의 '바람이 거세게 불면'이라는 해석은 다소 과하다. '한 줄기 바람에도'가 적절한 해석이다. 'je le devinai'의 단순과거 'devinai'는 위 맥락에서 시작상의 의미를 갖는다. 이를 ㄱ)은 '느낄 수 있었다'로, ㄴ)은 '알아차렸다'라고 옮겼다. 두 번역 모두 'devinai'의 어휘 의미 때문에 고심한 것으로 짐작되는데, '느껴졌다'는 해석도 가능하지 않을까? 마지막 'Et'는 '리듬의 et'로 이해해도 괜찮을 것 같다. ㄱ)의 '그리하여'나 ㄴ)의 '그리고'를 덧붙이는 것이 어색하게 느껴진다. '그렇게 걷다,'로 충분하다.

⇒ 살짝 벌어진 그의 입술에 살포시 미소가 어렸기에, 나는 다시 생각했다. '잠든 이 어린 왕자가 이리도 감동스러운 건, 꽃 하나에 대한 그의 충실함 때문이다, 등불 불꽃처럼 그의 마음속에 빛나는 장미꽃 하나의 이미지 때문이다, 잠잘 때조차도…' 그래서 그가 더욱 부서지기 쉬운 존재로 느껴졌다. 등불들을 잘 보호해야 해. 한 줄기 바람에도 꺼질 수 있어…

그렇게 걷다, 해 뜰 무렵 나는 우물을 발견했다.

52 '살짝 열린 그의 입술이 보일 듯 말 듯 미소를 내비치고 있어', '살짝 벌어진 그의 입술에 살포시 미소가 어렸기에' 같은 해석들도 있다.

25장

1) tout est prêt, **단순과거**, girouette, quand **구문**

«C'est étrange, dis-je au petit prince, tout est prêt : la poulie, le seau et la corde…»
Il rit, toucha la corde, fit jouer la poulie.
Et la poulie gémit comme gémit une vieille girouette quand le vent a longtemps dormi.

ㄱ) "이상하군." 내가 어린 왕자에게 말했다. "모든 게 다 갖춰져 있잖아, 도르래, 물통, 밧줄…"
그는 웃으며 줄을 만져보고 도드래를 돌려보았다.
그러자 오랫동안 바람이 자고 있을 때 낡은 풍차가 삐걱거리듯이 도르래가 삐걱거렸다.

ㄴ) "이상한데." 어린 왕자에게 말했다. "모두 마련되어 있잖아. 도르래랑 두레박이랑 밧줄이랑…"
그는 웃고 줄을 만지고 도르래를 잡아당겼다.
그러자, 바람이 오랫동안 잠들었다 일어났을 때 낡은 바람개비가 삐걱거리듯 도르래가 삐걱거렸다.

'tout est prêt'는 '모든 게 다 갖춰져 있잖아'로, ㄴ)은 '모두 마련되어 있잖아'로 옮겼는데, 이들도 괜찮지만, '다 갖춰져 있어'나 '없는 게 없잖아'가 보다 간결하다. 그렇지만 '다 있어'가 원문의 정언성에 더 가깝지 않을까? 세 단순과거 'rit', 'toucha', 'fit jouer'는 조금 더 건조하게 옮길 필요가 있다. ㄱ)보다 ㄴ)이 이 단순과거들의 연속의 의미를 더 잘 살리고 있다. 하지만 '그가 웃고, 줄을 만지고, 도르래를 돌려보았다' 같은 번역이 원의에 더 가깝지 않을까? 이 번역에서, ㄴ)의 '그는 웃고 줄을 만지고 도르래를 잡아당겼다'에서처럼, 세 단순과거에 모두 '-었(았)'을 사용하지 않고, 마지막에만 한번 사용했는데, 이는 우리말의 결을 존중한 조치이다.

마지막 문장의 ㄱ) 번역 '오랫동안 바람이 자고 있을 때 낡은 풍차가 삐걱거리듯이' 부분은 논리적 모순이다. '바람이 자고 있을 때 낡은 풍차가 삐걱거릴 수가 없기 때문'이다. 이는 유사한 다른 여러 번역들에서도 마찬가지이다. 'quand le vent a longtemps dormi'의 복합과거를, ㄴ)의 '바람이 오랫동안 잠들었다 일어났을 때'처럼, 완료 이후를 나타내는 것으로 옮기면 그러한 문제는 해소되지만, 간결성 부분에서는 다소 아쉬움이 있다. '오래 잤던 바람이 다시 일 때' 같이 옮기고, 구문 순서의 의미를 고려하여 문장의 끝에 자리하게 하면 어떨까? 'girouette'는 '풍향계'라고 해석해야 할 것이다.

⇒ "이상하군." 내가 어린 왕자에게 말했다. "다 있어, 도르래, 물통, 밧줄…"
그가 웃고, 줄을 만지고, 도르래를 돌려 보았다. 그러자 도르래가 삐걱댔다, 낡은 풍향계가 삐걱대듯, 오래 잤던 바람이 다시 일 때.

2) Je ne voulais pas qu'il fît un effort

Je ne voulais pas qu'il fît un effort :
«Laisse-moi faire, lui dis-je, c'est trop lourd pour toi.»
Lentement je hissai le seau jusqu'à la margelle. Je l'y installai bien d'aplomb. Dans mes oreilles durait le chant de la poulie et, dans l'eau qui tremblait encore, je voyais trembler le soleil.

ㄱ) 나는 어린 왕자에게 힘든 일을 시키고 싶지 않았다.
"내가 할게." 내가 말했다. "너한테는 너무 무거워."
나는 천천히 우물 전까지 두레박을 당겨올려서 똑바로 세워놓았다. 내 귀에는 도르래 소리가 쟁쟁하게 울리고 있었고 출렁대는 두레박의 물 속에서 햇빛이 일렁이는 것이 보였다.

ㄴ) 나는 그에게 힘든 일을 시키고 싶지 않았다.
"내가 하마." 그에게 말했다. "너한테는 너무 무겁다."
천천히 나는 두레박을 우물의 둘레돌까지 들어 올려 넘어지지 않게 올려놓았다. 나의 귓속에서는 도르래의 노래가 계속 울렸고 여전히 출렁거리는 물 속에서 해가 출렁거리는 것을 나는 보았다.

종속절에 접속법 반과거가 쓰인 문장 'Je ne voulais pas qu'il fît un effort.'에 대해 알메이다(2011:17-8)는 일상 불어라면 접속법 현재가 쓰인 'Je ne voulais pas qu'il fasse un effort.'라는 표현을 썼을 것이라고 지적한다. 특히 접속법 반과거가 일인칭에 쓰인 것은 일상적 표현과는 거리가 멀다는 것이다. 이러한 문체적 효과를 직접적으로 나타낼 수는 없으니, 그 대신 문어의 느낌이 나도록 표현을 다듬을 필요는 있다. ㄱ)과 ㄴ)의 번역은 원문에 비해 상당히 평범하다. 'faire un effort'를 '힘든 일을 하다'나 '힘을 쓰다'로 해석하기보다 '애쓰다'로 해석하는 것이 좋지 않을까? 'Je ne voulais pas'는 '원치 않았다'보다는 '안쓰러웠다'로 변조를 해 주는 것이 좋을 듯하다. 'c'est trop lourd pour toi'의 '네가 당기기엔 너무 무거워'라는 번역은 다소 무거워 보인다. 'Lentement' 문장과 그 다음 문장을 ㄱ)과 ㄴ)은 한 문장으로 옮겼는데, 가급적 원문대로 옮기는 것이 좋다.[53] '천천히'는, ㄴ)처럼, 맨 앞에 놓는 것이 낫다. 두 번째 문장은 대명사 처리에 유의하여, '나는 두레박을 그 위에 똑바로 세웠다.' 정도로 옮기면 어떨까? 'je voyais'는 ㄴ)의 '나는 보았다'보다 ㄱ)의 '보였다'가 자연스러워 보인다. 마지막 문장에서 쉼표 처리에도 유의할 필요가 있다.

⇒ 나는 그가 애쓰는 게 안쓰러웠다.
"내가 할게." 내가 말했다. "너한테 너무 무거워."
천천히 나는 두레박을 우물 둘레돌까지 당겨 올렸다. 나는 두레박을 그 위에 똑바로 세웠다. 내 귀에는 도르래의 노래가 계속 들렸고, 여전히 출렁이는 물 속에서는 햇살의 일렁임이 보였다.

3) cette eau-là, C', Cette eau, un aliment, doux, l'effort, faisaient 등

«J'ai soif de cette eau-là, dit le petit prince, donne-moi à boire…»
Et je compris ce qu'il avait cherché !
Je soulevai le seau jusqu'à ses lèvres. Il but, les yeux fermés. C'était doux comme une fête. Cette eau était bien autre chose qu'un aliment. Elle était née de la marche sous les étoiles, du chant de la poulie, de l'effort de mes bras. Elle était bonne pour le coeur, comme un cadeau. Lorsque j'étais petit garçon, la lumière de l'arbre de Noël, la musique de la messe de minuit, la douceur des sourires faisaient ainsi tout le rayonnement du cadeau de Noël que je recevais.

ㄱ) "나, 이 물을 마시고 싶어. 물을 좀 줘…" 어린 왕자가 말했다.
나는 어린 왕자가 무엇을 찾고 있었는지를 깨달았다.
나는 그의 입술에 닿도록 물통을 쳐들어주었다. 그는 눈을 감고 물을 마셨다. 축제처럼 달았다. 그 물은 보통 먹는 물과는 다른 것이었다. 별빛을 받으며 걸어와

53 한 번역은 이 원문을 '천천히 나는 우물의 둘레돌까지 물통을 끌어올렸다. 나는 그것을 거기에 똑바로 얹어놓았다.'라고 옮겼다.

서 도르래 소리를 내며 내 두 팔로 힘들게 길어올린 물이었다. 그것은 선물처럼 마음에 이로운 것이었다. 내가 어린 소년이었을 때, 크리스마스 트리의 불빛, 자정 미사의 음악, 따뜻한 미소 같은 것이 이처럼 내가 받은 크리스마스 선물을 온통 황홀한 것으로 만들어주곤 했었다.

ㄴ) "나는 이 물이 마시고 싶어." 어린 왕자가 말했다. "마시게 해줘…"
그 말에 나는 그가 찾고 있던 것이 무엇인가를 알았다.
나는 두레박을 그의 입술까지 들어 올렸다. 그는 눈을 감고 마셨다. 명절이나 되는 것처럼 즐거웠다. 그 물은 보통 음료수와는 아주 다른 것이었다. 그 물은, 별빛을 받고 걸어온 발걸음과 도르래의 노래와 내 팔의 노력에서 태어났다. 그것은 선물처럼 마음을 흐뭇하게 했다. 내가 어린아이였을 때에도 이처럼 크리스마스 트리의 불빛, 자정 미사의 음악, 다정한 미소들이 바로 내가 받은 크리스마스 선물을 빛나게 했다.

ㄱ)과 ㄴ)을 비롯한 여러 번역들이 모두 'cette eau-là'를 '이 물'로 옮겼는데, 'cette eau-ci'와의 대비관계를 생각하면 '그 물'로 옮겨야 할 것이다.[54] 저자가 평범한 'Je veux (voudrais) boire cette eau-là' 대신에 사용한 'J'ai soif de cette eau-là'의 의미를 적절히 재현하기가 어려운데,[55] ㄱ)과 ㄴ)을 조금 간결히 한 '그 물 마시고파' 정도로 옮기면 어떨까? 'Et je compris ce qu'il avait cherché !'를 가토(2006:223)는 'J'ai soif aussi… cherchons un puits…', 그리고 'Je ne compris pas sa réponse mais je me tus…'와 연관지어 살펴보기를 권한다. 그런데 이 'Je ne compris pas…'가 말하는 것, 즉 '내가 이해 못한 것'은 앞 문장인 'L'eau peut aussi être bonne pour le coeur…' (물은 마음에도 좋을 수 있어…)라는 것은 바로 'Je compris ce qu'il avait cherché !'에 대해 시사하는 바가 크다.[56] 이 문장에서 'ce qu'il…' 이하는

54 양자가 대비되는 다음 예들을 참고하라: 'Cette eau-là est plus fraiche que celle-ci.'; 'Cette eau-ci n'est pas si fraiche que celle-là.'; 'Quiconque boit de cette eau-ci aura encore soif.'

55 가토(2006:223) 참고.

56 요시다(2006:221-2): "어린 왕자는 여우를 길들였을 때 여우와 같은 곳에 앉았다. 그래서 이번에도 '비행사 옆에 앉자'라고 생각했다. 그리고 '그때와 똑같이 해 보자', 즉, 물을 마셔 보기로 결심한다. 그래서 어린 왕자는 '우물을 찾으러 가.'라고 말한다. (…) 세 번째 '비밀 선물'은 바로 비행사에게 준 <마음의 물>로 갈증을 해소하는 생명의 에너지였다. 어린 왕자라는 <마음의 눈>이 없었다면 어른이 되어 버린 비행사 혼자서는 <마음의 샘물>을 결코 찾아내지 못했을 것이다."

자유간접문체이다. 서술을 나타내는 단순과거 'compris', 그리고 이와 대비되는 느낌표가 그 주요 단서이다. ㄱ)이 'compris'의 시작상 의미를 분명히 한 것은 돋보이나, 조금 더 간결한 '그가 무얼 찾았는지 나는 깨달았다!' 같은 번역이 다소 낫지 않을까?

'Je soulevai…' 문장은, '나는 두레박을 그의 입술에 대 주었다'와 같이, 명시적인 것과 묵시적인 것의 처리를 불어와는 다소 달리할 필요가 있다. 불어 원문이 '올려주다'와 '–까지'를 명시화하고 있어도, 번역문은, 환유적으로, 그 결과적 행위인 '입술에 대 주다'에 초점을 맞출 수 있다. 그 다음 문장들의 번역에서도 구문의 리듬과 간결성에 유의할 필요가 있다. 각 문장의 쉼표도 리듬의 주요 표지이다. 두 문장 'C'était…'와 'Cette eau…'는 어린 왕자의 물맛에 대한 생각이 서술자의 서술과 어우러진 자유간접문체로 보아야 할 것이다. 'un aliment'을 ㄱ)은 '보통 먹는 물'로, ㄴ)은 '보통 음료수'로 옮겼고, 이밖에도 '음료', '보통 음료', '보통 먹는 것' 등의 번역이 있는데, 'aliment'의 본뜻을 살려 '여느 양식' 정도로 옮겨야 하지 않을까?[57] 두 문장은, ㄱ)이나 ㄴ)보다는, '그것은 축제처럼 감미로웠다.', '그 물은 여느 양식과 사뭇 달랐다.'처럼 옮기면 좋지 않을까? 'Elle était née'는, 한 번역처럼, '그건 …의 소산이었다'라고 옮기면 좋을 것이다. 'l'effort de mes bras'를 ㄱ)은 '내 두 팔로 힘들게 길어올린'으로, ㄴ)은 '내 팔의 노력'으로 옮겼는데, '내 두 팔의 노력'으로 옮기고 싶다.

'Elle était bonne pour le coeur'의 번역은 24장 예 5)에 나온 'L'eau peut aussi être bonne pour le coeur…'와 연관지어 이루어져야 할 터인데, 위 번역들은 그렇지 못하다. 번역 ㄱ)은 위에서는 '물은 마음에도 좋을 수가 있어…'로, 여기서는 '…마음에 이로운 것이었다'로 옮겼고, ㄴ)은 위에서는 '물은 마음에도 좋아'로, 여기서는 '마음을 흐뭇하게 했다'로 옮겼는데, '그것은 마음에 좋았다'로 하여 일관성을 유지하는 것이 필요하다. 두 'Elle' 문장에서 앞의 것을 '그것은'으로 옮긴다면, 뒤의 것은 번역 생략이 충분

57 한 영어 번역은 'ordinary nourishment'로 되어 있다.

히 가능하다. 'Lorsque…' 문장에서 주절이 이른바 '사물 주어'로 되어 있는데, 'faisaient'를 ㄱ)은 '만들어주다'라고 직역했고, ㄴ)은 '빛나게 했다'로 옮겼는데, '…로 인해, … 빛났었다'로 변조 번역을 하는 것이 낫지 않을까? 'faisaient'가 반복의 의미를 나타내는 것은 분명하지만, ㄱ)의 '…주곤 했었다' 식의 표현을 꼭 써야 하는 것은 아니다. 위 예에서는 'doux'와 'la douceur'가 호응하고 있는데, '감미로웠다'와 '감미로움'으로 호응시켜주면 어떨까? 위 두 번역은 이 호응관계를 고려하지 않고 있다.

⇒ "그 물 마시고파." 어린 왕자가 말했다. "물 좀 줘…"
그가 무얼 찾았는지 나는 깨달았다!
나는 두레박을 그의 입술에 대 주었다. 그가 마셨다, 눈을 감은 채. 그것은 축제처럼 감미로웠다. 그 물은 여느 양식과 사뭇 달랐다. 그건 별빛 아래의 걸음, 도르래의 노래, 내 두 팔의 노력의 소산이었다. 그것은 마음에 좋았다, 선물처럼. 내가 어렸을 적, 크리스마스트리의 불빛, 자정 미사의 음악, 미소들의 감미로움으로 인해, 내가 받은 크리스마스 선물도 이처럼 빛났었다.

4) Et, J'avais bu, coeur, **접속법 반과거**, doucement, qui… s'était assis… 등

Et le petit prince ajouta :
«Mais les yeux sont aveugles. Il faut chercher avec le coeur.»

J'avais bu. Je respirais bien. Le sable, au lever du jour, est couleur de miel. J'étais heureux aussi de cette couleur de miel. Pourquoi fallait-il que j'eusse de la peine…
– Il faut que tu tiennes ta promesse, me dit doucement le petit prince, qui, de nouveau, s'était assis auprès de moi.

ㄱ) 그리고 어린 왕자가 덧붙여 말했다.
"그러나 눈으로는 보지 못해. 마음으로 찾아야 해."

나도 물을 마셨더니 숨쉬기가 좋아졌다. 해가 뜰 무렵이면 모래가 꿀 빛깔이 된다. 나는 이 꿀 빛깔에서도 행복을 느꼈다. 무엇 때문에 괴로워했단 말인가…
"꼭 약속을 지켜야 해." 다시 내 옆에 와 앉은 어린 왕자가 살며시 이런 말을 했다.

ㄴ) 그리고 어린 왕자는 덧붙였다.
"하지만 눈은 장님이야. 마음으로 찾아야 해."

나는 물을 마셨다. 숨이 가벼워졌다. 사막은 동이 틀 무렵이면 꿀과 같은 색깔이다. 나는 이 꿀 색깔에서도 행복을 느꼈다. 왜 공연히 마음을 괴롭혀야 한다는 말인가…

"아저씨는 약속을 지켜야 해." 어린 왕자가 부드럽게 말했다. 그는 다시 내 옆에 앉아 있었다.

'Et'를 ㄱ)과 ㄴ)은 '그리고'로 옮겼는데,[58] 바로 두 줄 위의 'Et cependant ce qu'ils cherchent pourrait être trouvé dans une seule rose ou un peu d'eau…'(그렇지만 그들이 찾는 것이 단 하나의 장미나 물 한 모금에서 발견될 수도 있어…)의 'Et'는 두 번역 모두 옮기지 않았다. 첫 문장의 'Et'도 이 'Et'와 마찬가지로 옮기지 않는 것이 나을 것 같다. 첫 문장의 번역은 '어린 왕자가 덧붙였다'가 적절해 보인다. 'Mais les yeux sont aveugles'은 역설적 아포리즘의 표현이니, ㄱ)의 '그러나 눈으로는 보지 못해'보다 ㄴ)의 '하지만 눈은 장님이야' 정도의 더 강렬한 역설적 표현이 필요하다. 'J'avais bu. Je respirais bien.'에서 대과거는 앞 문장의 단순과거 'ajouta'와의 관련성을 고려해서 '서술의 대과거'로, 반과거는 그 다음의 상황을 표현하는 것으로 보아야 할 것이다. 이 두 문장을 한 문장으로 옮긴 ㄱ)의 '나도 물을 마셨더니 숨쉬기가 좋아졌다'나, '나는 물을 마셨기 때문에 숨을 제대로 쉴 수가 있었다' 같은 번역보다는 ㄴ)의 번역이 낫다.[59] 그 다음 문장은 ㄱ)이나 ㄴ)의 번역도 괜찮지만, 삽입문의 성격을 고려한 '모래는, 해뜰 무렵, 꿀 빛깔이다.' 같은 번역이 원문과 더 잘 어울려 보인다.[60] 'Pourquoi' 문장의 종속절의 시제는 문어적인 접속법 반과거이다. 흡족치는 않으나, '왜 마음 아파야 했지…' 정도로 옮기고 싶다. 'doucement'의 해석에는 '살며시', '부드럽게' 외에, '가만히', '조용히', '상냥하게' 등이 있는데, '나직이'도 괜찮아 보인다. 마지막 문장의 대과거 's'était assis'를, ㄱ)과 ㄴ) 모두 그 앞의 단순과거 'dit'에 대한 선행성을 나타내는 것으로 해석했고, 이를 ㄱ)은 뒤부터, ㄴ)은 순차적으로 옮겼다.[61] 그런데 이 대과거는 복합과거의 의미와 유

58 '그러자', '그러니까' 등의 번역도 있다.

59 '나도 물을 마신 뒤였다. 숨이 편해졌다.' 같은 번역도 있다. '물을 마시고 나서 숨을 한 번 크게 쉬었다.'라고 옮긴 한 번역은 시제들을 자의적으로 해석한 것이다.

60 '그랬더니 모래가 새벽빛을 받아 꿀 빛깔을 띠었다.' 같은 번역은 자의적 번역이다.

사한, '서술의 대과거'[62]로 보아야 하지 않을까? 발화 상황과 'de nouveau'가 그러한 해석의 단서가 된다. 독립적으로 쓰인 대과거는 복합과거로 대치가 가능하다는 알메이다(2011:15)가 직접 언급한 예는 아니지만, 그러한 경우에 속하는 것으로 볼 수 있다고 생각된다.

⇒ 어린 왕자가 덧붙였다.
"눈은 장님이야. 마음으로 찾아야 해."

나는 물을 마셨다. 숨쉬기가 한결 나았다. 모래는, 해뜰 무렵, 꿀 빛깔이다. 나는 이 꿀 빛깔에도 행복했다. 왜 마음 아파야 했지…
"약속 꼭 지켜야 해", 어린 왕자가 나직이 말하며, 다시 내 곁에 앉았다.

5) injuste, petit bonhomme, donc, j'eus le coeur serré, **제롱디프 등**

«Tu es injuste, petit bonhomme, je ne savais rien dessiner que les boas fermés et les boas ouverts.
– Oh ! ça ira, dit-il, les enfants savent.»
Je crayonnai donc une muselière. Et j'eus le coeur serré en la lui donnant:
«Tu as des projets que j'ignore…»

ㄱ) "너무해, 얘야. 난 속이 보이거나 보이지 않는 보아구렁이밖에는 그릴 줄 모른다고 했잖아."
"아, 괜찮아. 어린아이들은 다 알아."
그래서 나는 연필로 굴레를 그렸다. 그 굴레를 어린 왕자에게 줄 때 가슴이 미어지는 느낌이었다.
"넌 내가 모르는 무슨 계획이 있는 모양인데…"

ㄴ) "얘야, 넌 공평하지 않아. 내가 그릴 줄 아는 것이라곤 속이 보이는 보아뱀과 속이 보이지 않는 보아뱀밖에 없지 않니."
"오! 괜찮을 거야." 그는 말했다. "어린애들은 다 알아봐요."
나는 그래서 부리망 하나를 연필로 그렸다. 그걸 어린 왕자에게 주려니 가슴이 메었다.
"너 나한테 숨기고 있는 계획이 있지…"

61 '어린 왕자는 내 옆에 앉아 상냥하게 말했다', '다시 내 곁으로 와서 앉아 있던 어린 왕자가 내게 조용히 말했다', '어린 왕자가 내게 살며시 말했다. 그는 다시 내 옆에 앉아 있었다' 등의 번역도 있다.

62 바르디에르(2009) 참고.

'Tu es injuste'는 ㄱ)의 '너무해', ㄴ)의 '넌 공평하지 않아' 외에, '좀(너무) 심하구나', '너는 심하기두 하다', '그건 너무 가혹한 말이야' 등으로 옮겨져 있는데, '못됐다, 너.'가 원문의 뉘앙스를 좀더 살리는 표현이 아닐까? 'petit bonhomme'는 위 맥락에서는 '너'라고 해도 괜찮을 것 같다. 'Je ne savais rien…' 문장을 ㄱ)은 간접화법 문장으로, ㄴ)은 상기시키는 역할을 하는 '-지 않니'로 옮겼는데, '…몰랐잖아'로 옮기는 것이 적합해 보인다. 두 번역은 'les boas fermés'와 'boas ouverts'를 우리말의 결을 고려하여 불어에서의 순서와 바꾸어 옮겼는데, 적절한 조치이다. 'donc'은, ㄱ)과 ㄴ)처럼, '그래서'라고 옮겨도 좋으나, 굳이 안 옮겨도 괜찮다. 제롱디프 구문 'en la lui donnant'을 ㄱ)은 '…줄 때'로, ㄴ)은 '…주려니'로 옮겼는데, '…주면서'가 조금 나은 해석이 아닐까? 'j'eus le coeur serré'의 단순과거는 시작상을 나타낸다. ㄴ)의 '메었다'도 괜찮고, 한 번역의 '가슴이 뭉클했다'도 괜찮지만, 시작상을 더 분명히 살리는 '가슴이 메어 왔다'가 조금 더 나아 보인다. 마지막 문장은 ㄱ)도 ㄴ)도 다 괜찮지만, 개인적으로는 '너 나 모르는 계획들이 있는가 보구나…'와 같이 옮기고 싶다.

⇒ "못됐다, 너. 속 보이는 보아뱀과 속 안 보이는 보아뱀 빼곤 나 아무것도 그릴 줄 몰랐잖아."
"아! 괜찮아. 애들은 알아."
나는 연필로 부리망을 그렸다. 그것을 어린 왕자에게 주면서, 가슴이 메어 왔다.
"너 나 모르는 계획들이 있나 보구나…"

6) Tu sais, l'anniversaire, étais tombé, Et

Mais il ne me répondit pas. Il me dit :
«Tu sais, ma chute sur la Terre… c'en sera demain l'anniversaire…»
Puis, après un silence il dit encore :
«J'étais tombé tout près d'ici…»
Et il rougit.

ㄱ) 그러나 그는 내 말에는 대답하지 않았다. 그는 말했다.
"저, 내가 지구에 떨어진 지… 내일이면 일 년이야…"
그리고 잠시 침묵을 지키고 있더니 다시 말했다.
"바로 이 근처에 떨어졌었어."

그리고 그는 얼굴을 붉혔다.

ㄴ) 그러나 그는 대답하지 않고 이렇게 말했다.
"있잖아, 내가 지구에 떨어진 지… 내일이면 1년이야…"
그리고 잠시 말이 없더니 다시 입을 열었다.
"내가 떨어진 곳이 이 근처야…"
그리고 얼굴을 붉혔다.

'Tu sais'는 위 맥락에서는 ㄱ)의 '저'보다 ㄴ)의 '있잖아'가 더 적합한 것 같다. ㄱ)과 ㄴ)의 'l'anniversaire'의 번역 '일년'은 적절한 맥락적 선택이다. 대과거 'étais tombé'는 ㄱ)을 비롯한 대개의 번역들이 '떨어졌었어'라고 옮기고 있다. 알메이다(2011:15)는 독립적으로 쓰인 대과거는 복합과거로 대치가 가능하다고 말하는데, 'J'étais tombé tout près d'ici…'도 그가 든 예의 하나이다. 이 문장의 해석이 '바로 이 근처에 떨어졌었어…'보다는 '바로 이 근처에 떨어졌어…'가 적합하다는 것이다. 마지막 문장의 'Et'는 ㄱ)과 ㄴ)의 해석 '그리고'가 적절해 보인다.

⇒ 하지만 그는 내 말에 답하지 않았다. 그가 말했다.
"있잖아, 내가 지구에 떨어진 게… 내일이면 일 년이야…"
그리고, 잠시 침묵하다, 다시 말했다.
"바로 이 근처에 떨어졌어…"
그리고 그가 얼굴을 붉혔다.

7) bizarre, Cependant, ce n'est pas par hasard…, mille milles, retournais

Et de nouveau, sans comprendre pourquoi, j'éprouvai un chagrin bizarre. Cependant une question me vint :
«Alors ce n'est pas par hasard que, le matin où je t'ai connu, il y a huit jours, tu te promenais comme ça, tout seul, à mille milles de toutes les régions habitées ! Tu retournais vers le point de ta chute ?»
Le petit prince rougit encore.

ㄱ) 나는 왠지 모르게 이상한 슬픔을 느꼈다. 그러면서도 한 가지 의문이 생겼다.
"그럼, 일주일 전 내가 너를 처음 알게 된 날 아침, 사람 사는 고장에서 수만 리 떨어진 데서 네가 그렇게 혼자 걷고 있었던 건 우연이 아니구나! 그럼 넌 처음에 떨어진 곳으로 돌아가고 있는 길이었니?"
어린 왕자는 다시 얼굴을 붉혔다.

ㄴ) 또다시 나는 까닭도 모른 채 이상한 슬픔을 느꼈다. 그러면서도 한 가닥 의문이 생겼다.
"그럼 우연이 아니었구나? 여드레 전 내가 너를 알게 된 그날 아침, 사람들이 사는 땅에서 사방으로 수만 리나 떨어진 곳을 너 혼자 그렇게 돌아다녔던 것 말이야. 네가 떨어진 자리로 돌아가는 길이었구나?"
어린 왕자는 다시 얼굴을 붉혔다.

'bizarre'는 위 맥락에서는 '이상한'이 무난한 선택으로 생각된다. 'Cependant'은 ㄱ)과 ㄴ)을 비롯한 여러 번역이 '그러면서도'로 옮겼고, 그 밖에 '그때', '그러는 중에' 등의 해석이 있는데, '그렇지만'이 적절하지 않을까? 'ce n'est pas par hasard'의 해석을 ㄱ)과 ㄴ)을 비롯한 몇 번역이 문미에 놓고 있는데, '그럼 우연이 아니구나'로 옮겨, 앞쪽에 자리하도록 할 필요가 있다. 'le matin où je t'ai connu'는 '내가 너를 알게 된 아침'처럼 직역을 해도 되지만, 한 번역처럼, '널 만난 날 아침'으로 옮겨도 좋을 것이다. 'de toutes les régions habitées'는 2장에서 이미 두 차례 나온 표현이다. ㄱ) 번역은 앞에서는 '사람 사는 지역'과 '사람 사는 곳'으로 옮겼는데, 여기서는 '사람 사는 고장'으로 조금 바뀌었다. ㄴ) 번역은 앞에서는 '사람이 사는 곳'으로 같게 옮겼으나, 여기서는 '사람들이 사는 땅'으로 바뀌었다. 동일하게 옮겨 줄 필요가 있다. 'Alors' 문장의 구어적 리듬을 ㄱ)보다 ㄴ)이 더 잘 살리고 있으나, 리듬의 더 적극적인 고려가 필요하다. 구문 순서를 대략 원문대로 하는 것이 나을 듯하다. 'retournais'는 ㄱ)의 '돌아가고 있는 길'보다 ㄴ)의 '돌아가는 길'이 더 간명하다.

⇒ 다시, 왠지 모르지만, 나는 이상한 슬픔이 느껴졌다. 그렇지만 의문이 하나 생겼다.
"그럼 우연이 아니구나, 일주일 전, 널 만난 날 아침, 네가 그렇게 혼자 걷고 있던 게, 사람 사는 곳에서 천여 마일 떨어진 데서! 네가 떨어진 곳으로 돌아가는 길이었니?"
어린 왕자가 다시 얼굴을 붉혔다.

8) Tu dois, Mais, Je me souvenais du renard, On risque de…, si l'on s'est laissé…

«Tu dois maintenant travailler. Tu dois repartir vers ta machine. Je t'attends ici. Reviens demain soir…»
Mais je n'étais pas rassuré. Je me souvenais du renard. On risque de

pleurer un peu si l'on s'est laissé apprivoiser…

ㄱ) "아저씨는 이제 일을 해야지. 비행기 있는 데로 돌아가. 난 여기서 아저씨를 기다리고 있을게. 내일 저녁에 다시 와…"
하지만 나는 안심이 되지 않았다. 여우 생각이 났다. 한번 길들여지면 좀 울게 될지도 모른다.

ㄴ) "아저씨는 이제 일을 해야 하잖아. 기계 있는 데로 다시 가야 해. 나는 여기서 기다릴게. 내일 저녁에 다시 와요…"
그러나 나는 맘이 놓이지 않았다. 여우 생각이 났다. 자신을 길들이게 하고 나면 얼마큼은 울 염려가 있다.

위 예는 25장의 마지막 문장들이다. 원문에서는 'Tu dois'가 반복되어 있는데, ㄱ)에서는 이 반복이 고려되어 있지 않다. ㄴ)은 반복을 고려했으나, 번역의 방식이 다르다. 반복의 의미를 더 적극적으로 살려 줄 필요가 있다. 'ta machine'는 그 사용의 의미를 고려하면, ㄱ)의 '비행기'보다 ㄴ)의 '기계'로 옮기는 것이 나을 듯하다. 굳이 번역할 필요가 없는 대명사들의 번역을 생략하고 '이제 일 해야지. 기계 있는 데로 돌아가야지. 여기서 기다릴게.'라고 옮기면, 어린 왕자의 말이, ㄱ)이나 ㄴ)보다, 원문의 리듬에 훨씬 가까워진다. 'Mais'는 여기서도 '하지만'이 적절한 해석이다. 'Je me souvenais du renard'는 ㄱ)과 ㄴ)을 비롯해 거의 모든 번역이 '여우 생각이 났다'로 옮겼는데,[63] '서술의 반과거'로 해석한 것이다. 마지막 문장은 'si' 구문 번역을, 위 두 번역을 비롯한 거의 모든 번역과 달리, 뒤로 돌리는 것이 필요하다. 그래야 원문과 유사한 여운이 느껴진다. 'On risque de'는 '…될지도 모른다', '-할 염려가 있다', '우려되는 것이다…' 등으로 옮겨져 있는데, '…될지 모른다'가 무난해 보인다. 'si l'on s'est laissé apprivoiser…'는 수동적 의미를 함축한다.[64] ㄱ)의 '한번 길들여지면'이나 조금 어색하게 느껴지는 ㄴ)의 '자신을 길들이게 하고 나면'에서보다 '길들여지고 나면…'에서 수동적 의미가 더 크게 느껴진다. 한 장의 첫 문장에 유의가 있듯이, 한 장의 마지막 문장의 마지막 표현인 말줄임표 '…'도 나름의 의미가 있으니 살려

63 한 번역은 '여우가 떠올랐다'로 옮겼다.

64 한 번역의 '한번 길을 들여 놓으면'에서는 그러한 의미가 안 느껴진다.

줄 필요가 있다.

⇒ "이제 일해야지. 기계 있는 데로 돌아가야지. 여기서 기다릴게. 내일 저녁에 다시 와…"
하지만 마음이 놓이지 않았다. 여우 생각이 났다. 좀 울게 될지 모른다, 길들여지고 나면…

26장

1) donc, Une autre voix…, Si ! Si !, c'est bien le jour, ce n'est pas ici…

Et je l'entendis qui parlait :
«Tu ne t'en souviens donc pas ? disait-il. Ce n'est pas tout à fait ici !»
Une autre voix lui répondit sans doute, puisqu'il répliqua :
«Si! Si! c'est bien le jour, mais ce n'est pas ici l'endroit…»

ㄱ) 그리고 그가 말하는 소리가 들렸다.
"그래 생각이 안 난단 말이니? 정확하게 여기는 아냐!"
아마도 어떤 다른 목소리가 그와 말을 주고받는 것 같았다. 그가 이렇게 대꾸하니 말이다.
"그래, 그래! 그게 오늘인 건 맞아. 하지만 장소가 여기가 아니란 말이야."

ㄴ) 그리고 그가 이렇게 말하는 소리를 들었다.
"그래 너 기억이 안 나니? 바로 이 자리는 아니야!"
틀림없이 그 말에 대답하는 다른 목소리가 있었다. 어린 왕자가 다시 이렇게 대꾸하는 것이 아닌가!
"아냐, 아냐! 날은 그날이지만 장소는 여기가 아니야…"

첫 문장은, 관점을 바꾸어, 더 간결하게 '그의 말소리가 들렸다'라고 옮기면 좋을 것 같다. 'Tu ne t'en souviens donc pas ?'의 번역에서 '그래'가 꼭 필요하진 않다. '기억이 안 나는 거야?'로 족하다. 이때 '—는 거야'가 'donc'에 해당한다고 말할 수 있다. 'Une autre voix…' 문장도 ㄱ)의 번역은 다소 설명적이다.[65] 'sans doute' 문장의 ㄱ) 번역 '아마도 …같았다'는 간결함이

65 '다음과 같이 대꾸하는 것을 보니 또 다른 목소리가 그에게 답하는 것 같았다'라고 옮긴 한 번역은 더욱 그렇다.

조금 부족하다. ㄴ)의 번역도 괜찮지만, '다른 한 목소리가 분명 그에게 답했다'도 괜찮지 않을까? 'puisque'는 '-니까'로 옮기는 것이 무난하다. 'Si ! Si !'는 위 맥락에서는 ㄱ)의 '그래, 그래!'나 ㄴ)의 '아냐, 아냐!'보다 '맞아! 맞아!'가 원표현에 상응하는 우리말 표현이라고 생각된다. 'c'est bien le jour'를 ㄱ)은 '그게 오늘인 건 맞아'로, ㄴ)은 '날은 그날이지만'으로 옮겼는데, 불어의 정언적 문장에 상응하는 우리말의 정언적 문장으로 보기 어려운 면이 있다. '날짜는 맞아' 정도로 옮겨야 하지 않을까? 'ce n'est pas ici l'endroit…'는 어순을 고려하여 '여기가 아니야, 장소는…' 정도로 옮기는 것이 나을 것이다.

⇒ 그의 말소리가 들렸다.
"기억이 안 나는 거야? 정확히 여기는 아니야!"
다른 한 목소리가 분명 그에게 답했다. 그가 이렇게 대꾸했으니까.
"맞아! 맞아! 날짜는 맞아. 하지만 여기가 아니야. 장소는…"

2) 의문문, Mais 구문, Maintenant va-t'en, je veux redescendre !

«Tu as du bon venin ? Tu es sûr de ne pas me faire souffrir longtemps ?»
Je fis halte, le coeur serré, mais je ne comprenais toujours pas.
«Maintenant va-t'en, dit-il… je veux redescendre !»

ㄱ) "네가 가진 독은 좋은 거겠지? 날 오랫동안 아프게 하지 않을 자신 있지?"
나는 가슴이 조여드는 것 같아 발걸음을 멈추었다. 하지만 어찌 된 영문인지 알 수 없기는 마찬가지였다.
"자, 그럼 이제 저리 가… 나, 내려갈 거야."

ㄴ) "네가 가진 독은 좋은 거니? 오래 아프게 하지 않을 자신 있니?"
나는 가슴이 조여 발을 멈추었다. 나는 그때까지도 영문을 모르고 있었다.
"이제 너는 가봐." 그가 말했다. "내려가야겠어!"

비교적 짧은 예인데, 두 번역은 의미 전달 측면에서는 별문제가 없지만, 구어적 리듬의 재현과 간결성 측면에서는 다소 아쉬움이 있다. 첫 문장을 '네가 가진 독은 좋은 거겠지?'라고 하는 대신, 훨씬 간결하게 '네 독 좋은 거야?' 정도로 옮길 수 있다. 특히 'Mais' 구문의 ㄱ) 번역은 '증폭'과 '명시화'의 '번역무늬'를 말해야 할 정도로 원문보다 크게 늘어나 있다. ㄴ)의 번역은 비교적 간결하지만, 더 간결하게 할 수도 있다. 'Maintenant va-t'en'도 ㄴ)에서 '너는'을 빼면 원문과 잘 어울린다. 'je veux redescendre !'의 번역은 ㄱ)의 '내려갈 거야', ㄴ)의 '내려가야겠어', 다른 한 번역 '내려가고 싶어!' 모두 다 괜찮지만, '내려갈래!'란 번역이 간결해서 더 좋아 보인다. 길지 않은 예지만, ㄱ)의 낱말 수는 35개, ㄴ)은 27개, 아래 번역은 23개로 차이가 난다.

⇒ "네 독 좋은 거야? 오랫동안 안 아프게 할 자신 있어?
가슴이 죄어 와, 나는 멈춰 섰다. 하지만 여전히 영문을 몰랐다.
"이제 가 봐." 그가 말했다. "내려갈래!"

3) 구문, 리듬

Alors j'abaissai moi-même les yeux vers le pied du mur, et je fis un bond ! Il était là, dressé vers le petit prince, un de ces serpents jaunes qui vous exécutent en trente secondes. Tout en fouillant ma poche pour en tirer mon revolver, je pris le pas de course, mais, au bruit que je fis, le serpent se laissa doucement couler dans le sable, comme un jet d'eau qui meurt, et, sans trop se presser, se faufila entre les pierres avec un léger bruit de métal.

ㄱ) 그제야 나는 돌담 밑을 내려다보다가 깜짝 놀라 펄쩍 뛰었다! 거기에는 단 삼십초 만에 사람을 해치울 수 있는 노란 뱀 하나가 어린 왕자를 향해 몸을 꼿꼿이 세우고 있었던 것이다. 권총을 꺼내려고 주머니를 뒤지며 나는 달리기 시작했다. 그러나 내 발소리에 뱀은 마치 분수가 잦아들듯이 모래 속으로 슬그머니 미끄러지더니 별로 서두르지도 않고 가벼운 금속성 소리를 내며 돌 틈으로 사라져버렸다.

ㄴ) 그때서야 나는 담 밑을 내려다보곤 펄쩍 뛰었다! 거기, 30초 안에 우리를 끝장낼 수 있는 저 노랑 뱀 하나가 어린 왕자를 향해 대가리를 쳐들고 있지 않은가. 나는 권총을 꺼내려고 주머니를 뒤지며 뛰어갔지만, 내 발소리에 뱀은 잦아드는 분수처럼 천천히 모래 속으로 스며들더니, 별로 서두르지도 않고 가벼운 쇳소리를 내며 돌 틈으로 교묘히 사라졌다.

이 예에서는 리듬의 번역이 특히 중요하다. 'je fis un bond !'의 해석은 '펄쩍 뛰었다!'로 충분하다. '깜짝 놀라'는 불필요하다. 그 다음의 'Il était là'는 서술자가 무얼 보고 기겁을 했는지, 그 다급함을 압축적으로 나타내는 표현인데, ㄱ)의 이 문장과 그 이하의 번역에서는 거의 침착함까지 느껴진다. ㄴ)에서는 원문의 느낌이 더 잘 살기는 하나, 여전히 아쉬움이 있다. 문제의 문장을 '거기 있었다' 정도로 옮겨 주고, 이에 따라 그 이하 구들의 단절된 리듬을 재현하는 것이 좋을 것 같다. 53개의 낱말들로 구성된 세 번째 문장은 상당히 긴 문장이다. ㄱ)은 두 개의 문장으로, ㄴ)의 하나의 문장으로 옮겼는데, 후자가 바람직하다. ㄴ)도 괜찮지만, 조금 다른 번역도 가능하다. 중요한 것은 원문의 리듬과 호흡을 충분히 고려하여 재현하는 것이다. 쉼표의 적절한 사용에 대해 잘 생각해 볼 필요가 있다.

⇒ 그제야 담 밑 쪽을 보고, 펄쩍 뛰었다! 거기 있었다, 어린 왕자 쪽으로 몸을 세운, 삼십 초 내로 사람을 죽게 만든다는 그 노란 뱀 하나가. 권총을 꺼내려 주머니를 뒤지며, 곧장 뛰어갔지만, 내 발소리에, 뱀은, 마치 분수가 잦아들 듯, 모래 속으로 슬며시 스며들더니, 별로 서두르는 기색도 없이, 가벼운 금속성 소리를 내며 돌 틈으로 사라졌다.

4) **대과거**, éternel, **구문 순서**, **단순과거**, quand on l'a tiré à la carabine

«Quelle est cette histoire-là ! Tu parles maintenant avec les serpents !»
J'avais défait son éternel cache-nez d'or. Je lui avais mouillé les tempes et l'avais fait boire. Et maintenant je n'osais plus rien lui demander. Il me regarda gravement et m'entoura le cou de ses bras. Je sentais battre son coeur comme celui d'un oiseau qui meurt, quand on l'a tiré à la carabine.

ㄱ) "대체 이게 무슨 일이니! 이젠 뱀하고 이야기를 주고받고 있구나!"
나는 그가 밤낮 목에 두르고 있는 금빛 목도리를 풀었다. 관자놀이를 물로 적셔 준 다음 물을 마시게 했다. 그러나 이제 더 이상 그에게 뭐라고 물어볼 엄두가 나지 않았다. 그는 나를 심각한 얼굴로 쳐다보더니 두 팔을 내 목에 감아 매달렸다. 카빈총에 맞아 죽어가는 새처럼 그의 가슴이 팔딱거리며 뛰는 것이 느껴졌다.

ㄴ) "어떻게 된 거야! 이젠 뱀하고 이야길 다 하고!"
나는 언제나 변함없는 그의 금빛 목도리를 풀어냈다. 나는 그의 관자놀이를 적셔 주고 물을 먹여 주었다. 이제는 그에게 감히 아무 말도 물을 수 없었다. 그는 나를 엄숙하게 바라보더니 두 팔로 내 목을 끌어안았다. 그의 가슴이 총에 맞아 죽어 가는 새 가슴처럼 뛰는 것을 느꼈다.

ㄱ)의 두 감탄문 번역, 특히 두 번째 것은 깜짝 놀라 튀어나온 말로 보기엔 다소 아쉬움이 있다. ㄴ) 번역은 두 감탄문의 의미를 상당히 잘 살리고

있다. 두 번째 것은 '이제 뱀들하고 말을 다 해?'도 괜찮을 것 같다. 이 경우, 감탄부호는 의문부호로 번역된다. 위 예에서는 세 개의 대과거가 나오는데, 모두 '서술의 대과거'로서, 긴박하게 연이어 벌어진 일들을 나타내고 있다. 어떤 형식으로든, 그 리듬을 살려 주어야 할 것이다. 'éternel'을 ㄱ)은 '그가 밤낮 목에 두르고 있는'으로 옮겼고, '밤낮'만 '늘'이나 '언제나'로 바뀐 유사한 번역이 여럿 있는데, 설명의 느낌을 준다. '그가 끌러본 적이 없는'도 마찬가지다.[66] 꽤 고심한 번역으로 보이는 ㄴ)의 '언제나 변함없는'이 한결 낫다. 그렇지만 '푼 적 없는'이 더 낫지 않을까? 'cache-nez'는 ㄱ)과 ㄴ)을 비롯하여 대개의 번역이 '목도리'로 옮겼고, 일부 번역이 '머플러'로 옮겼다. '목도리'라는 선택도 괜찮으나, 13장에 나오는 'foulard'와 다르면 좋을 텐데, ㄱ)은 '목도리'로, ㄴ)은 '머플러'로 옮겼다. ㄴ)과 반대의 선택을 하는 것도 한 방법이고, 'foulard'를 '스카프'로, 'cache-nez'를 '머플러'로 옮기는 것도 한 방법이다. 두 단순과거 'regarda'와 'm'entoura'가 쓰인 문장의 ㄱ) 번역은 증폭적 번역 부분인 '매달렸다' 때문에 리듬이 원문에 비해 다소 처진 느낌을 준다. 마지막 문장 번역에서는 구문 순서를 고려할 필요가 있다. 'comme' 이하를 뒤로 돌리는 것이 서술자의 감정 전달에 도움이 될 것 같다. 'quand on l'a tiré à la carabine'는 굳이 '카빈총에 맞아'라고 할 필요가 있을까? 그냥 '총에 맞아'로 족할 것 같다.

⇒ "이게 무슨 일이니! 이제 뱀들하고 말을 다 해?"
나는 푼 적 없는 그의 금빛 머플러를 풀었다. 이어 그의 관자놀이를 적셔 주고, 곧 물을 먹였다. 이제 그에게 뭐라 물어볼 엄두가 안 났다. 그는 나를 심각하게 쳐다보더니, 두 팔로 내 목을 감았다. 그의 가슴이, 총에 맞아 죽어 가는 새의 가슴처럼, 팔딱이는 게 느껴졌다.

5) aies trouvé, Comment sais-tu ?, justement, contre toute espérance 등

«Je suis content que tu aies trouvé ce qui manquait à ta machine. Tu vas pouvoir rentrer chez toi…
– Comment sais-tu ?»

66 한 영어 번역도 'the golden muffler that he always wore'로 되어 있다.

Je venais justement lui annoncer que, contre toute espérance, j'avais réussi mon travail !

ㄱ) "아저씨가 고장난 기계를 고치게 돼서 다행이야. 이제 집으로 돌아갈 수 있겠네…"
"그걸 어떻게 알지?"
정말 뜻밖으로 수리에 성공했다는 것을 그에게 알리러 왔던 참이었다.

ㄴ) "아저씨가 비행기에 무엇이 고장 났는지 알아내서 참 기뻐. 아저씨는 집에 갈 수 있을 거야…"
"어떻게 알았니!"
나는 비행기 수리에 뜻밖에도 성공했다는 그 말을 막 하려던 참이었다!

첫 문장 종속절의 'aies trouvé'는 접속법 과거로서, 'trouver' 행위가 완료된 상태임을 나타낸다. 'que' 이하를 ㄴ)은 '무엇이 고장 났는지 알아내서'라고 거의 직역을 했고, ㄱ)은 '고장난 기계를 고치게 돼서'로 변조적 번역을 했는데, 후자가 더 나은 것 같다. 'Comment sais-tu ?'는 '그걸 어떻게 알지?'나 '어떻게 알았니?'보다, 미세한 차이이기는 하나, '어떻게 아니?'가 원의와 리듬을 더 살리는 번역이다. 'justement'은 '마침', '바로'의 뜻인데, 두 번역에 명시적으로 드러나 있지는 않다. 'contre toute espérance'는 ㄱ)의 '뜻밖으로'와 ㄴ)의 '뜻밖에도' 외에, '천만 뜻밖에', '천만다행으로' 등의 번역이 있는데, '요행히도'가 더 적절해 보인다. 'que… j'avais réussi mon travail'는 ㄱ)의 '수리에 성공했다는 것', ㄴ)의 '수리에… 성공했다는 그 말' 외에, '도저히 고쳐질 것 같지 않던 비행기를… 고쳤다는 사실' 같은 설명적 번역도 있는데, '작업의 성공'이란 직역도 충분히 가능하다. 그렇게 할 경우, '요행히도'란 부사는 '요행스러운'이라는 형용사로 치환되어야 할 것이다.

⇒ "기계 고장을 고치게 돼서 다행이야. 이제 집에 돌아갈 수 있겠네…"
"어떻게 아니?"
나는 마침 요행스러운, 작업의 성공을 알리려 온 참이었다!

6) 쌍점, 쉼표, 말줄임표

Il ne répondit rien à ma question, mais il ajouta:

«Moi aussi, aujourd'hui, je rentre chez moi...»
Puis, mélancolique:
«C'est bien plus loin... c'est bien plus difficile...»

ㄱ) 그는 내가 묻는 말에는 아무 대답도 하지 않고 말을 계속했다.
"나도 오늘 집으로 돌아가…"
그리고 쓸쓸한 표정으로 말했다.
"그건 훨씬 더 멀고… 훨씬 더 어려워…"

ㄴ) 그는 내 물음에는 대답도 않고 이렇게 덧붙였다.
"나도 오늘 내 집으로 돌아가…"
그러고는 우울하게,
"훨씬 더 멀고… 훨씬 더 어려워…"

첫 번째 쌍점은 두 번역처럼 마침표로 처리하는 게 무난하다. 둘째 문장의 'aujourd'hui' 앞뒤의 쉼표는, 어린 왕자가 어렵게 말을 하는 장면이니, 충분히 의미가 있다. 이 쉼표들은 살려 줄 필요가 있다. 불완전 문장 'Puis, mélancolique:'를 ㄱ)은 완전한 문장으로 옮겼고, ㄴ)은 불완전 문장으로 옮겼는데, 상황을 고려할 때, 후자가 더 타당해 보인다. 마지막 문장의 말줄임표는 '-고… -워'보다 '-어… -워'가 더 나아 보인다.

⇒ 그는 내가 묻는 말엔 아무 답 없이, 덧붙였다.
"나도, 오늘, 집으로 돌아가…"
그러곤 우울하게,
"훨씬 더 멀어… 훨씬 더 어려워…"

7) sentais, serrais, semblait, puisse, le regard sérieux, perdu très loin 등

Je sentais bien qu'il se passait quelque chose d'extraordinaire. Je le serrais dans les bras comme un petit enfant, et cependant il me semblait qu'il coulait verticalement dans un abîme sans que je pusse rien pour le retenir...
Il avait le regard sérieux, perdu très loin :
«J'ai ton mouton. Et j'ai la caisse pour le mouton. Et j'ai la muselière...»
Et il sourit avec mélancolie.

ㄱ) 필시 무슨 심상치 않은 일이 생겼다는 것을 느낄 수 있었다. 나는 그를 어린 아기 안듯이 꼭 껴안았다. 그렇지만 그는 깊은 심연 속으로 곧장 빠져들어가는 것만

같았고 내게는 그를 붙잡아둘 힘이 없었다.
그의 심각한 눈길은 먼 곳에만 팔려 있었다.
"나에겐 아저씨가 그려준 양이 있어. 그리고 양을 넣어두는 상자도 있어. 그리고 굴레도…"
그리고 그는 쓸쓸한 웃음을 지어 보였다.

ㄴ) 나는 무언가 심상찮은 일이 일어나고 있다고 느낄 수 있었다. 나는 그를 어린애처럼 품에 끌어안고 있었지만, 내가 어떻게 붙잡아 볼 수도 없이 끝없는 구멍 속으로 곧장 떨어져 내려가고 있는 것만 같았다…
그는 진지한 눈빛으로 먼 데를 바라보고 있었다.
"나는 아저씨가 준 양이 있어. 그리고 양을 넣어 둘 상자가 있고, 또 부리망도 있고…"
그리고 그는 우울하게 웃었다.

앞의 두 반과거 'sentais'와 'serrais'는, 시간 부사 같은 뚜렷한 단서는 없으나, 맥락으로 보아 '서술의 반과거'로 해석되어야 할 것으로 생각된다. ㄱ)과 ㄴ)의 번역도, 'sentais'에 대한 ㄱ)의 '느낄 수 있었다'라는 번역을 제외하고는, 그렇게 볼 수 있도록 옮겨져 있다. 'verticalement'을 두 번역은 '곧장'으로 해석했는데, '깊이'라는 해석이 나아 보인다. 접속법 반과거 형태의 'sans que…' 구문은 ㄱ)의 '내게는 그를 붙잡아둘 힘이 없었다', ㄴ)의 '내가 붙잡을 사이도 없이' 외에, '그를 붙잡을 아무 짓도 할 수 없는 것 같았다', '어떻게 붙잡아 볼 수도 없이' 등으로 옮겨져 있다. 마지막 것처럼 하되, 이 구문을 문장 뒤쪽으로 돌려 여운이 남도록 하는 것이 적절해 보인다. 'cependant'은 ㄱ)의 '그렇지만'이라는 해석이 적절해 보인다. 'Il avait le regard sérieux, perdu très loin.'은 ㄱ)과 ㄴ) 번역 외에, '그는 진지한 눈빛으로 아득한 곳을 바라보았다', '그는 물끄러미 아득한 곳을 바라보는 듯한 심각한 눈빛이었다' 등이 있는데, '그의 진지한 눈길은 아득한 곳을 향해 있었다' 정도가 무난하지 않을까? 'sérieux'는 앞 장의 'Je suis un homme sérieux' 같은 예에서 '심각한'이라는 해석이 부정적으로 쓰인 만큼, 여기서는 ㄴ)의 '진지한'이라는 해석이 적절할 것 같다. 'avec mélancolie'는 이 맥락에서도, 앞 장들에서와 마찬가지로, '우수 어린'으로 해석해야 하지 않을까?

⇒ 나는 뭔가 심상치 않은 일이 생겼음을 직감했다. 나는 그를 아기처럼 꼭 껴안았다. 그렇지만 그는 심연 속으로 깊이 빨려 들어가는 듯했다. 어떻게 붙잡아 볼 수도 없이…
그의 진지한 눈길은 아득한 곳을 향해 있었다.
"나한테 아저씨가 그려 준 양이 있어. 양을 위한 상자도 있어. 부리망도 있고…"
그는 우수 어린 웃음을 지었다.

8) Il avait eu peur, bien sûr !, J'aurai bien plus peur ce soir… 등

J'attendis longtemps. Je sentais qu'il se réchauffait peu à peu :
«Petit bonhomme, tu as eu peur…»
Il avait eu peur, bien sûr ! Mais il rit doucement :
«J'aurai bien plus peur ce soir…»

ㄱ) 나는 오랫동안 기다렸다. 그의 몸이 차츰 따뜻해지는 것이 느껴졌다.
"얘야, 무서웠지…"
물론 무서웠을 것이다! 하지만 그는 나직하게 웃었다.
"오늘 저녁엔 훨씬 더 무서울 텐데…"

ㄴ) 나는 오랫동안 기다렸다. 나는 그의 몸이 점점 따뜻해지는 것을 느꼈다.
"얘야, 너 무서웠지…"
그는 무서웠다. 물론이다! 그러나 그는 상냥하게 웃으면서 말했다.
"오늘 저녁이 훨씬 더 무서울 거야…"

'Il avait eu peur, bien sûr !'는 자유간접문체이다. 정확히는 아니지만, 직접화법 'Il a dit: "J'ai eu peur, bien sûr !"'를 자유간접문체화한 것이라고 말할 수 있다. 우리말도 불어의 자유간접문체에서와 같이 하려면, 시제도 변화시켜 '무서웠었다, 물론!'이라고 해야겠지만, 굳이 '었'을 덧붙여야 할지는 의문이다. 하지만 ㄱ)의 '물론 무서웠을 것이다!'나, '물론 두려워하고 있었다!'나, '물론 무서웠겠지!', '그가 무서워하고 있었던 건 틀림없었다!' 같은 것들은 그다지 적절한 번역으로 보기 어렵다. ㄴ)의 '그는 무서웠다. 물론이다!'도 괜찮은 번역이나, 위 맥락에서는 '무서웠지, 그럼!'이란 번역이 적절해 보이는데, 이는 자유간접문체를 자유직접문체로 옮긴 것이다. 'Mais il rit doucement'에서 'Mais'는 일종의 상황의 '반전'을 뜻하니, ㄱ)의 '하지만'이나 ㄴ)의 '그러나'보다는 '그런데'로 해석되어야 할 것이다. 'doucement'은 ㄱ)의 '나직하게', ㄴ)의 '상냥하게' 외에, '살며시', '부드럽게' 등의 번역이 있는데, 2장과 8장에서 쓰인 '나지막이'와 연관된 '나직이'

가 괜찮아 보인다. 'J'aurai bien plus peur ce soir…'는 ㄱ)의 '오늘 저녁엔 훨씬 더 무서울 텐데…'보다 ㄴ)의 '오늘 저녁이 훨씬 더 무서울 거야…'가 원문의 단순미래 의미를 더 잘 살리고 있다.

⇒ 나는 오래 기다렸다. 그의 몸이 차츰 따뜻해지는 것이 느껴졌다.
"얘, 무서웠지…"
무서웠지, 그럼! 그런데 그가 나직이 웃었다.
"오늘 저녁이 훨씬 더 무서울 거야…"

9) **단순미래,** n'est-ce pas que, ma question

«Cette nuit, ça fera un an. Mon étoile se trouvera juste au-dessus de l'endroit où je suis tombé l'année dernière...
– Petit bonhomme, n'est-ce pas que c'est un mauvais rêve cette histoire de serpent et de rendez-vous et d'étoile...»
Mais il ne répondit pas à ma question. Il me dit : (...)

ㄱ) "오늘 밤이면 일 년이 돼. 내 별은 오늘 밤 내가 작년에 떨어졌던 자리 바로 위에 오게 돼…"
"얘, 그 뱀이니 만날 약속이니 별이니 하는 이야기는 모두가 그냥 나쁜 꿈일 뿐이겠지…"
그러나 그는 내가 묻는 말에는 대답하지 않았다. 그는 내게 말했다.

ㄴ) "오늘 밤이면 꼭 1년이야. 내가 떨어졌던 바로 그 자리 위에 내 별이 나타날 거야…"
"얘야, 그게 다 못된 꿈 아니니? 뱀 이야기니, 뱀하고의 약속이니, 별 이야기니…"
그러나 그는 내 물음에는 대답하지 않고 이렇게 말했다.

첫 두 문장의 단순미래는 ㄱ)처럼, '일년이 돼', '오게 돼'라고 옮길 수도, ㄴ)처럼, '1년이야', '–날 거야'로 옮길 수도 있으나, 어쨌든 운을 맞추면 좋을 것이다. 'n'est-ce pas que…' 번역은 '…뿐이겠지'라고 옮긴 ㄱ)보다는 '… 꿈 아니니?'라고 옮긴 ㄴ)이 원문의 의미에 더 가까우나, '꿈이잖니…'라고 옮기면 더 낫지 않을까? 그 다음 문장의 'Mais'는 두 번역의 '그러나'보다는 '하지만'이 더 적절해 보인다. 'ma question'을 ㄱ)은 '내가 묻는 말'로, ㄴ)은 '내 물음'으로 옮겼는데, 'n'est-ce pas que…' 문장이 과연 '묻는 말'이나 '물음'이라고 할 수 있을까? 일종의 '수사적 질문'이지 온전한 질문은 아니다. 그렇다면 '내 말' 정도로 옮겨야 하지 않을까? 'ne répondit pas'도 '대답하지 않았다'보다는 '대꾸하지 않았다' 정도로 옮겨야 할 것이다.

⇒ "오늘 밤, 일 년이 돼. 내 별이 내가 작년에 떨어진 자리 바로 위에 오게 돼…"
"얘, 그 뱀이니 만날 약속이니 별이니 하는 얘기, 다 나쁜 꿈이잖니…"
하지만 그는 내 말에 대꾸하지 않았다. 그가 말했다.

10) Ce qui est important, ça ne se voit pas…, Bien sûr… 구문, doux, bonne 등

«Ce qui est important, ça ne se voit pas…
– Bien sûr…
– C'est comme pour la fleur. Si tu aimes une fleur qui se trouve dans une étoile, c'est doux, la nuit, de regarder le ciel. Toutes les étoiles sont fleuries.
– Bien sûr…
– C'est comme pour l'eau. Celle que tu m'as donnée à boire était comme une musique, à cause de la poulie et de la corde… tu te rappelles… elle était bonne.
– Bien sûr…

ㄱ) "중요한 건 눈에 보이지 않는 거야…"
"물론이지…"
"꽃도 마찬가지야. 만약 어느 별에 있는 꽃 한 송이를 사랑한다면 밤에 하늘을 쳐다보는 기분이 말할 수 없이 달콤할 거야. 어느 별에나 다 꽃이 피어 있을 테니까."
"그럼…"
"물도 마찬가지야. 아저씨가 내게 마시게 해준 물은 음악 같았어. 도르래와 밧줄 때문에… 생각나지… 물맛이 정말 좋았지…"
"그럼…"

ㄴ) "중요한 건 눈에 보이지 않아…"
"물론이지…"
"꽃도 마찬가지야. 아저씨가 어떤 별에 있는 꽃 하나를 사랑한다고 해봐. 그럼 밤에 하늘만 바라봐도 아늑해지지. 어느 별에나 다 꽃이 피지."
"물론이지…"
"물도 마찬가지야. 아저씨가 마시게 해준 물은 무슨 음악 같았어. 도르래랑 밧줄이랑… 그것들 때문이야… 아저씨도 생각나지… 참 좋았어."
"물론이지…"

'Ce qui est important, ça ne se voit pas…'는 일종의 아포리즘이다. ㄱ)

의 '중요한 건 눈에 보이지 않는 거야'보다도, 이보다 조금 간결한 ㄴ)보다도, '중요한 건 안 보여…' 정도로 간결히 옮길 필요가 있다. ㄱ)은 'Bien sûr…'를 한번은 '물론이지…'로, 두번은 '그럼…'으로 옮겼는데, ㄴ)처럼, 같게 할 필요가 있다. 위 맥락에서는 '그래 맞아…'가 괜찮아 보인다. 'C'est comme pour la fleur'는 살펴본 번역들이 모두 '꽃도 마찬가지야'로 옮기고 있는데, '꽃하고 같아'도 가능한 번역이다.[67] 'C'est comme pour l'eau'도, '물도 마찬가지야'도 괜찮지만, '물하고 같아'도 괜찮다. 'une étoile'은 '어느 별'이나, '어떤 별'이나 다 괜찮다. 'doux'는 '아늑한', '감미로운', '즐거운' 등으로 해석되어 있는데, 앞의 장들에서 여러 차례 번역어로 쓰인 '감미로운'이 적절해 보인다. 'Toutes les étoiles sont fleuries'는 가급적 '-테니까' 같은 명시화 해석은 안 하는 게 바람직하다. ㄴ)처럼 '어느 별에나 다 꽃이 피지'라고 옮길 수도 있지만, '모든 별들에 꽃들이 피어나'라는 번역도 괜찮다. 'tu te rappelles…'은 의미상 의문문이지만, 굳이 물음표를 붙이지 않고 원문처럼, 그리고 두 번역처럼, 말줄임표를 그대로 쓰는 것이 좋을 것이다. 'elle était bonne'의 'elle'은 위 맥락에서는 '그 물'로 옮겨 주는 게 좋을 것 같다.

⇒ "중요한 건 안 보여…"
"그래 맞아…"
"꽃하고 같아. 어느 별에 있는 꽃 하나를 사랑하면, 밤에 하늘을 바라보는 게 감미로워. 모든 별들에 꽃들이 피어나."
"그래 맞아…"
"물하고 같아. 아저씨가 내게 마시게 해 준 물은 음악 같았어. 도르래와 밧줄 때문에… 생각나지…? 그 물 좋았어…"
"그래 맞아…"

11) petit bonhomme, Justement, ce sera, Les gens ont…, Pour les uns, Pour d'autres 등

Il rit encore.
«Ah ! petit bonhomme, petit bonhomme, j'aime entendre ce rire !

67 한 영어 번역은 이를 'It is just as it is with the flower.'라고 옮기고 있다.

– Justement ce sera mon cadeau... ce sera comme pour l'eau...
– Que veux-tu dire ?
– Les gens ont des étoiles qui ne sont pas les mêmes. Pour les uns, qui voyagent, les étoiles sont des guides. Pour d'autres elles ne sont rien que de petites lumières. Pour d'autres, qui sont savants, elles sont des problèmes. Pour mon businessman elles étaient de l'or. Mais toutes ces étoiles-là se taisent. Toi, tu auras des étoiles comme personne n'en a...

ㄱ) 그가 또 웃었다.
"아! 얘야, 난 너의 그 웃음소리가 좋아!"
"바로 이게 내 선물이야… 물도 마찬가지야…"
"그게 무슨 뜻이니?"
"사람들은 다 별들을 바라보지만 그건 같은 별들이 아니야. 여행하는 사람들에게는 별들이 길잡이가 되어주지. 또 어떤 사람들에게는 그저 작은 불빛에 지나지 않아. 학자들에게는 해결해야 할 문제들이고 전에 말한 사업가에겐 금으로 보여. 하지만 저 모든 별들은 말이 없어. 아저씨는 어느 누구도 갖지 못한 별들을 갖게 될 거야…"

ㄴ) 그는 또 웃었다.
"아! 얘야, 얘야, 그 웃음소리가 듣기 좋구나!"
"바로 이게 내 선물이 될 거야… 물도 마찬가지고…"
"무슨 말을 하는 거냐?"
"사람들에겐 별이라고 해서 다 똑같은 별은 아니야. 여행을 하는 사람들에겐 별이 길잡이일 거고, 어떤 사람들에겐 작은 빛에 지나지 않을 거야. 학자들이라면 별을 문젯거리로 생각하겠지. 내가 만난 사업가한텐 별은 황금이야. 그러나 별은 말이 없어. 아저씨가 보는 별은 다른 사람들하곤 좀 다를 거야…"

'Il rit encore'는 상황 묘사로 보아, ㄴ)보다 ㄱ)처럼, '그가 다시 웃었다'라고 옮겨야 할 것이다. 'petit bonhomme'의 되풀이는 의미가 있다. ㄱ)은 이를 단순히 '얘야'로 처리하고 있으나, ㄴ)을 포함해 몇 번역은 '얘야! 얘야!'로 옮겼고, 한 번역은 '아!'로만, 한 번역은 '얘야!'로만 번역하고 있다. '아! 그래, 그래'란 번역은 어떨까? '그래'가 'petit homme'의 어휘적 번역은 물론 아니나, 위의 경우에 적합한 하나의 상황적 번역은 될 것 같다. 'Justement'은 ㄱ)과 ㄴ)이 '바로'로 잘 옮기고 있다. 단순미래로 된 'ce sera mon cadeau…'도 위 상황에서는 '그게 내 선물이야…'가 적절한 번역이 될 수 있다. 단순미래를 미래로 직역한 ㄴ)은 다소 어색하게 느껴진다. 'ce sera comme pour l'eau…'는 10)의 'C'est comme pour l'eau.'에서 'est'가

'sera'로 바뀐 것이니, '물하고 같을 거야'로 옮기면 좋을 것 같다. 두 단순미래가 하나는 현재로, 하나는 미래로 옮겨진 것이 다소 아쉽다.

'Les gens ont…' 이하 문장들에서는 문법의 차이로 인한 변조적 처리가 부분적으로 불가피하나, 'Pour les uns…', 'Pour d'autres…', 'Pour…', 'Mais…'가 맥점이라는 것만 놓치지 않으면 별문제가 없을 것이다. 그 첫 문장 'Les gens ont des étoiles qui ne sont pas les mêmes.'를 ㄱ)은 '사람들은 다 별들을 바라보지만 그건 같은 별들이 아니야'로, ㄴ)은 '사람들에겐 별이라고 해서 다 똑같은 별은 아니야'로 옮겼는데,[68] ㄱ)의 전반부 번역은 상당한 의역이고, ㄴ)의 것은 직역에 가깝다. 보다 직역적인 '사람들에게 별들은 같은 별들이 아니야'도 가능한 번역이다. 'comme personne n'en a…'로 인해 문법의 차이가 많이 느껴지는 마지막 문장을 ㄱ)은 '아저씨는 어느 누구도 갖지 못한 별들을 갖게 될 거야…'로, ㄴ)은 '아저씨가 보는 별은 다른 사람들하곤 좀 다를 거야…'로 옮겼는데, ㄴ)은 상당한 의역이고, ㄱ)의 것이 무난해 보인다.[69]

⇒ 그가 다시 웃었다.
"아! 그래, 그래, 네 그 웃음 소리가 좋아!"
"바로 그게 내 선물이야… 물하고 같을 거야…"
"무슨 소리지?"
"사람들에게 별들은 같은 별들이 아니야. 여행자들에게는 길잡이야. 어떤 이들에게는 작은 불빛일 뿐이고. 학자인 다른 이들에게는 문제들이야. 사업가 아저씨한텐 금이었어. 하지만 저 모든 별들은 말이 없어. 아저씨는 그 누구도 갖지 못한 별들을 갖게 될 거야…"

12) Quand, puisque, ce sera 등의 미래시제

– Que veux-tu dire ?
– Quand tu regarderas le ciel, la nuit, puisque j'habiterai dans

68 이 밖에 '사람들에 따라 별들은 서로 다른 뜻이 있어', '사람들에 따라 별들은 서로 다른 존재야', '사람 따라 별들은 다 다르지', '모든 사람에게 별들이 다 똑같지는 않아' 등의 번역이 있다.

69 '그런데 아저씨는 별을 다른 사람들과는 다른 모양으로 보게 될 거야…' 같은 번역도 있다.

l'une d'elles, puisque je rirai dans l'une d'elles, alors ce sera pour toi comme si riaient toutes les étoiles. Tu auras, toi, des étoiles qui savent rire ! »

ㄱ) "그게 무슨 뜻이니?"
"아저씨가 밤에 하늘을 바라볼 때면 내가 그 별들 중 하나에 살고 있을 테니까, 내가 그 별들 중 하나에서 웃고 있을 테니까, 아저씨에겐 모든 별들이 웃고 있는 것처럼 보일 거야. 그러니까 아저씬 웃을 줄 아는 별들을 갖게 되는 거야!"

ㄴ) "무슨 말을 하는 거니?"
"아저씨가 밤에 하늘을 바라볼 때면, 내가 그 별들 중의 어느 별에서 살고 있을 테니까, 그 별들 중의 어느 별에서 웃고 있을 테니까, 아저씨에겐 모든 별들이 웃고 있는 것으로 보일 거야. 아저씨는 웃을 줄 아는 별들을 가지게 되는 거지!"

이 예는 11)에 이어지는 대목이다. 즉, '그 누구도 갖지 못한 별들을 갖게' 되는 것에 대한 추론적 설명이다. 'Quand' 이하에서는 단순미래가 다섯 번 쓰였는데, 미래 의미가 잘 나타나도록 유의해야 할 것이다. 'Quand' 구문은, 일부 번역의 '바라보면'이나 '바라보게 되면'보다 ㄱ)의 ㄴ)의 '바라볼 때면'이 미래 의미를 더 확실히 나타낸다. 'puisque'는 ㄱ)과 ㄴ)을 비롯한 여러 번역이 '테니까'로 그 의미를 잘 살리고 있는데, '테니'라고만 해도 된다. 'alors'는 '그러면'의 뜻이나, ㄴ)에서 보듯이, 명시적으로 번역되지 않을 수도 있다. ㄱ)의 '그러니까'는 'donc'의 해석으로 느껴진다. 'alors ce sera pour toi comme si…'를 여러 번역이 ㄱ)의 '아저씨에겐 모든 별들이 모두 웃고 있는 것처럼 보일 거야'와 비슷하게 옮겼는데, '아저씨한텐 모든 별들이 웃는 거나 마찬가질 거야'가 더 간결한 번역이다. 마지막 문장의 단순미래는 ㄴ)의 '…되는 거지'도 괜찮지만, '마찬가질 거야'와 끝소리가 같은 '…되는 거야!'가 더 나아 보인다.

⇒ "무슨 소리지?"
"아저씨가 밤에 하늘을 바라볼 때면, 내가 그 별들 중 하나에 살고 있을 테니, 내가 그 별들 중 하나에서 웃고 있을 테니, 아저씨한텐 모든 별들이 웃는 거나 마찬가질 거야. 아저씬 웃을 줄 아는 별들을 갖게 되는 거야!"

13) Et, **미래**, comme ça, pour le plaisir, en regardant, **전미래**

Et il rit encore.

«Et quand tu seras consolé (on se console toujours) tu seras content de m'avoir connu. Tu seras toujours mon ami. Tu auras envie de rire avec moi. Et tu ouvriras parfois ta fenêtre, comme ça, pour le plaisir... Et tes amis seront bien étonnés de te voir rire en regardant le ciel. Alors tu leur diras : "Oui, les étoiles, ça me fait toujours rire !" Et ils te croiront fou. Je t'aurai joué un bien vilain tour...»

ㄱ) 그는 또 웃었다.

"그리고 슬픔이 가시고 나면(슬픔이란 늘 가시게 마련이니까) 아저씬 나를 알게 된 것을 기뻐하게 될 거야. 아저씨는 언제까지나 나하고 친구로 있을 거고, 나와 함께 웃고 싶어질 거야. 그리고 가끔 그냥 괜히 창문을 열겠지… 아저씨가 하늘을 쳐다보고 웃는 걸 보면 친구들이 아주 이상히 여길 테지. 그러면 이렇게 말해 줘. '그래, 난 별들을 보면 언제나 웃음이 나와!' 그러면 그들은 아저씨가 미쳤다고 생각하겠지. 난 아저씨를 된통 골탕 먹인 셈이 되겠네…"

ㄴ) 그리고 그는 또 웃었다.

"그리고 아저씨는 슬픔이 가라앉으면(슬픔은 언제고 가라앉아) 나를 알았다는 게 기쁠 거야. 아저씨는 언제까지나 내 친구일 거고, 나와 함께 웃고 싶을 거야. 그래서 가끔 이렇게 재미로 창문을 열 거야. 그럼 아저씨 친구들은 아저씨가 하늘을 쳐다보며 웃는 걸 보고 깜짝 놀랄 거야. 그럼 아저씬 이렇게 말할 거야. '그래, 나는 별을 보면 늘 웃음이 나와!' 그럼 아저씨가 미친 줄 알 거야. 내가 아저씨한테 너무 심한 장난을 한 것 같은데…"

첫 두 문장의 두 'Et'는 리듬 때문에 쓰인 것으로 보이니, 번역을 안 해도 된다. 'Il rit encore'는 11)에서와 마찬가지로, '그가 다시 웃었다'로 옮겨야 할 것이다. 위 예에는 단순미래가 8번, 전미래가 마지막에 한 번 쓰였는데, 어떻게 해야 일관성 있게 이 문장들이 연결될 수 있을지 잘 생각해보아야 한다. 미래시제의 의미도 추측에서 예측, 권유 등 다양하게 나타난다. 'comme ça, pour le plaisir…'를 ㄱ)은 '그냥 괜히'로, ㄴ)은 '이렇게 재미로'라고 옮겼는데, 전자가 적절하다. 다만 위치를 문미로 돌리고, '그냥, 괜히… '처럼, 쉼표와 말줄임표도 살려 줄 필요가 있다. 제롱디프 'en regardant'은 ㄱ)의 '쳐다보고'보다 ㄴ)의 '쳐다보며'가 나아 보인다. 직접화법 문장 'Oui, …'를 ㄱ)과 ㄴ)이 대체로 잘 옮기고 있지만, '그래, 별들을 보면, 늘 웃음이 나온다!'라고 하면, 그 상황 의미와 구어성이 더 잘 드러난다. 전미래 문장 'Je t'aurai joué un bien vilain tour…'는 ㄱ) 번역이 적절하다. 다만, '난'은 빼고, '되겠네'를 '되겠군'으로 바꾸고 싶다.

⇒ 그가 다시 웃었다.
"슬픔이 가시면(늘 가시게 마련이지) 날 알게 된 걸 기뻐하겠지. 아저씨는 나하고 늘 친구일 거야. 나와 함께 웃고 싶을 테고. 그래서 가끔 창문을 열겠지, 그냥, 괜히… 친구들이 아저씨가 하늘을 쳐다보며 웃는 걸 보면 꽤 놀랄 거야. 그러면 말해줘. '그래, 별들을 보면, 늘 웃음이 나온다!' 그러면 그들은 아저씨가 미친 줄 알 거야. 아저씨를 된통 골탕 먹인 셈이 되겠군…"

14) Et il rit encore, sérieux, tu sais…, Je ne te quitterai pas, C'est comme ça

Et il rit encore.
«Ce sera comme si je t'avais donné, au lieu d'étoiles, des tas de petits grelots qui savent rire…»
Et il rit encore. Puis il redevint sérieux :
«Cette nuit… tu sais… ne viens pas.
– Je ne te quitterai pas.
– J'aurai l'air d'avoir mal… j'aurai un peu l'air de mourir. C'est comme ça. Ne viens pas voir ça, ce n'est pas la peine…
– Je ne te quitterai pas.»

ㄱ) 그리고 그는 또 웃었다.
"그렇게 되면 나는 마치 별이 아니라 웃을 줄 아는 조그만 방울들을 아저씨한테 잔뜩 준 것이나 마찬가지가 될 거야…"
그리고 그는 또 웃었다. 이윽고 그는 다시 심각해졌다.
"오늘 밤엔… 그러니까… 오지 마."
"난 네 곁을 떠나지 않을 거야."
"난 아픈 것같이 보일 거야… 죽어가는 것같이 말이야. 아마 그럴 거야. 그러니까 그런 걸 보러 오지는 마. 올 필요 없어…"
"난 네 곁을 떠나지 않을 거야."

ㄴ) 그리고 그는 또 웃었다.
"별 대신에 웃을 줄 아는 작은 방울을 한 아름 가져다준 것이나 마찬가질 거야…"
그리고 그는 또 웃었다. 그는 이내 정색을 했다.
"오늘 밤은… 정말이야, 아저씨… 오지 마…"
"나는 네 곁을 떠나지 않겠다."
"내가 아파하는 것처럼 보일 거야… 어쩌면 죽는 것처럼 보일 거야. 그런 거야. 그걸 보러 오지 마. 그럴 필요가 없어…"
"나는 네 곁을 떠나지 않겠다."

첫 문장은 위에서와 마찬가지로 '그가 다시 웃었다'로 되풀이해서 옮겨야 할 것이다. 두 번째 문장은 다소 증폭된 ㄱ) 번역보다 ㄴ)의 것이 간결해서 더 낫다. 'sérieux'는 그 자체로는 ㄱ)의 '심각한', ㄴ)의 '정색한', 그리고 한 번역의 '웃음 걷힌 얼굴로'라는 해석이 충분히 가능하지만, 앞장들에서의 의미와의 연관성을 고려하면 여기서도 '진지한'으로 옮기는 것이 낫다. 'tu sais…'는 ㄱ)의 '그러니까…', ㄴ)의 '정말이야' 외에, '알지…', '아저씨…' 같은 번역도, 안 옮긴 번역도 있다. '있잖아…'가 무난해 보인다. 'C'est comme ça'는 ㄱ)의 '아마 그럴 거야', ㄴ)의 '그런 거야' 외에, '늘 그래', '그러게 마련이거든', '그건 원래 그렇거든' 등의 번역이 있는데, ㄴ)의 '그런 거야'가 적절해 보인다. 'Ne viens pas voir ça'는 간결한 표현인데, ㄱ)의 '그러니까 그런 걸 보러 오지는 마', ㄴ)의 '그걸 보러 오지 마'는 불필요한 요소들 때문에 오히려 어색해졌다. 간결한 '보러 오지 마'로 충분하다. 'Je ne te quitterai pas'도 간결한 일종의 다짐인데, ㄱ)의 '난 네 곁을 떠나지 나지 않을 거야'나, ㄴ)의 '나는 네 곁을 떠나지 않겠다'나 모두 간소화할 필요가 있다. '나 너 안 떠날 거다'로 충분하다.

⇒ 그가 다시 웃었다.
"별 대신 웃을 줄 아는 작은 방울들을 잔뜩 준 거나 마찬가질 거야…"
그가 다시 웃었다. 이어, 다시 진지해졌다.
"오늘 밤엔… 있잖아… 오지 마."
"나 너 안 떠날 거다."
"나 아픈 것 같아 보일 거야… 조금은 죽는 것 같을 거야. 그런 거야. 보러 오지 마. 그럴 필요 없어…"
"나 너 안 떠날 거다."

15) Mais quelque chose le rassura, s'était évadé, décidé, Ah! tu es là… 등

Mais quelque chose le rassura :
«C'est vrai qu'ils n'ont plus de venin pour la seconde morsure…»

Cette nuit-là je ne le vis pas se mettre en route. Il s'était évadé sans bruit. Quand je réussis à le rejoindre il marchait décidé, d'un pas rapide. Il me dit seulement :
«Ah ! tu es là…»

ㄱ) 그러나 무슨 생각을 했는지 그는 안심하는 눈치였다.
"하긴 두 번째 물 때는 독이 없지……"

그날 밤 나는 그가 길을 떠나는 것을 보지 못했다. 그는 소리 없이 사라져버린 것이다. 내가 그를 뒤쫓아가보았더니 그는 작정한 듯 빠른 걸음으로 걸어가고 있었다. 그는 그저 이렇게 말할 뿐이었다.
"아, 아저씨구나?"

ㄴ) 그러나 무언가 그는 안심이 되는 모양이었다.
"하기야 두 번째 물 때는 독이 없다니까…"

그날 밤 나는 그가 떠나는 것을 보지 못했다. 그는 소리 없이 빠져나갔다. 내가 그를 따라잡았을 때 그는 망설이지 않고 빠른 걸음으로 걷고 있었다. 그는 이렇게만 말했다.
"아! 아저씨구나…"

'Mais quelque chose le rassura'는 간결한 문장인데, 해석들은 다양하고 설명적이다. ㄱ)의 것도 그렇고, ㄴ)의 것도 그렇다.[70] '그런데 뭔가에 그가 안심했다'로 옮기면 어떨까? 'C'est vrai'의 '하긴'이나 '하기야'는 의미가 좀 약해 보인다. '맞아'가 적합해 보인다. 's'était évadé'는 앞 문장의 단순과거에 대한 선행성을 나타내는 것으로 해석하는 것이 자연스럽다. ㄱ)의 '그는 소리 없이 사라져버린 것이다'가 ㄴ)의 '그는 소리 없이 빠져나갔다'보다 나은 해석이다. 'décidé'는 ㄴ)의 '망설이지 않고'보다 ㄱ)의 '작정한 듯'이 낫다.[71] '단호히'도 괜찮아 보인다. 'd'un pas rapide'는 ㄱ)과 ㄴ)의 '빠른 걸음'보다, 한 번역의 '잰걸음으로'가 마음에 든다. 'Ah ! tu es là…'는 ㄱ)의 '아, 아저씨구나?'보다는 ㄴ)의 '아! 아저씨구나…'가 낫지만, '아, 왔어…'가 더 적절한 상황 번역으로 생각된다. 이 직접화법의 처리는 ㄱ)이나 ㄴ)의 것도 괜찮지만, '그가 한 말은 단지 "아, 왔어…"였다.'라고 하는 것도 한 방법이다.

70 '그러나 어린 왕자는 무슨 생각을 했는지 안심되는 모양이었다', '그러나 어떤 생각이 그를 안심시킨 모양이었다'라는 번역들도 마찬가지다. '그러나 무엇인가 그는 안심이 되는 것 같았다'는 보다 간결하긴 하나, 문법성이 다소 의심스럽고, '그러나 그는 곧 안심이 되는 듯 했다'도 원의미의 재현에는 다소 역부족이다.

71 '매몰차게', '서슴지 않고', '뭔가 결심한 듯' 등의 번역도 있다.

⇒ 그런데 뭔가에 그가 안심했다.
"맞아, 두 번째 물 땐 독이 없지…"

그날 밤 나는 그가 길을 나서는 걸 못 보았다. 그가 소리 없이 사라진 것이다. 그를 따라잡아 보니 그는 단호히, 잰걸음으로 걷고 있었다. 그가 한 말은 단지 "아! 왔어…"였다.

16) se découragea, faire un effort, Ce sera gentil, tu sais 등

Il se découragea un peu. Mais il fit encore un effort :
«Ce sera gentil, tu sais. Moi aussi je regarderai les étoiles. Toutes les étoiles seront des puits avec une poulie rouillée. Toutes les étoiles me verseront à boire…»
Moi je me taisais.

ㄱ) 그는 좀 풀이 죽어 있었다. 그러나 다시 힘을 내려고 애썼다.
"그건 참 좋을 거야. 나도 별들을 바라보겠어. 별들이 모두 다 녹슨 도르래가 있는 우물이 되겠지. 별들이 모두 다 마실 물을 부어줄 거야…"
나는 아무 말도 하지 않았다.

ㄴ) 그는 잠시 기운을 잃었다. 그러나 다시 안간힘을 썼다.
"참 포근할 거야, 아저씨도 알잖아. 나도 별들을 바라볼 거야. 별들이 모두 녹슨 도르래를 달고 있는 우물이 될 거야. 별들이 모두 내게 마실 물을 부어 줄 거야…"
나는 아무 말도 하지 않았다.

'se découragea'는 단순과거인데, ㄱ)의 '그는 좀 풀이 죽어 있었다'나 '그는 좀 풀이 죽어 있는 듯이 보였다'는 반과거처럼 옮긴 것이다. ㄴ)도 괜찮지만, '그는 조금 풀이 죽었다'도 괜찮다. 'Mais il fit un effort'는 ㄱ)의 '그러나 다시 힘을 내려고 애썼다', ㄴ)의 '그러나 다시 안간힘을 썼다'보다 간결하게 '하지만 다시 힘을 냈다'라고 하면 더 낫지 않을까? 'Ce sera gentil, tu sais'는 ㄱ)의 '그건 참 좋을 거야'와 ㄴ)의 '참 포근할 거야, 아저씨도 알잖아' 외에, '아저씨, 그건 멋있을 거야' 외에, '아저씨, 참 좋겠지', '이거 봐, 아저씨. 그건 아늑할 거야', '괜찮을 거야', '멋있을 거야' 등 다양한 번역이 있다. 어렵지 않은 낱말의 의미가 상당히 어려울 수 있음을 잘 보여 주는 한 예인데, 'gentil'는 그 이후의 '별들이 모두 녹슨 도르래 달린 우물이 되고, 별들이 모두 물을 마시라고 부어 줄 것'이라는 내용과 연관이

된다. '근사할 거야' 정도가 어떨까?[72] 'tu sais'는 굳이 옮긴다면, 여기서는 '그치?' 정도가 될 것이나, 말줄임표 '…'로 옮기는 게 어떨까? 'Toutes les étoiles'을 '모든 별들이'라고 옮긴 번역도 있으나, ㄱ)과 ㄴ)처럼, '별들이 모두'라고 옮기는 것이 우리말 결에 어울린다. 'me verseront à boire'의 ㄱ), ㄴ) 번역은 다소 어색해 보인다. 원표현이 불어의 결에 맞는 표현이듯이, 우리말의 결에 맞는 '물을 마시라고 부어 줄 테고…' 정도로 옮기는 것이 낫지 않을까? 마지막 문장 'Moi je me taisais'는 26장에서 네 번이나 되풀이되어 나오는 문장인데, ㄱ)과 ㄴ)처럼, '나는 아무 말도 하지 않았다'라고 옮겨도 좋으나, '나는 가만히 있었다' 같은 변조적 번역이 더 나아 보인다.

⇒ 그는 약간 풀이 죽었다. 하지만 다시 힘을 냈다.
"근사할 거야… 나도 별들을 바라볼 거야. 별들이 모두 녹슨 도르래 달린 우물이 되겠지. 별들이 모두 물을 마시라고 부어 줄 테고…"
나는 가만히 있었다.

17) Et il se tut aussi, parce que, C'est là, Laisse-moi…, Et il s'assit

«Ce sera tellement amusant ! Tu auras cinq cents millions de grelots, j'aurai cinq cents millions de fontaines…»
Et il se tut aussi, parce qu'il pleurait…

«C'est là. Laisse-moi faire un pas tout seul.»
Et il s'assit parce qu'il avait peur.

ㄱ) "정말 재미있을 거야! 아저씬 오억 개나 되는 방울을 갖게 되고 난 오억 개나 되는 우물을 갖게 될 테니까…"
그리고 그 역시 아무 말도 하지 않았다. 울고 있었던 것이다.

"바로 저기야. 나 혼자 한 발짝만 걸어갈 테니 보고만 있어."
그렇게 말한 어린 왕자는 그 자리에 주저앉았다. 무서웠던 것이다.

ㄴ) "정말 즐거울 거야! 아저씨는 방울이 5억 개나 있고 나는 샘이 5억 개나 있고…"
그리고 그는 말이 없었다. 울고 있었던 것이다.

"여기야. 혼자 한 걸음만 내딛게 놔둬요."
그리고 그는 앉았다. 무서웠던 것이다.

72 한 영어 번역은 'You know, it will be very nice.'라고 옮겼다.

'se tut'는 여기서 시작상의 의미를 갖는 단순과거인데, '그리고 그 역시 아무 말도 하지 않았다'라고 옮긴 ㄱ)이나, '그리고 그는 말이 없었다'라고 옮긴 ㄴ)에서는 그 의미가 잘 드러나지 않는다. '그도 입을 다물었다' 정도로 옮길 수 있을 것이다. 이 'se tut'는 앞에 여러 차례 나온 과거의 상황을 나타내는 'Moi je me taisais'와 대비가 된다. 그 다음 'parce que' 구문은 보다 직접적으로 '울고 있었기 때문이다…'라고 옮길 필요가 있다. 'C'est là'를 ㄱ)은 '바로 저기야'로, ㄴ)은 '여기야'로 옮겼는데, '여기'라면 '한 발짝' 걸을 필요가 없을 테고, '저기'라면 '한 발짝'에 가기는 좀 멀다. 한 번역처럼, 변조를 하여 '다 왔어'라고 하는 것이 적절해 보인다. 'Laisse-moi faire un pas tout seul'의 ㄱ) 번역 '나 혼자 한 발짝만 걸어갈 테니 보고만 있어'는 다소 설명적이다. ㄴ)의 '혼자 한 걸음만 내딛게 놔줘요'보다 조금 더 간결한 '혼자 한 걸음 걷게 둬'가 괜찮아 보인다. 'Et il s'assit'를 ㄱ)은 다소 장황하게 '그렇게 말한 어린 왕자는 그 자리에 주저앉았다'라고 옮겼는데, '그렇게 말한 어린 왕자는 그 자리에'는 불필요한 명시화이다. ㄴ)의 '그리고 그는 앉았다'는 ㄱ)보다 간결하지만, 행위의 급작스러움이 잘 드러나지 않는다. '그가 주저앉았다' 정도가 괜찮아 보인다. 두 번째 'parce que' 앞에는 쉼표가 없으나, 앞의 것과 마찬가지로 처리하는 게 나을 것 같다. 번역은 '그가 주저앉았다, 무서웠기 때문이다.' 정도가 될 것이다.[73]

⇒ "정말 재미있을 거야! 아저씬 오억 개나 되는 방울을 갖게 되고, 난 오억 개나 되는 우물을 갖게 될 테니까…"
그도 입을 다물었다. 울고 있었기 때문이었다…
"다 왔어. 혼자 한 걸음 걷게 둬."
그가 주저앉았다, 무서웠기 때문이다.

18) Tu sais… ma fleur… j'en suis responsable !, Elle a… pour… 등

Il dit encore :
«Tu sais… ma fleur… j'en suis responsable ! Et elle est tellement

73 한 영어 번역의 이 부분은 다음과 같다: "And he too said nothing more, because he was crying…"

faible ! Et elle est tellement naïve. Elle a quatre épines de rien du tout pour la protéger contre le monde...»
Moi je m'assis parce que je ne pouvais plus me tenir debout. Il dit : « Voilà... C'est tout... »

ㄱ) 그리고 그는 또 말했다.
"저어, 아저씨… 내 꽃 말이야… 난 그 꽃에 대해 책임이 있어! 그런데 그 꽃이 너무나 연약해서 말이야! 그리고 또 너무 순진하고, 겨우 보잘것없는 가시 네 개를 가지고 세상과 맞서서 자기를 지켜나가야 하거든."
나는 더 이상 서 있을 수가 없어서 주저앉아버렸다. 그가 말했다.
"자… 이게 다야…"

ㄴ) 그가 다시 말했다.
"알잖아… 내 꽃… 나는 꽃에 책임이 있어! 게다가 그 꽃은 너무 약해! 그렇게도 순진하고, 세계와 맞서 제 몸을 지킨다는 게 네 개의 가시밖에는 없어…"
나는 더 이상 몸을 가눌 수가 없어 주저앉았다. 그가 말했다.
"봐요… 끝났어요…"

이 예에서는 무엇보다 구어 리듬을 잘 살리는 것이 중요한 과제가 되어 있다. 우선 'Tu sais…'를 ㄱ)은 '저어, 아저씨…'로, ㄴ)은 '알잖아…'로 옮겼는데, '있잖아…'가 낫지 않을까? 'j'en suis responsable !'을 ㄱ)은 '난 그 꽃에 대해 책임이 있어!'로, ㄴ)은 '나는 그 꽃에 책임이 있어!'로 옮겼는데, '내게 책임이 있어!'라고 간결히 옮기는 게 좋을 듯하다. 'Elle a… pour…' 문장을 ㄱ)은 순차적으로 옮겼고, ㄴ)은 'pour…' 이하부터 옮겼는데, '…제 몸을 지킨다는 게 네 개의 가시밖에는 없어…' 부분은 좀 어색하다. '보잘것없는 가시 네 개로 세상과 맞서려고 해…' 정도로 옮기는 게 좋지 않을까? 'Moi je m'assis'는 '나는 주저앉았다'라고 옮기고, 그 쓰인 순서대로 앞에 두는 게 좋겠다. 두 번역은 'parce que' 절을 먼저 옮겼기 때문에 그 해석도 '-어서'와 '-어'라고 했는데, '더 서있을 수가 없었기 때문이다'처럼, 이유를 명시적으로 나타내는 게 나을 것 같다. 'Voilà… C'est tout…'의 ㄱ) 번역 '자… 이게 다야…'도 조금 어색하지만, ㄴ) 번역 '봐요… 끝났어요…'는 조금 더 어색하다. '자…, 이제 됐어…' 정도로 옮기는 게 낫지 않을까?[74]

⇒ 그가 다시 말했다.

74 '자, 이것 뿐이야', '자…, 이제 다 됐어…', '자…, 이뿐이야' 등의 번역도 있다.

"있잖아… 내 꽃… 나한테 책임이 있어! 그 꽃 너무 연약해! 너무 순진하고. 보잘것없는 가시 네 개로 세상과 맞서려고 해…"
나는 주저앉았다. 더 서있을 수가 없었기 때문이다.
그가 말했다. "자…. 이제 됐어…"

19) 단순과거

Il hésita encore un peu, puis il se releva. Il fit un pas. Moi je ne pouvais pas bouger.
Il n'y eut rien qu'un éclair jaune près de sa cheville. Il demeura un instant immobile. Il ne cria pas. Il tomba doucement comme tombe un arbre. Ça ne fit même pas de bruit, à cause du sable.

ㄱ) 그는 또잠시 망설이더니 다시 일어났다. 그러고는 한 발짝을 내디뎠다. 나는 꼼짝도 할 수가 없었다.
그의 발목께에서 그저 노란 빛이 반짝했을 뿐이었다. 그는 한 순간 꼼짝 않고 그 자리에 서 있었다. 소리도 지르지 않았다. 그는 한 그루 나무처럼 천천히 쓰러졌다. 모래바닥이어서 아무런 소리도 나지 않았다.

ㄴ) 그는 또 잠깐 망설이더니 다시 일어섰다. 그가 한 걸음을 내디뎠다. 나는 움직일 수가 없었다.
그의 발목께서 노란빛이 반짝하는 것뿐이었다. 그는 한순간 움직이지 않고 서 있었다. 비명을 지르지 않았다. 그는 나무가 넘어지듯 천천히 넘어졌다. 모래밭이라 소리조차 없었다.

이 예에서 'Moi je ne pouvais pas bouger.'와 'comme tombe un arbre'를 제외하고는 모두 단순과거 문장들이다. 그러한 성격이 잘 재현되도록 번역되어야 할 것이다. 특히 군더더기가 붙지 않도록 유의해야 한다. 'Il demeura un instant immobile.'의 ㄱ) 번역에서 '그 자리에'는 자연스러움을 위해 '정언적'으로 삽입된 것으로 보이는데, 충분히 생략 가능하고, 오히려 생략하는 것이 원문과 어울린다. 'Il ne cria pas'의 ㄴ) 번역 '비명을 지르지 않았다'는 앞뒤 문장과 연결이 잘 안 된다. 아마 '비명도'의 오타 때문일 것이다. 'comme tombe un arbre'는 ㄱ)과 ㄴ) 번역 모두 앞에 놓았는데, 뒤로 돌리는 것이 나아 보인다. 마지막 문장의 'à cause du sable'도 문미 위치에 그대로 두는 것이 리듬상 낫다. 특히 26장의 마지막 부분인 만큼, '모래 때문이었다'라고 하여 그 의미를 부각시킬 필요가 있다.

⇒ 그는 다시 잠시 망설이다, 몸을 일으켰다. 그가 한 걸음을 내디뎠다. 난 움직일 수가 없었다.
그의 발목께에서 노란빛이 반짝했을 뿐이었다. 그는 한 순간 꼼짝하지 않았다. 소리도 지르지 않았다. 그가 서서히 쓰러졌다, 나무가 쓰러지듯이. 아무 소리도 나지 않았다, 모래 때문이었다.

27장

1) Et maintenant, bien sûr, de me revoir vivant, **화법**, disais

Et maintenant, bien sûr, ça fait six ans déjà... Je n'ai jamais encore raconté cette histoire. Les camarades qui m'ont revu ont été bien contents de me revoir vivant. J'étais triste mais je leur disais : «C'est la fatigue...»

ㄱ) 그러니까 지금은 벌써 육 년이나 지난 일이 되었다. 나는 아직까지 이 이야기를 한 번도 한 적이 없다. 나를 다시 만난 친구들은 내가 살아 돌아온 것을 보고 무척이나 기뻐했다. 나는 슬펐지만 그들에게는 그저 "피곤해서 그래" 하고만 말했다.

ㄴ) 그리고 지금은 벌써 여섯 해 전의 일이 되었다… 나는 이 이야기를 아직까지 해본 적이 없다. 나를 다시 만난 친구들은 내가 살아 돌아온 것을 보고 몹시 기뻐했다. 나는 슬펐지만 그들에겐 '피곤해서 그래…'라고 말했다.

위 예는 27장의 첫 부분이다. 'Et'를 '그러니까'나 '그리고'로 굳이 옮기지 않아도 될 것 같다. 'Et maintenant, bien sûr'는 그냥 '이제, 물론,' 정도로 옮겨도 될 것이다. 한 번역은 '이젠 벌써 육 년 전의 일이다…'라고 했는데, 'bien sûr'가 고려되어 있지 않다. 'de me revoir vivant'을 ㄱ)과 ㄴ)은 '내가 살아 돌아온 것을 보고'라고 옮겼는데, 한자어의 사용을 마다할 필요가 없다. '나의 생환을'이 간결해서 좋다. 'mais' 이하의 직접화법을 ㄱ)과 ㄴ)은 직접화법으로, 한 번역은 간접화법으로 '피곤 때문에 그렇게 보일 뿐이라고 (그들에게 말했다)'라고 옮겼는데, 여기서는 직접화법으로의 처리가 더 나아 보인다. 다만 동료가 한둘이 아니고, 축하인사도 한두번 받은 것이 아닐 테니, 'disais'는 반복의 의미가 드러나도록 '그들에겐 "피곤해서 그래…"라고 얼버무렸다' 정도로 옮겨 주면 좋을 것이다. 'C'est la fatigue…'의 말줄임표라는 맥락을 고려하여, 'disais'를 단순히 '말한' 것이 아니라 '얼버무린'으로 옮긴 것이다.

> ⇒ 이제, 물론, 벌써 육 년 전 일이다… 나는 아직까지 이 이야기를 한 적이 없다. 나를 다시 만난 동료들은 나의 생환을 무척 기뻐했다. 나는 슬펐지만, 그들에겐 "피곤해서 그래…"라고 얼버무렸다.

2) C'est-à-dire... pas tout à fait, Mais, car, ce n'était pas..., j'aime

> Maintenant je me suis un peu consolé. C'est-à-dire... pas tout à fait. Mais je sais bien qu'il est revenu à sa planète, car, au lever du jour, je n'ai pas retrouvé son corps. Ce n'était pas un corps tellement lourd... Et j'aime la nuit écouter les étoiles. C'est comme cinq cents millions de grelots...

ㄱ)지금은 그 슬픔이 좀 가셨다. 그러니까… 완전히 가신 건 아니란 말이다. 그러나 나는 그가 자기의 별로 돌아갔다는 것을 잘 알고 있다. 다음날 해가 떴을 때 그의 몸을 찾을 길이 없었으니 말이다. 그다지 무거운 몸이 아니었는지… 그래서 나는 밤이면 하늘에 반짝이는 별들의 소리에 귀를 기울이기를 좋아하게 되었다. 그게 마치 오억 개나 되는 작은 방울들 같아서…

ㄴ)이제는 슬픔이 다소 가라앉았다. 다시 말해서… 완전히 가라앉은 것은 아니다. 그러나 나는 그가 자기 별로 돌아갔다는 것을 잘 알고 있다. 해 뜰 무렵게 보니 그의 몸뚱이는 사라지고 없었다. 그렇게 무거운 몸뚱이가 아니었는지… 그래서 나는 밤마다 별들에게 귀 기울이기를 좋아한다. 별들은 5억 개의 방울과 같다…

'C'est-à-dire… pas tout à fait' 문장은 ㄱ)과 ㄴ)보다는 더 간결하게 '즉… 완전히는 아니다'라고 옮기면 좋을 것 같다. 'Mais'는 여기서도 '그러나'보다는 '하지만'의 의미로 쓰인 것으로 보인다. ㄱ)의 '…으니 말이다'는 'car'의 번역이라기보다 'puisque'의 번역이다. ㄴ)은 'car'를 옮기지 않았는데, '때문이다'라고 하면 될 것이다. 'Ce n'était pas un corps tellement lourd…'를 ㄱ)과 ㄴ)은 '그다지 무거운 몸이(몸뚱이가) 아니었는지…'라고 옮겼는데, 그랬는지 어땠는지 잘 몰랐다는 말인가? '그다지 무거운 몸도 아니었다…'라고 옮겨야 할 것이다. 'Et j'aime…' 문장의 ㄴ), 특히 ㄱ) 번역은 증폭된 느낌을 준다. '나는 밤에 별들에 귀기울이는 게 좋다.'라고 옮기면 낱말 수도 ㄱ)의 11개에서 거의 절반인 6개로 줄어든다.

> ⇒ 지금은 슬픔이 조금 가셨다. 즉… 완전히는 아니다. 하지만 나는 그가 자기 행성으로 돌아간 걸 잘 안다. 다음 날 해가 떴을 때, 그의 몸을 다시 못 보았기 때문이다. 그다지 무거운 몸도 아니었다… 나는 밤에 별들에 귀 기울이는 게 좋다. 마치 오억 개나 되는 작은 방울들 같다…

3) Mais voilà qu'il se passe…, Il n'aura jamais pu l'attacher au mouton 등

> Mais voilà qu'il se passe quelque chose d'extraordinaire. La muselière que j'ai dessinée pour le petit prince, j'ai oublié d'y ajouter la courroie de cuir ! Il n'aura jamais pu l'attacher au mouton. Alors je me demande : « Que s'est-il passé sur sa planète ? Peut-être bien que le mouton a mangé la fleur… »

ㄱ) 그런데 참으로 이상한 일이 벌어지고 있는 것이다. 어린 왕자에게 그려준 굴레말인데, 나는 그만 깜박하고 그것에 가죽끈을 달아주는 걸 잊어버린 것이다! 그는 그 굴레를 끝내 양에게 씌우지 못할 것이다. 그래서 나는 속으로 생각해본다. '그의 별에서 대체 무슨 일이 일어나고 있는 것일까? 양이 꽃을 먹어버렸는지도 모르는데…'

ㄴ) 그런데 엄청난 일이 일어난 것이다. 어린 왕자에게 그려 준 부리망에 나는 잊어버리고 가죽끈을 달아 주지 않았던 것이다! 그걸 양에게 씌워 줄 수 없었을 것이다. 그래서 나는 속으로 생각한다. '그의 별에서 무슨 일이 일어난 것은 아닐까? 어쩌면 양이 꽃을 먹어 버리지나 않았는지…'

'extraordinaire'의 의미 중 하나가 '이상한'인 것은 맞지만, 그리고 ㄱ)을 비롯한 여러 번역이 그렇게 옮기고 있지만, 위 예에서도 그러한 의미로 쓰였다고 보기는 어렵다. ㄴ)의 '엄청난'이나 한 번역에 제시된 '예기치 못한'도 대안이 될 수 있겠지만, 'extraordinaire'의 '직역'인 '비상(非常)한'이 괜찮지 않을까? 'j'ai oublié'를 '깜박한 것이다'로 옮긴 ㄱ) 번역은 아주 적절하다. 첫 문장은 'Mais voilà que…'를 고려하면, '그런데 뭔가 비상한 일이 벌어지고 있다' 정도로 옮길 수 있을 것이다. 'La muselière que j'ai dessinée pour le petit prince'는 주제화를 보여 주고 있는데, ㄱ)보다 ㄴ)의 처리가 나아 보인다. 쉼표를 붙여 준다면 더 좋을 것이다. 'j'ai oublié d'y ajouter la courroie de cuir !'는 자유직접문체로 보아야 할 것이다. 느낌표가 그 주요

단서이다.

역시 자유간접문체로 보아야 할 'Il n'aura jamais pu l'attacher au mouton.'는 형태는 전미래인데, 내용은 과거에 대한 것이다. 복합과거형태 'Il n'a jamais pu l'attacher au mouton.'에 주관성이 가미된 것이다. 'Pierre n'est pas là: il aura manqué son train.'(피에르 안 왔어. 기차를 놓쳤나 봐.)이나, 'Si son grand-père était là, ils se seront bien amusés.'(아버지가 계셨더라면, 즐거운 시간을 보냈을 거야.) 등과 같은 용법으로 볼 수 있다. '그는 그 굴레를 끝내 양에게 씌우지 못할 것이다'라고 옮긴 ㄱ)은 적절치 않다. ㄴ)의 '그걸 양에게 씌워 줄 수 없었을 것이다'는 구어 표현으로 조금 어색해 보인다. 이보다 다소 나아 보이는 '그애는 그 굴레를 양에게 영 씌우질 못했을 거다'를 간결히 한 '그는 굴레를 영 못 씌웠을 거다' 같은 번역이 무난해 보인다. 'Alors je me demande'는, ㄱ)이나 ㄴ)의 '그래서 나는 속으로 생각한다(해본다)'라는 번역보다는, 상황을 고려하여, '그래서 궁금해진다' 정도로 옮기는 것이 나을 것 같다. 마지막 문장은 ㄱ)보다 ㄴ)이 다소 나은 것 같으나, '어쩌면 양이 꽃을 먹어버렸을지도…'가 더 낫지 않을까? 전체적으로 낱말 수가 ㄱ)은 45개, ㄴ)은 41개인데, 아래 번역은 32개로, 훨씬 간결하다.

⇒ 그런데 뭔가 비상한 일이 벌어지고 있다. 어린 왕자에게 그려 준 부리망에, 가죽끈 달아 주는 걸 깜박한 것이다! 그 애는 굴레를 영 못 씌웠을 거다. 그래서 궁금해진다. '그 행성에서 무슨 일이 벌어졌을까? 어쩌면 양이 꽃을 먹어 버렸을지도…'

4) paysage, pour bien vous le montrer, c'est ici que…, si, soyez gentils 등

Ça c'est, pour moi, le plus beau et le plus triste paysage du monde. C'est le même paysage que celui de la page précédente, mais je l'ai dessiné une fois encore pour bien vous le montrer. C'est ici que le petit prince a apparu sur terre, puis disparu.

Regardez attentivement ce paysage afin d'être sûrs de le reconnaître, si vous voyagez un jour en Afrique, dans le désert. Et, s'il vous arrive de passer par là, je vous en supplie, ne vous pressez pas, attendez un peu juste sous l'étoile ! Si alors un enfant vient à vous, s'il rit, s'il a des cheveux d'or, s'il ne répond pas quand on l'interroge, vous devinerez bien qui il est. Alors soyez gentils ! Ne me laissez pas tellement triste : écrivez-moi vite qu'il est revenu…

ㄱ) 이건 나에게는 이 세상에서 가장 아름답고 가장 슬픈 풍경이다. 앞 페이지의 그것과 같은 풍경이지만 여러분에게 좀더 분명하게 보여주려고 다시 한 번 그려보았다. 어린 왕자가 이 지상에 나타났다가 사라진 곳이 바로 여기다.
이 장면을 자세히 봐두었다가 언제고 여러분이 아프리카의 사막을 여행하게 되면 그 풍경을 확실하게 알아볼 수 있기를 바란다. 그리고 혹시 그리로 지나가게 되거든 제발 부탁이니 서두르지 말고 바로 그 별 밑에서 조금 기다려보기 바란다! 그때 만약 어떤 아이가 여러분에게 다가온다면, 만약 그가 웃는다면, 만약 그 아이의 머리칼이 금빛이라면, 만약 묻는 말에 그가 대답을 하지 않는다면, 여러분은 그가 누군지 곧 알아챌 수 있을 것이다. 그렇게 되거든 제발 부탁이니! 나를 이토록 슬퍼하게 버려두지 말고 그가 돌아왔다고 빨리 편지해주기를…

ㄴ) 이것은 나에게 이 세상에서 가장 아름답고 가장 슬픈 풍경이다. 앞면의 풍경과 같은 풍경이지만, 여러분에게 똑똑히 보여 주기 위해 이걸 다시 한 번 그렸다. 어린 왕자가 이 땅에 나타났다가 사라진 곳이 바로 여기다.
어느 날 아프리카의 사막을 여행하게 되면 이곳을 확실히 알아볼 수 있도록 이 풍경을 자세히 보아 두라. 그리고 이곳을 지나가게 되거든 제발 서두르지 말고 바로 별 아래서 잠시 기다리라! 그때 한 아이가 여러분에게 다가오면, 그 애가 웃고, 그 애의 머리가 금발이면, 물어도 그 애가 대답하지 않으면, 그 애가 누구인지 여러분은 잘 알리라. 그때는 친절을 베풀어 달라. 이다지도 슬퍼하는 나를 그대로 버려두지 말고, 이내 편지를 보내 달라. 그 애가 돌아왔노라고…

'paysage'는 위 장면에서는 ㄱ)과 ㄴ)의 '풍경'보다 '광경'이 낫지 않을까? 'pour bien vous le montrer'에서의 'bien'은, ㄱ)의 '분명하게'도 괜찮긴 하나, ㄴ)의 '똑똑히'가 더 적절해 보인다. 이는 'même (paysage)'의 '똑같은 (광경)'과도 리듬이 어울린다. 'c'est ici que…'는 ㄱ)이나 ㄴ)처럼 '…한 곳이 (바로) 여기다'라고 하기보다, '여기가 …한 곳이다'라고 하는 것이 불어의 '정언적' 표현에 어울리는 우리말 표현이다. 'a apparu sur terre, puis disparu'에서 쉼표와 'puis'는 여러 의미를 함축하고 있는데, ㄱ)과 ㄴ)은 그냥 '나타났다가 사라진'으로 옮겼다. 이 부분은 '나타났다, 사라진'이라고 옮기면 어떨까? 두 번째 문단은 송태효(2014)의 아래 번역이 상당히 잘 되어 있다는 느낌이 든다. 특히 세 번의 '…주시길!'이라는 여운 처리가 돋보인다.

ㄷ) 언제고 당신이 아프리카 사막을 여행할 때, 자신있게 이 풍경을 알아볼 수 있도록 그림을 유심히 봐두시길. 그리고 혹시 여기를 지나가게 되면, 부디 서두르지

말고 잠시라도 별 밑에서 기다려 주시길! 그때 한 아이가 여러분에게! 다가오면, 그가 웃고 있고, 머리칼은 금빛이고, 묻는 말에 대답이 없으면, 당신은 그의 정체를 알리라. 그러면 내게 친절을 베풀어 주시길! 날 이토록 슬프게 내버려두지 마시고, 바로 편지를 보내 주시길. 어린 왕자가 돌아왔노라고…

그런데 이 문단은《어린 왕자》의 마지막 대목이기도 하고, '산문시적 에크리튀르'가 감동적으로 느껴지는 장면이기도 하다. 그러니, 원문의 효과가 잘 드러나도록, 그 리듬의 재현에 각별히 유의할 필요가 있다. 삽입문 'je vous en supplie'를 ㄱ)은 '제발 부탁이니'로, ㄴ)은 '제발'로, ㄷ)은 '부디'로 옮겼는데, 이것이 더 나아 보인다. 예에서는 'si'가 여섯 번 반복되었는데, ㄱ)은 '-하게 되면', '혹시 …가게 되거든', '만약 …다면', '만약 …다면', '만약 …라면', '만약 …다면'으로, ㄴ)은 '-하게 되면', '…가게 되거든', '-오면', '-고', '-이면', '-으면'으로, ㄷ)은 '… 때', '혹시 …되면', '-오면', '-고', '-고', '-으면'으로 옮겼다. 모두 'si'의 반복에 특별히 유의하지는 않았음을 보여 주는데, '…하면', '…되면', '-오면', '-으면', '-이면', '…하면'으로 옮겨, '-면'의 반복이 드러나게 할 필요가 있다. 'Alors soyez gentils !'를 ㄱ)은 'je vous en supplie'의 번역과 거의 같게 '제발 부탁이니!'로, ㄴ)은 '친절을 베풀어 달라'로, ㄷ)은 '내게 친절을 베풀어 주시길!'로 옮겼다. 이 밖에도 여러 번역이 '내게 친절을 베풀어 주길!'로 옮겼는데, '친절을 베풀어 주시기를!'도 괜찮기는 하나, 원표현과 달리, 우리말의 '정언적' 표현이란 느낌이 별로 들지 않는 것이 아쉬움이다. '그러면 배려해 주시기를!' 같은 번역은 어떨까? 'Alors'는 ㄱ)은 '그렇게 되거든', ㄴ)은 '그때는', ㄷ)은 '그러면'으로 옮겼는데, '그러면'이 적절해 보인다. 참고로 지적하면, 둘째 문단의 낱말 수는 ㄱ)이 75개, ㄴ)이 68개, ㄷ)이 63개, 아래 번역에서는 59개이다.

⇒ 이 그림은 내게 이 세상에서 가장 아름답고 가장 슬픈 광경이다. 앞면 것과 똑같은 광경이지만, 여러분에게 똑똑히 보여 주고자 다시 한 번 그렸다. 여기가 바로 어린 왕자가 이 지상에 나타났다, 사라진 곳이다.

이 광경을 유심히 봐 두시라, 언제고 당신이 아프리카에서 사막 여행을 하면, 확실히 알아볼 수 있도록. 이리로 지나가게 되면, 부디 서두르지 마시고, 바로 별 아래서 잠시 기다려 주시기를! 그때 한 아이가 여러분에게 다가오면, 그가 웃으면, 머리칼이 금빛이면, 묻는 말에 대답을 안 하면, 당신은 그가 누군지 알리라. 그러면 배려해 주시기를! 날 이토록 슬프게 내버려두지 마시고, 바로 편지를 보내 주시기를, 어린 왕자가 돌아왔노라고…

3부

어린 왕자

번역

헌사

레옹 베르트에게

이 책을 한 어른에게 바친 데 대해 어린이들에게 용서를 구한다. 내게는 진지한 이유가 하나 있다. 그 어른은 이 세상에서 나와 가장 친한 친구이다. 또 한 가지 이유가 있다. 그 어른은 모든 걸 이해할 줄 안다, 어린이들을 위한 책들까지도. 셋째 이유는, 그 어른이 프랑스에 사는데, 춥고 배고프다는 것이다. 그는 위로가 필요하다. 이 모든 이유들이 부족하다면, 이 책을 그 어른의 옛 시절 아이에게 바쳐도 좋다. 어른들도 다 한때는 아이였다. (하지만 그걸 기억하는 어른은 거의 없다.) 그래서 '헌사'를 고쳐 쓴다.

아이 시절 레옹 베르트에게

1장

여섯 살 적, 나는 '체험담'이라고 하는, 원시림에 관한 한 책에서 아주 멋진 그림을 하나 본 적이 있다. 한 맹수를 집어삼키는 보아뱀을 그린 것이었다. 위 그림은 그걸 베낀 것이다.

그 책에 쓰인 말이다. "보아뱀은 먹이를 안 씹고, 통째로 삼킨다. 그리고 꼼짝할 수 없어, 소화하는 여섯 달 동안 잠을 잔다."

나는 그래서 정글 속 모험들에 대해 곰곰이 생각해 보았고, 나도 색연필로 내 첫 그림을 그려 냈다. 내 그림 1호다. 그 그림은 이러했다.

나는 이 걸작을 어른들에게 보여 주고, 내 그림이 무섭냐고 물어 보았다. 어른들은 되물었다. "왜 모자가 무섭지?"

내 그림은 모자를 그린 게 아니었다. 코끼리를 소화시키고 있는 보아뱀을 그린 것이었다. 그래서 나는 어른들이 알아볼 수 있도록, 보아뱀 배 속을 그렸다. 어른들은 늘 설명이 필요하다. 내 그림 2호는 이러했다.

어른들은 속이 보이거나 안 보이는 보아뱀 그림 따위는 집어치우고, 지리, 역사, 산수, 문법에 관심을 가지라고 내게 충고했다.

나는 그래서, 여섯 살 때, 화가로서의 멋진 장래를 포기했다. 내 그림 1호와 2호의 실패에 낙심했던 것이다. 어른들은 혼자선 도무지 아무것도 이해하지 못한다. 아이들로선 자꾸자꾸 설명을 해 주는 게 피곤하다.

나는 그래서 다른 직업을 택해야 했고, 비행기 조종을 배웠다. 나는 세상 거의 곳곳을 날아다녔다. 지리는, 사실, 내게 도움이 많이 되었다. 나는 척 보고, 중국과 애리조나를 구별할 줄 알았다. 지리는 매우 유용하다, 밤에 길을 잃었을 경우.

이처럼 나는 살아오면서 수많은 진지한 사람들과 수많은 접촉을 가졌다. 나는 어른들 틈에서 적잖이 지냈다. 그들을 아주 가까이에서 보았다. 그렇다고 내 생각이 크게 바뀌진 않았다.

어른들 중에 좀 명석해 보이는 이를 만나면, 나는 늘 지니고 있던 그림 1호로 시험해 보았다. 나는 그이가 정말 뭘 좀 아는지 궁금했다. 하지만 으레 '모자지'라는 답이 돌아왔다. 그러면 나는 보아뱀, 원시림, 별들 이야기는 아예 안 꺼냈다. 나는 그의 눈높이에 맞추었다. 나는 브리지 게임, 골프, 정치, 넥타이에 대해 얘기했다. 그러면 그 어른은 꽤 사리 밝은 사람을 알게 된 걸 매우 흡족해했다.

2장

이처럼 나는 흉금을 터놓을 만한 사람도 없이 홀로 지내 왔다, 육년 전 어느 날, 사하라 사막에서 비행기 고장을 당하기 전까지는. 비행기 엔진 어딘가가 망가졌던 것이다. 정비사도 승객도 없이 혼자였으므로, 나는 힘든 수리를 손수 해 보기로 작정했다. 내게 그건 생사 문제였다. 마실 물도 일주일분밖에 없었다.

첫날 밤, 나는 사람 사는 곳에서 천여 마일 떨어진 사막에서 잠이 들었다. 대양 한가운데, 뗏목 위 난파자보다 훨씬 더 고립된 처지였다. 그러니 여러분은 상상이 갈 것이다, 해 뜰 무렵, 어떤 기이한 작은 목소리에 잠이 깬 내가 얼마나 놀랐을지.

"저기요… 양 한 마리 그려 줘."

"엥?"

"양 한 마리 그려 줘…"

나는 기겁을 해서 벌떡 일어났다. 나는 눈을 막 비비곤, 잘 살폈다. 나를 심각하게 바라보는 아주 이상한 작은 애 하나가 눈에 들어왔다. 여기 이게 그를 그린 것으로, 나중에 내가 그려 낸 그의 그림들 중 제일 잘된 것이다. 하지만 내 그림은, 물론, 모델보다 훨씬 덜 매력적이다. 내 탓이 아니다. 여섯 살 적에 화가의 장래가 어른들 때문에 꺾인 후, 나는 그림 그리는 걸 배운 적이 없었다, 속 보이는 보아뱀과 속 안 보이는 보아뱀 빼고는.

나는 이 느닷없는 출현에 놀라 눈이 휘둥그레져 바라보았다. 내가 사람 사는 곳에서 천여 마일 떨어진 곳에 있었음을 잊지 마시라. 그런데 이 어린 친구는 길을 잃은 것 같지도, 피곤해 죽을 것 같지도, 배고파 죽을 것 같지도, 목말라 죽을 것 같지도, 무서워 죽을 것 같지도 않아 보였다. 사람 사는 곳에서 천여 마일 떨어진 사막 한가운데서 길 잃은 애 같은 구석이라곤 전혀 없었다. 나는 입이 겨우 떨어져, 그에게 말했다.

"아니… 너 뭐 하니, 거기서?"

그러자 그 아이는 아주 나지막이 되뇌었다, 무척 진지한 일인 양.

"저기요… 양 한 마리 그려 줘…"

신비가 너무 강렬하면, 감히 거역 못 하는 법이다. 사람 사는 곳에서 천여 마일 떨어진 곳에서 죽을 위험을 당한 처지에 황당하긴 했으나, 나는 주머니에서 종이 한 장과 만년필을 꺼냈다. 하지만 나는 주로 지리, 역사, 산수, 문법을 배운 것이 문득 생각나서, 어린 친구에게 (약간 짜증을 내며) 그림 그릴 줄 모른다고 말했다. 그가 되받았다.

"상관없어. 양 한 마리 그려 줘."

나는 양을 그려 본 적이 없었기에, 그를 위해, 내가 그릴 줄 알던 단 두 그림 중 하나를 다시 그렸다. 속 안 보이는 보아뱀을. 그런데 나는 어린 친구의 말을 듣고 크게 놀랐다.

"아냐, 아냐! 보아뱀 속 코끼리는 싫어. 보아뱀은 아주 위험해, 그리고 코끼리는 아주 거추장스럽고. 내가 사는 곳은 무척 작아. 양

이 그림이 나중에 내가 그려 낸 그의 그림들 중 가장 잘된 것이다

이 갖고 싶어. 양 한 마리 그려 줘."

그래서 나는 그렸다.

그는 주의 깊게 들여다보더니, 말했다.

"아냐! 얘는 벌써 아주 병들었어. 다른 거 그려 줘."

나는 그렸다.

내 친구가 싱긋 웃었다, 아량을 보이며.

"보다시피… 얘는 숫놈이잖아. 뿔이 있어…"

나는 그래서 그림을 다시 그렸다.

하지만 이번에도 퇴짜 맞았다, 앞의 것들과 마찬가지로.

"이건 너무 늙었어. 오래 살 양이 갖고 싶어."

그러자, 더 참지 못하고, 엔진 분해가 시급했기에, 나는 다음 그림을 끼적거렸다.

그리고 한마디 툭 던졌다.

"이거 상자다. 네가 원하는 양 이 속에 있다."

그런데 아주 뜻밖에도 내 어린 심판관의 얼굴이 환하게 밝아졌다.

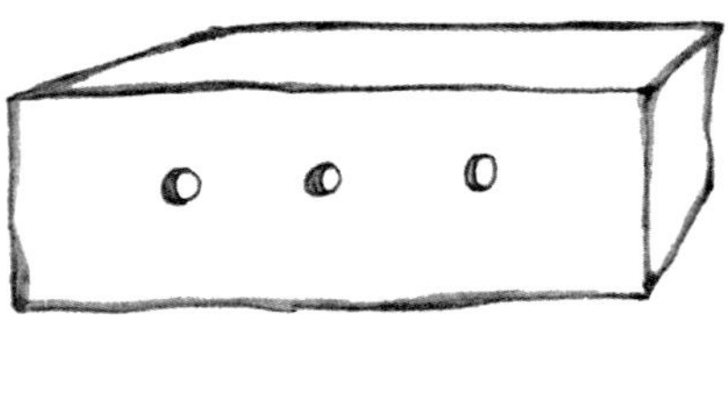

"바로 이게 내가 원하던 거야! 이 양한테 풀이 많이 필요할까?"
"왜?"
"나 사는 곳이 아주 작아서…"
"풀은 충분할 거야. 아주 작은 양을 주었어."
그는 그림 쪽으로 고개를 숙였다.
"그렇게 안 작은데… 에구! 잠들었네…"
나는 이리하여 어린 왕자를 알게 되었다.

3장

한참이 지나서야 나는 그가 어디서 왔는지 알게 되었다. 어린 왕자는 내게 많이 물었지만, 내 질문들은 전혀 귀담아듣는 것 같지 않았다. 그가 어쩌다 한 말들을 통해 나는 점차 모든 걸 알게 되었다. 가령, 내 비행기를 처음 보자(내 비행기는 안 그리겠다. 나한테 너무 복잡한 그림이다) 그는 내게 물었다.

"이 물건 뭐야?

"이건 물건이 아냐. 날아다니는 거야. 비행기야. 내 비행기."

나는 우쭐해서 내가 날아다닌다는 걸 알려줬다. 그러자 그가 소리쳤다.

"뭐? 하늘에서 떨어졌다고?"

"그래." 나는 겸손하게 답했다.

"야! 그거 희한하네…"

그러곤 어린 왕자가 까르르 웃음을 터뜨려, 나는 아주 언짢아졌다. 사람들이 내 곤경을 진지하게 생각해 주면 좋겠다. 이어 그가 말했다.

"그럼 아저씨도 하늘에서 왔구나! 어느 행성에서 왔어?"

나는 곧 그의 출현의 신비에 한 줄기 서광을 엿보았다. 그래서 불쑥 물었다.

"너 그럼 다른 행성에서 온 거니?"

하지만 그는 답하지 않았다. 그는 내 비행기를 쳐다보며 고개를 가만히 끄덕였다.

"맞아, 저걸로는 아주 멀리서 올 수가 없지…"

그는 상념에 빠져, 한참을 있었다. 그리고 주머니에서 양 그림을 꺼내더니, 그 보물에 대한 사색에 빠져들었다.

'다른 행성들'에 대해 슬쩍 내비친 속내 때문에 내가 얼마나 궁금해했을지, 여러분은 짐작할 것이다. 나는 좀 더 알고 싶어 캐물었다.

"어디서 왔니, 얘? '너희 집'이 어디니? 양 그림 어디로 가져가고 싶니?"

그는 조용히 생각에 잠겨 있다 답했다.

"아저씨가 준 상자가 좋은 건 밤에 양한테 집이 될 수 있다는 거야."

"물론. 얌전히 있으면, 낮 동안 양을 매어 둘 고삐도 그려 줄게. 그리고 말뚝도."

이 제안에 어린 왕자가 어이없어했다.

"매어 둬? 참 희한한 생각이군!"

"하지만 안 매 놓으면, 아무 데나 갈 테고, 길을 잃을지도 몰라…"

소행성 B612호에 서 있는 어린 왕자

그러자 내 친구가 다시 웃음을 터뜨렸다.

"아니, 제가 어디로 가겠어?"

"아무 데나. 곧장 앞으로…"

그러자 어린 왕자는 진지하게 말했다.

"괜찮아, 아주 작아, 나 사는 곳은!"

그리고 어쩌면 약간 우수에 젖은 듯, 그가 덧붙였다.

"곧장 가 봤자 멀리 못 가…"

4장

나는 이리하여 아주 중요한 두 번째 사실을 알게 되었다. 그가 살던 행성이 겨우 집 한 채 정도 크기였다는 것이다!

그건 그리 놀라운 일이 아니었다. 이름이 붙여진 지구, 목성, 화성, 금성같이 큰 행성들 말고도 다른 수백 개의 행성들이 있는데, 어떤 것들은 너무 작아 망원경으로도 안 보일 정도라는 걸 나는 잘 알고 있었다. 한 천문학자가 그런 별을 하나 발견하면 이름 대신 번호를 붙여 준다. 이를테면 '소행성 325호'라고 부르는 것이다.

나는 어린 왕자가 살던 행성이 소행성 B612호라고 믿을 만한 믿음직한 근거들이 있다. 이 소행성은, 1909년에 딱 한 번, 한 터키 천문학

자의 망원경에 잡힌 적이 있다.

그는 그때 한 국제 천문학회에서 자기 발견에 대한 대단한 증명을 했다. 하지만 그의 의상 때문에 아무도 그의 말을 믿지 않았다. 어른들은 이런 식이다.

소행성 B612호의 명성을 위해선 다행히도, 터키의 한 독재자가 자기 국민들한테 양복 입기를 명하며, 거역하는 자는 사형에 처한다고 했다. 이 천문학자는, 1920년에 아주 멋진 양복 차림으로, 증명을 다시 했다. 이번에는 모두 그의 말을 믿었다.

내가 B612호 소행성에 대해 세세히 이야기하고, 그 번호까지 일러 준 것은 어른들 때문이다. 어른들은 숫자를 좋아한다. 그들에게 새 친구에 대해 이야기하면, 본질에 대해선 전혀 안 묻는다. "목소리가 어떻지? 무슨 놀이를 제일 좋아하지? 나비를 수집하니?"라고 묻는 법이 절대 없다. 그들은 "나이가 몇 살이니? 형제가 몇이니? 몸무게가 얼마지? 아버지 수입이 얼마지?"라고 묻는다. 그래야 그 친구에 대

해 안다고 생각한다. 혹 어른들에게 "창가에 제라늄 화분이 놓여 있고, 지붕에 비둘기들이 있는, 그런 멋진 붉은 벽돌집을 보았어요…"라고 말하면, 그들은 그 집을 도무지 상상하지 못한다. 그들에게는 "십만 프랑짜리 집을 보았어요"라고 해야 한다. 그러면 그들은 소리 지른다. "와, 근사하구나!"

이처럼, "어린 왕자가 존재했다는 증거는 그가 매력적이었고, 웃었고, 양 한 마리를 원했다는 거다. 양 한 마리를 원하는 것은 그가 존재한다는 증거다"라고 그들에게 말하면, 그들은 어깨를 으쓱하며, 여러분을 아이 취급할 것이다! 하지만 "그가 떠나온 행성은 B612호 소행성이다"라고 하면 그들은 수긍할 것이고, 질문들로 더는 귀찮게 굴지 않을 것이다. 어른들은 그런 식이다. 그 때문에 언짢게 생각해선 안 된다. 아이들은 어른들한테 아주 너그러워야 한다.

하지만, 물론, 삶이 뭔지 아는 우린 번호 같은 건 알 바 아니다! 나는 이 이야기를 동화처럼 시작하고 싶었다. 이렇게 말하고 싶었다. "옛날 옛적에 자기보다 클까 말까 한 한 행성에 사는, 친구가 필요한, 한 어린 왕자가 있었습니다." 삶이 뭔지 아는 이들에게는 이게 훨씬 더 진실해 보였을 것이다.

이 책이 가볍게 읽히지 않았으면 좋겠다. 추억을 이야기하자니 슬픔이 북받친다. 내 친구가 그의 양과 떠난 지 벌써 여섯 해다. 여기에 그의 모습을 그려 보려는 건, 그를 잊지 않기 위해서다. 친구를 잊는 건, 슬픈 일이다. 누구나 친구를 가졌던 건 아니다. 나도 숫자밖에 모르는 어른들처럼 될 수 있다. 그래서 그림물감 한 상자와 연필들을 산 것이기도 하다.

이 나이에, 다시 그림 그리는 게 힘들다, 여섯 살 적에, 속 안 보이는 보아뱀과 속 보이는 보아뱀 그린 것 말고는 다른 그림을 전혀 그려 본 적이 없으니! 물론, 되도록 실물에 가까운 인물화들을 그리려 노력은 할 것이다. 하지만 성공할 자신은 없다. 한 그림은 괜찮은데, 다른 건 안 닮았다. 키가 조금 틀려지기도 한다. 여기서는 어린 왕자가 너무 크다. 저기서는 너무 작다. 옷 색깔도 망설여진다. 그래서 이래저래 더듬더듬 그려 본다. 끝내 더 중요한 어떤 부분들에서 틀릴지 모른다. 하지만 그건, 눈감아 주어야 한다. 내 친구는 설명하는 법이 전혀 없었다. 어쩌면 내가 저와 닮았다고 생각했을지 모른다. 하지만, 나는, 유감스럽게도, 상자 속 양을 꿰뚫어 보지는 못한다. 어쩌면 나도 어른들을 좀 닮은 것 같다. 나이가 들었나 보다.

5장

매일 나는 행성, 떠남, 여행에 대해 뭔가 알게 되었다. 이런저런 생각들을 해 보다, 서서히 그리 된 것이었다. 그리하여, 사흘째 되던 날, 바오밥나무 비극도 알게 되었다. 이번에도 역시 양 덕분이었다. 갑작스레 어린 왕자가 물었기 때문이다, 무슨 심각한 의문이라도 생긴 듯이.

"정말이지, 그렇지, 양이 작은 나무들을 먹는 게?"

"그래, 맞아."

"아! 다행이다!"

양이 작은 나무들을 먹는다는 게 왜 그리 중요한지 나는 이해가 안 갔다. 그런데 어린 왕자가 덧붙였다.

"그렇다면 바오밥도 먹겠네?"

나는 어린 왕자에게, 바오밥들은 작은 나무들이 아니라 성당만큼 거대한 나무들이라, 그가 코끼리를 한 떼 몰고 간다 해도, 그 한 떼가 바오밥 단 한 그루도 다 먹어 치우지 못하리라고 일러 줬다.

코끼리 떼라는 발상에 어린 왕자가 웃었다.

"걔네들 무등 태워야겠네…"

하지만 그는 현명한 지적도 했다.

"바오밥들도, 자라기 전엔, 일단 조그맣게 돋아나."

"맞아! 그런데 왜 양들이 꼬마 바오밥들을 먹었으면 하니?"

"나, 이런!" 그가 대꾸했다. 마치 당연지사라는 듯이. 그래서 난 머리를 쥐어짜며 혼자 이 문제를 풀어야 했다.

사실, 어린 왕자의 행성에도, 다른 행성들과 마찬가지로, 좋은 풀과 나쁜 풀이 있었다. 따라서 좋은 풀의 좋은 씨와 나쁜 풀의 나쁜 씨가 있었다. 하지만 씨들은 눈에 안 보인다. 땅속에서 은밀히 잠자다, 그중 하나가 어느 날 문득 깨어나고 싶어진다. 그러면 기지개를 켜고, 우선 무해한 예쁘고 조그만 싹을 햇빛을 향해 슬며시 내민다. 그게 빨간무나 장미의 싹이면 마음껏 자라도록 두어도 괜찮다. 하지만 못된 식물 싹이면, 곧장 뽑아 버려야 한다, 눈에 띄는 대로. 그런데 어린 왕자의 행성에 무시무시한 씨들이 있었다… 바오밥 씨들이었다. 그 행성 땅은 온통

바오밥 씨 투성이였다. 그런데 바오밥은 자칫 손을 늦게 쓰면, 영영 없앨 수가 없다. 행성 전체가 엉망이 된다. 그 뿌리들이 행성에 구멍들을 내는 것이다. 그래서 행성이 너무 작은데 바오밥들이 너무 많으면, 행성이 터져 버리는 것이다.

"그건 규율 문제야." 나중에 어린 왕자가 말했다. "아침에 단장을 하고 나면, 내 행성도 정성 들여 단장을 해 줘야 해. 아주 어릴 적엔 장미와 아주 흡사한 바오밥나무를, 식별되는 대로 곧 규칙적으로 신경 써서 뽑아 줘야 해. 아주 귀찮지만, 아주 쉬운 일이야."

어느 날, 그는 내게 그림 하나를 멋지게 잘 그려, 지구 아이들 머릿속에 깊이 새겨지게 해 보라고 권했다. "언젠가 걔들이 여행을 하게 되면, 도움이 될 거야. 할 일을 나중으로 미루어도 별 탈이 없을 때도 더러 있어. 하지만 바오밥나무 경우는, 늘 큰 재난이야. 한 게으름뱅이가 사는 행성이 있었어. 그 사람은 작은 나무 셋을 하찮게 여겼다가…"

그래서 어린 왕자가 일러 준 대로, 나는 그 행성을 그렸다. 나는 모럴리스트 어투는 질색이다. 하지만 바오밥나무 위험은 너무 안 알려져 있고, 어떤 소행성에서 길 잃은 사람이 당할 위험은 너무 크기에, 내 조심성에 딱 한 번 예외를 두기로 한다. '어린이들이여, 바오밥나무를 조심하라!' 내가 이 그림을 이리 정성스레 그린 것은 내 친구들에게, 나처럼, 모른 채, 오래전부터 스쳐 지나온 한 위험에 대해 경고하기 위해서이다. 내가 주는 교훈은 수고에 값할 만한 것이었다. 여러분은 아마 궁금할 것이다. "왜 이 책에는 바오밥나무들 그림만큼 장엄한 다른 그림들이 없을까?" 답은 아주 간단하다. 그려 보았지만, 성공하지 못했다. 바오밥나무들을 그릴 당시는 절박감에 고조되어 있었다.

바오밥나무

6장

아, 어린 왕자! 나는 이리하여 조금씩 우수 어린 네 단출한 삶을 알게 되었다. 너는 오랫동안 위안거리로 해넘이들의 감미로움밖에 없었다. 나흘째 되던 날 아침, 네 말을 듣고 나는 이 새로운 사실을 알았다. 그때 너는 말했다.

"나 해넘이 좋아해. 우리 해넘이 보러 가…"

"하지만 기다려야지…"

"뭘 기다려?"

"해넘이를 기다려야지."

너는 처음에 놀라는 기색이었으나, 곧 제 말이 우스운 듯 피식 웃었다. 그리고 말했다.

"내가 아직 내 별에 있는 줄 알아!"

사실 그렇다. 미국이 한낮일 때, 누구나 알다시피, 프랑스에서는 해가 진다. 잠깐 사이에 프랑스로 갈 수 있다면, 해넘이를 볼 수 있다. 유감스럽게도 프랑스는 너무 멀리 있다. 하지만 네 조그만 행성에서는 의자를 몇 발짝 뒤로 물리기만 하면 되었다. 그래서 석양을 맘 내킬 때마다 보았던 것이다…

"어느 날은 해넘이를 마흔네 번 본 적도 있어."

잠시 후 네가 덧붙였다.

"있잖아… 아주 슬플 땐 해넘이가 좋아져…"

"마흔네 번 본 날은 그럼 무척 슬펐던 거니?"

하지만 어린 왕자는 답하지 않았다.

7장

닷새째 되던 날, 역시 양 덕택에 어린 왕자 삶의 이 비밀이 드러났다. 그가 느닷없이, 불쑥, 물었다, 오랫동안 속으로 곰삭힌 한 문제의 결과인 양.

"양이 작은 나무들 먹으면 꽃도 먹는 거야?"

"양은 닥치는 대로 다 먹는다."

"가시 있는 꽃도?"

"그래. 가시 있는 꽃도."

"그럼 가시는 왜 있는 거야?"

나는 몰랐다. 나는 그때 엔진에 너무 꽉 조여진 볼트를 푸는 일에 온통 정신이 팔려 있었다. 나는 걱정이 무척 컸었다. 비행기 고장이 매우 심각한 조짐을 보이기 시작했고, 마실 물도 얼마 안 남아, 최악의 경우가 예상되는 상황이었기 때문이다.

"가시는 왜 있는 거냐고?"

어린 왕자는 일단 한번 물으면 그냥 넘어가는 법이 없었다. 나는 볼트 때문에 신경이 곤두서 있던지라 아무렇게나 대답했다.

"가시는 괜히 있는 거야, 꽃들이 아주 못되서 그래!"

"아!"

잠시 아무 말이 없다, 어린 왕자가, 되갚듯, 쏘아붙였다.

"그럴 리 없어! 꽃들은 연약해. 순진해. 나름대로 지키는 거야. 자기들이 아주 대단한 줄 알아, 가시가 있어서…"

나는 아무 대꾸도 안 했다. 그 순간, 나는 속으로 생각 중이었다. '요 볼트 끝내 안 빠지면, 망치로 두들겨 부숴야지.' 어린 왕자가 다시 내 생각을 흩트렸다.

"아저씨 생각은, 꽃들이…"

"아냐! 아냐! 나 아무 생각 안 해! 아무렇게나 대답한 거야. 나 심각한 일 하고 있어!"

그는 크게 놀라 나를 쳐다보았다.

"심각한 일?"

어린 왕자는, 손에 망치를 들고, 손가락들이 기름때로 시커멓게 되어, 아주 더러워 보이는 한 물건 위에 몸을 굽히고 있는 나를 바라보고 있었다.

"어른들처럼 말하는군."

나는 조금 부끄러웠다. 하지만, 그는 사정없었다.

"다 혼동해… 다 뒤섞어!"

어린 왕자는 정말 성이 잔뜩 나 있었다. 그의 짙은 금발이 바람에

날리고 있었다.

"내가 아는 어떤 행성에 얼굴 빨건 한 아저씨가 살아. 그는 꽃향기를 맡아 본 적이 전혀 없어. 별을 바라본 적도 전혀 없어. 누구를 사랑해 본 적도 전혀 없어. 계산 말고는 해 본 일이 전혀 없어." 그는 아저씨처럼 온종일 '나는 진지한 사람이다! 나는 진지한 사람이다!' 되뇌고 있어. 그게 그를 거만하게 만들어. 하지만 그건 사람이 아니야, 버섯이야!"

"뭐라고?"

"버섯!"

어린 왕자는 이제 성이 나 얼굴이 창백했다.

"수백만 년 전부터 꽃들은 가시를 만들어 왔어. 수백만 년 전부터 양들은 그 꽃들을 먹어 왔고. 그럼 어째서 꽃들이 아무 쓸모도 없는 가시를 만드느라 그토록 애쓰는지 알아보는 게 진지한 일이 아니야? 양들과 꽃들의 전쟁이 얼굴 빨건 뚱뚱이 아저씨 계산보다 더 진지하고 더 중요하지 않냐구? 이 세상에 단 하나뿐인 꽃, 내 행성 말고는 다른 어디에도 없는 꽃 하나가 나한테 있는데, 어느 날 아침, 작은 양 하나가 무심코 그걸 덥석 먹어 치운다면, 그

게 중요한 일이 아니야?"

그가 얼굴이 빨개져 이어 말했다.

"누가 수백만 개나 되는 별 중에 단 하나밖에 없는 꽃을 사랑하고 있다면, 그 사람은 별들을 바라보는 것만으로도 행복해져. '저기 어딘가 내 꽃이 있겠지…' 생각하는 거지. 그런데 양이 그 꽃을 먹는다, 이건 그에게 갑자기 모든 별들이 다 꺼지는 거나 마찬가지야! 그게 중요한 일이 아니냐구!"

그는 말을 더 잇지 못했다. 그가 갑자기 흐느끼기 시작했다. 어느덧 밤이었다. 나는 연장들을 내려놓았다. 나에겐 망치도, 볼트도, 갈증도, 죽음도, 하찮았다. 하나의 별, 하나의 행성, 내 행성인 이 지구에 달래 주어야 할 한 어린 왕자가 있잖은가! 나는 그를 품에 안았다. 그를 얼러 주었다. 그리고 말했다. "네가 사랑하는 꽃은 안 위험해… 부리망을 그려 줄게, 네 양한테. 네 꽃한텐 보호망을 그려 주고… 또…" 나는 무슨 말을 해야 좋을지 몰랐다. 내가 무척 서툴다는 느낌이었다. 어떻게 그에게 닿을지, 어디서 그에게 이를지 알 수가 없었다… 그토록 신비로운 것이다, 눈물의 나라는.

8장

나는 이내 그 꽃을 더 잘 알게 되었다. 어린 왕자의 행성에는 꽃잎이 한 겹이고, 자리도 거의 차지하지 않고, 누구를 귀찮게 하지도 않는, 아주 소박한 꽃들이 예전부터 있었다. 이들은 어느 날 아침 풀 속에 나타났다 저녁이면 졌다. 그런데 그 꽃은 어느 날, 어디서 날아왔는지 모를 한 씨앗에서 싹이 텄고, 어린 왕자는 다른 싹들과 닮은 데가 없는 그 싹을 매우 주의 깊게 관찰했다. 새로운 종류의 바오밥나무일지도 몰랐다. 그러나 그 싹은 이내 성장을 멈추고 꽃봉오리를 맺기 시작했다. 커다란 꽃망울이 자리 잡는 것을 지켜보던 어린 왕자는 어떤 기적적인 출현을 예감하고 있었다. 하지만 그 꽃은 녹색 방 속에 숨은 채, 미모 단장을 그칠 줄 몰랐다. 그는 빛깔들을 정성껏 골랐다. 그는 천천히 옷을 차려입었고, 꽃잎들을 하나씩 가다듬었다. 개양귀비꽃처럼 온통 구겨진 모습으로 밖으로 나오기가 싫었던 것이다. 그는 자신의 아름다움의 절정에서 나타나고 싶었다. 그랬다! 무척 태깔 부리는 꽃이었다! 그 신비로운 단장은 그래서 여러 날 계속되었다. 그러던 어느 날 아침, 바로 해가 돋을 무렵, 그가 모습을 드러냈다.

그렇게 공들여 단장을 했음에도, 그가 하품을 하며 말했다.

"아! 겨우 잠이 깼어요… 미안해요… 머리가 아직 온통 헝클어져 있네요…"

어린 왕자는 그만 감탄을 금할 수 없었다.

"정말 곱군요!"

"그렇죠?" 그 꽃이 속삭이듯 답했다. "해님과 함께 태어났어요…" 어린 왕자는 그가 그다지 겸손하지 않은 걸 눈치챘다. 하지만 정말 마음을 흔드는 꽃이었다!

잠시 후, 그가 말을 이었다. "아침 식사 시간이지요? 제 생각도 좀 해 주면 좋겠네요…"

무척 당황한 어린 왕자는, 물뿌리개에 시원한 물 한 통을 받아다, 꽃에게 주었다.

이렇게 그 꽃은 다소 까탈스런 그 성깔로 인해, 이내 어린 왕자를 괴

롭게 만들었다. 하루는 그가 자기 네 가시를 들먹이며, 어린 왕자에게 말했다.

"와 보라고 해요, 호랑이들, 발톱들 세우고!"

"내 행성엔 호랑이가 없어요. 그리고 호랑이는 풀을 안 먹어요!" 어린 왕자가 반박했다.

"나 풀 아니에요." 그 꽃이 나지막이 대꾸했다.

"미안해요…"

"호랑이는 전혀 안 무서워요. 하지만 바람은 질색이에요. 혹시 바람막이 없어요?"

어린 왕자는 생각했다. '바람이 질색이라… 안 됐군, 식물로선. 이 꽃 꽤 까다롭군…'

"저녁에는 둥근 덮개를 씌워 주세요. 여기 아주 춥네요. 설비가 안 좋아요. 전에 있던 곳은…"

하지만 그 꽃은 말을 잇지 못했다. 그는 씨앗의 모습으로 왔다. 다른 세상들에 대해서는 알 수가 없었다. 그는 빤한 거짓말을 하려다 들킨 것이 창피해, 두세 번 잔기침을 했다, 어린 왕자에게 잘못을 들씌우려고.

"바람막이는요…?"

"가지러 가려던 참이었는데, 말을 했잖아요!"

그러자 그는 어린 왕자가 그래도 자책감이 들도록 억지 기침을 해 댔다.

이리하여 어린 왕자는 선의의 사랑에도 불구하고, 이내 그 꽃을 의심하게 되었다. 그는 별것 아닌 말을 심각하게 받아들였고, 그래서 아주 불행해졌다.

어느 날 그가 내게 털어놓았다. "그 꽃 말 안 들을 걸 그랬어. 꽃들 말은 절대 듣지 말아야 해. 그냥 바라보고 향기만 맡아야 해. 내 꽃이 내 행성을 향기롭게 하고 있었지만, 나는 기뻐할 줄 몰랐어. 그 발톱 이야기가 무척 짜증났었지만, 가엾이 여겼어야 했어…"

그가 다시 털어놓았다. "난 아무것도 이해할 줄 몰랐어. 그 꽃을 말이 아니라 행동으로 판단해야 했어. 그 꽃은 나를 향기롭게, 빛나게 해 주었어. 절대 도망치지 말았어야 했어! 그 안쓰러운 계략들 뒤에 숨은 애정을 눈치챘어야 했어. 꽃들은 모순투성이야! 하지만 내가 너무 어려 사랑할 줄 몰랐어."

9장

나는 그가 철새들의 이동을 이용해 벗어나 왔을 것으로 생각한다. 떠나던 날 아침, 그는 자기 행성을 깨끗이 정돈했다. 활화산들도 정성스레 청소했다. 그에겐 활화산이 두 개 있었다. 그래서 아침 식사 데우는 데 제격이었다. 그에겐 사화산도 하나 있었다. 하지만, 그의 말마따나, "혹시 모른다!" 그래서 그는 사화산도 청소했다. 화산들은 잘 청소하면, 폭발하지 않고 조용히 규칙적으로 타오른다. 화산 폭발은 벽난로 불 같은 것이다. 물론 우리 지구에선 우리가 너무 작아 화산들을 청소해 줄 수 없다. 그 때문에 우리가 많은 곤란을 겪는 것이다.

어린 왕자는 다소 울적한 마음으로 갓 돋아난 바오밥나무 싹들도 솎아 냈다. 그는 다시 못 돌아올 것 같았다. 그런데 그 모든 친숙한 일들이 그날 아침따라 유난히 정겹게 느껴졌다. 그래서 꽃에게 마지막으로 물을 주고, 둥근 덮개를 씌워 주려는 순간, 그는 울음이 날 것 같았다.

"잘 있어!" 그가 꽃에게 말했다.

하지만 꽃은 답이 없었다.

"잘 있어!" 그가 다시 말했다.

꽃이 기침을 했다. 하지만 감기 때문은 아니었다.

"내가 어리석었어." 결국 꽃이 말했다. "용서해 줘. 부디 행복해."

그는 꽃이 나무라지 않아 놀랐다. 그는, 둥근 덮개를 쳐든 채, 어쩔 줄 몰랐다. 그는 이 차분한 부드러움이 이해가 안 갔다.

"그래, 맞아. 나 너 사랑해." 꽃이 말했다. "넌 아무것도 몰랐어, 내 잘못이야. 아무래도 좋아. 하지만 너도 나만큼 바보였어. 부디 행복해… 그 둥근 덮개는 내버려 둬. 이젠 필요 없어."

그는 활화산들도 정성스레 청소했다

"하지만 바람이…"

"감기가 그렇게 심하진 않아. 신선한 밤바람은 내게 좋을 거야. 나 꽃이잖아."

"하지만 짐승들이…"

"벌레 두세 마리는 참아야지, 나비들을 보려면. 참 아름답다던데. 아니면 누가 날 찾겠어? 멀리 있을 거잖아, 넌. 큰 짐승들은 전혀 겁 안 나. 내 발톱이 있잖아."

그러면서 꽃은 순진하게 가시 네 개를 가리켰다. 그리고 덧붙여 말했다.

"그렇게 어정대지 마, 신경 사나워. 떠나기로 했잖아. 가라고."

우는 모습을 보이기 싫었기 때문이었다. 무척 자존심 센 꽃이었다…

10장

그는 소행성 325호, 326호, 327호, 328호, 329호, 330호 구역에 있었다. 그는 그래서 할 일도 찾을 겸 배우기도 할 겸, 이들을 찾아가 보기 시작했다.

첫째 행성에는 한 왕이 살았다. 왕은 홍포에 흰 담비 망토를 걸치고, 매우 검소하지만 위엄이 풍기는 옥좌에 앉아 있었다.

"호! 신하가 하나 왔구나." 어린 왕자를 보자 왕이 외쳤다.

어린 왕자는 의아했다.

"어떻게 날 알아보지, 날 본 적이 전혀 없는데!"

그는 왕들에게 세상이 아주 단순하다는 걸 몰랐다. 만인이 신하인 것이다.

"가까이 오라, 보다 잘 보이도록." 누군가의 왕 노릇이 무척 자랑스러워진 왕이 말했다.

어린 왕자는 앉을 자리를 찾아보았으나, 행성이 화려한 흰 담비 망토로 온통 뒤덮여 있었다. 그래서 그는 서 있었다. 그리고 피곤했기에 하품을 했다.

왕이 말했다. "왕의 면전에서 하품하는 건 예의에 어긋나느니라. 하품을 금하노라."

"하품을 못 참겠습니다." 몹시 당황한 어린 왕자가 말했다. "긴 여행을 했는데, 잠을 못 잤습니다…"

"그러면 하품하기를 명하노라." 왕이 말했다. "몇 해째 하품하는 사람을 통 못 보았노라. 하품은 좋은 구경거리로다. 자! 다시 하품하라. 어명이니라."

"주눅이 들어… 안 나오네요…" 어린 왕자가 얼굴을 붉히며 말했다.

"어흠! 어흠!" "그러면, 왕이 말했다, 짐이… 짐이 명하노니, 때로는 하품을 하고, 때로는…"

그는 약간 웅얼거렸는데, 기분이 상한 듯했다.

왕은 무엇보다 자신의 권위 존중을 중요히 여겼기 때문이었다. 그는 불복종을 용인하지 않았다. 그는 절대 군주였다. 하지만 그는 매우 선했기에, 사리에 맞는 명들을 내렸다.

"짐이, 자주 말하지만, 어떤 장군한테 물새로 변하라고 명하는데, 그리 명하는데, 그 장군이 복종하지 않는다면, 그건 장군 잘못이 아니니라. 짐의 잘못이니라."

"앉아도 될까요?" 어린 왕자가 조심스레 물었다.

"네게 앉기를 명하노라." 이렇게 답한 다음, 왕은 흰 담비 망토 한 자락을 위엄 있게 거둬들였다.

하지만 어린 왕자는 의아했다. 행성이 무척 작았다. 대체 이 왕이 무얼 다스린다는 건가?

"폐하… 한 가지 여쭤 보고 싶습니다만…"

"질문하기를 명하노라." 왕이 서둘러 말했다.

"폐하… 무얼 다스리세요?"

"모든 걸", 왕이 지극히 간결히 답했다.

"모든 걸요?"

왕은 슬며시 손을 들어 그의 행성, 다른 행성들, 다른 별들을 가리켰다.

"저 모두를요?" 어린 왕자가 물었다.

"저 모두를…" 왕이 답했다.

그는 절대 군주일 뿐 아니라 온 우주 임금이기 때문이었다.

"그럼 별들이 복종하나요?"

"물론" 왕이 말했다. "즉각 복종하느니라. 짐은 불복종을 용납지 아니하노라."

그토록 막강한 권능에 어린 왕자는 감탄했다. 자신도 그러한 권능이 있었으면, 해넘이를 하루 마흔네 번만이 아니라 일흔두 번, 아니 백 번 이백 번이라도 구경할 수 있었을 것 아닌가, 의자를 뒤로 물릴 필요도 없이! 떠나온 자신의 작은 행성이 생각나서 약간 울적한 느낌이 들자, 그는 용기를 내어 왕에게 한 가지 청을 드렸다.

"해넘이가 보고 싶습니다. 부탁드리건대… 해가 지도록 명해 주세요."

"짐이 어떤 장군한테 나비처럼 이 꽃에서 저 꽃으로 날아다니라거나, 비극을 한 편 쓰라거나, 물새로 변하라고 명한다면, 그리고 그

장군이 받은 명을 이행하지 않는다면, 그와 짐 중에 누구 잘못이겠는가?"

"폐하겠지요." 어린 왕자가 단호히 답했다.

"옳도다. 누구에게든 할 수 있는 걸 요구해야 하느니라." 왕이 말했다. "권위는 무엇보다 이치에 기반하는 것이니라. 백성에게 바다에 몸을 던지라고 하면, 반란을 일으키리라. 명령이 이치에 맞기에 짐이 복종 요구 권한을 갖는 것이니라."

"그럼 해님이는요?" 일단 물으면 결코 그냥 안 넘어가는 어린 왕자가 다시 물었다.

"해님이는 보게 될 것이니라. 그리 되도록 할 것이니라. 하지만 짐의 통치학에 따라, 조건들의 성숙을 기다릴 것이니라."

"언제 그리 되나요?"

"어흠, 어흠!" 하더니, 왕은 커다란 달력부터 들췄다. "어흠, 어흠! 그러니까… 그러니까… 오늘 저녁 일곱 시 사십 분경이 될 것이니라! 짐의 명이 얼마나 잘 이행되는지 두고 보거라."

어린 왕자는 하품을 했다. 그는 놓쳐 버린 해님이가 아쉬웠다. 그리고 벌써 좀 심심해졌다. 그가 왕에게 말했다.

"여기서 이제 제가 할 게 아무것도 없군요. 가 보겠습니다."

신하를 한 사람 갖게 된 것이 무척 뿌듯했던 왕이 말했다.

"가지 말아라. 가지 말아라. 너를 대신으로 삼겠노라!"

"무슨 대신요?"

"에… 법무대신이니라!"

"하지만 재판받을 사람이 아무도 없는데요!"

"모르노라." 왕이 말했다. "짐은 아직 짐의 왕국을 순시한 적이 없노라. 짐은 아주 연로한데, 마차 둘 자리는 없고, 걷는 건 피곤하노라."

"아! 벌써 봤어요." 어린 왕자가 말하고는 허리를 굽혀 행성의 다른 편을 다시 흘깃 보았다. "저쪽에도 아무도 없어요."

"그럼 너 자신을 심판하라." 왕이 말했다. "그것이 가장 어려우니라. 자신을 심판하는 것이 남을 심판하기보다 훨씬 더 어려우니라. 네가 자신을 훌륭히 심판할 수 있으면, 진정한 현자인 것이니라."

“저는요”, 어린 왕자가 말했다. “어디서든 제 자신을 심판할 수 있어요. 굳이 여기서 살 필요가 없어요.”

“어흠, 어흠!” 왕이 헛기침을 했다. “짐의 별 어딘가 늙은 쥐 한 마리가 분명 있을 것이니라. 밤이면 그 소리가 들리노라. 그 늙은 쥐를 심판하라. 이따금 그에게 사형을 선고하라. 그러면 그의 목숨이 네 심판에 달려 있게 될 것이니라. 허나 매번 그에게 특사를 내려 아끼도록 하라. 한 마리밖에 없노라.”

“전 사형 선고 하고 싶지 않습니다. 아무래도 가 봐야겠네요.”

“아니 된다!” 왕이 말했다.

그런데 어린 왕자는, 떠날 채비는 되었으나, 연로한 군주의 마음을 아프게 하고 싶지 않았다.

“폐하의 명의 어김없는 이행을 바라신다면, 사리에 맞는 명을 내려 주시지요. 예를 들어, 일 분 내 출발을 명해 보세요. 조건이 성숙된 것 같은데요…”

왕이 아무 답도 하지 않자, 어린 왕자는 잠시 망설이다, 이윽고 한숨을 쉬며 길을 떠났다.

그러자 왕이 황급히 소리쳤다. “너를 대사로 임명하노라.”

왕은 매우 근엄한 표정을 짓고 있었다.

‘어른들은 참 이상해’, 어린 왕자는 길을 가며 속으로 생각했다.

11장

두 번째 별에는 허영꾼이 살았다.

“야아! 숭배자가 하나 오는구나!”

어린 왕자를 보자 허영꾼이 멀리서 소리쳤다.

허영꾼들에게 다른 사람들은 숭배자들이기 때문이다.

"안녕하세요. 모자가 희한하네요." 어린 왕자가 말했다.

"인사하기 위해서야." 허영꾼이 답했다. "환호 받을 때 인사하기 위해서야. 유감스럽게도 이리로는 아무도 전혀 안 지나가."

"아, 그래요?" 어린 왕자는 이해가 안 갔다.

"손뼉을 마주쳐 봐라." 허영꾼이 조언을 했다.

어린 왕자가 손뼉을 마주쳤다. 허영꾼이 모자를 들어 올리며 겸손하게 인사했다.

'이건 왕을 방문했을 때보다 더 재미있는데.' 어린 왕자는 생각했다. 그는 다시 손뼉을 마주쳤다. 허영꾼이 모자를 들어 올리며 다시 인사했다.

오 분쯤 해 보고 나자, 어린 왕자는 그 놀이의 단조로움에 싫증이 났다.

"모자를 떨어뜨리려면, 어떻게 해야지요?" 어린 왕자가 물었다.

하지만 허영꾼은 듣지 못했다. 허영꾼들 귀엔 달콤한 소리만 들린다.

"너 정말 나 많이 숭배하니?" 그가 어린 왕자에게 물었다.

"'숭배한다'가 무슨 뜻이에요?"

"'숭배한다'는 건 내가 이 행성에서 가장 미남이고, 가장 옷 잘 입고, 가장 부자고, 가장 똑똑하단 걸 인정한다는 의미이다."

"하지만 이 행성에 아저씨 혼자잖아?"

"그렇게 해 다오. 그래도 숭배해 다오!"

"숭배해요." 어린 왕자가 어깨를 약간 으쓱하며 말했다. "하지만 그게 무슨 소용이야?"

어린 왕자는 떠났다.

'어른들은 정말로 참 괴상해', 길을 가며 그는 그냥 속으로 생각했다.

12장

그 다음 행성에는 술꾼이 살았다. 이 방문은 무척 짧았다. 하지만 어린 왕자를 깊은 우수에 빠트렸다.

"뭐 하는 거야?" 빈 병 한 무더기와 가득 찬 술병 한 무더기 앞에 우두커니 앉아 있는 술꾼한테 어린 왕자가 물었다.

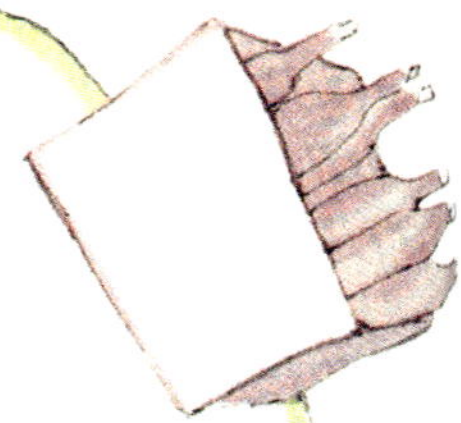

"술 마신다." 침울한 표정으로 술꾼이 답했다.

"왜 술 마셔?" 어린 왕자가 물었다.

"잊으려고." 술꾼이 답했다.

"뭘 잊어?" 측은해진 어린 왕자가 물었다.

"창피한 걸 잊으려고." 술꾼이 고개를 숙이며 고백했다.

"뭐가 창피한데?" 돕고 싶어진 어린 왕자가 캐물었다.

"술 마시는 게 창피해서!" 이렇게 말하고, 술꾼은 입을 굳게 닫아 버렸다.

어린 왕자는 떠났다, 혼란스러워져서.

'어른들은 정말 아주 아주 괴상해', 길을 가며 그는 속으로 생각했다.

13장

네 번째 행성은 사업가의 행성이었다. 그 사람은 어찌나 바쁜지 어린 왕자가 왔는데 고개도 들지 않았다.

"안녕하세요." 어린 왕자가 말했다. "담뱃불이 꺼졌네요."

"셋 더하기 둘은 다섯, 다섯 더하기 일곱은 열둘, 열둘 더하기 셋은 열다섯. 안녕. 열다섯 더하기 일곱은 스물둘, 스물둘 더하기 여섯은 스물여덟. 담뱃불 다시 붙일 시간도 없네. 스물여섯 더하기 다섯은 서른하나. 휴우! 그러니까 오억 백육십이만 이천칠백삼십일이 되는군."

"뭐가 오억이라구요?"

"응? 여태 거기 있어? 오억 백만… 잊어버렸네… 일이 산더미야! 진지한 사람이야, 나. 허튼짓 하는 게 아니야! 둘 더하기 다섯은 일곱…"

"뭐가 오억 백만이라구요?"

일단 한번 물었다 하면 결코 그냥 넘어가는 법이 없는 어린 왕자가 다시 물었다.

사업가가 고개를 들었다.

"이 행성에 사는 오십사 년 동안, 방해 받은 적이 딱 세 번이다. 첫 번째는 이십이 년 전이었는데, 어디선가로부터 떨어진 풍뎅이 한 마리 때문이었다. 소리가 어찌나 요란스러웠던지, 덧셈이 네 군데나 틀렸다. 두 번째는 십일 년 전이었는데, 신경통 발작 때문이었다. 운동 부족이야. 산책할 시간이 없어. 진지한 사람이야, 나. 세 번째는… 이번이다! 그러니까, 오억 백만…"

"뭐가 오억 백만이라구요?"

사업가는 조용히 일하기 글렀음을 깨달았다.

"이따금 하늘에 보이는 수백만의 저 작은 것들."

"파리?"

"아니지, 반짝이는 작은 것들."

"벌?"

"아니지. 게으름뱅이들을 공상에 빠지게 만드는 금빛 도는 작은 것들. 진지한 사람이야, 나! 공상할 시간 없어."

"아! 별들?"

"맞아. 별들."

"오억 개 별 가지고 뭘 해?"

"오억 백육십이만 이천칠백삼십일 개야. 진지한 사람이야, 나. 정확해."

"근데 그 별들 가지고 뭘 하냐구!"

"뭘 하냐구?"

"응."

"아무것도 안 해. 소유하는 거지."

"별들을 소유한다구?"

"그래."

"하지만 전에 만난 왕은…"

"왕들은 소유하지 않아. '다스릴' 뿐이지. 그건 아주 달라."

"그럼 그 별들을 소유해서 뭐 해?"

“부자 되지.”

“부자 되서 뭐 해?”

“다른 별들 사지, 혹 새로 발견되면.”

“이 사람도”, 어린 왕자는 생각했다, “그 술꾼과 생각하는 게 비슷하군.”

그렇지만 그는 다시 질문들을 했다.

“어떻게 별들을 소유할 수 있어?”

“별들이 누구 거지?” 사업가가 투덜대듯 반문했다.

“몰라. 누구 것도 아니지.”

“그러면 내 거야. 내가 제일 먼저 생각했기 때문이지.”

“그럼 돼?”

"물론. 네가 임자 없는 금강석을 발견하면, 그건 네 거야. 네가 임자 없는 섬을 발견하면, 그건 네 거야. 네가 어떤 생각을 제일 먼저 해 내면, 특허를 내잖아. 그럼 그건 네 거야. 그러니 별들은 내 소유인 거지. 전에는 누구도 별들을 소유할 생각을 하지 못했으니까."

"그건 그래." 어린 왕자가 말했다. "근데 그걸로 뭘 해?"

"관리하지. 세고 또 세는 거야." 사업가가 말했다. "어려운 일이야. 하지만 나 진지한 사람이잖아!"

어린 왕자는 아직 성이 차지 않았다.

"난, 목도리가 있으면, 목에 두르고 다닐 수 있어. 난, 꽃이 있으면 꺾어서 가지고 다닐 수 있어. 하지만 아저씬 별들을 딸 순 없잖아!"

"그렇지. 하지만 은행에 맡길 수 있지."

"무슨 소리야?"

"조그만 종이에 내 별들 개수를 적는다는 거야. 그러곤 그 종이를 서랍에 넣고 자물쇠로 잠그는 거지."

"그게 다야?"

"그럼 돼!"

"재미있군", 어린 왕자는 생각했다. "자못 시적이야. 하지만 그리 진지한 일은 아니군."

어린 왕자는 진지한 일들에 대해 어른들과는 사뭇 다른 생각을 가지고 있었다.

그가 다시 말했다.

"난 꽃이 하나 있는데, 매일 물을 줘. 화산은 세 개 있는데, 매주 청소해 줘. 휴화산도 청소하거든. 혹시 모르잖아. 화산들에도, 꽃에도 유익해, 내가 이들을 가지고 있는 건. 하지만 아저씬 별들한테 유익하지 않잖아…”

사업가는 입을 열었으나, 대꾸할 말을 전혀 못 찾았고, 어린 왕자는 떠났다.

‘어른들은 정말로 완전히 비정상이야’, 길을 가며 그는 속으로 그냥 생각했다.

14장

다섯 번째 행성은 무척 흥미로웠다. 모든 행성들 중 가장 작았다. 가로등 하나와 등지기 한 사람 들어설 자리 정도밖에 없었다. 하늘 어딘가, 집도 사람도 없는 행성에 가로등과 등지기가 무슨 소용인지, 어린 왕자는 이해가 가지 않았다. 그렇지만 그는 속으로 생각했다.

“이 사람 황당한지 몰라. 그렇지만 왕보다, 허영꾼보다, 장사꾼보다, 술꾼보다는 덜 황당해. 적어도 그가 하는 일은 의미가 있어. 그가 가로등을 켜는 건 별 하나, 혹은 꽃 하나 더 태어나게 하는 거야. 그가 가로등을 끄는 건 그 꽃 혹은 그 별을 잠들게 하는 거야. 아주 멋진 일이야. 진정으로 이로워, 멋지니까.”

그는 그 행성에 이르자 등지기에게 공손히 인사했다.

“안녕. 아저씨 왜 방금 가로등 껐어?”

“지시야, 등지기가 답했다, 안녕.”

“지시가 뭔데?”

“이 가로등 끄라는 거야. 안녕.”

그리고 그가 가로등을 다시 켰다.

“아니 왜 방금 다시 켰어?”

"지시야."

"이해가 안 되네." 어린 왕자가 말했다.

"이해고 자시고 없어. 지시는 지시야. 안녕."

그리고 그가 가로등을 다시 껐다.

그런 다음 붉은 체크 무늬 손수건으로 이마의 땀을 닦았다.

"이거 아주 고달픈 일이야. 무리가 아니었어, 예전엔. 아침에 불을 끄고 저녁에 불을 켰어. 나머지 낮 시간엔 쉬고, 밤 시간엔 잠잤어…"

"그럼, 그 뒤로 지시가 바뀌었어?"

"지시가 안 바뀌었어." 등지기가 말했다. "그러니까 난리지! 행성은 해마다 더 빨리 도는데, 지시는 안 바뀌었어!"

"그래서?" 어린 왕자가 말했다.

"그래서 일 분에 한 번씩 도는 지금은 잠시도 쉴 새가 없어. 일 분에 한 번 불을 켜고 꺼!"

"그거 희한하네! 여기서는 하루가 일 분이네!"

"희한할 것 하나 없어." 등지기가 말했다. "우리가 이야기 나눈지 벌써 한 달이야."

"한 달?"

"그래, 삼십 분이니, 삼십 일이지! 안녕."

그리고 그가 가로등을 다시 켰다.

어린 왕자는 그를 바라보았다. 지시에 너무나 충실한 그 등지기가 좋아졌다. 그는 전에 자신이, 의자를 뒤로 물리며, 보았던 해넘이들이 생각났다. 그는 친구를 돕고 싶었다.

"있잖아… 쉬고 싶을 때 쉴 방법이 있어…"

"늘 그러고 싶지." 등지기가 말했다.

이거 아주 고달픈 일이야

누구나 성실하면서도 게으를 수 있기 때문이다.

어린 왕자가 이어 말했다.

"이 행성은 하도 작아 세 발짝이면 한 바퀴 돌아. 천천히만 걸으면 해는 언제나 떠 있어. 쉬고 싶을 땐 걷는 거야… 그러면 원하는 만큼 낮이 길어질 테고."

"그래 봤자 나아질 게 없어." 등지기가 말했다. "내가 정말 원하는 건 잠자는 거야."

"안됐군." 어린 왕자가 말했다.

"안됐지, 등지기가 말했다, 안녕."

그러곤 그가 가로등을 껐다.

"이 사람, 더 먼 길을 가며 어린 왕자는 생각했다, 이 사람 다른 모든 사람들한테 업신여김 받을지 몰라, 왕한테, 허영꾼한테, 술꾼한테, 사업가한테. 그렇지만 이 사람만 안 우스꽝스러워 보여. 아마 자신 아닌 걸 돌보기 때문일 거야."

그는 아쉬움에 한숨지었다. 그리고 다시 생각했다.

"내가 벗 삼았을 유일한 사람이야. 하지만 행성이 너무 작아. 두 사람 자리도 안 돼…"

어린 왕자가 차마 고백하지 못한 것은, 그가, 무엇보다, 스물네 시간 동안 천사백사십 번의 해넘이로 인해 이 축복 받은 행성을 못 잊는다는 것이었다.

15장

여섯 번째 행성은 열 배 더 큰 행성이었다. 그 행성에는 무지 큰 책들을 쓰고 있던 노신사가 살았다.

“호! 탐험가가 하나 오는군!” 어린 왕자를 보자 그가 소리쳤다.

어린 왕자는 테이블에 걸터앉아 잠시 숨을 돌렸다. 벌써 여행을 꽤 했군!

“어디서 오는 건가?” 노신사가 물었다.

“이 두툼한 책은 뭐예요?” 어린 왕자가 말했다. “여기서 뭐 하세요?”

“나 지리학자다.” 노신사가 말했다.

“지리학자가 뭐예요?”

“바다, 강, 도시, 산, 사막들이 어디 있는지 아는 학자지.”

“그거 정말 재미있네요.” 어린 왕자가 말했다. “그야말로 직업다운 직업이네요!” 어린 왕자는 지리학자의 행성을 한 번 휘둘러보았다. 그는 아직 이처럼 장엄한 행성을 본 적이 없었다.

“참 아름답네요, 행성이. 넓은 바다들도 있나요?”

"알 수 없지." 지리학자가 답했다.

"에? (어린 왕자는 실망했다.) 그럼 산들은요?"

"알 수 없지." 지리학자가 말했다.

"도시와 강과 사막들은요?"

"그것도 알 수 없지." 지리학자가 말했다.

"아니 지리학자라면서요?"

"맞다." 지리학자가 말했다. "하지만 탐험가는 아니다. 내게 탐험가가 절대적으로 부족하다. 지리학자가 도시와, 강, 산, 바다, 사막들을 세러 다니진 않는다. 지리학자는 너무나 중요한 사람이어서 나돌아 다닐 틈이 없다. 지리학자는 서재를 안 떠난다. 하지만 서재에서 탐험가들을 만나지. 그들에게 질문들을 하고, 그들의 기억들을 기록해 두지. 그 중 한 사람 이야기가 흥미롭다 싶으면, 지리학자는 그 탐험가의 품성을 조사하도록 하지."

"왜지요?"

"거짓말하는 탐험가는 지리책들에 재앙을 초래하게 되기 때문이지. 과음하는 탐험가도 마찬가지고."

"왜지요?" 어린 왕자가 물었다.

"술이 취하면 둘로 보이기 때문이지. 그러면 지리학자는 하나밖에 없는 산을 둘로 기록하게 되지."

"안 좋은 탐험가일 어떤 이를 알아요." 어린 왕자가 말했다.

"그럴 수 있지. 그래서 탐험가의 품성이 믿음직해야 그가 발견한 것을 조사한단다."

"가서 보나요?"

"아니다. 너무 번거롭다. 탐험가에게 증거들을 제시하라고 요구한다. 큰 산을 발견했다면, 큰 돌들을 가져와 보라고 요구하지."

지리학자가 갑자기 흥분했다.

"참 넌, 멀리서 왔지! 탐험가구나! 네 행성 얘기해 봐라!"

지리학자는 장부를 펼쳐 놓고, 연필을 깎았다. 탐험가들 이야기들은 일단 연필로 기록된다. 잉크로 적기 위해, 탐험가의 증거 제시를 기다리는 것이다.

"자!" 지리학자가 재촉했다.

"아, 제 행성은, 어린 왕자가 말했다, 별로 흥미롭지 않아요. 다주 작아요. 화산이 셋 있어요. 둘은 활동 중이고, 하나는 꺼져 있어요. 하지만 알 수 없지요."

"알 수 없지." 지리학자가 말했다.

"꽃도 하나 있어요."

"우리는 꽃들은 기록하지 않는다." 지리학자가 말했다.
"왜지요? 제일 예쁜데!"
"꽃들은 덧없기 때문이지."
"'덧없다'가 무슨 뜻이에요?"
"지리책들은 모든 책들 중에서 가장 귀중한 책들이다. 그것들은 절대 유행 타는 법이 없다. 산이 자리를 옮기는 일은 거의 없다. 바닷물이 마르는 일도 거의 없다. 우리는 변함없는 것들만 기록한다." 지리학자가 말했다.
"하지만 휴화산도 되살아날 수 있어요." 어린 왕자가 끼어들었다. "'덧없다'가 무슨 뜻이에요?"
"화산들은 휴화산이건 아니건 우리에게 매한가지다." 지리학자가 말했다. "우리에게 중요한 건 산이다. 산은 변하지 않는다."
"그런데 '덧없다'가 무슨 뜻이에요?" 일단 물었던 것은, 평생, 그냥 넘어간 적이 없었던 어린 왕자가 다시 물었다.
"그건 '머지않아 사라질 위험이 있다'는 뜻이다."
"내 꽃이 머지않아 사라질 위험이 있나요?"
"물론."
"내 꽃이 덧없구나!" 어린 왕자는 생각했다. '세상에 맞서 자신을 보호할 수단으로 가시 네 개밖에 없어! 그런 꽃을 내 별에 혼자 두고 오다니!'
그건 그가 처음 느낀 후회의 감정이었다. 하지만 그는 다시 용기를 냈다.
"어딜 찾아보면 좋을까요?" 그가 물었다.
"지구 행성." 지리학자가 답했다. "평판이 좋아…"
어린 왕자는 떠났다, 자기 꽃 생각을 하면서.

16장

일곱 번째 행성은 그러니까 지구였다.

지구는 그저 그런 행성이 아니다! 이곳에는 백열한 명의 왕(물론 흑인 왕들을 포함해서), 칠천 명의 지리학자, 구십만 명의 사업가, 칠백오십만 명의 술꾼, 삼억 천백만 명의 허영꾼 등 약 이십억쯤 되는 어른들이 있다.

지구의 크기가 가늠이 가도록, 전기가 발명되기 전까지, 여섯 대륙 전체에, 사십육만 이천오백십일 명이나 되는 등지기 '군단'을 두어야 했다는 말을 해야겠다.

좀 떨어진 데서 보면, 그건 장관이었다. 이 군단의 동작들은 오페라 발레의 동작들처럼 질서정연했다. 먼저 뉴질랜드와 오스트레일리아 등지기들 차례였다. 이들은, 가로등들을 켜 놓고, 잠자러 갔다. 그러면 중국과 시베리아의 등지기들이 춤을 추며 입장했다. 그리고 이들 역시 무대 뒤로 자취를 감추었다. 그러면 러시아와 인도의 등지기들 차례였다. 다음은 아프리카와 유럽 차례. 다음은 남아메리카 차례. 다음은 북아메리카 차례였다. 결코 이들의 무대 등장 순서는 어긋나지 않았다. 장엄한 광경이었다.

단지, 북극의 유일한 등지기, 그리고 남극의 유일한 등지기 동료만 한가롭고 태평스런 삶을 살았다. 그들은 일 년에 두 번 일했다.

17장

재담을 하려다 보면, 다소 거짓말이 될 수가 있다. 내 등지기들 이야기가 아주 정직했던 건 아니다. 우리 행성을 잘 모르는 사람들에게 자칫 오해를 살지도 모르겠다. 사람들은 지구의 아주 작은 자리를 점유한다. 지구에 사는 이십억 인구가 어떤 집회에서처럼 바짝 붙어 선다면, 가로세로 이십 마일의 광장 안에 넉넉히 들어설 것이다. 인류를 태평양의 가장 작은 섬 위에 쌓아 넣을 수도 있으리라.

어른들은, 물론, 이 말을 안 믿을 것이다. 그들은 많은 자리를 차지하는 줄 안다. 자신들을 바오밥나무들처럼 중요하게 생각한다. 그러니 그들에게 계산을 하라고 권하라. 그들은 숫자를 무척 좋아한다. 마음에 들어할 것이다. 하지만 여러분은 그런 지루한 일에 시간 낭비할 필요 없다. 쓸데없는 일이다. 내 말을 믿으시라.

어린 왕자는, 일단 지구에 도착했는데, 아무도 안 보여 깜짝 놀랐다. 행성을 잘못 찾아온 것이 아닌지 그는 두려웠는데, 그때 모래 속에서 달빛 고리 하나가 꿈틀댔다.

"안녕." 어린 왕자가 무작정 말했다.

"안녕." 뱀이 답했다.

"어느 행성에 내가 떨어진 거니?" 어린 왕자가 물었다.

"지구, 아프리카에." 뱀이 답했다.

"아!… 지구에 아무도 없니?"

"여기는 사막이야. 사막에는 아무도 없어. 지구는 커." 뱀이 말했다.

어린 왕자는 돌 위에 앉아 하늘을 쳐다보았다.

"별들이 각자 어느 날 자기 별을 다시 찾을 수 있게 반짝이는 게 아닌가 몰라." 그가 말했다. "내 행성을 봐. 바로 우리 위에 있어… 하지만 아주 멀어!"

"아름답구나." 뱀이 말했다. "여긴 뭐 하러 왔니?"

"어떤 꽃하고 문제들이 있어서." 어린 왕자가 말했다.

희한한 짐승이구나. 손가락처럼 가느다래…

"그래?" 뱀이 말했다.

그리고 그들은 입을 다물었다.

"사람들 어디 있어?" 어린 왕자가 결국 다시 말했다. "사막은 좀 외롭군…"

"사람들 속에서도 외로워." 뱀이 말했다.

어린 왕자가 그를 한참 바라보았다.

"희한한 짐승이구나." 그가 결국 말했다. "손가락처럼 가느다래…"

"하지만 왕의 손가락보다 더 힘세." 뱀이 말했다.

어린 왕자가 빙긋 웃었다.

"세긴 뭐가 세… 발도 없잖아… 여행도 못 할 테고…"

"나 배보다 더 멀리 너 데려갈 수 있어." 뱀이 말했다.

뱀은 어린 왕자의 발목을 감았다, 금팔찌처럼.

"내가 건드리는 자는 그가 비롯된 대지로 돌아가게 돼." 그가 다시 말했다. "하지만 네가 순수하고, 어떤 별에서 왔으니…"

어린 왕자는 아무 답도 안 했다.

"가엾구나, 그렇게 여린 네가, 이 돌무더기 지구에 왔으니. 널 도와줄 수 있어, 어느 날 네 행성이 너무 그리워지면. 내가…"

"그래! 잘 알았어. 그런데 왜 계속 수수께끼로 말을 하지?" 어린 왕자가 물었다.

"나 그것들 다 풀어", 뱀이 말했다.

그리고 그들은 입을 다물었다.

18장

어린 왕자는 사막을 지나면서, 꽃 하나만 만났다. 꽃잎이 셋인, 알량한 꽃 하나만…

"안녕." 어린 왕자가 말했다.

"안녕." 꽃이 말했다.

"사람들 어디 있어?" 어린 왕자가 얌전히 물었다.

이 꽃은, 어느 날, 대상 한 무리가 지나가는 걸 본 적이 있었다.

"사람들? 한 예닐곱 명 있나 봐. 몇 해 전에 봤어. 하지만 어디 가야 만날지 전혀 모르겠어. 바람 따라 떠돌아. 뿌리가 없어, 그래서 불편을 많이 느껴."

"잘 있어." 어린 왕자가 말했다.

"잘 가." 꽃이 말했다.

19장

어린 왕자는 한 높은 산에 올랐다. 그가 알았던 산들이라곤 그의 무릎에 닿는 세 개의 화산뿐이었다. 그는 휴화산을 의자로 썼었다. "이 정도 높이 산이라면", 그는 그래서 생각했다, "행성 전체와 사람들 모두가 한눈에 보이겠는걸." 하지만 보이는 건 뾰족뾰족한 바위 침들뿐이었다.

"안녕." 그는 무작정 인사했다.

"안녕… 안녕… 안녕…" 메아리가 답했다.

"누구니?" 어린 왕자가 말했다.

"누구니… 누구니… 누구니…" 메아리가 답했다.

"친구가 되어 줘. 외로워." 그가 말했다.

"외로워… 외로워… 외로워…" 메아리가 답했다.

"참 희한한 행성이군!" 어린 왕자는 생각했다. "온통 메마르고 온통 뾰족뾰족하고 온통 소금투성이야. 그리고 사람들은 상상력이 없어. 하는 말이나 되풀이하고… 내 행성에 꽃 하나가 있었지. 걔는 늘 먼저 말을 걸었는데…"

20장

하지만 어린 왕자는 모래밭, 바위 더미, 눈밭을 오래 헤맨 끝에, 드디어 길을 하나 발견했다. 길들은 모두 사람 사는 곳으로 통하기 마련이다.

"안녕." 어린 왕자가 말했다.

그곳은 장미꽃들이 만발한 정원이었다.

온통 메마르고 온통 뾰족뾰족하고 온통 소금투성이야

"안녕." 장미꽃들이 말했다.

어린 왕자가 그들을 바라보았다. 모두가 다 그의 꽃을 닮았다.

"너희들 누구니?" 어린 왕자가 크게 놀라 물었다.

"우리 장미꽃이야." 그들이 답했다.

"아!"

어린 왕자는 몹시 불행한 느낌이 들었다. 그의 꽃은 이 세상에 자기 같은 꽃은 하나도 없다고 했었다. 그런데 정원 한 곳에만 똑 닮은 꽃들이 오천 송이나 피어 있지 않은가!

"아주 언짢아하겠군, 이걸 보면…" 어린 왕자는 생각했다. "심하게 콜록대며, 웃음거릴 면하려고 죽는 시늉을 할 걸. 그럼 돌보는 척해야겠지. 안 그러면, 내게도 창피를 주려고 정말 죽어 버릴지 몰라…"

그리고 그는 다시 생각했다. "난 유일한 꽃 하나를 가진 부자인 줄 알았어. 그런데 보통 장미 하나를 가진 거야. 그것과 무릎에 닿는 화산 세 개. 그중 하나는 영영 꺼졌는지도 모르고. 그 정도론 대단한 왕자가 아니잖아…" 풀밭에 엎드려, 그는 울기 시작했다.

풀밭에 엎드려, 그는 울기 시작했다

21장

그때 여우가 나타났다.

"안녕." 여우가 말했다.

"안녕." 어린 왕자가 얌전히 답하고 뒤돌아보았으나, 아무것도 안 보였다.

"나 여기 있어, 사과나무 밑에…" 그 목소리가 말했다.

"너 누구니?" 어린 왕자가 말했다. "참 예쁘구나…"

"나 여우야." 여우가 말했다.

"와서 나하고 놀자." 어린 왕자가 청했다. "나 아주 슬퍼…"

"나 너하고 못 놀아." 여우가 말했다. "길들여지지가 않았어."

"아! 미안해." 어린 왕자가 말했다.

하지만, 잠시 생각하더니, 그가 물었다.

"'길들인다'가 무슨 뜻이니?"

"너 여기 애가 아니구나." 여우가 말했다. "뭘 찾니?"

"나 사람들 찾아." 어린 왕자가 말했다. "'길들인다'가 무슨 뜻이니?"

여우가 말했다. "사람들은 총을 가지고 있고, 사냥을 해. 아주 곤란한 일이야. 그들은 닭도 길러. 다른 건 관심 없어. 너 닭들 찾니?"

"아니", 어린 왕자가 말했다. "친구들 찾아. '길들인다'가 무슨 뜻이니?"

"너무 잊혀진 건데, '관계를 맺는다'는 뜻이야." 여우가 말했다.

"관계를 맺어?"

"그래 맞아." 여우가 말했다. "넌 나에게 아직 수없이 많은 다른 아이들과 다를 바 없는 한 아이일 뿐이야. 나는 네가 필요치 않아.

너도 내가 필요치 않고. 나는 너에게 수없이 많은 다른 여우들과 다를 바 없는 한 마리 여우일 뿐이야. 하지만 네가 나를 길들이면, 우리는 서로가 필요해져. 너는 내게 이 세상에서 유일해져. 난 네게 이 세상에서 유일해지고…"

"좀 알 것 같아." 어린 왕자가 말했다. "꽃 하나가 있는데… 그 꽃이 날 길들였나 봐…"

"그럴 수 있지." 여우가 말했다. "지구엔 별의별 게 다 있어…"

"어! 지구에서가 아니야." 어린 왕자가 말했다.

여우가 몹시 궁금해진 듯했다.

"다른 행성에서?"

"응."

"사냥꾼들 있니, 그 행성에?"

"없어."

"그거 흥미롭군! 그럼 닭들은?"

"없어."

"완벽한 건 없군." 여우가 한숨을 쉬었다.

하지만 여우는 이야기를 계속했다.

"내 생활은 단조로워. 나는 닭들을 사냥하고, 사람들은 나를 사냥해. 닭들도 모두 비슷비슷하고, 사람들도 모두 비슷비슷해. 그래서 좀 따분해. 하지만 네가 나를 길들이면, 내 삶이 환히 밝아질 거야. 다른 모든 발소리들과 다른 하나를 알 수 있을 테고. 다른 발소리들을 들으면 난 굴속으로 들어가. 네 발소리는 나를 굴 밖으로 불러낼 거야, 음악 소리처럼. 보이지, 저기, 밀밭? 나 빵 안 먹어. 밀은 나한테 소용없어. 밀밭은 봐도 아무것도 안 떠올라, 서글픈 일이야! 그런데 네 머린 금빛이야. 그래서 정말 멋질 거야, 네가 날 길들이고 나면! 금빛인 밀을 보면, 네가 생각날 거야. 밀밭을 지나가는 바람 소리도 사랑하게 될 거고…"

여우가 말을 그치고, 어린 왕자를 오래 쳐다보았다.

"부탁이야… 나 길들여 줘!" 그가 말했다.

"나도 그러고 싶어." 어린 왕자가 답했다. "하지만 시간이 많지 않아. 찾아야 할 친구들도 있고, 알아야 할 것들도 많아…"

"길들인 것들만 아는 거야." 여우가 말했다. "사람들은 이제 뭘 알려고 시간을 들이지 않아. 상점들에 가서 기성품들을 사지. 그런데 친구들을 파는 상점은 없으니, 친구가 없는 거지. 친구를 갖고 싶으면, 나를 길들여!"

"어떻게 해야 돼?" 어린 왕자가 물었다.

"참을성이 아주 많아야 해." 여우가 답했다. "우선 내게서 좀 떨어져 앉아, 그렇게, 풀밭에. 내가 곁눈질로 널 볼 거야. 넌 아무 말 마. 말은 오해의 원천이야. 하지만, 매일, 조금씩 다가와 앉으라고…"

다음 날 어린 왕자가 다시 왔다.

"같은 시간에 왔더라면 더 좋았을 거야." 여우가 말했다. "네가, 가령, 오후 네 시에 온다면 세 시부터 난 행복해지기 시작할 거야. 시간이 갈수록, 난 점점 더 행복해질 거야. 네 시면, 벌써, 난 불안해하고 걱정할 거야. 행복의 값어치를 알게 되는 거지! 그런데 네가 아무 때나 오면, 몇 시부터 마음 단장을 할지 통 알 수 없잖아… 의

식들이 필요해.”

“의식이 뭐지?” 어린 왕자가 물었다.

“그것도 너무 잊혀진 거야.” 여우가 말했다. “어떤 날이 다른 날들과, 어떤 시간이 다른 시간들과 다르도록 하는 거야. 예를 들어, 나 잡으려는 사냥꾼들에게도 의식이 있어. 그들은 목요일이면 마을 처녀들과 춤을 춰. 그래서 목요일은 신나는 날이야! 포도밭까지 산책을 하지. 사냥꾼들이 아무 때나 춤을 추면, 그날이 그날일 테니, 하루도 쉴 날이 없는 거지…”

이리하여 어린 왕자는 여우를 길들였다. 그러다 헤어질 시간이 가까워졌다.

“아! 나 울 것 같아.” 여우가 말했다.

“네 탓이야.” 어린 왕자가 말했다. “마음 아프게 하고 싶지 않았어. 하지만 네가 길들여 달라고 해서…”

“그래, 맞아.” 여우가 말했다.

“아니, 너 울겠다!” 어린 왕자가 말했다.

“그래, 맞아.” 여우가 말했다.

“그러면 얻은 게 없잖아!”

“얻은 게 있어.” 여우가 말했다. “밀 색깔 때문에.”

그리고 그가 덧붙였다.

“장미꽃들을 가서 다시 봐. 네 장미꽃이 이 세상에 하나뿐인 걸 알게 될 거야. 다시 돌아와 내게 작별 인사를 해. 그러면 비밀 하나를 선물로 줄게.”

어린 왕자는 장미꽃들을 다시 보러 갔다.

네가, 가령, 오후 네 시에 온다면 세 시부터 난 행복해지기 시작할 거야

"너희는 내 장미와 조금도 안 닮았어. 너희는 아직 아무것도 아니야." 그가 말했다. "아무도 너희를 길들이지 않았고, 너희도 아무도 길들이지 않았어. 너희는 예전 내 여우와 같아. 그 여우도 수많은 다른 여우들과 다를 바 없는 단지 한 마리 여우였어. 그런데 내 친구가 되었으니, 이제 그는 이 세상에 하나뿐인 존재야."

그러자 장미꽃들은 무척 난감해했다.

"너희는 아름다워, 하지만 텅 비어 있어." 어린 왕자가 이어 말했다. "누가 너희를 위해 죽겠어? 물론, 내 장미도 보통 행인은 너희와 비슷하다고 생각할 거야. 하지만 그 꽃 하나가 너희 모두보다 더 중요해, 내가 물을 준 꽃이니까. 내가 덮개를 씌워 준 꽃이니까. 내가 바람막이로 막아 준 꽃이니까. 내가 벌레들을 잡아 준 꽃이니까(나비가 되라고 남겨 둔 두세 마리를 제외하고). 불평하거나, 자랑하거나, 때로 입 다물고 있을 때도 내가 들어 준 꽃이니까. 내 장미니까."

그리고 그가 여우에게 돌아왔다.

"잘 있어." 그가 말했다.

"잘 가!" 여우가 말했다. "내 비밀은 이거야. 아주 간단해. 마음으로 봐야 잘 보여. 본질은 눈에 안 보여."

"본질은 눈에 안 보인다." 어린 왕자가 되뇌었다, 잊지 않으려고.

"네가 네 장미꽃에 뺏긴 시간 때문에 네 장미꽃이 그토록 소중한 거야."

"내가 내 장미꽃에 뺏긴 시간 때문에…" 어린 왕자가 되뇌었다, 잊지 않으려고.

"사람들은 이 진실을 잊어버렸어." 여우가 말했다. "하지만 넌 잊으면 안 돼. 네가 길들인 것에 넌 영원히 책임을 지게 돼. 넌 네 장미꽃에 책임이 있어."

"난 내 장미꽃에 책임이 있다…" 어린 왕자가 되뇌었다, 잊지 않으려고.

22장

"안녕." 어린 왕자가 말했다.

"안녕." 전철수가 답했다.

"여기서 뭐 해?" 어린 왕자가 물었다.

"승객들을 나눠, 천 명 그룹으로." 전철수가 말했다. "그들을 태운 열차를 때로는 오른쪽으로, 때로는 왼쪽으로 보내."

그때 불을 밝힌 급행열차가, 천둥처럼 포효하며, 전철실을 뒤흔들었다.

"어지간히들 바쁘군." 어린 왕자가 말했다. "뭘 찾으러 가지?"

"기관사 자신도 몰라." 전철수가 말했다.

그때 반대 방향에서 불을 밝힌 두 번째 급행열차가 포효했다.

"벌써 되돌아오는 거야?" 어린 왕자가 물었다.

"다른 사람들이야." 전철수가 말했다. "서로 바꾸는 거야."

"마음에 안 들었나, 있던 데가?"

"자기 있는 데는 누구한테나 흡족치 않아."

그때 불을 밝힌 세 번째 급행열차가 포효했다.

"앞 승객들을 쫓아가는 거야?" 어린 왕자가 물었다.

"아무것도 안 쫓아가." 전철수가 말했다. "그 안에서 자거나 하품을 해. 아이들만 유리창에 코를 들이박고 있어."

"아이들만 자신이 찾는 걸 알아." 어린 왕자가 말했다. "아이들은 헝겊 인형 하나에도 시간을 뺏겨. 그러면 그 인형이 아주 중요해져. 그래서 누가 그걸 뺏으면 울게 되고…"

"아이들은 운이 좋구나." 전철수가 말했다.

23장

"안녕." 어린 왕자가 말했다.

"안녕." 상인이 답했다.

그는 갈증 달래 주는 최신 알약을 파는 상인이었다. 일주일에 한 알만 먹으면, 물 마실 필요가 없다는 것이다.

"왜 그걸 파는 거야?" 어린 왕자가 물었다.

"시간이 엄청 절약돼." 상인이 말했다. "전문가들이 계산해 봤어. 주당 오십삼 분이 절약돼."

"그 오십삼 분으로 뭐 하는데?"

"하고 싶은 걸 하지…"

어린 왕자는 생각했다.

"나한테 오십삼 분의 여유가 주어진다면, 샘을 향해 아주 느긋하게 걸어가겠다…"

24장

사막에서 비행기가 고장난 지 팔 일째 되는 날이었다. 나는 상인 이야기를 들었다, 남겨 두었던 물을 탈탈 털어 마시면서.

나는 어린 왕자에게 말했다.

"그래, 아주 재밌구나, 네 지난 이야기. 그런데 아직 비행기도 못 고쳤고, 마실 물도 다 떨어졌다. 좋겠다, 나도, 샘 있는 데로 아주 느긋하게 걸어갈 수 있으면!"

"내 친구 여우는…" 그가 말했다.

"얘, 지금 여우가 문제가 아냐!"

"왜?"

"목말라 죽게 생겼잖아…"

그가 말귀를 못 알아듣고, 내게 말했다.

"친구를 얻은 건 좋은 일이야, 죽게 생겼다 해도. 난 여우 친구를 얻은 게 아주 기뻐…"

'이 애가 상황의 위급성을 짐작 못 하는군.' 나는 생각했다. '배도 안 고프고 목도 안 마른가 봐. 햇빛만 조금 있으면 되나 봐…'

그런데 어린 왕자가 나를 쳐다보고, 내 생각에 답했다.

"나도 목말라… 우리 우물 찾으러 가…"

나는 맥 풀린 몸짓을 했다. 광활한 사막 한복판에서 무턱대고 우물을 찾아 나서다니 황당했다. 그렇지만 우리는 걷기 시작했다.

몇 시간 묵묵히 걷고 나니, 어느덧 밤이었다. 별들이 빛나기 시작했다. 갈증 때문에 열이 좀 있어선지, 별들이 꿈속 같아 보였다. 어린 왕자가 한 말이 기억 속에서 춤추고 있었다.

"목이 마르니, 너도?" 내가 물었다.

하지만 그는 물음에 답하지 않았다. 이렇게만 말했다.

"물은 마음에도 좋을 수 있어…"

나는 그의 말을 이해 못 했다. 하지만 입을 다물었다… 되묻지 말아야 할 줄 나는 잘 알고 있었다.

그는 지쳐 있었다. 그가 앉았다. 나는 그의 곁에 앉았다. 잠시 침묵한 후, 그가 말했다.

"별들은 아름다워, 보이지 않는 꽃 하나 때문에…"

"그래, 맞아." 내가 답했다. 그리고 말없이 달빛 아래 모래 주름들을 바라보았다.

"사막은 아름다워." 그가 덧붙였다…

정말 그랬다. 나는 늘 사막을 좋아했다. 모래 언덕에 앉는다. 아무것도 안 보인다. 아무 소리도 안 들린다. 그렇지만 무언가 정적 속에서 빛을 발한다…

"사막이 아름다운 건," 어린 왕자가 말했다. "어딘가 우물을 감추고 있어서야…"

나는 문득 모래의 신비로운 빛남을 이해하고 놀랐다. 어렸을 적 나는 아주 오래된 집에 살았다. 전설에 의하면, 그 집에 보물이 감춰져 있었다. 물론, 아무도 그걸 발견치 못했다, 어쩌면 찾으려 들지 않았는지도. 하지만 이 보물로 인해 온 집이 마법에 걸렸다. 우리 집은 그 깊숙이 하나의 비밀을 감추고 있었던 것이다…

"그래," 내가 어린 왕자에게 말했다. "집이건 별이건 사막이건, 그걸 아름답도록 하는 건 안 보여!"

"아저씨가 내 여우와 생각이 같아 기뻐."

어린 왕자가 잠이 들었기에, 나는 그를 품에 안고, 길을 다시 나섰다. 나는 가슴이 뭉클했다. 부서지기 쉬운 어떤 보물을 안은 듯했다. 이 세상에 이보다 더 부서지기 쉬운 건 없을 듯했다. 달빛에 비친 그 창백한 이마, 그 감긴 눈, 바람결에 나부끼는 그 머릿결을 바라보며, 나는 생각했다. "내가 여기 보는 건 단지 껍데기다. 가장 중요한 건 안 보인다…"

살짝 벌어진 그의 입술에 살포시 미소가 어렸기에, 나는 다시 생각했다. '잠든 이 어린 왕자가 이리도 감동스러운 건, 꽃 하나에 대한 그의 충실함 때문이다, 등불 불꽃처럼 그의 마음속에 빛나는 장미꽃 하나의 이미지 때문이다, 잠잘 때조차도…' 그래서 그가 더욱 부서지기 쉬운 존재로 느껴졌다. 등불들을 잘 보호해야 해. 한 줄기 바람에도 꺼질 수 있어…

그렇게 걷다 해 뜰 무렵, 나는 우물을 발견했다.

25장

"사람들은 급행열차들에 몰려 타지만, 자기들이 무얼 찾는지 몰라. 그래서 갈팡질팡하고, 제자리를 맴돌아…" 어린 왕자가 말했다.

그리고 덧붙였다.

"그럴 필요 없는데…"

우리가 도달한 우물은 사하라 우물들과 닮지 않았다. 사하라 우물들은 모래 속에 파여진 구멍들일 뿐이다. 그 우물은 마을 우물을 닮았다. 하지만 그곳엔 마을이 전혀 없어서, 나는 꿈꾸는 것 같았다.

"이상하군." 내가 어린 왕자에게 말했다. "다 있어, 도르래, 물통, 밧줄…"

그가 웃고, 줄을 매만졌고, 도르래를 돌려 보았다. 그러자 도르래가 삐걱댔다, 풍향계가 삐걱대듯, 오래 잤던 바람이 다시 일 때.

"소리 들려?" 어린 왕자가 말했다. "우리가 이 우물을 깨우니, 노래를 하네…"

나는 그가 애쓰는 게 안쓰러웠다.

"내가 할게." 내가 말했다. "너한테 너무 무거워."

천천히 나는 두레박을 우물 둘레돌까지 당겨 올렸다. 나는 그걸 그 위에 똑바로 세웠다. 내 귀에는 도르래의 노래가 계속 들렸고, 여전히 출렁이는 물 속에서는 햇살의 일렁임이 보였다.

"그 물 마시고파." 어린 왕자가 말했다. "물 좀 줘…"

나는 그가 무얼 찾았는지 알았다!

나는 두레박을 그의 입술에 대 주었다. 그가 마셨다, 눈을 감은 채. 그것은 축제처럼 감미로웠다. 그 물은 여느 양식과 사뭇 달랐다. 그건 별빛 아래의 걸음, 도르래의 노래, 내 두 팔의 노력의 소산이었다. 그 물은 마음에 좋았다, 선물처럼. 내가 어렸을 적, 크리스마스트리의 불빛, 자정 미사의 음악, 미소들의 감미로움으로 인해, 내가 받은 크리스마스 선물도 이처럼 빛났었다.

"아저씨 행성 사람들은", 어린 왕자가 말했다. "한 정원에 오천 송이 장미를 가꾸지만… 자기들이 찾는 걸 발견 못해…"

"발견 못 해." 내가 답했다…

"그렇지만 그들이 찾는 것이 단 하나의 장미에서나 물 한 모금에

그가 웃고, 줄을 매만졌고, 도르래를 돌려 보았다

서 발견될 수도 있어…"

"물론이지." 내가 답했다.

어린 왕자가 덧붙였다.

"눈은 장님이야. 마음으로 찾아야 해."

나는 물을 마셨다. 숨쉬기가 한결 나았다. 모래는, 해 뜰 무렵, 꿀 빛깔이다. 나는 이 꿀 빛깔에도 행복했다. 왜 마음 아파야 했지…

"약속 꼭 지켜야 해", 어린 왕자가 나직이 말하며, 다시 내 곁에 앉았다.

"무슨 약속?"

"있잖아… 내 양에 씌울 부리망… 나 그 꽃에 책임이 있어!"

나는 끼적거려 두었던 그림들을 주머니에서 꺼냈다. 어린 왕자는 그것들을 보더니 웃으며 말했다.

"이 바오밥나무들, 배추 조금 닮았어…"

"하!"

내 딴엔 그 바오밥나무들에 대해 자부심을 가졌었는데!

"여우는… 귀들이… 뿔을 조금 닮았어… 너무 길고."

그는 또 웃었다.

"못됐다, 너. 속 보이는 보아뱀과 속 안 보이는 보아뱀 빼곤 나 아무 것도 그릴 줄 몰랐잖아."

"아! 괜찮아. 애들은 알아."

나는 연필로 부리망을 그렸다. 그것을 어린 왕자에게 주면서, 가슴이 메어왔다.

"너 나 모르는 계획들이 있나 보구나…"

하지만 그는 내 말에 답하지 않았다. 그가 말했다.

"있잖아, 내가 지구에 떨어진 게… 내일이면 일 년이야…"

그리고, 잠시 침묵하다, 다시 말했다.

"바로 이 근처에 떨어졌어…"

그리고 그가 얼굴을 붉혔다.

다시, 왠지 모르지만, 나는 까닭 모를 슬픔을 느꼈다. 그런데 의문이 하나 생겼다.

"그럼 우연이 아니구나, 일주일 전, 널 만난 날 아침, 네가 그렇게 혼자 걷고 있던 게, 사람 사는 곳에서 천여 마일 떨어진 데서! 네가 떨어진 곳으로 돌아가는 길이었니?"

어린 왕자가 다시금 얼굴을 붉혔다.

나는 머뭇거리며 덧붙였다.

"혹시 일 주년 때문에?…"

어린 왕자가 다시금 얼굴을 붉혔다. 그는 질문들에 답하는 법이 없었다. 하지만 얼굴을 붉힌다는 건 '그렇다'는 뜻 아닌가!

"아! 두렵구나…"

하지만 그가 말했다.

"이제 일해야지. 기계 있는 데로 돌아가야지. 여기서 기다릴게. 내일 저녁에 다시 와…"

하지만 마음이 놓이지 않았다. 여우 생각이 났다. 좀 울게 될지 모른다, 일단 길들여지게 되면…

26장

우물 옆에는 낡은 돌담 폐허가 하나 있었다. 다음 날 저녁, 작업을 마치고 돌아오는데, 어린 왕자가 그 위에 다리를 늘어뜨리고 걸터앉은 것이 멀리서 보였다. 그의 말소리가 들렸다.

"기억이 안 나는 거야? 정확히 여기는 아니야!"

다른 한 목소리가 분명 그에게 답했다. 그가 이렇게 대꾸했으니까.

"맞아! 맞아! 날짜는 맞아. 하지만 여기가 아니야, 장소는…"

나는 돌담 쪽으로 걸어갔다. 아무도 안 보이고, 목소리도 안 들렸다. 그렇지만 어린 왕자가 다시 대꾸를 했다.

"… 그럼. 모래 위 내 발자국이 어디서 시작되는지 봐. 거기서 날 기다리면 돼. 오늘 밤 그리 갈게."

나는 담에서 이십 미터쯤 되는 곳에 있었는데, 여전히 아무것도 안 보였다.

어린 왕자는, 잠시의 침묵 후, 다시 말했다.

"네 독 좋은 거야? 오랫동안 아프게 안 할 자신 있어?"

가슴이 죄어 와, 나는 멈춰섰다. 하지만 여전히 영문을 몰랐다.

"이제 가 봐." 그가 말했다. "내려갈래!"

그제야 담 밑 쪽을 보고, 나는 기겁을 했다! 거기 있었다, 어린 왕자 쪽으로 몸을 세운, 삼십 초 내로 사람을 죽게 만든다는 그 노란 뱀 하나가. 권총을 꺼내려 주머니를 뒤지며, 곧장 뛰어갔지만, 내 발소리에, 뱀은, 마치 분수가 잦아들 듯, 모래 속으로 슬그머니 스며들더니, 별로 서두르는 기색도 없이, 가벼운 금속성 소리를 내며, 돌 틈으로 사라졌다.

나는 돌담에 제때 이르러, 백지장처럼 하얗게 질린 어린 왕자를 간신히 품에 받아 안을 수 있었다.

"이게 무슨 일이니! 이제 뱀들하고 말을 다 해?"

나는 푼 적 없는 그의 금빛 머플러를 풀었다. 이어 그의 관자놀이

이제 가 봐. 내려갈래!

를 적셔 주곤, 곧 물을 먹였다. 이제 그에게 뭐라 물어볼 엄두가 안 났다. 그는 나를 심각하게 쳐다보더니, 두 팔로 내 목을 감았다. 그의 가슴이, 총에 맞아 죽어 가는 새의 가슴처럼, 팔딱이는 게 느껴졌다. 그가 말했다.

"기계 고장을 고치게 돼서 다행이야. 이제 집에 돌아갈 수 있겠네…"

"어떻게 아니?"

나는 마침 요행스러운, 작업의 성공을 알리려 온 참이었다!

그는 내가 묻는 말엔 아무 답 없이, 덧붙였다.

"나도, 오늘, 집으로 돌아가…"

그러곤 우울하게,

"훨씬 더 멀어… 훨씬 더 어려워……"

나는 뭔가 심상치 않은 일이 생겼음을 직감했다. 나는 그를 아기처럼 꼭 껴안았다. 그렇지만 그는 심연 속으로 깊이 빨려 들어가는 듯했다, 어떻게 붙잡아 볼 수도 없이…

그의 진지한 눈길은 아득한 곳을 향해 있었다.

"나한테 아저씨가 그려 준 양이 있어. 양을 위한 상자도 있어. 부리망도 있고…"

그는 우수 어린 웃음을 지었다.

나는 오래 기다렸다. 그의 몸이 차츰 따뜻해지는 것이 느껴졌다.

"얘, 무서웠지…"

무서웠지, 그럼! 그런데 그가 나직히 웃었다.

"오늘 저녁이 훨씬 더 무서울 거야…"

돌이킬 수 없다는 느낌에 다시 나는 등골이 서늘해졌다. 그 웃음소리를 다시는 못 듣는다는 생각을 못 견디는 것임을 나는 알았다.

그건 내게 사막의 샘 같은 것이었다.

"얘, 네 웃음소리가 다시 듣고 싶구나…"

하지만 그가 말했다.

"오늘 밤, 일 년이 돼. 내 별이 내가 작년에 떨어진 자리 바로 위에 오게 돼…"

"얘, 그 뱀이니 만날 약속이니 별이니 하는 이야기, 다 나쁜 꿈이잖니…"

하지만 그는 내 말에 대꾸하지 않았다. 그가 말했다.

"중요한 건 안 보여…"

"그래 맞아…"

"꽃하고 같아. 어느 별에 있는 꽃 하나를 사랑하면, 밤에 하늘을 바라보는 게 감미로워. 모든 별들에 꽃들이 피어나."

"그래 맞아…"

"물하고 같아. 아저씨가 내게 마시게 해 준 물은 음악 같았어. 도르래와 밧줄 때문에… 생각나지?… 그 물 좋았어…"

"그래 맞아…"

"밤에 별들을 봐. 내 별은 너무 작아 어디 있는지 가리켜 보일 수가 없어. 그게 오히려 나아. 내 별은 아저씨한테 여러 별들 중 하나일 거야. 그럼 모든 별들을 아저씨는 기쁘게 바라볼 테지… 그 별들이 모두 친구일 테니. 그리고 선물 하나 줄게…"

그가 다시 웃었다.

"아! 그래, 그래, 네 그 웃음소리가 좋아!"

"바로 그게 내 선물이야… 물하고 같을 거야…"

"무슨 소리지?"

"사람들에게 별들은 같은 별들이 아니야. 여행자들에게는 길잡이야. 어떤 이들에게는 작은 불빛일 뿐이고. 학자인 다른 이들에게는 문제들이야. 사업가 아저씨한텐 금이었어. 하지만 저 모든 별들은 말이 없어. 아저씨는 그 누구도 갖지 못한 별들을 갖게 될 거야…"

"무슨 소리지?"

"아저씨가 밤에 하늘을 바라볼 때면, 내가 그 별들 중 하나에 살고 있을 테니, 내가 그 별들 중 하나에서 웃고 있을 테니, 아저씨한텐 모든 별들이 웃는 거나 마찬가질 거야. 아저씬 웃을 줄 아는 별들을 갖게 되는 거지!"

그가 다시 웃었다.

"슬픔이 가시면(늘 가시게 마련이지) 날 알게 된 걸 기뻐하겠지. 아저씨는 나하고 늘 친구일 거야. 나와 함께 웃고 싶을 테고. 그래서 가끔 창문을 열겠지, 그냥, 괜히… 친구들이 아저씨가 하늘을 쳐다보며 웃는 걸 보면 꽤 놀랄 거야. 그러면 말해 줘. '그래, 별들을 보면, 늘 웃음이 나온다!' 그러면 그들은 아저씨가 미친 줄 알 거야. 아저씨를 된통 골탕 먹인 셈이 되겠군…"

그가 다시 웃었다.

"별 대신 웃을 줄 아는 작은 방울들을 잔뜩 준 거나 마찬가질 거야…"

그가 다시 웃었다. 이어, 다시 진지해졌다.

"오늘 밤엔… 있잖아… 오지 마."

"나 너 안 떠날 거다."

"나 아픈 것 같아 보일 거야… 조금은 죽는 것 같을 거야. 그런 거야. 보러 오지 마. 그럴 필요 없어…"

"나 너 안 떠날 거다."

하지만 그는 근심스러웠다.

"내가 이 말을 하는 건… 뱀 때문이기도 해. 뱀이 아저씨를 물면 안 되거든… 뱀은 못됐어. 괜히 물 수도 있거든…"

"나 너 안 떠날 거다…"

그런데 뭔가에 그가 안심했다.

"맞아, 두 번째 물 땐 독이 없지…"

그날 밤 나는 그가 길을 나서는 걸 못 보았다. 그가 소리 없이 사라진 것이다. 내가 그를 따라잡아 보니 그는 단호히, 잰걸음으로 걷고 있었다. 그가 한 말은 단지 "아! 왔어…"였다.

그가 내 손을 잡았다. 하지만 다시 걱정을 했다.

"잘못 왔어. 마음이 아플 거야. 내가 죽은 것 같아 보일 테지만,

사실은 아니야…"

나는 가만히 있었다.

"알잖아. 너무 멀어. 이 몸을 가져갈 수가 없어. 너무 무거워."

나는 가만히 있었다.

"하지만 버려진 낡은 껍데기 같을 거야. 슬플 게 없어, 낡은 껍데기들은…"

나는 가만히 있었다.

그는 조금 풀이 죽었다. 하지만 다시 힘을 냈다.

"근사할 거야… 나도 별들을 바라볼 거야. 별들이 모두 녹슨 도르래 달린 우물이 되겠지. 별들이 모두 물을 마시라고 부어 줄 테고…"

나는 가만히 있었다.

"정말 재미있을 거야! 아저씬 오억 개나 되는 방울을 갖게 되고, 난 오억 개나 되는 우물을 갖게 될 테니까…"

그도 입을 다물었다. 울고 있었기 때문이었다…

"다 왔어. 혼자 한 걸음 걷게 둬."

그가 주저앉았다, 무서웠기 때문이다.

그가 다시 말했다.

"있잖아… 내 꽃… 내게 책임이 있어! 그 꽃 너무 연약해! 너무 순진하고. 보잘것없는 가시 네 개로 세상과 맞서려고 해…"

나는 주저앉았다, 더 서 있을 수가 없었기 때문이다.

그가 말했다. "자…, 이제 됐어…"

그는 다시 잠시 망설이다, 몸을 일으켰다. 그가 한 걸음을 걸었다. 난 움직일 수가 없었다.

그의 발목께에서 노란빛이 반짝했을 뿐이었다. 그는 한순간 꼼짝도 하지 않았다. 소리도 지르지 않았다. 그가 서서히 쓰러졌다, 나무가 쓰러지듯이. 아무 소리도 나지 않았다, 모래 때문이었다.

27장

이제, 물론, 벌써 육 년 전 일이다… 나는 아직까지 이 이야기를 한 적이 없다. 나를 다시 만난 동료들은 나의 생환을 무척 기뻐했다. 나는 슬펐지만, 그들에겐 "피곤해서 그래…"라고 얼버무렸다.

지금은 슬픔이 조금 가셨다. 즉… 완전히는 아니다. 하지만 나는 그가 자기 행성으로 돌아간 걸 잘 안다. 다음 날 해가 떴을 때, 그의 몸을 다시 못 보았기 때문이다. 그다지 무거운 몸도 아니었다… 나

그가 서서히 쓰러졌다, 나무가 쓰러지듯이

는 밤에 별들에 귀 기울이는 게 좋다. 마치 오억 개나 되는 작은 방울들 같다…

그런데 뭔가 비상한 일이 벌어지고 있다. 어린 왕자에게 그려 준 부리망에, 가죽끈 달아 주는 걸 깜박한 것이다! 그는 굴레를 영 못 씌웠을 거다. 그래서 궁금해진다. '그 행성에서 무슨 일이 벌어졌을까? 어쩌면 양이 꽃을 먹어 버렸을지도…'

때로는 이런 생각이 든다. '그럴 리 없어! 어린 왕자가 매일 밤 꽃에 유리 덮개를 씌워 주고, 양을 잘 감시하고 있을 거야…' 그러면 나는 행복해진다. 모든 별들이 빙긋이 웃는다.

때로는 이런 생각이 든다. "어쩌다 한두 번 방심할 수 있어. 그러면 끝장이지! 어느 날 밤, 그가 둥근 유리 덮개 씌우는 걸 잊어버리거나, 양이 밤중에 소리 없이 밖으로 나오면…" 그러면 작은 방울들이 모두 눈물방울로 변한다!…

이건 정말 큰 미스터리다. 어린 왕자를 사랑하는 여러분에게나 나에게나, 어딘지 모르나, 이 세상 어딘가에서, 우리가 모르는 양 한 마리가 장미꽃 하나를 먹었는가 아닌가에 따라, 온 세상이 온통 달라져 버리니…

하늘을 쳐다보라. 그리고 자문해 보라. "양이 꽃을 먹었을까, 안 먹었을까?" 그러면 알 수 있을 것이다, 모든 게 바뀌는 것을…

어떤 어른도 그게 그렇게 중요하다는 걸 결단코 모르리라!

이 그림은, 내게, 이 세상에서 가장 아름답고 가장 슬픈 광경이다. 앞면 것과 똑같은 광경이지만, 여러분에게 똑똑히 보여 주고자 다시 한 번 그렸다. 여기가 바로 어린 왕자가 이 지상에 나타났다, 사라진 곳이다.

이 광경을 유심히 봐 두시라, 언제고 당신이 아프리카에서 사막 여행을 하면, 확실히 알아볼 수 있도록. 이리로 지나가게 되면, 부디 서두르지 마시고, 바로 별 아래서 잠시 기다려 주시기를! 그때 한 아이가 여러분에게 다가오면, 그가 웃으면, 머리칼이 금빛이면, 묻는 말에 대답을 안 하면, 당신은 그가 누군지 알리라. 그러면 배려해 주시기를! 날 이토록 슬프게 내버려 두지 마시고, 바로 편지를 보내 주시기를, 어린 왕자가 돌아왔노라고…

참고 문헌

김시몽(2010a): 〈《어린왕자 Le Petit Prince》의 번역평가 보고서〉, 고려대 번역평가연구팀.

김시몽(2010b): 〈《어린 왕자》의 재해석〉, 《한국프랑스학논집》, 72, 241-261.

김영민(1998): 《문화(文化) 문화(文禍) 문화(紋和): 산문으로 만드는 무늬의 이력》, 동녘.

김윤진(2001): 〈문화 충돌과 번역의 문제점〉, 《불어불문학연구》, 45, 25-51.

김지현(2002): 〈《어린왕자》의 번역에 관한 고찰〉, 《민족과 문화》, 11, 171-193.

김화영(2007b): 《어린왕자를 찾아서》, 문학동네.

비네, J.P., 다르벨네, J. 지음, 전성기 옮김(2002): 《영어와 불어의 비교문체론》, 고려대학교출판부.

생떽쥐뻬리 지음, 안응렬 옮김(1978): 《인간의 대지 · 어린 왕자》, 동서문화사.

생텍쥐페리 지음, 김현 옮김(2012): 《어린 왕자》, 문학과지성사.

생텍쥐페리 지음, 박성창 옮김(2012): 《어린 왕자》, 비룡소.

생텍쥐페리 지음, 정소성 옮김(2011): 《어린 왕자》, 하서.

쎙텍쥐빼리 지음, 전성자 역(1983): 《어린 왕자》, 문예출판사.

앙투안 드 생텍쥐페리 지음, 송태효 옮김(2014): 《어린 왕자》, 새로운사람들.

앙투안 드 생텍쥐페리 지음, 황현산 옮김(2015): 《어린 왕자》, 열린책들.

앙투안 마리 로제 드 생텍쥐페리 지음, 김화영 옮김(2007a): 《어린 왕자》, 문학동네.

앙트완 베르만 지음, 윤성우·이향 옮김(2011): 《번역과 문자: 먼것의 거처》, 철학과 현실사.

영미문학연구회 번역평가사업단(2005): 《영미명작, 좋은 번역을 찾아서》, 창비.

영미문학연구회 번역평가사업단(2007): 《영미명작, 좋은 번역을 찾아서 2》, 창비.

요시다 히로시 지음, 이가연 옮김(2006): 《어린왕자의 수수께끼가 풀린다》, 조미디어.
유홍준(2011): 〈다시 장인정신을 묻는다—신은 디테일 안에 있고, 문화는 소비자가 만든다〉, 《신동아》, 2011년 9월 624호, 312-331.
유홍준(2014): 〈다시 장인 정신을 말한다〉, 《조선일보》, 2014년 10월 4-5일, C3.
이재호(2005): 《문화의 오역》, 동인.
전성기(2002): 《의미 번역 문법—불한번역과 한불번역》, 고려대학교출판부.
전성기(2008): 《번역인문학과 번역비평》, 고려대학교출판부.
전성기(2009): 〈탐구번역론—하나의 인문학 번역론〉, 《번역학연구》, 10-2, 133-157.
전성기(2013a): 〈번역과 언어 성격론〉, 《통번역학 연구 현황과 향후 전망》, I, 정호정 편저, 한국문화사, 331-381.
전성기(2013b): 〈번역인문학과 화쟁적 학문하기〉, 《번역학연구》, 14-1, 275-300.
전성기(2014a): 〈「어린 왕자」 작품성의 번역과 번역비평〉, 미간.
전성기(2014b): 〈번역과 번역문법〉, 미간.
전성기(2014c): 〈번역문법의 메타적 성찰〉, 미간.
전성기(2016): 《번역인문학》, 고려대학교출판문화원, 근간.
정지영 · 홍재성 외(1998): 《프라임 불한사전》, 두산동아.
진정은(2005): 〈외국어로서의 한국어 문법 기술을 위한 연구—'그러나', '그렇지만', '하지만', '그래도', '그럼에도 불구하고', '그런데'의 용법을 중심으로〉, 《외국어로서의 한국어교육》, 30, 179-209.

Almeida, M.E.(2011): "Approche contrastive du système verbal en français et en portugais à travers *Le Petit Prince* de Saint-Exupéry et sa traduction portugaise", http://www.uab.ro/ jolie/2011/1_almeida_maria.pdf.
Ballard, M.(1992): "Concepts méthodologiques pour la mesure de l'équivalence", *Turjuman, Revue de traduction et d'interprétation*, 1-2, 17-30.
Ballard, M.(2003): *Versus: la version réfléchie. Repérages et paramètres*, Ophrys.

Ballard, M.(2004): *Versus: la version réfléchie. Des signes au texte.* Ophrys.

Ballard, M.(2005): *Le commentaire de traduction anglaise*, Armand Colin.

Ballard, M.(2006): "La traductologie, science d'observation", *Qu'est-ce que la traductologie?* Etudes réunies par M. Ballard, Artois Presses Université, 179-194.

Ballard, M.(2006b): *La traduction de l'anglais au français*, Armand Colin.

Ballard, M.(2007): "Pour un rééquilibrage épistémologique en traductologie", *Quo vadis Translatologie ?*, Frank & Timme, 17-34.

Balliu, C.(2004): "Jean-René Ladmiral. Une certaine philosophie de la traduction", *Transversalités*, 92. 51-57.

Bardière, Y.(2009): *La traduction du passé en anglais et en français: de l'aspect au temps*, L'Harmattan.

Branchu, C.(2013): *Archéo-analyse de l'oeuvre: Le Petit Prince: l'écriture d'un secret ou la trace secrète d'une écriture hiéroglyphique*, Thèse de Doctorat, Université Paul Valéry.

Brethenoux, M.(2001): "Saint-Exupery, 'Pic de la Mirandole du XXe siecle'", *Etudes littéraire*, 33-2, 55-81.

Chevalier, J.-C., Delport, M.-F.(1995): *L'horlogerie de saint Jérôme: Problèmes linguistiques de la traduction*, L'Harmattan.

Chuquet, H., Paillard, M.(1987): *Approche linguistique des problèmes de traduction*, Ophrys.

Darbelnet, J.(1970): "Traduction littérale ou traduction libre", *Meta*, 15-2, 88-94.

Delisle, J.(1980): *L'analyse du discours comme méthode de traduction.* Initiation à la traduction française de textes pragmatiques anglais: Théorie et pratique, Editions de l'Université d'Ottawa.

Delisle, J.(1981): "De la théorie à la pédagogie: réflexions méthodologiques", *L'enseignement de l'interprétation et de la traduction, de la théorie à la pédagogie,* Editions de l'Université d'Ottawa, 135-151.

Delisle, J.(2001): "L'évaluation des traductions par l'historien", *Meta*, 46-2, 209-226.

Delisle, J.(2007): "La notion de « disparate » et la critique des traductions", *Septet*, 1, 141- 164.

Faye, T.(2006): *Etude des processus linguistiques et des enjeux sémiotiques de la traduction intralinguale,* Thèse de Doctorat, Université de Limoges, http://epublications.unilim.fr/the ses/2006/faye-thomas/faye-thomas.pdf.

Galembert, L. de(2000): *Idée, idéalisme et idéologie dans les oeuvres choisies de Saint-Exupéry*, http://nitescence.free.fr/maitrise.pdf.

Galembert, L. de(2006): *Le sacré et son expression chez Antoine de Saint-Exupéry,* Thèse de Doctorat, l'Université Paris IV.

Gouadec, D.(1974): *Comprendre et Traduire,* Bordas.

Guillemin-Flescher, J.(1981): *Syntaxe comparée du français et de l'anglais: Problèmes de traduction,* Ophrys.

Jakobson, R.(1963): *Essais de linguistique générale,* Minuit.

Ladmiral, J.-R.(1979): *Traduire: théorèmes pour la traduction*, Payot.

Ladmiral, J.-R.(1997): "Les 4 âges de la traductologie: Réflexions sur une diachronie de la théorie de la traduction", *L'histoire et les théories de la traduction*, Les actes, 3, 4 et 5 octobre 1996, Astti, Berne, et Eti, Genève, 11-42.

Ladmiral, J.-R.(2006): "D'une 'langue' l'autre: la médiation traductive", *Cahiers de l'Ecole*, 4, 56-62.

Ladmiral, J.-R.(2010): "Sur le discours *méta*-traductif de la traductologie", *Meta*, 55-1, 4-14.

Levy, Y.(2011): *L'aspect grammatical et ses manifestations dans les traductions en français de textes littéraires bulgares,* Thèse de Doctorat, Université Paris III. https: //tel.archives-ouvertes.fr/tel-00780331/document.

Luijs, M.(2013): *Le Petit Prince: Une étude comparative de ses deux traductions néerlandaises,* http://igitur-archive.library.uu.nl/student-theses/2013-0701-200627/p_at_vw.pdf.

Milligan, E.E.(1955): "Saint-Exupéry and Language", *Modern Language Journal*, 395, 249-251.

Pergnier, M.(2004): "Traduction et linguistique: sur quelques malentendus", *La linguistique*, 40-1, 15-24.

Pottier, B.(1987): *Théorie et analyse en linguistique*, Hachette.

Puurtinen, T.(1998): "Syntax, Readability and Ideology in Children's Literature", *Meta*, 43-4, 524-533.

Saint-Exupéry, A. de(1943): *Le petit prince*, Gallimard.

Saint-Exupéry, A. de(1971): *The Little Prince*, translated by K. Woods, Harvest.

Saint-Exupéry, A. de(1999): *Le petit prince*, *Oeuvres complètes*, II, Gallimard, 229-321.

Saucet, M.(1996): *La sémantique générale aujourd'hui*, Le Courrier du Livre.

Scavée, P., Intravaia, P.(1979): *Traité de stylistique comparée: Analyse comparative de l'Italien et du Français*, Didier.

Vinay, J.-P.(1983): "SCFA Revisited", *Meta*, 28-4, 417-431.

加藤 晴久(2006):『自分で訳す星の王子さま』, 三修社.

ロゴポート編(2015):『星の王子さま フランス語辞典』, The Japan Times.

《어린 왕자》의 번역문법

문법 · 작품 · 번역의 회통적 탐구

초판 발행 1쇄 2016년 5월 16일

지은이 전성기

펴낸곳 고려대학교출판문화원
www.kupress.com
kupress@korea.ac.kr
02841 서울특별시 성북구 안암로 145
02-3290-4230, 4232
Fax 923-6311

찍은곳 (주)동화인쇄공사

ISBN 978-89-7641-900-2 93760

값 23,000원

* 잘못 만들어진 책은 바꿔드립니다.